राधाकृष्ण मूल्यांकन-माला

तुलसी

[आलोचना]

राधाकृष्ण मूल्यांकन-माला

तुलसी

सम्पादक

उदयभानु सिंह

राधाकृष्ण प्रकाशन

ISBN : 978-81-8361-637-9

तुलसी (आलोचना)

पहला संस्करण : 1976
ग्यारहवाँ संस्करण : 2018

मूल्य : ₹695

प्रकाशक
राधाकृष्ण प्रकाशन प्राइवेट लिमिटेड
जी-17, जगतपुरी, दिल्ली-110 051

शाखाएँ : अशोक राजपथ, साइंस कॉलेज के सामने, पटना-800 006
पहली मंजिल, दरबारी बिल्डिंग, महात्मा गांधी मार्ग, इलाहाबाद-211 001
36 ए, शेक्सपियर सरणी, कोलकाता-700 017

वेबसाइट : www.radhakrishnaprakashan.com
ई-मेल : info@radhakrishnaprakashan.com

मुद्रक : बी.के. ऑफसेट
नवीन शाहदरा, दिल्ली-110 032

TULSI (Criticism)
Edited by Udai Bhanu Singh

प्रकाशकीय

'राधाकृष्ण मूल्यांकन-माला' में प्रस्तुत ये निबन्ध-संग्रह एक विशेष दृष्टि से तैयार किए गए हैं। हिन्दी के प्राचीन तथा नवीन कवियों, साहित्यकारों तथा विशिष्ट कृतियों से सम्बन्धित बहुत-सी ऐसी अमूल्य सामग्री है जो अलग-अलग आलोचना-पुस्तकों, पत्रिकाओं तथा शोध ग्रन्थों में बिखरी हुई है, और जिसे पाने के लिए किसी भी अच्छे विद्यार्थी या पाठक को कई बार पुस्तकालयों में जाकर उसे खोजना पड़ता है। इस माला के अधिकारी सम्पादकों ने उस उच्चकोटि की गम्भीर और गवेषणापूर्ण उपयोगी सामग्री को चुनकर यहाँ एक जिल्द में प्रस्तुत कर दिया है। हमें आशा है कि इस सामग्री का एक जगह सुलभ होना इन कृतियों एवं कृतिकारों के अध्ययन में विशेष सहायक होगा।

यहाँ हम उन सब लेखकों और प्रकाशकों के प्रति आभार प्रकट करना भी अपना कर्तव्य समझते हैं जिन्होंने विभिन्न पुस्तकों तथा पत्रिकाओं से अपने निबन्धों के यहाँ लिये जाने की अनुमति देकर हमारे इस प्रयास को सफल बनाने में योग दिया है।

अनुक्रम

तुलसी

जीवनी और युग

भगीरथ मिश्र

भारतीय महापुरुषों के जीवन-चरित्र के सम्बन्ध में प्राय: बड़ी गड़बड़ी देखने को मिलती है। उनके लौकिक जीवन की सूचना देनेवाली निश्चित घटनाओं, तिथियों आदि का उल्लेख बहुत कम मिलता है। इनका अधिकांश कारण तो यह है कि ये महापुरुष अपने ऐहिक जीवन का परिचय अप्रकट ही रखना चाहते हैं। सन्त-महात्माओं और कवियों के सम्बन्ध में तो और भी कम सामग्री उपलब्ध है। वे स्वयं उसे शालीनता, मर्यादा और सिद्धान्त के विपरीत समझते थे और कोई इस प्रकार के लौकिक जीवन के इतिहास की परम्परा भी नहीं मिलती। अतएव जीवन-चरित्र के सम्बन्ध में अनेक प्रकार के मतभेद पाए जाते हैं और बहुत-सी मनगढ़न्त कथाएँ प्रचलित हो जाती हैं जो उनके असाधारण महत्त्व की द्योतक होती हैं। जीवन की यथार्थ घटनाओं से उनका विशेष सम्बन्ध नहीं रहता। कबीर, जायसी, सूर आदि की जीवनी आज भी अपूर्ण-ज्ञात है और यही दशा गोस्वामी तुलसीदास के सम्बन्ध में भी है। उनके जन्म, माता-पिता, परिवार, गुरु आदि के सम्बन्ध में विभिन्न मत और जनश्रुतियाँ प्रचलित हैं जिनका समावेश अनेक ग्रन्थों में विस्तार के साथ हुआ है। इस प्रकार के ग्रन्थ, जिनमें तुलसी के चरित-वर्णन का प्रयत्न किया गया है या तो पूर्ण प्रामाणिक नहीं या उनमें सम्पूर्ण जीवन की घटनाओं का विवरण नहीं। उनके जीवन-चरित्र का सबसे प्रामाणिक रूप अन्तस्साक्ष्य के आधार पर ही दिया जा सकता है, पर दुर्भाग्यवश ये उल्लेख भी बहुत ही स्वल्प है।

अन्तस्साक्ष्य का आधार

परिवार

तुलसीदास के जीवन से सम्बन्ध रखने वाले संकेत हमें उनके ग्रन्थों—'रामचरित-मानस', 'कवितावली', 'विनयपत्रिका', 'बरवैरामायण', 'दोहावली' में मिलते हैं और ये संकेत उनकी आत्मकथा-सम्बन्धी झलक ही नहीं उपस्थित करते, वरन् उनके व्यक्तित्व पर भी प्रकाश डालते हैं। उनके आत्मपरिचयात्मक उल्लेखों में भी उनके माता, गुरु, वंश आदि के कथन; बाल्यावस्था, युवावस्था, वृद्धावस्था आदि के वर्णनों या संकेतों के रूप में हैं जिन पर हम विचार करेंगे। तुलसी-साहित्य के अन्तर्गत पारिवारिक व्यक्तियों में माता के अतिरिक्त और

किसी के नाम का उल्लेख नहीं मिलता। माता के नाम का उल्लेख नीचे लिखी पंक्ति में हुआ है—

रामहि प्रिय पावन तुलसी सी। तुलसिदास हित हिय हुलसी सी॥

इन पंक्तियों में आए 'हुलसी' शब्द को माता के अतिरिक्त अन्य अर्थों में भी लोग ग्रहण करते हैं और उपर्युक्त चौपाई का यह अर्थ निकालते हैं कि राम की कथा राम को तुलसी के समान प्रिय है और तुलसीदास के लिए उमड़े हुए हृदय के समान है अथवा तुलसीदास के लिए वह हृदय में उमड़ आई, आदि। परन्तु यह अर्थ संगत बैठता नहीं। इसका तो सीधा अर्थ यही लगता है कि रामकथा, तुलसी के लिए, माता हुलसी के हृदय के समान है। अनेक बहिस्साक्ष्यों में भी तुलसी की माता का नाम हुलसी मिलता है और यह जनश्रुति और परम्परापुष्ट भी है। रहीम के द्वारा जिसका उत्तरार्द्ध रचा गया कहा जाता है वह तुलसी का दोहा[1] भी, श्लेष के आधार पर, उनकी माता का नाम हुलसी प्रसिद्ध था, यही व्यक्त करता है।

नाम

दूसरा उल्लेख इनके अपने नाम का है। इनका बचपन का नाम तुलसी नहीं, वरन् रामबोला था, इसका यह कारण दिया गया था कि ये 'राम' नाम अधिक लिया करते थे। कतिपय जीवनियों में तथा जनश्रुतियों में यह है कि तुलसी पाँच वर्ष के बालक के रूप में उत्पन्न हुए थे और जन्मते ही इन्होंने 'राम' नाम का उच्चारण किया। इसी से इन्हें 'रामबोला' नाम मिला। इनकी कृतियों में इसी नाम का उल्लेख है—

राम को गुलाम नाम रामबोला राख्यो राम।
काम यहै नाम द्वै हौं कबहूँ कहत हौं॥[2]

... ...

साहिब सुजान जिन नाम हूँ को पच्छ कियो,
रामबोला नाम हौं गुलाम राम साहि को।[3]

उपर्युक्त कथनों से व्यक्त होता है कि उनका नाम रामबोला था, पर वह बचपन का नाम था। उसके पश्चात् इनका प्रसिद्ध नाम तुलसीदास हो गया। 'तुलसी' तो इनके अनेक छन्दों की पंक्तियों में लगा मिलता है, पर यह बाद में मिला—इसका भी संकेत 'बरवैरामायण' और 'दोहावली' के निम्नलिखित उद्धरणों में प्राप्त होता है—

केहि गिनती महँ गिनती जस बन घास।
राम जपत भे तुलसी तुलसीदास॥[4]

... ...

---

1. सुरतिय नरतिय नागतिय, सब चाहत अस होय।
   गोद लिए हुलसी फिरैं, तुलसी सो सुत होय॥
2. विनयपत्रिका
3. कवितावली
4. बरवैरामायण

राम नाम को कल्पतरु कलि कल्यान निवास।
जो सुमिरत भयो माँग ते तुलसी तुलसीदास॥ [1]

गुरु

उनके ग्रन्थों में माता तथा अपने निजी नामों के अतिरिक्त अन्य किसी परिवार के व्यक्ति का नाम नहीं। गुरु के नाम का भी उल्लेख नहीं। हाँ, गुरु–महिमा और कृपा–सम्बन्धी उल्लेख अवश्य है, जैसे—

मैं पुनि निज गुरु सन सुनी कथा सो सूकरखेत।

... ...

मींज्यो गुरु पीठ अपनाइ गहु बाँह बोलि,
सेवक सुखद सदा बिरद बहत हौं।

... ...

बंदौं गुरु पद कंज कृपासिन्धु नर रूप हरि।

दूसरी पंक्ति का गुरु, गुरु के अर्थ में नहीं।

अन्तिम पंक्ति से कुछ लोग इनके गुरु का नाम नरहरि, नरहरिदास, नरहर्यानन्द निकालते हैं और इन्हें रामानन्द की शिष्य–परम्परा में परिगणित करते हैं। नरहर्यानन्द तो दुर्गा के उपासक दूसरे व्यक्ति थे जैसा कि 'भक्तमाल' में उल्लिखित है। पर गोपालदास (वाराहक्षेत्र–वासी) के शिष्य नरहरिदास, रामानन्द की शिष्य–परम्परा और तुलसीदास के गुरु–रूप में भक्तों की सूची में मिलते हैं। डॉक्टर ग्रियर्सन को दो सूचियाँ मिली थीं जिनका उल्लेख डॉक्टर श्याम सुन्दरदास ने अपनी 'रामचरितमानस' की टीका में किया है और उसमें यह क्रम दिया हुआ है—राघवानन्द, रामानन्द, सुरसुरानन्द, गरीबानन्द, लक्ष्मीदास, गोपालदास, नरहरिदास, तुलसीदास। उन्होंने इस पर विश्वास इसलिए नहीं किया कि इसमें शठकोपाचार्य का नाम रामानुज के बाद दिया हुआ है, जबकि उसे रामानुज सम्प्रदाय के ग्रन्थों के आधार पर पहले आना चाहिए। परन्तु इस क्रम–सम्बन्धी एक अशुद्धि के कारण समस्त सूची पूर्णतया अप्रामाणिक नहीं सिद्ध की जा सकती है। गोपालदास यदि वाराहक्षेत्र के थे, तो नरहरिदास से तुलसी का कथा सुन लेना सूकर–क्षेत्र में असम्भव नहीं दीखता जैसा कि ऊपर लिखित दोहार्द्ध में प्रकट है और वे 'निज–गुरु' थे, अतः कृपासिन्धु नररूप हरि से केवल राम का अर्थ लेना ही ठीक नहीं। वे मनुष्य–रूपधारी गुरु नरहरि निज गुरु थे। कुछ लोग नरहरि का नाम 'भक्तमाल' में रामानन्द की शिष्य परम्परा में न आने के कारण, इनको उनकी परम्परा में नहीं मानना चाहते। नाभादास का भक्तमाल समस्त शिष्यों–प्रशिष्यों की कोई क्रमबद्ध सूची नहीं देता। अतः इस अन्तस्साक्ष्य को भी हमें उनकी माता के समान, गुरु के नाम से सम्बन्ध रखने वाला समझना चाहिए।

जाति

अपनी जाति–पाँति के सम्बन्ध में तुलसी ने अपनी रचनाओं में कोई स्पष्ट संकेत नहीं किया।

1. दोहावली

इनके कथनों में प्राय: सन्त-परम्परा के अनुकूल जाति-बन्धन से मुक्त और स्वतंत्र होने के ही उल्लेख मिलते हैं। जैसे—

मेरे जाति पाँति न चहौं काहू की जाति पाँति
मेरे कोऊ काम को न हौं काहू के काम को।

... ...

साह ही को गोत गोत होत है गुलाम को।

... ...

धूत कहौ अवधूत कहौ रजपूत कहौ जुलहा कहौ कोऊ।
काहू की बेटी सों बेटा न ब्याहब काहू की जाति बिगारि न ओऊ।

... ...

भलि भारत भूमि भले कुल जन्म सरीर समाज भलो लहि कै।

... ...

दिये सुकुल जनम सरीर सुन्दर हेतु जो फल चारि कै॥

इन पंक्तियों में प्रथम में तो उनकी जाति-पाँति-हीनता का भाव ही प्रकट होता है परन्तु अन्तिम पंक्तियों से उनके उत्तम कुल में उत्पन्न होने का संकेत मिलता है। ये स्वस्थ, सुन्दर शरीर के व्यक्ति थे। परन्तु 'कवितावली' की एक पंक्ति से इनका मंगन-कुल का होना भी सिद्ध है।[1] अत: यह कुल इन्हें ब्राह्मण होना ही सिद्ध करता है। सुकुल से कुछ लोग इन्हें शुक्ल होना बताते हैं। नन्ददास के प्रसंग में 'भक्तमाल' में, 'सकल सुकुल सम्बलित भक्त पद रेनु उपासी' पद आया है। इसके आधार पर 'दो सौ बावन वैष्णवन की वार्ता' में दिए गए विवरण से तुलसी और नन्ददास को भाई-भाई सिद्ध किया जाता है। इस प्रसंग पर हम आगे बहिस्साक्ष्य के भीतर विचार करेंगे। यहाँ यही निष्कर्ष निकलता है कि वे अच्छे कुल के सुन्दर शरीर वाले ब्राह्मण थे।

बाल्यावस्था

अन्तस्साक्ष्य में इस बात का पूरा प्रमाण है कि इनकी बाल्यावस्था बड़ी संकट-ग्रस्त थी। इनके कथनों से यह स्पष्ट होता है कि इनके माता-पिता इनके जन्म के उपरान्त ही स्वर्गवासी हो गए थे। माता जन्मते ही और पिता भी सम्भवत: अभुक्तमूल में जन्म होने के कारण इनका त्याग कर थोड़े दिन बाद ही परलोकवासी हुए। इसके बाद इन्हें घर से निकाल दिया गया। इस बात की पुष्टि नीचे लिखे उद्धरणों से होती है—

मातु पिता जग जाइ तज्यौ बिधिहू न लिखी कछु भाल भलाई।
नीच निरादर भाजन कादर कूकर टूकन लागि ललाई।

(कवितावली)

तनु तज्यौ कुटिल कीट ज्यौं तज्यौ मातु पिता हू।

(विनयपत्रिका)

... ...

---

1. जायो कुल मंगन बधावनो बजानो सुनि भयो परिताप पाप जननी जनक को।

जायो कुल मंगन बधावनो बजायो सुनि
भयो परिताप पाप जननी जनक को।
बारे ते ललात बिललात द्वार द्वार दीन
जानत हौं चारि फल चारि ही चनक को।
तुलसी सों साहिब समर्थ को सुसेवक है
सुनत सिहात सोच बिधिहू गनन को।
नाम राम रावरो सयानो किधौं बावरो जो
करत गिरी तें गरु तृन ते तनक को।

(कवितावली)

कुछ लोगों ने उपर्युक्त पंक्तियों के आधार पर अर्थों को अन्य किसी प्रकार का लगाकर शंकाएँ खड़ी की हैं : जैसे कि माता-पिता ने जन्म देकर छोड़ दिया और वे मंगन कुल में उत्पन्न हुए, बधावा बजाने पर माता-पिता को पाप और दुःख हुआ। इस पर फिर शंका उठाकर, कि पाप होने का क्या कारण है ? कुछ लोग[1] तुलसी को अवैध सन्तान तक घोषित करने की सीमा पर पहुँचे हैं। परन्तु उपर्युक्त पंक्तियों का सीधा अर्थ लगाने पर किसी भी प्रकार की शंका की गुंजाइश नहीं। ऊपर की प्रथम पंक्ति का अर्थ है 'माता-पिता ने जन्म देकर संसार छोड़ दिया।' माता जन्मते ही मर गई। इसकी पुष्टि 'तनु जन्यो कुटिल कीट ज्यौं तज्यौ मातु पिता हू' से भी होती है। अतः यह स्पष्ट है कि माता-पिता इनके जन्मते ही मर गए थे और स्वारथ के साथियों, परिवार के अन्य लोगों ने इन्हें दूर छोड़ दिया। इसी प्रकार हमें 'जायो कुल मंगन बधावनो बजायो सुनि भयो परिताप पाप जननी जनक को' का अर्थ यह लेना चाहिए कि माता-पिता के पाप और दुखस्वरूप मैं उत्पन्न हुआ, तो मंगन (भिखारियों) के कुल ने बधाई बजाई। अतः मंगन या माँगनेवालों के कुल में इनका जन्म नहीं हुआ, वरन् इन्हें ऐसी परिस्थितियों में जन्मा देखकर मंगन-कुल को प्रसन्नता हुई कि इनके जन्म से इस कुल की वृद्धि हुई। इससे यह निष्कर्ष निकलता है कि ये बचपन से ही अपने जन्म-स्थान से दूर कर दिए गए थे और साधु-सन्तों के आश्रम में, बहुत दिनों तक भटकते और कष्ट सहते रहने पर पहुँचे थे। सन्तों के प्रश्रय में जाने के पूर्व इन्हें द्वार-द्वार उदर-पोषण के लिए भीख माँगनी पड़ी।[2] और जाति-कुजाति सबके टुकड़े खाने पड़े।[3] इस दैन्य-दशा का चित्रण 'विनयपत्रिका' और 'कवितावली' की अनेक पंक्तियों में भरा पड़ा है।

युवावस्था

अन्तस्साक्ष्य में गार्हस्थ और युवावस्था के दाम्पत्य-जीवन का कोई उल्लेख नहीं। यह अवस्था भी इनकी वैराग्यपूर्ण है और पर्यटन, सत्संग, राम-गुण-गान और ग्रन्थ-रचना में व्यतीत

---

1. देखिए, 'मानस-मीमांसा', रजनीकान्त शास्त्री।
2. द्वार-द्वार दीनता कही काढ़ि रद परि पा हू। (विनयपत्रिका)
3. जाति के सुजाति के कुजाति के पेटागि बस,
   खाए टूक सबके बिदित बात दुनी सो। (कवितावली)

हुई। चित्रकूट, काशी, सीतावट, अयोध्या आदि स्थानों में रहकर इन्होंने अपना वैराग्य और ईश्वर-प्रेम प्रगाढ़ रूप से विकसित किया।

प्रकृति और स्वभाव

इस समय के अनेक कथन इनके स्वभाव को स्पष्ट करने वाले हैं। तुलसी का विरक्त और फक्कड़ जीवन था। उनके सांसारिक सम्बन्ध तो विच्छिन्न हो ही चुके थे, अतः वे पूर्ण त्यागी और निर्द्वन्द्व थे, जैसा उनके अनेक उल्लेखों से प्रकट है—

मेरी जाति पाँति न चहौं काहू की जाति पाँति
मेरे कोऊ काम को न हौं काहू के काम को।
साधु कै असाधु कै भलो कै पोच सोच कहा
का काहू के द्वार परो जो हौं सो सौं राम को।
... ...
माँगि कै खैबो मसीत कै सोइबो,
लैबे को एक न दैबे को दोऊ॥

तुलसी की निर्द्वन्द्वता और निर्भीकता के कारण राम में अनन्य भक्ति, दृढ़ श्रद्धा और अटल विश्वास थे जिससे प्रेरित होकर उन्होंने देवताओं तक की आलोचना की है। वे जानते हैं कि उन्हें जो कुछ भी गौरव और सम्मान प्राप्त हुआ है, वह सब राम के ही कारण है। यह भाव उनके अनेक कथनों द्वारा स्पष्ट है—

घर घर माँगै टूक पुनि भूपति पूजे पाँय।
ते तुलसी तब राम बिन ये अब राम सहाय॥

(दोहावली)

तुलसी बनी है राम रावरे बनाए न तु,
धोबी कैसे कूकर न घर को न घाट को।
... ...
हौं तो सदा खर को असवार तिहारोई नाँव गयन्द चढ़ायौ।
... ...
कुमया कछु हानि न औरन की जो पै जानकी नाथ मया करिहैं।

इस प्रकार तुलसीदास ने राम-नाम का आश्रय प्राप्त कर समस्त परिणामों के प्रति उदासीन रहकर अपना जीवन व्यतीत किया।

तुलसी की प्रकृति की नम्रता तो प्रसिद्ध है ही। इतने बड़े पंडित और कवि होते हुए भी उन्हें अपने को कवि, पंडित आदि कुछ भी कहने और कहलाने में संकोच है। इतना ही नहीं, वे अपने को सबसे छोटा समझते थे और समस्त सृष्टि को सीताराममय समझकर प्रणाम करते थे। 'सीय-राममय सब जग जानी। करौं प्रनाम जोरि जुग पानी।' गाँधीजी की परिभाषा के अनुसार महात्मा वह है जो अपने को सबसे छोटा समझता है, तुलसी बहुत बड़े महात्मा थे, इसमें सन्देह नहीं। इतना होते हुए भी उनकी दृष्टि बड़ी पैनी थी और उनके भीतर न्याय और सत्य की तीव्र चेतना जगमगाती थी। अतएव वे अनौचित्य, आडम्बर,

अन्धविश्वास को सहन नहीं कर सकते थे और ऐसे प्रसंगों में वे तीखे शब्दों का व्यवहार करते थे, जैसे—

गारी देते नीच हरिचन्द हू दधीचि हू को
आपने चना चबाइ हाथ चाटियतु है।

... ...

लही आँखि कब आँधरो बाँझ पूत कब लाय।
कब कोढ़ी काया लही जग बहराइच जाय।

ऐसे ही अनेक कथन उनकी सामाजिक मूढ़ता की आलाचेना के नमूने हैं। जो उनकी जागरूक चेतना को चारों ओर प्रसारित करते हैं। भ्रमण, अध्ययन और सत्संग के द्वारा तुलसी ने जो व्यापक अनुभव और ज्ञान प्राप्त किया था वह उनकी रचनाओं में प्रकट हुआ है।

वृद्धावस्था और अवसान-काल

युवावस्था, बाल्यावस्था के समान कष्टकर नहीं थी, पर वृद्धावस्था में उन्हें भयंकर बाहु-पीड़ा का सामना करना पड़ा था जिसका उल्लेख 'कवितावली' और 'हनुमानबाहुक' में हुआ है। पीड़ा के निवारण के लिए इन्होंने शंकर, राम, हनुमान आदि की प्रार्थना की थी, परन्तु 'हनुमानबाहुक' के 44 छन्द तो पीड़ा-निवारणार्थ ही लिखे गए थे। यह पीड़ा इनकी बाहु तक ही सीमित न थी, वरन् सारे शरीर में व्याप्त हो गई थी—

पाँव पीर पेट पीर बाहु पीर मुँह पीर
जरजर सकल सरीर पीर भई हैं॥

परन्तु इस भयंकर पीड़ा के समय भी उनकी राम के प्रति अनन्य भक्ति में लेशमात्र भी अन्तर न हुआ था। कष्ट-सहिष्णु, विनम्र और दृढ़विश्वासी, सच्चे भक्त गोस्वामी तुलसीदास ने अपने जीवनकाल में ही स्पृहणीय यश प्राप्त कर लिया था। उनकी मृत्यु का संकेत करने वाला एक प्रसिद्ध दोहा है—

संवत सोलह सौ असी असी गंग के तीर।
सावन शुक्ला सप्तमी तुलसी तज्यो सरीर।

परन्तु इनके ग्रन्थों में तिथि का कोई उल्लेख नहीं। कुछ पंक्तियाँ अवश्य 'कवितावली' और 'दोहावली' में हैं जो उनके अवसान-काल की द्योतक हैं, जैसे—

पेखि सप्रेम पयान समै सब सोच बिमोचन छेमकरी है।

... ...

राम नाम जस बरनि कै भयो चहत अब मौन।
तुलसी के मुख दीजिए अबहीं तुलसी सोन।

इससे संकेत यह मिलता है कि उनकी मृत्यु राम का यह वर्णन करते ही हुई और अन्त समय तक उनकी वाणी से कविता का प्रवाह प्रस्त्रवित होता रहा। अपनी अवस्था के अनुसार मंगल और आनन्ददायी शुभ शकुनों के साथ उन्होंने इहलोक-लीला का संवरण किया।

बहिस्साक्ष्य

ऊपर लिखी हुई जीवनी प्रामाणिक है, क्योंकि वह प्राय: स्वकथित जीवनी है, परन्तु तुलसीदास के जीवन-चरित को स्पष्ट करने वाले बहिस्साक्ष्य भी प्रचुर मात्रा में उपलब्ध होते हैं। इनमें बहुतेरे परस्पर-विरोधी और अन्तस्साक्ष्य के विपरीत पड़ने के कारण अमान्य हैं। बहुत से विद्वानों ने किसी एक पक्ष का खंडन कर एक दूसरे पक्ष में अपना मत दिया है, परन्तु मान्य मत वही हो सकता है जिसमें अन्तस्साक्ष्य का विरोध न हो और बहिस्साक्ष्य भी पक्ष में हो सके या उसके विपरीत धारणा तर्कसंगत न हो। इस दृष्टि से हम उनकी जीवनी के उन अंशों की, बहिस्साक्ष्य के आधार पर, खोज करेंगे जो अन्तस्साक्ष्य द्वारा निर्दिष्ट नहीं हैं। तुलसी के जीवन-चरित का उल्लेख करने वाली सामग्री और ग्रन्थ इस प्रकार हैं—

1. नाभादास का 'भक्तमाल';
2. प्रियादास की टीका;
3. दो सौ बावन वैष्णवन की वार्ता;
4. वेणीमाधवदास-कृत गोसाईं-चरित और मूल गोसाईं-चरित;
5. बाबा रघुनाथदास-कृत तुलसी-चरित;
6. तुलसी साहेब हाथरस वाले का आत्मचरित और घटरामायण;
7. काशी की सामग्री;
8. अयोध्या की सामग्री;
9. राजापुर की सामग्री;
10. सोरों की सामग्री।

इन पर हम एक-एक करके विचार करेंगे।

भक्तमाल

इनमें नाभादास का भक्तमाल सबसे अधिक प्रामाणिक है। इसमें तुलसीदास जी को भक्तमाल का सुमेरु कहा गया है। परन्तु, इस ग्रन्थ के अन्तर्गत तुलसी के सम्बन्ध में केवल एक छप्पय मिलता है जो इस प्रकार है—

त्रेता काव्य निबन्ध करी सत कोटि रमायन।
इक अच्छर उच्चरे ब्रह्म इत्यादि परायन॥
अब भक्तन सुखदेन बहुरि लीला बिस्तारी।
राम चरन रस मत्त रहत अहनिसि ब्रतधारी॥
संसार अपार के पार को सुगम रीति नौका लयो।
कलि कुटिल जीव निस्तार हित बालमीकि तुलसी भयो॥

इसी प्रकार 'भविष्यपुराण' में भी उल्लेख है। नाभादास के छप्पय में गोस्वामी जी के महत्त्व का वर्णन है, उनकी अटूट राम-भक्ति और वाल्मीकि के अवतार होने का कथन है पर उनके जीवन-चरित के सम्बन्ध में कोई उल्लेख नहीं। प्रियादास की 'भक्तमाल' की टीका सं 1696 में लिखी गई थी। इसमें गोस्वामी जी के अलौकिक कृत्यों का 11 छन्दों में वर्णन है। इनमें तुलसी के द्वारा किए गए चमत्कारों के संकेत हैं जैसे वाटिका में हनुमद्दर्शन,

ब्रह्महत्या-निवारण, दिल्लीपति बादशाह जहाँगीर से संघर्ष आदि ये तत्कालीन किंवदन्तियों का रूप स्पष्ट करते हैं। यह टीका जनश्रुति का लिखित रूप है, पर यह जनश्रुति बहुत पुरानी होने से तुलसीदास के महत्त्व को स्पष्ट करती है। एफ. एम. ग्राउज़ ने अपने 'रामचरितमानस' के अंग्रेज़ी अनुवाद की भूमिका में इसके तथा वेणीमाधवदास के 'गोसाईं-चरित' के आधार पर तुलसीदास की जीवनी दी है। अलौकिक कृत्यों का ही विवरण होने से हम इसे ऐतिहासिक महत्त्व नहीं प्रदान कर सकते।

वार्ता

'दो सौ बावन वैष्णवन की वार्ता' में नन्ददास की वार्ता के प्रसंग में तुलसीदास का उल्लेख किया गया है। प्रसंगों और अवतरणों से तुलसीदास जी और नन्ददासजी का सम्बन्ध निश्चित होता है। तुलसीदासजी वार्ता के अनुसार नन्ददास के बड़े भाई थे। वे राम के अनन्य भक्त थे और काशी में रहते थे। वे नन्ददास से मिलने ब्रज गए थे और वहाँ कृष्ण की मूर्ति को, उसके रामरूप धारण करने पर ही प्रणाम किया। नन्ददास पूरब में रामपुर के निवासी थे, यह 'भक्तमाल' से सिद्ध है। नन्ददास के छोटे भाई चन्द्रदास थे। परन्तु 'भक्तमाल' में तुलसी और नन्ददास का कोई सम्बन्ध प्रकट नहीं है। यदि वार्ता के वर्णन को माना जाए तो तुलसी अधिक लोकाभिमुख प्रतीत होते हैं, क्योंकि काशीवास में नन्ददास उनके संरक्षण में रहते थे, यह उसमें स्पष्ट है। तुलसी के कथनों और अन्तस्साक्ष्य से उनके किसी पारिवारिक सम्बन्ध में बँधे होने का संकेत नहीं मिलता। अतः यदि यह सत्य है, तो वे कोई दूसरे तुलसीदास हो सकते हैं।

वेणीमाधवदास-कृत 'गोसाईं-चरित'

इस 'चरित' का उल्लेख सं. 1934 में लिखे गए 'शिवसिंह सरोज' नामक ग्रन्थ में मिलता है जिसमें तुलसीदास जी के सम्बन्ध में यह कथन है कि "इनके जीवन-चरित्र की यह पुस्तक वेणीमाधवदास कवि पस्का ग्रामवासी ने, जो इनके साथ-साथ रहे, विस्तारपूर्वक लिखी। उनके देखने से इन महाराज के सब चरित्र प्रकट होते हैं।" उसी में वेणीमाधवदास का समय सं. 1655 और 1699 के बीच माना गया है। यह 'गोसाईं-चरित' नामक पुस्तक बहुत अधिक खोज करने पर भी उपलब्ध नहीं हुई है, परन्तु इसके समान ही एक और पुस्तक इसी नाम से नवलकिशोर प्रेस से प्रकाशित 'रामचरितमानस' की रामचरणदास-कृत टीका के साथ प्रकाशित हुई है। यह विस्तृत पद्यबद्ध चरित है; और इसमें सेंगर-द्वारा उद्धृत पंक्तियाँ भी मिलती हैं। इसका रचनाकाल 1810 वि. के लगभग जान पड़ता है। इसमें अनेक तिथियाँ भी दी गई हैं और आदि से अन्त तक बहुत-सी चमत्कारपूर्ण बातें, जैसे मुर्दे को जिलाना, स्त्री को पुरुष बनाना, पत्थर के नन्दी को घास खिलाना आदि का वर्णन है। अतः इन बातों के आधार पर इसको भी प्रामाणिक नहीं माना जा सकता।

मूल गोसाईं-चरित

सं. 1982 में प्रकाशित एक ग्रन्थ 'वेणीमाधवदास-कृत मूल गोसाईं-चरित' कहकर प्रसिद्ध

किया गया है। इसकी और 'गोसाईं-चरित' की शैली एक ही है। साथ-ही-साथ बहुत-सी घटनाएँ भी एक हैं। अन्तर यह है कि कतिपय प्रसंग जो मूल में दिए गए हैं, वे 'गोसाईं-चरित' में नहीं मिलते। मूल को डॉ, श्यामसुन्दरदास, डॉ. बड़थ्वाल आदि विद्वान् प्रामाणिक मानते हैं। परन्तु बहुत से विद्वान् जैसे मिश्रबन्धु, डॉ. माताप्रसाद गुप्त आदि इसे प्रामाणिक नहीं मानते। इसकी प्रामाणिकता को असिद्ध करने के लिए नीचे लिखी बातें कही जाती हैं—

(1) पहली तो तिथि-सम्बन्धी बातें हैं। जिस प्रकार तिथियों का विस्तृत विवरण और उल्लेख इसमें हुआ है, वैसी परम्परा नहीं मिलती। साथ ही सं. 1554 में जन्म और 1680 में निधन मानने से तुलसी की 126 वर्ष की दीर्घायु हो जाती है और इसके कारण 'रामचरितमानस' की रचना 77 वर्ष की अवस्था में प्रारम्भ होती है। केशव की 'रामचन्द्रिका' का इसमें दिया रचनाकाल वास्तविक रचनाकाल से मेल नहीं खाता।

(2) दूसरी बातें घटनाओं-सम्बन्धी हैं, जैसे हितहरिवंश की मृत्यु, सूरदास का मिलना और गोकुलनाथ का पत्र लाना—उस समय जब उनकी अवस्था केवल 4 वर्ष की निकलती है। 'रामचन्द्रिका' की रचना और केशव की भेंट आदि के प्रसंग भी इसी प्रकार त्रुटिपूर्ण हैं।

(3) ऐतिहासिक तथ्यों का जो इसमें उल्लेख है वह भी इतिहास से प्रामाणिक सिद्ध नहीं हो पाता।

(4) अलौकिक घटनाओं का वर्णन, जैसे जन्मते ही राम-नाम का उच्चारण करना, और बत्तीसों दाँत होना, विधवा स्त्री के पति को जिलाना, पत्थर के नन्दी का हत्यारे के हाथ से प्रसाद पाना और कृष्ण का राम बन जाना आदि अविश्वसनीय है।

ऐसे ही कुछ तिथियाँ जो इसमें दी हुई हैं, वे ज्योतिष की गणना के अनुसार अशुद्ध रहती हैं।

ऊपर लिखी बातों के आधार पर कुछ विद्वानों ने इसे अप्रामाणिक ठहराया है। ध्यान से देखने पर ऐसा लगता है जैसे इसके भीतर प्राप्त सत्य का अंगीकार करना नहीं, वरन् उसे अप्रामाणिक सिद्ध करना ही कुछ लोगों का उद्देश्य है। तिथियों के सम्बन्ध में गड़बड़ी और अशुद्धि हो सकती है। परन्तु यदि दो तिथियाँ गलत निकल आएँ तो पूरी घटनाएँ गड़बड़ मान लेने का कोई कारण नहीं। तब न तो छापाखाने थे और न इस प्रकार की सुविधाएँ। गणना में भी स्थानीय अन्तर हो सकते थे। अत: यह गम्भीर कारण अप्रामाणिक होने का नहीं कहा जा सकता। जो चमत्कारपूर्ण अलौकिक कृत्यों का उल्लेख है वह तो उसकी आधुनिकता नहीं, प्राचीनता ही सिद्ध करता है, क्योंकि तब इस प्रकार की बातों पर विश्वास था, अब नहीं। यदि लिखने वाला आधुनिक युग का कोई व्यक्ति होता तो निश्चय ही ऐसी बातें एकदम हटा देता। फिर इस प्रकार के उल्लेख, जनश्रुति, प्रियादास की टीका आदि से भी पुष्ट होते हैं। अत: यह कृति निश्चय ही किसी आधुनिक युग के व्यक्ति की नहीं। साथ ही इसमें आई बातें अन्य आधारों द्वारा भी सिद्ध हो जाती हैं। तिथि-सम्बन्धी उल्लेख अन्य ग्रन्थों में नहीं हैं। अतएव इसमें जो कुछ अशुद्धि निकलती है उसको छाँटकर अन्य बातों को मानने में आपत्ति नहीं होनी चाहिए।

'मूल गोसाईं-चरित' के आधार पर तुलसीदास की जीवनी की प्रमुख बातें ये हैं—तुलसीदास का जन्म सं. 1554 वि. में श्रावण शुक्ला सप्तमी को राजापुर में हुआ था—

पन्द्रह सै चौवन विषै कालिन्दी के तीर।
श्रावण सुकला सप्तमी तुलसी धरे सरीर॥

इनके पिता राजापुर के राजगुरु थे। इनकी माता का नाम हुलसी था। जन्म के समय ये रोए नहीं, वरन् राम-नाम उच्चारण किया जिससे इनका नाम रामबोला पड़ गया। इनके बत्तीसों दाँत थे और ये पाँच वर्ष के बालक जैसे उत्पन्न हुए थे। जन्म के तीन दिन बाद इनकी माता का देहान्त हो गया। माता ने पुत्र की रक्षा का भार अपनी दासी चुनियाँ को सौंप दिया था, अत: हुलसी की मृत्यु के बाद वह रामबोला को अपनी ससुराल हरिपुर ले गई और वहाँ वह साँप के काट लेने से स्वयं ही मर गई। वहाँ से राजापुर पिता के पास सन्देशा आया, पर उन्होंने बालक को अमंगलकारी जानकर वापस बुलाया ही नहीं। पाँच वर्ष का बालक रामबोला द्वार-द्वार भीख माँगने लगा। अनन्तानन्द के शिष्य नरहर्यानन्द ने सब संस्कार करके सूकर-क्षेत्र में इन्हें राम की कथा सुनाई। उन्होंने रामबोला का तुलसी नाम रखा। पाँच वर्ष के बाद नरहरि उन्हें लेकर काशी आए और वहाँ शेष सनातन से मिले। शेष सनातन तुलसी की प्रतिभा पर चकित रह गए और उनके संरक्षण में इन्होंने इतिहास, पुराण और काव्यकला सभी कुछ पढ़ डाला। शेष सनातन की मृत्यु के उपरान्त तुलसी राजापुर आए और वहीं रामकथा कहकर अपना जीवन व्यतीत करने लगे।

सं. 1583 में तारपिता गाँव के एक ब्राह्मण ने तुलसी का विवाह अपनी पुत्री से कर दिया। पाँच वर्ष वैवाहिक जीवन व्यतीत करने के बाद उनकी स्त्री एक बार चुपचाप मैके चली गई। वे स्वयं उसके पीछे ससुराल गए और उनकी चेतावनी पर वैराग्य ग्रहण किया। इस दु:ख में सं. 1589 में उनकी पत्नी की मृत्यु हो गई। तुलसी ने घर से निकलकर 15 वर्ष तक तीर्थयात्रा और भ्रमण कर अन्त में चित्रकूट में अपना निवास-स्थान बनाया। वहाँ हनुमान के द्वारा राम-दर्शन हुए। यहीं हितहरिवंश का पत्र मिला और सूरदास भी मिलने आए और इन्हें सं. 1616 में अपना 'सूरसागर' दिखाया। मीराबाई का पत्र मिला और उसका तुलसी ने उत्तर दिया। संवत् 1628 में 'रामगीतावली' और 'कृष्णगीतावली' को संगृहीत किया। इसके बाद ये काशी चले गए। रास्ते में वारिपुर, दिगपुर स्थानों पर रुके और कुछ कविताओं की रचना की। काशी में शिवजी ने दर्शन देकर इन्हें राम-कथा लिखने के लिए प्रेरित किया जिसके फलस्वरूप सं. 1631 में अयोध्या आकर इन्होंने 'रामचरितमानस' की रचना प्रारम्भ की।

'रामचरितमानस' की ख्याति बढ़ गई, फलत: काशी के पंडितों ने उसे द्वेषवश चुरवाने का प्रयत्न किया और तुलसी ने वह प्रति काशी के जमींदार टोडर के यहाँ सुरक्षित रखवाई। काशी के पंडितों के द्वारा पीड़ित होने पर सं. 1633 से '40 तक इन्होंने 'विनयपत्रिका' लिखी। इसके बाद इन्होंने मिथिला-यात्रा की। इसी समय के लगभग 'रामललानहछू', 'पार्वतीमंगल' और 'जानकीमंगल' की रचना की। सं. 1640 में 'दोहावली' का संग्रह किया। सं. 1641 में वाल्मीकि-रामायण की प्रतिलिपि तैयार की। सं. 1642 में केशवदास तुलसी से मिले और इनसे प्रेरित होकर 'रामचन्द्रिका' की रचना की। अपनी यात्राओं में ये नाभादास,

नन्ददास, गोपीनाथ, मलूकदास आदि से मिले। इन्होंने अनेक चमत्कार भी दिखाए। सं. 1670 में जहाँगीर दर्शनों के लिए आया और तुलसी को धन देना चाहा, पर इन्होंने अस्वीकार कर दिया। इस बीच में इन्होंने अन्य ग्रन्थों की रचना की। संवत् 1680 में श्रावण तीज शनिवार को गंगा के किनारे असी घाट पर तुलसीदास ने शरीर छोड़ा।

संवत सोलह सौ असी असी गंग के तीर।
श्रावण श्यामा तीज सनि तुलसी तजे शरीर॥

उपर्युक्त विवरण इतना पूर्ण है और तुलसीदास के सम्बन्ध में विश्वस्त रूप से ज्ञात लगभग समस्त बातों को इस प्रकार अपने में समेट लेता है कि तिथि आदि छोड़कर अन्य अधिकांश घटनाओं को मान लेने में कोई हानि नहीं। हितहरिवंश, सूरदास, केशवदास आदि के सम्बन्ध में जो बातें दी गई हैं, वे अपने चरित-नायक के महत्त्व को ऊपर उठाने के उद्देश्य से इस रूप में है। हमें यह भी ध्यान में रखना चाहिए कि 'दो सौ बावन वैष्णवन की वार्ता' आदि में जो बातें हैं, वे कृष्णोपासक सम्प्रदाय के प्रचारार्थ हैं। अत: तुलसीदास के रामोपासक होने से, यदि उनके महत्त्व का स्पष्टीकरण उनमें नहीं हुआ, तो उसका कारण समझा जा सकता है। इस चरित्र में जितने तथ्यों का उल्लेख है उतनों का किसी अन्य ग्रन्थ में नहीं, अत: सहसा अविश्वसनीय कह देना ठीक नहीं। हमें उस पर फिर विचार करना चाहिए और जो बातें अशुद्ध या असत्य निकलती जाएँ उन्हें ही अस्वीकार करना चाहिए।

तुलसी-चरित

यह चरित प्रकाशित नहीं हुआ है। सं. 1969 की ज्येष्ठ मास में प्रकाशित 'मर्यादा' पत्रिका के एक लेख में ही उसका उल्लेख है। इसे एक बड़ा बृहद् ग्रन्थ कहा गया है। इसके अवध, काशी, नर्मदा और मथुरा चार खंड हैं और इसमें 133962 छन्द हैं। इसका चरित्र किंवदन्तियों और अन्तस्साक्ष्य से मेल नहीं खाता। इसमें न तो बाल्यावस्था कष्टकारी सिद्ध होती है और न वैराग्य-भाव का कोई कारण प्रकट होता है। तीन विवाह जिसके हों और छ:-छ: हजार मुद्राएँ जिसे दहेज में मिले उसके भीतर यह दैन्य नहीं हो सकता जो तुलसी के भीतर परिव्याप्त है। यह न तो प्रकाशित ही हुआ है और न विद्वानों द्वारा मान्य ही है, अत: अधिक विवरण व्यर्थ है।

घटरामायण

हाथरस के तुलसी साहेब का समय सं. 1820 से 1900 तक है। उन्होंने अपने को गोस्वामी तुलसीदास का अवतार मानकर अपने ग्रन्थ 'घटरामायण' में अपने पूर्वजन्म की आत्मकथा लिखी है। यह बहुत संक्षिप्त है और इसमें चमत्कारपूर्ण प्रसंगों का अभाव है। इसमें तिथियों तथा अन्य व्यक्तियों के उल्लेख प्रामाणिक और पुष्ट नहीं कहे जा सकते। साथ ही साथ यह बात भी विश्वसनीय नहीं हो सकती कि वे ही पूर्वजन्म में तुलसीदास थे और उन्हें अपने पूर्ववर्ती जीवन की सभी बातें याद थीं। हम केवल यही कह सकते हैं कि इसमें प्राप्त सामग्री तत्कालीन जनश्रुति का एक रूप है और इसका इतना ही महत्त्व है। मोटे रूप से इसमें आई घटनाएँ इस प्रकार हैं : तुलसी का जन्म संवत् 1589 भाद्रपद शुक्ल 11, मंगलवार को यमुना

के किनारे राजापुर में हुआ था। सं. 1614 में उन्हें ज्ञानोदय हुआ। वे काशी गए। सं. 1618 में उन्होंने 'घटरामायण' की रचना की, पर उसका बड़ा विरोध हुआ। उसको छिपाकर सं. 1631 में उन्होंने 'रामचरितमानस' की रचना की। इसमें उल्लिखित जन्म-सम्बन्धी तिथि ही शुद्ध है, अन्य नहीं और यह एक संयोग की ही बात है। इस विवरण को कोई भी ऐतिहासिक महत्त्व देना उचित नहीं।

काशी की सामग्री

इस सामग्री के अन्तर्गत एक पुरानी इमारत है जिसमें हनुमानजी की मूर्ति है तथा लकड़ी का एक टुकड़ा है जो उस नाव का भाग बताया जाता है जिस पर गोसाईं जी गंगा पार जाते थे। इसके अतिरिक्त एक जोड़ी खड़ाऊँ, एक चित्र है, जो नए हैं। प्रह्लाद घाट पर, गंगाराम के उत्तराधिकारियों के पास एक पुराना चित्र है, जिसे जहाँगीर का बनवाया हुआ कहा जाता है। असी घाट के स्थान पर गोस्वामी के उत्तराधिकारियों के कुछ कागजात हैं। ये सनदें और दानपत्र प्रामाणिक हैं। इनके अतिरिक्त तुलसीदास की लिखी हुई वाल्मीकि-रामायण के उत्तरकांड की हस्तलिखित प्रति सं. 1641 की लिखी है और एक टोडर से उत्तराधिकारियों के बीच हुआ पंचायतनामा है। यह सामग्री संग्रहणीय है परन्तु इससे उनकी जीवनी पर कोई नवीन प्रकाश नहीं पड़ता। 'रामायण' की प्रतिलिपि, 'मूल गोसाईं-चरित' के तत्सम्बन्धी विवरण की पुष्टि करती है।

अयोध्या की सामग्री

इसमें एक 'तुलसी चौरा' है। कहते हैं गोस्वामी जी ने यहीं मानस की रचना की थी। दूसरी महत्त्व की वस्तु मानस के बालकांड की एक प्रति है, जो यहाँ 'श्रावण-कुंज' नामक मन्दिर में है। कहा जाता है कि इसमें कई स्थानों पर गोस्वामी के हाथ के संशोधन हैं। इस प्रति का लिपिकाल सं. 1661, बैसाख सुदी 6 बुधवार दिया हुआ है। डॉ. माताप्रसाद गुप्त का मत है कि यह तिथि गणना से शुद्ध नहीं निकलती। साथ ही 61 का 6 ऐसा है जो 9 के ऊपर लिखा जान पड़ता है। अतः लिपिकाल सं. 1691 मानना चाहिए जो गणना से भी शुद्ध उतरता है। जो कुछ भी हो, इससे उनकी जीवनी पर कोई विशेष प्रकाश नहीं पड़ता।

राजापुर की सामग्री

राजापुर में यमुना के किनारे पहले एक कच्चा मकान था जो यमुना की बाढ़ में नष्ट हो गया है। अब उसका चित्रमात्र शेष है। अब एक पक्का मकान वहाँ से हटाकर बनाया गया है। इसमें काले पत्थर की एक मूर्ति है जो यमुना की रेत में पड़ी मिली और इसे गोस्वामी जी की मूर्ति बताया जाता है। 'मानस' के अयोध्या-कांड की एक प्रति भी है जो गोस्वामी जी के हाथ की लिखी कही जाती है। राजापुर में प्रचलित कुछ रीति-रिवाज भी हैं जो तुलसीदास के समय से प्रचलित माने जाते हैं। यहाँ पर गोस्वामी जी के शिष्य उपाध्यायों के पास कुछ सनदें हैं जो यह सिद्ध करती हैं कि तुलसी का सम्बन्ध यहाँ से था और वहाँ के शासक इन्हें तुलसी का उत्तराधिकारी मानते आए हैं। बाँदा गजेटियर में उल्लेख मिलता है कि राजापुर

की स्थापना गोस्वामी तुलसीदास ने अकबर के शासनकाल में की थी जो सोरों जिला एटा से आए थे। इससे स्पष्ट है कि गजेटियर के समय तक, उधर के लोगों में सोरों गोस्वामी जी की जन्मभूमि प्रसिद्ध थी। राजापुर को तुलसी ने बसाया था, यह मानना कठिन है क्योंकि यदि यह मानें तो तुलसी कहीं बाहर से आए थे और इतने प्रसिद्ध थे कि वे एक शहर बसा सकते थे, यह भी मानना पड़ता है। इसके साथ ही तुलसी यदि इसे बसाते तो राजापुर नाम कभी न रखते, वरन् वे राम से सम्बन्धित कोई नाम ही रखते। गजेटियर में आई जनश्रुति का रूप विश्वसनीय नहीं ठहरता। राजापुर से तुलसी का सम्बन्ध था इसमें सन्देह नहीं। वहाँ उनका शिष्य-परिवार है, अतः जन्मभूमि होने से यह दूर है।

सोरों की सामग्री

सोरों की सामग्री के भीतर 'रामचरितमानस' के बाल और अरण्यकांडों की प्रतियाँ सूकर-क्षेत्र माहात्म्य-भाषा (कृष्णदास-चरित), मुरलीधर चतुर्वेदी-कृत रत्नावली-लघु-दोहा-संग्रह, दोहा-रत्नावली आदि हैं। इस सामग्री की प्रामाणिकता और प्राचीनता में सन्देह है। सोरों की सामग्री के आधार पर तुलसी के जीवन-चरित की निम्नलिखित बातें ज्ञात होती हैं।

तुलसीदास के पूर्वज रामपुर के रहने वाले थे। सोरों जिला एटा में आकर बसे थे। इनके पिता का नाम आत्माराम था। ये सनाढ्य शुक्ल ब्राह्मण थे। इनके चचेरे भाई नन्ददास और चन्ददास थे। माता-पिता के देहावसान के बाद सोरों में ही रहते थे और वहीं नृसिंह चौधरी की पाठशाला में पढ़ा करते थे। बचपन का नाम रामबोला था। तुलसी का विवाह सं. 1589 में दीनबन्धु पाठक की विदुषी कन्या रत्नावली से हुआ। इनका दाम्पत्य जीवन सुखमय था, पुराणादि की कथा बाँचकर जीविकोपार्जन करते थे। उनके तारापति नामक पुत्र भी हुआ जो थोड़े ही दिनों तक जीवित रहा। रत्नावली के एक बार भाई के राखी बाँधने के लिए मायके जाने पर तुलसी ने सूनेपन का अनुभव किया और रात में गंगा के प्रवाह को पार कर रत्नावली के पास गए। रत्नावली को यह जानकर बड़ा क्षोभ हुआ और उसने उन्हें चेतावनी दी जिससे इनका आध्यात्मिक संस्कार जाग उठा और ईश्वर के प्रेम की ओर अभिमुख होकर ये घर से निकल गए। इनके उपरान्त के तुलसी के जीवन का विवरण सोरों की सामग्री में उपलब्ध नहीं है।

इसके आधार पर तुलसी और नन्ददास चचेरे भाई सिद्ध होते हैं। जो 'दो सौ बावन वैष्णवन की वार्ता' का भी साक्ष्य है। 'भक्तमाल' में नन्ददास पूरब के रामपुर गाँव के निवासी प्रकट होते हैं। यदि सोरों के पास का रामपुर है, तो उसे पूरब नहीं कहा जा सकता, क्योंकि वह पूर्व दिशा में होते हुए भी निकट है। इसके अतिरिक्त जो बालकपन का गोस्वामी तुलसीदास का वर्णन इस सामग्री के आधार पर मिलता है, वह अन्तस्साक्ष्य के सर्वथा विपरीत पड़ता है। इसमें ये अपने भ्राता के साथ पाठशाला में पढ़ते रहते हैं, पर अन्तस्साक्ष्य उनका द्वार-द्वार भटकने और चार चनों के लिए ललकने वाला रूप प्रकट करता है, अत. यह प्रामाणिक नहीं है। इस सामग्री में यह उल्लेख संदिग्ध है कि ये वही हैं, जो 'रामचरितमानस' के लेखक प्रसिद्ध तुलसीदास हैं। हो सकता है कि सोरों में पढ़ने वाले तुलसी कोई दूसरे

हों जिनका बचपन कष्टमय न बीता हो और ये तुलसी दूसरे।

अब शंका रह जाती है सूकर-क्षेत्र के सम्बन्ध में। सूकरखेत तुलसी के जन्म-स्थान के समीप होना चाहिए। वहाँ उनका निज गुरु होना चाहिए। और उसे राम नाम का उपदेशक भी होना चाहिए, जैसा कि 'विनयपत्रिका' की पंक्ति 'गुरु कह्यो राम भजन नीको मोहिं लगत राजडगरो सो' से प्रकट होता है। सूकर-क्षेत्र नाम के अधिकारी दो स्थान प्रस्तुत किए जाते हैं—एक तो प्रसिद्ध सोरों है और दूसरा गोंडा जिला में सरयू के किनारे तीर्थस्थान जिसे पं. रामबहोरी शुक्ल ने प्रस्तुत किया था। यदि गोस्वामी तुलसीदास का जन्म-स्थान राजापुर माना जाए तो तुलसी गुरु की खोज में राम नाम सुनने राजापुर से उस अप्रसिद्ध सूकर-खेत क्यों जाते ? अधिक प्रसिद्ध स्थान प्रयाग, काशी और चित्रकूट थे, जहाँ वे बड़ी सुगमता से जा सकते थे। शास्त्रों में प्रामाणिक गोंडा वाला शूकर-क्षेत्र नहीं। एक तो सोरों है, दूसरा बिहार में जो वाराह-क्षेत्र माना जाता है। राजापुर से सोरों जाना भी कुछ तुक का नहीं दीखता, क्योंकि तुलसी बहुत छोटे थे और निपट असहाय भी थे। साथ ही उतनी दूर निज गुरु भी कैसे हो सकते थे!

जीवनी की रूपरेखा

अतः निष्कर्ष यही निकलता है कि जन्मभूमि न तो राजापुर ही है और न सोरों ही, वरन् सोरों का शूकर-क्षेत्र के पास कोई स्थान गोस्वामी जी की जन्मभूमि हो सकता है जहाँ वे उत्पन्न हुए। जन्मते ही इनकी माता नहीं रही और पिता ने भी शीघ्र ही संसार त्याग दिया और इन्हें किसी ने आश्रय नहीं दिया। वे भटकते माँगते-खाते सूकर खेत (सोरों) पहुँचे। वहाँ नरहरिदास को गुरु-रूप में स्वीकार कर उनसे राम-कथा सुनी। उसके उपरान्त सत्संग में ये चित्रकूट गए होंगे और उसके पास ही राजापुर में विवाहोपरान्त रहने लगे। इनका स्त्री के उपदेश से वैराग्य प्राप्त होने के समय का वास-स्थान राजापुर ही है। वहाँ से इन्होंने काशी, अयोध्या ओर चित्रकूट आदि स्थानों में घूमते रहकर ज्ञानार्जन और भक्ति-साधना की, साथ ही काव्य-रचना भी। इनकी माता का नाम हुलसी और गुरु का नरहरि था। 'रामचरितमानस' की रचना संवत् 1631 में अयोध्या में हुई, संवत् 1643 में 'पार्वतीमंगल' की रचना हुई। वृद्धावस्था में इन्हें भयंकर बाहुपीड़ा का कष्ट सहना पड़ा। काशी में इन्होंने महामारी का हृदय-विदारक दृश्य भी देखा और क्षुब्ध होकर हनुमान, शंकर और राम से उद्धार की प्रार्थना की। पर अन्तिम समय सन्तोष और आस्था के साथ इन्होंने इहलोक-लीला समाप्त की।

जन्म-तिथि

जन्म-तिथि के सम्बन्ध में भी बड़ा मतभेद है। 'शिवसिंह-सरोज' में इनकी जन्म-तिथि संवत् 1582 के लगभग मानी गई है जिससे स्पष्ट है कि उसका कोई आधार नहीं। विल्सन ने भी अपने ग्रन्थ 'रिलिजस सेक्ट्स ऑफ दा हिन्दूज' में इसी प्रकार संवत् 1600 वि. तुलसी की जन्म-तिथि लिखी है, वह भी निराधार है। डॉ. जार्ज गियर्सन ने 'घटनारायण' के आधार पर संवत् 1589 तिथि मानी है जो डॉ. माताप्रसाद गुप्त को भी मान्य है, क्योंकि यह गणना से शुद्ध उतरती है। परन्तु भादों सुदी 11 मंगलवार इस तिथि की परम्परा का कोई प्रमाण

नहीं, यह तो घटरामायण की कल्पना-मात्र है। अधिक मान्य तो 'मूल गोसाईं-चरित' की तिथि संवत् 1554 सावन शुक्ला 7 होनी चाहिए, क्योंकि इसकी परम्परा है। 'मानस-मयंक' के लेखक ने भी इसे ही स्वीकार किया है। इसको इस बात के कारण न ग्रहण करना कि तुलसी इसके मानने से अति दीर्घायु हो जाते हैं, कोई तर्क नहीं। अतः इस तिथि को ही तुलसी का जन्म-समय समझना चाहिए।

मृत्यु-तिथि

मृत्यु का संवत् 1680 तो सभी को मान्य है। परन्तु कुछ लोग सावन शुक्ला सप्तमी तिथि मानते हैं जो भ्रमवश दूसरे दोहे के प्रसंग से लगा लिया जाता है। काशी के जमींदार और गोसाईं जी के मित्र टोडर के उत्तराधिकारी सावन कृष्ण 3 को निधन-तिथि मानते हैं और इसी दिन सीधा आदि देते हैं। यही तिथि 'मूल-गोसाईं-चरित' के इस दोहे में प्रकट है—

संवत सोलह सै असी असी गंग के तीर।
सावन स्यामा तीज सनि तुलसी तजे सरीर॥

यह तिथि गणना से भी सही उतरती है अतः सर्वमान्य है। यह है तुलसी के लौकिक जीवन का विवरण।

समकालीन परिस्थिति

कवि, परिस्थति-विशेष में उत्पन्न होता, बढ़ता, संस्कार ग्रहण करता, प्रेरणा प्राप्त करता, बनता और उस परिस्थिति को अपनी रचनाओं में प्रतिबिम्बित करता है, यह ठीक है। परन्तु साथ ही यह भी ठीक है कि वह अपनी समसामयिक परिस्थितियों की प्रतिक्रिया-स्वरूप बहुत कुछ उन्हें परिष्कृत करने और बनाने का भी कार्य करता है। वह कवि नहीं जो अपनी स्थिति से जन्म और जीवन ग्रहण करके अपने भावों और विचारों के द्वारा वायुमंडल को सुरभित, विकसित और प्रफुल्लित न कर दे। यदि वह युग का प्रतिनिधित्व करता है, तो वह युग का निर्माण भी करता है, यह सभी महान कलाकारों के सम्बन्ध में सत्य है। अतः किसी कवि के अध्ययन करने में उसके दोनों पक्ष देखना हमारे लिए अनिवार्य हो जाता है। पहले तो हमें यह देखना होता है कि कहाँ तक समसामयिक परिस्थितियों ने किसी कवि को बनाने में योग दिया है और फिर यह भी समझना होता है कि उसने युग तथा आगामी युगों को कहाँ तक प्रभावित किया है। गोस्वामी तुलसीदास का अध्ययन हम इन्हीं दृष्टियों से करेंगे।

भारतीय सांस्कृतिक इतिहास के अन्तर्गत 'रामचरितमानस' की रचना एक बड़ी ही महत्त्वपूर्ण घटना है। तुलसी की परिस्थितियों ने, उनके युग ने, उनके माता-पिता ने तुलसी को जन्म देकर कोई महत्त्वपूर्ण कार्य नहीं किया; परन्तु तुलसी ने 'मानस' की रचना करके एक महत्त्वपूर्ण कार्य सम्पन्न किया है। अतः तुलसी की महत्ता अपनी ही निजी है। उनकी परिस्थितियों ने तुलसी को मानस-जैसी कृति की रचना के लिए कोई भी सुविधाएँ नहीं दीं, वरन् सामान्य रीति की जो सुविधाएँ ऐसे व्यक्ति को मिल सकती हैं वे भी उनसे छीन लीं। उनके शारीरिक, मानसिक, नैतिक किसी भी प्रकार के विकास में सहायक उनकी

पारिवारिक और सामाजिक परिस्थितियाँ नहीं थीं, अतः जो कुछ महानता इन्हें प्राप्त हुई वह परिस्थिति-प्रदत्त नहीं, वरन् निजी प्रतिभा और शक्ति के रूप में है। हाँ, परिस्थितियों ने इनकी प्रतिभा और महानता को प्रखर और जागरूक रखने के लिए अवश्य महत्त्वपूर्ण काम किया। जैसे कोई विषम और प्रतिकूल परिस्थितियों के थपेड़े खाकर अपनी सामर्थ्य के प्रति सचेत हो जाता है, वैसी ही सचेतता एक असीम शक्ति के ऊपर विश्वास-रूप में तुलसी के भीतर जाग्रत् हो सकी।

राजनीतिक स्थिति

गोस्वामी तुलसीदास जी का प्रादुर्भाव-काल पन्द्रहवीं शताब्दी ईसवी का अन्त अथवा सोलवीं शताब्दी ईसवी का प्रारम्भ था। भारतीय इतिहास के अनुसार उस समय पठानों (लोदी वंश) का शासन-काल समाप्त हो रहा था और मुगलों का भारतीय शासन-क्षेत्र में पदार्पण। 1526 ई. में बाबर ने इब्राहीम लोदी को परास्त किया और सन् 1526 से 1530 ई. तक दिल्ली का राजशासन किया। उसके बाद हुमायूँ का और सन् 1556 से 1605 तक अकबर का राज्यकाल रहा। पठानों और मुगलों के शासनकाल के महत्त्वपूर्ण अंश को अपनी आँखों देखा अथवा श्रुत अनुभव प्राप्त किया। बड़े-बड़े राजकीय परिवर्तन उनके समय में हुए। शासन को प्राप्त करने के लिए परस्पर लड़ाई-झगड़े उस युग की विशेषता थी। क्या राजा, क्या प्रजा, सभी का जीवन स्थिरता और सुरक्षा से हीन था। उस समय कुछ भी स्थायी न था। राजनीतिक परिस्थिति की विशेषताओं का संक्षिप्त निर्देश इस प्रकार से किया जा सकता है—

1. राजकीय परिवर्तन बड़ी शीघ्रता से हो रहे थे।
2. इस राज्य-परिवर्तन में अधिकांश अधिकार-लिप्सा और शक्ति ही प्रेरक थी। कोई नियम, मर्यादा या आदर्श विद्यमान न थे। भतीजा चाचा का, पिता पुत्र का, भाई भाई का वध कर या उसे बन्दी कर राज्य पर अपना अधिकार जमा लेता था।
3. राजा और शासक, प्रायः अशिक्षित, अहंमन्य, विलासी और क्रूर थे। शासन को अपने अधिकार में रखने की ओर वे अधिक सचेत थे, जन-कल्याण की ओर नहीं।
4. अकबर के पूर्ववर्ती राजाओं के अस्त-व्यस्त और अव्यवस्थित शासन-काल में कोई भी सामाजिक और सांस्कृतिक उन्नति न हुई थी।

उपर्युक्त बातों का तुलसी के मानस पर गहरा प्रभाव पड़ा। उनके मन में प्रतिक्रिया-स्वरूप भारतीय रघुवंशी राजाओं का आदर्श शासन जाग्रत् हुआ जो अत्यन्त प्रजावत्सल, त्यागी, वीर और गुणसम्पन्न थे। अतः इन परस्पर लड़ते-झगड़ते और अपने सगे-सम्बन्धियों का रक्त बहाते राजाओं के सम्मुख उन्होंने राम के परिवार का आदर्श रखा, जहाँ पिता की आज्ञावश एक राज्य का अधिकारी पुत्र वनवास ग्रहण करता है और उसी का दूसरा भाई वंश-मर्यादा और भातृ-प्रेम का पालन करता हुआ राज्य को ठुकरा देता है और बड़े भाई के आने तक केवल उसे धरोहर-रूप में रखता है। इस आदर्श को सामने रखकर उन्होंने अपने युग में रामराज्य की स्थापना करनी चाही, जो बाह्य विजयों पर नहीं वरन् हृदय और

मानस पर युग-युग तक कायम रह सका। पठानों और मुगलों का साम्राज्य संसार से और भारत से उठ गया, पर तुलसी का सांस्कृतिक रामराज्य आज भी दृढ़ता से हमारे बीच जमा हुआ है। रामराज्य की उच्च धारणा रखने वाले तुलसी को तत्कालीन राजाओं की अशिक्षा और क्रूरता कितनी खटकती थी, यह उनके खीझ-भरे नीचे के दोहे से प्रकट है—

गोड़ गँवार नृपाल भुवि यवन महा महिपाल।
साम न दाम न भेद कलि केवल दंड कराल॥

मानवता और करुणा से ओत-प्रोत तुलसी का मानस इस क्रूरता को सहन करने में असमर्थ था। इसीलिए उन्होंने अपने आसपास मानसिक राम-राज्य बना लिया था, जिसमें वे स्वयं जीवन-पर्यन्त रहे और अपने बाद भी उसे छोड़ गए। उक्ति है कि एक बार अकबर के दरबार की मनसबदारी का प्रलोभन मिलने पर उन्होंने कहा था—

हम चाकर रघुबीर के पटव लिखो दरबार।
तुलसी अब का होहिंगे नर के मनसबदार॥

अतः हम कह सकते हैं कि तुलसी के संवेदनशील मानस पर प्रेरणात्मक प्रभाव डालने में तत्कालीन राजनीतिक परिस्थितियों का हाथ था।

सामाजिक स्थिति

तुलसी के समय सामाजिक ढाँचा तो दूसरा था, पर व्यावहारिक स्थिति उससे भिन्न थी। उस समय वर्ण-व्यवस्था थी, ऊँच-नीच का भेद खूब था, आश्रम-व्यवस्था नहीं थी, पर संन्यासी, साधु, भक्तों, योगियों आदि का आदर था, उनके प्रति सम्मान का भाव था। पारिवारिक जीवन में दिखावे की मर्यादा बन्धन रूप में थी; उसका आन्तरिक स्फुरण नहीं था। स्त्री को परिवार में बन्धन अनेक थे, भय अनेक थे, पर स्वच्छन्दता और अधिकार कम। आर्थिक दृष्टि से वह पुरुष के ऊपर आश्रित थी। मुगलों और पठानों की क्रूर सौन्दर्य-लिप्सा ने उसे वासनात्मक आकर्षण एवं विलासात्मक महत्त्व ही दे रखा था। उस समय जन-साधारण में तो नहीं, पर समृद्ध समाज में बहुपत्नीत्व का प्रचलन था। हिन्दू-समाज में भी यह वर्जित न था, पर मुसलमानों के बीच तो यह अधिकांश रूप से देखने को मिलता था। बादशाह, छोटे-छोटे शासक और पदाधिकारी-गण एक से अधिक स्त्रियाँ रखते थे, जिसका दुष्परिणाम विलासिता और दुराचार था। उदात्त साामजिक और देशोन्नति की भावनाओं के स्थान पर विलासिता, लोभ, ईर्ष्या, द्वेष और वैमनस्य का ही अधिकार था और शासक लोग धन और विलासलिप्सा से ही परिपूर्ण थे। इसका प्रभाव सामान्य जनों के चरित्र पर भी अवश्य पड़ा होगा, विशेष रूप से शासकवर्ग की जनता तो इससे अवश्य प्रभावित थी।

हिन्दू-समाज में कुछ राजाओं और बादशाहों के कृपापात्रों के अतिरिक्त अधिकांश जनता, महत्त्वाकांक्षाहीन, निर्धन और जीवन से उदासीन थी। अधिकांश जन-साधारण का जीवन राजाओं और अधिकारी-जनों की सुख-समृद्धि जुटाने में ही व्यतीत होता था। वे परिश्रम भी करते थे तो वह अपने सुख या आवश्यकता-पूर्ति के लिए न हो पाता था, क्योंकि वह सब कुछ उस युग के शक्तिसम्पन्न जनों के बहते विलास की महाधारा में बहकर मिलता जाता था और इस प्रकार जन-साधारण सतत आतंक, दुर्दशा और गरीबी में जीवन व्यतीत

कर रहा था। यद्यपि भूमि उर्वर थी, पर अपनी विवशता और साधन-हीनता के कारण उसमें अच्छी उपज नहीं कर पाते थे और सामान्य जनता का जीवन करुणा और वेदना से भरा हुआ था क्योंकि राजा प्रजा के लिए नहीं, वरन् प्रजा राजा के लिए थी। धनी और शासक समुदाय की स्वार्थपूर्ण असामाजिक लिप्सा और शक्ति के दुरुपयोग के कारण साधारणजनों का जीवन दुःख और शोक का आवास था; जिसका परिणाम था दरिद्रता, आचरणहीनता, आत्मविश्वास की कमी, जीवन के प्रति उदासीनता और निर्वेद एवं अतिशय ईश्वरोन्मुखता। इस युग में हिन्दू-समाज में भक्ति-भावना को जाग्रत् करने का यही बहुत बड़ा कारण था।

अकबर का शासन-काल किन्हीं अंशों में अच्छा था, फिर भी वह सापेक्ष दृष्टि से ही। उसके समय में पड़े हुए दुर्भिक्षों के समय जनता में त्राहि-त्राहि मची थी। सन् 1556 और 1573-74 में पड़े हुए दुर्भिक्षों में आदमी अपने ही सगे-सम्बन्धियों को खा जाते थे। चारों ओर उजाड़ दिखाई देता था और खेत जोतने के लिए जीवित आदमी बहुत कम रह गए थे। इस प्रकार दुर्भिक्ष, अकाल और महामारी के समय जनता की रक्षा का ध्यान शासकों को बहुत कम था। समाज की व्यवस्था बड़ी बिगड़ी हुई थी और संगठन छिन्न-भिन्न था। हिन्दू-समाज में वर्ण-व्यवस्था का शिथिल ढाँचा रह गया और उसमें से कर्म-कौशल, त्याग और संगठन की भावना विलीन हो गई थी, वही विकृत होकर अब उपहास का कारण बन बैठी थी जिसका संकेत इतिहासकारों ने भी किया है और गोस्वामी तुलसीदास ने भी अपने 'रामचरितमानस' और 'कवितावली' में उल्लेख किया है।

इतिहासकारों द्वारा निर्दिष्ट उपर्युक्त दशा, सामाजिक कल्याण का ध्येय रखने वाले किसी भी व्यक्ति के मानस को द्रवित कर सकती है और तुलसीदास का मन भी अपने समाज और देश की दशा को देखकर अतिशय द्रवित हुआ, वह स्वाभाविक था। 'रामचरितमानस' के उत्तरकांड में समकालीन सामाजिक दशा का जो चित्रण तुलसी ने किया है—वह केवल काल्पनिक नहीं वरन् इतिहाससिद्ध है। संक्षेप में, तुलसी का समकालीन स्थिति का चित्रण इस प्रकार है; किसान को खेती करने के साधन उपलब्ध नहीं, भिखारी को भीख नहीं मिलती, न वणिक का व्यापार ही चलता है और न नौकर को नौकरी मिलती है। लोग जीविकाहीन हैं और सोच एवं चिन्ताग्रस्त दशा में क्षीण हो रहे हैं। एक-दूसरे से कहते हैं कि कहाँ जाएँ और क्या करें। इस समय दरिद्रता-रूपी रावण ने संसार को दबा रखा है।[1] इसके परिणामस्वरूप चारों ओर कुकर्म बढ़ रहे हैं और व्यक्तिगत, सामाजिक और धार्मिक सदाचार सब नष्ट हो रहे हैं। सभी पेट की आग से पीड़ित हैं और अपने उदर-पोषण के लिए कारीगर, व्यापारी, भाट, नट आदि अपने गुण दिखलाते हैं। पेट को भरने के लिए बेटा-बेटी को बेच देते हैं।[2] गौरवशाली, दानी और त्यागी व्यक्तियों का सम्मान नहीं है। इस सामयिक (कलियुग के) प्रभाव ने सबके मन को मलिन कर रखा है।[3] 'कवितावली' में आया यह वर्णन महामारी, रुद्रबीसी आदि के वर्णन से भिन्न है और समसामयिक सामान्य परिस्थिति का ही इतिवृत्त है। 'मानस' के उत्तरकांड में कलियुग-वर्णन जन-मन की मलिनता का और भी स्पष्ट प्रमाण

1. 'कवितावली', उत्तरकांड, छं. 97।
2. वही, छं. 96
3. वही, छं. 99

देता है। परन्तु उसमें प्रायः पौराणिक परम्परा का पालन-सा है और काकभुशुंडि के पूर्ववर्ती जीवन में अनुभूत किसी कलियुग का चित्रण है। 'भागवत' में भी कलियुग-वर्णन है जिसमें आगे वाले कलियुग के धर्मों के रूप में इस प्रकार की बातें कही गई हैं, जैसे कलियुग में विपरीत धर्म का आचरण होगा, कुटुम्ब के भरण-पोषण में ही दक्षता और चतुराई होगी। यश और धन के लिए ही धर्म-सेवन होगा। पांडित्य के नाम पर वाक्चपलता होगी। चारों ओर दुष्ट जन फैलेंगे। चोर एवं दुष्ट बढ़ेंगे। वेद-ज्ञान पाखंड से ढक जाएगा। राजा प्रजा के भक्षक होंगे। ब्राह्मण लोभी और भोगप्रिय होंगे। भृत्य द्रव्यहीन स्वामी को छोड़ देंगे और स्वामी आपत्तिग्रस्त भृत्य को। धर्म को न जानने वाले धर्म की दुहाई देंगे। दुर्भिक्ष और कर से क्षीण जनता सदैव चिन्ताग्रस्त रहेगी। कौड़ी के लिए अपने प्रियजनों तक की हत्याएँ होंगी आदि।[1]

तुलसीदास के 'मानस' के उत्तरकांड में लगभग इसी प्रकार की बातें हैं, पर अनेक बातें ऐसी हैं जो तात्कालिक स्थिति के चित्रण के रूप में हैं। तुलसी का वर्णन है कि कलियुग में ऐसा है। भागवत में है कि ऐसा होगा। अतएव उतना ही अन्तर हमें स्पष्ट दीखता है। तुलसी के कलियुग-वर्णन में प्रमुखतया बल वर्णाश्रम-धर्म की हीनता पर दिया गया है। वर्णाश्रम-व्यवस्था पर तुलसी का अटल विश्वास है। इसके नष्ट होने पर सामाजिक मर्यादा नष्ट हो जाती है, लोक-चेतना कुंठित हो जाती है। और तब यदि राजा भी अनाचारी हुआ तो सत्यानाश ही समझिए। परन्तु यदि वर्णाश्रम-व्यवस्था चलती रहती है तो राजा की अनाचारिता भी लोक-चेतना के सम्मुख पराजित होती है। इसी को भंग होते देखकर तुलसी क्षुब्ध होते हैं और कहते हैं—

कलिमल ग्रसे धर्म सब लुप्त भए सदग्रंथ।
दंभिन्ह निज मति कल्पि करि प्रगट किए बहु पंथ॥
बरन धर्म नहिं आश्रम चारी। श्रुति बिरोध रत सब नर नारी॥
द्विज श्रुति बेचक भूप प्रजासन। कोउ नहिं मान निगम अनुसासन॥
मारग सोइ जा कहुँ जोइ भावा। पंडित सोइ जो गाल बजावा॥
सोइ सयान जो परधन हारी। जो कर दंभ सो बड़ आचारी॥
जो कह झूँठ मसखरी जाना। कलिजुग सोइ गुनवंत बखाना॥
जाकें नख अरु जटा बिसाला। सोइ तापस प्रसिद्ध कलिकाला॥
... ...
मातु पिता बालकन्हि बोलावहिं। उदर भरै सोइ धर्म सिखावहिं॥
... ...
सौभागिनीं बिभूषन हीना। बिधवन्ह के सिंगार नबीना॥
नारि मुई गृह संपति नासी। मूड़ मुड़ाइ होहिं संन्यासी॥[2]

तुलसी का उपर्युक्त वर्णन 'भागवत' से प्रेरित होता हुआ भी समकालीन अनुभव पर आधारित है। अपने युग की इस प्रकार की सामाजिक स्थिति से क्षुब्ध होकर तुलसी ने राम

1. श्रीमद्भागवत, द्वादशस्कंध, अध्याय 2, 3
2. उत्तरकांड, दोहा 97, 98, 100

के परिवार के आदर्श तथा रामराज्य की सामाजिक स्थिति को सामने रखना चाहा था, क्योंकि उनका विश्वास था कि रामराज्य का आदर्श सामने आने पर निश्चय ही लोगों का युग-प्रभाव से कलुषित मन नवीन चेतना और स्फूर्ति से सम्पन्न होगा। उस समाज की फिर से प्रतिष्ठा का प्रयत्न किया जाएगा।

धार्मिक स्थिति

गोस्वामी तुलसीदास के पूर्व उत्तर भारत और दक्षिण की अपनी निजी धार्मिक परम्पराएँ, वहाँ की राजनीतिक और सामाजिक स्थितियों एवं धार्मिक प्रतिक्रियाओं के फलस्वरूप बन गई थीं, जिनमें से किसी का अध्ययन हम ऐकान्तिक और विच्छिन्न रूप से नहीं कर सकते। यदि हम ध्यान से देखें तो सामाजिक प्रतिक्रिया अथवा एकांगी दृष्टिकोण के फलस्वरूप जो धार्मिक परिवर्तन होते गए उन्हें विकास की अवस्थाओं के रूप में ही ग्रहण किया जा सकता है। वैदिक साहित्य के ज्ञान, उपासना और कर्मकांड के पक्षों को लेकर परवर्ती धार्मिक दृष्टियाँ फूटीं। उपनिषद् और वेदान्त ज्ञान और चिन्तन की उत्कृष्ट अवस्था के द्योतक हैं। जिसकी अद्भुत परिणति शंकराचार्य के भाष्य में दिखलाई देती है। याज्ञिक हिंसा और उसके अन्तस्तल में व्याप्त लोलुपता तृष्णा (जो कर्मकांड का प्रमुख अंग थी) की प्रतिक्रियास्वरूप बौद्ध और जैन अनात्मवादी धर्मों का विकास हुआ। वर्णाश्रम की रूढ़िगत बुराइयों का सहज विरोध एवं साम्य तथा सामंजस्यपूर्ण दृष्टि के साथ मानवता का सन्देश देनेवाले इन धर्मों ने दलित और निम्नश्रेणी के वर्गों को विशेष आकृष्ट किया। साम्य के भाव से विचारपूर्ण हिन्दू-धर्म का कोई विरोध न था। अत: शांकर वेदान्त उसका खंडन करने में समर्थ हुआ, परन्तु अद्वैतमत के प्रतिपादन में भक्ति और उपासना का क्षेत्र उन्मुक्त न था अत: उपासना पर अधिक बल देने वाले दक्षिण में इस अद्वैतवाद का विरोध हुआ। यहाँ तक कि शंकराचार्य को प्रच्छन्न बौद्ध तक कहा गया। इसमें सन्देह नहीं कि बौद्धिक चिन्तन की दृष्टि से अद्वैत सिद्धान्त विश्व की दार्शनिक मीमांसाओं में सर्वोपरि ठहरता है, फिर भी ज्ञान और बुद्धि को सन्तुष्ट करने पर भी दैनिक जीवन-सम्बन्धी रागात्मक व्यावहारिकता की इसमें कमी है। लोक-जीवन की दैनन्दिन कार्य-प्रणाली में उसका उपयोग नहीं। सामाजिक अनुष्ठानों के विकास का उसमें कोई स्थान नहीं। अत: उसकी प्रतिक्रियास्वरूप वेदान्त-सूत्रों की व्याख्याएँ अनेक विद्वानों द्वारा की गई। रामानुजाचार्य, विष्णुस्वामी, निम्बार्क, मध्वाचार्य, वल्लभाचार्य आदि दार्शनिक भक्तों ने लोकजीवन-सुलभ व्याख्याएँ प्रस्तुत कीं जिनमें अधिकांश के अन्तर्गत प्रचलित सामाजिक व्यवस्था से पूरा मेल-जोल था, इस प्रकार भक्ति की एक सुदृढ़ दार्शनिक पृष्ठभूमि बन गई थी। दक्षिण की इस भक्ति-पद्धति का प्रभाव तुलसी के समय में उत्तर भारत में भी प्रारम्भ हुआ और गोस्वामी जी स्वयं उसके एक प्रमुख प्रचारक है।

उत्तरी भारत की धार्मिक परम्पराएँ दक्षिण से कुछ भिन्न थीं। दक्षिण में न तो बौद्धधर्म का ही इतना जनव्यापी प्रचार हुआ न इस्लाम-धर्म का ही कोई अधिक गहरा प्रभाव था। अतएव वहाँ की परिस्थिति के अनुरूप धार्मिक परम्पराओं का विकास हो रहा था। परन्तु उत्तरी भारत में दोनों का प्रभाव गहरा था। बौद्ध और जैन धर्म विभिन्न शाखाओं-प्रशाखाओं में विभक्त हो गए थे, उनमें भी साधना और सदाचार की गर्हित कमी आ गई थी, फिर भी

इनके साम्य-भाव का प्रभाव पड़ा और योगदर्शन को लेकर चलने वाले साधकों ने इस दृष्टि को अपनाकर अपने नए सम्प्रदाय विकसित किए। सिद्धों, नाथों आदि के योगपरक सम्प्रदाय इसी प्रकार के हैं जिनमें निर्गुण-निराकार ब्रह्म का ज्योतिदर्शन, अनहदनाद-श्रवण, कुंडलिनी-शक्ति-जागरण एवं योग-सरीखा समाधि-अवस्था का-सा ध्यानानन्द प्रमुख महत्त्व रखता है। कहने का तात्पर्य यह है कि ये सम्प्रदाय कोई नितान्त नवीन सम्प्रदाय नहीं हैं, वरन् पातंजल योगदर्शन के आधार पर विकसित योग्य-सम्प्रदाय हैं जो पूर्ववर्ती परम्परा से पोषित हैं। इनमें आगे चलकर ज्ञान के पक्ष पर कम बल रह गया और साधना या क्रिया पर अधिक, साथ-ही-साथ अधिकांश ने तान्त्रिक रूप ले लिया जिसमें लोगों को चमत्कृत करने का प्रयास अधिक था, साधना से आत्मिक विकास और आत्मा-परमात्मा की एकता का भाव कम।

इसी से प्रभावित निर्गुण सन्तमत भी है, जिसके प्रवर्तक कबीर माने जाते हैं परन्तु तुलसी की भाँति कबीर भी समन्वयवादी थे, ऐसा प्रायः लोग नहीं समझते, पर तथ्य ऐसा ही है। कबीर द्वारा प्रवर्तित सन्तमत के तीन पक्ष या भूमियाँ हैं—एक सिद्धनाथ सम्प्रदाय, द्वितीय रामानन्द का भक्ति-मार्ग और तृतीय सूफीमत और इस्लाम-धर्म। कबीर ने इन तीनों का समन्वय किया है। तुलसी और कबीर दोनों ही स्वामी रामानन्द द्वारा प्रवर्तित परम्परा के प्रतिभासम्पन्न महात्मा हैं और उन्हीं के मत को लेकर चलने वाले हैं। अन्तर केवल यह है कि एक, एक पक्ष को लेकर चलता है और द्वितीय, दूसरे पक्ष को लेकर। यहाँ हमें कबीर के समन्वयवाद को स्पष्ट कर देना आवश्यक जान पड़ता है। कबीर के भीतर जो रूढ़ियों का खंडन और ज्योतिदर्शन आदि की बातें हैं, वे नाथ-सम्प्रदाय और गोरखपंथियों की हैं। अनेक कथन गोरख और कबीर के बिलकुल एक-से हैं।[1] इसके साथ-ही-साथ कबीर ने रामानन्द की भक्ति पद्धति और राम-नाम को प्रमुख आधार माना।[2] भक्ति को वे सर्वोपरि समझते हैं और उनकी सारी ज्ञान-चर्चा भक्ति के लिए ही है। इस भक्ति के भीतर सूफियों की प्रेम-साधना भी मिल गई है। जो प्रेम की मस्ती में[3] मतवाले रहने की चर्चा कबीर ने की है, वह सूफियों का प्रभाव है। अतएव रामानन्द के परब्रह्म-निर्गुण राम को प्रमुख आधार मानकर सिद्धों और नाथों की यौगिक साधना के सहारे, वे सूफियों की भाव-तीव्रता से ओत-प्रोत प्रेमाभक्ति को प्राप्त करना चाहते हैं।

रामानन्द की भक्ति-पद्धति का दूसरा पक्ष सगुणोपासना है। तुलसी ने इसी को अपनाया है। कबीर का प्रमुख उद्देश्य हिन्दू-मुस्लिम-एकता की स्थापना है और इसके लिए उन्होंने दोनों ही धर्मों की कट्टरपंथी नीति और आचरणों का खंडन किया है। इस्लाम धर्म के अनुकूल वे मूर्तिपूजा और अवतार के विरोधी थे और एक ईश्वर की सत्ता को मानते थे। कबीर के समय इस विरोध की भावना के लिए एक मनोवैज्ञानिक पृष्ठभूमि भी तैयार थी। महमूद

---

1. उनमनि सों मन लागिया गगनहिं पहुँचा धाय।
   चन्द बिहूना चाँदना अलख निरंजन राय॥ —कबीर
   नीझर झरणैं अमीरस पीवणां षटदल बेध्या जाय।
   चन्द बिहूणां चांदिणां तहा देष्या श्री गोरख राय॥ —'गोरखबानी'।
2. 'कबीर-ग्रन्थावली', पद 34, 75, 111, 114, 123, 135, 390 आदि।
3. हरि रसि पीया जानिया कबहु न जाय खुमार।
   मैमंता ढूँढ़त फिरै नाहीं तन की सार॥ —कबीर ग्रन्थावली

गजनवी और मुहम्मद गोरी के आक्रमणों और मूर्ति-भंजन के दृश्यों ने मूर्ति और अवतार पर से जनता की आस्था को हिला दिया था अतएव वह निर्गुणोपासना के लिए ही अधिक तत्पर थी। उच्चकुलीन हिन्दू और कट्टर मुस्लिम मुल्लाओं का विरोध होते हुए भी कबीर को जन-सामान्य के विश्वास का बल प्राप्त था। और उस समय जन-साधारण और विशेषत: निम्न एवं अस्पृश्य वर्ग में कबीर के सन्तमत का विकास हुआ। तुलसी के समय तक कबीर की प्रतिभा क्षीण हो चुकी थी और अनेक पंथों में उनकी वाणी का सार विभिन्न सम्प्रदायों में प्रवाहित हो रहा था। परन्तु उसमें वह ओज न था। अनेक पंथ, भ्रम और विद्वेष को उत्पन्न कराने वाले थे। इसी कारण से कबीर का व्यक्तिगत विरोध न करते हुए भी इस बहुसम्प्रदायवाद का विरोध तुलसी ने किया—

कलिमल ग्रसे धर्म सब लुप्त भए सदग्रंथ।
दंभिन्ह निज मति कल्पि करि प्रगट किए बहु पंथ॥[1]

यहाँ प्रश्न उठता है कि निर्गुणोपासना के स्थान पर सगुणोपासना या साकारोपासना की आवश्यकता थी। इसी प्रश्न के विश्लेषण में तुलसी का महत्त्व है। कबीर ने सगुण-अवतारवाद का खंडन किया था यह कहकर कि—

दसरथसुत तिहुँ लोक बखाना। राम नाम का मरम है आना॥

तथा—

दस अवतार ईसुरी माया कर्ता कै जिन पूजा।
कहै कबीर सुनौ हो साधो उपजै खपै सो दूजा॥

यह तर्क सीधा है, आने-जाने वाली सभी वस्तुएँ माया हैं, अत: उसकी पूजा आवश्यक नहीं, परन्तु निर्गुण की पूजा भी आसान नहीं। साथ-ही-साथ सर्वसुलभ दार्शनिक दृष्टिकोण भी यह नहीं बन पाता। अतएव इसी प्रकार के चैलेंज का उत्तर-सा देते हुए तुलसी ने उत्तरकांड में लिखा है—

निर्गुन रूप सुलभ अति सगुन जान नहिं कोइ।
सुगम अगम नाना चरित सुनि मुनि मन भ्रम होइ॥

यह तुलसी का दृष्टिकोण है जिस पर अद्‌भुत आस्था रखने के कारण ही वे उच्च दार्शनिक मनोवृत्ति एवं व्यापक भक्ति का परिचय यह कहकर दे सके—

सीय राम मय सब जग जानी। करौं प्रनाम जोरि जुग पानी॥

गोस्वामी तुलसीदास का उद्‌देश्य केवल निर्गुण-मत का खंडन न था, वरन् उसमें व्याप्त कोई सर्वजन-सुलभ सामाजिक आदर्श प्राप्त न होने से उसको जनसाधारण के लिए अस्वीकार करना था इसको स्पष्ट करने से पूर्ववर्ती प्रश्न का उत्तर भी मिल जाता है। निर्गुण सन्तमत समाज के संन्यासी जनों के लिए उपयोगी हो सकता था जो समस्त सांसारिक जीवन के प्रति एक निर्वेद का भाव धारण कर सकते थे, पर वह सांसारिक जीवन के प्रति कोई उत्साह प्रदान करता हुआ उन्हें दिखलाई न दिया। यह उदासीनता सामाजिक जीवन को निश्चय ही क्षीण कर रही थी। तुलसी ने इस बात का अनुभव किया कि लोक-जीवन के प्रति एक प्रबल आकर्षण उत्पन्न करना आवश्यक है, साथ ही यह आकर्षण धार्मिक चेतना के आधार

1. उत्तरकांड, 97वाँ दोहा।

पर होना चाहिए। अतः इसी लोकजीवन को नवीन स्फुरण, प्रेरणा एवं सजीवता प्रदान करने के उद्‌देश्य से तुलसी ने आराध्य ईश्वर और निर्विकार परब्रह्म को सामाजिक क्षेत्र में उतारा जिसके परिणामस्वरूप समाज की जीवनधारा में नवीन सांस्कृतिक प्रगति आ सकी। तुलसी जीवन की सम्पूर्णता में विश्वास करने वाले व्यक्ति थे और उसी के अनुरूप पूर्ण लोकधर्म की प्रतिष्ठा उन्होंने अपने ग्रन्थों में की है। लोकधर्मयुक्त सामाजिक दर्शन प्रदान करने में ही तुलसी की महानता छिपी है। अतः यह सिद्ध है कि धार्मिक पृष्ठभूमि भी तुलसी के दृष्टिकोण के औचित्य को ही नहीं, वरन् उसकी तीव्र आवश्यकता को भी सिद्ध कर रही है। उपर्युक्त पृष्ठभूमि में जब हम तुलसी के कृतित्व को देखते हैं, तभी हम उसका वास्तविक मूल्यांकन कर सकते हैं। अपने प्रमुख ग्रन्थ 'रामचरितमानस' में तुलसीदास ने अपने युग के प्रमुख प्रश्न (क्या दशरथ के पुत्र राम ही परब्रह्म हैं? जिसका उत्तर कबीर आदि ने निषेधात्मक दिया था) का विश्लेषण करके, युग-युग व्यापी सामाजिक मर्यादा और आस्था को ध्यान में रखते हुए, उसके वास्तविक हित के अनुकूल, उत्तर दिया है। इसी में उनकी युग-व्यापी महत्ता छिपी है।

साहित्यिक स्थिति

तुलसी का कवि-रूप उनके धार्मिक और सामाजिक दृष्टिकोण प्रकट करने का साधन-मात्र है, वह उनका प्रमुख ध्येय नहीं। तुलसी ने जिस प्रकार धार्मिक क्षेत्र में पूर्ववर्ती समस्त परम्पराओं के प्रति उदार दृष्टिकोण रखा है, उसी प्रकार साहित्यिक क्षेत्र में भी अपने पूर्ववर्ती एवं समकालीन सभी प्रकार की साहित्यिक और लोक-साहित्यिक काव्य-शैलियों को अपनाने का प्रयत्न किया है। उनके पूर्व प्रचलित साहित्यिक पद्धतियों में प्रमुख निम्नलिखित हैं—

(1) **वीरकाव्य-पद्धति :** यह वीरगाथा-काल से वीरों और राजाओं के गुणगान में प्रयुक्त पद्धति से है जिसमें कवित्त, छप्पय, पद्धरी, तोमर आदि तीव्रगतिगामी छन्दों में ओजपूर्ण वर्णन किए गए हैं। तुलसीदास का उद्‌देश्य यद्यपि प्राकृत-जनों का गुणगान न था, फिर भी उन्होंने राम के चरित्र के वीरता और ओज से पूर्ण स्थलों पर इस प्रकार की शैली और छन्दों का व्यवहार किया है। 'कवितावली' के सुन्दर और लंकाकांडों में तथा 'रामचरितमानस' के लंकाकांड के भीतर इस प्रकार की शैली-प्रगल्भता के साथ प्रकट हुई है।

(2) **सिद्धों-नाथों तथा निर्गुण-सन्त कवियों की साखी-शैली :** इसमें प्रायः दोहों का प्रयोग है और यह उपदेश-प्रधान है। तुलसी की 'वैराग्यसंदीपनी', 'रामाज्ञाप्रश्न', 'दोहावली' आदि में इस शैली के दर्शन होते हैं।

(3) **प्रेमाख्यान-प्रबन्ध-काव्यों की दोहा-चौपाई वाली शैली :** इस शैली का प्रयोग जायसी, कुतुबन, मंझन आदि प्रेमगाथा लिखने वाले कवियों ने किया है। जायसी तो अयोध्या के पास ही जायस के रहने वाले थे। तुलसी के 'रामचरितमानस' तथा 'वैराग्य-संदीपनी' में इसी पद्धति का प्रयोग है।

(4) **कवित्त-सवैयों की ललित शैली :** इसकी भी परम्परा प्रचलित थी। तुलसी के समकालीन गंग, ब्रह्म, नरहरि आदि कवि इसमें लिखते थे। तुलसी ने अपनी 'कवितावली'

में ब्रजभाषा के माध्यम से इसी पद्धति को अपने अत्यन्त ललित रूप में प्रकट किया है। इसके कुछ छन्द तो इतने सुन्दर हैं कि जान पड़ता है कि रीतिकालीन कवियों को अपने कवित्त और सवैया लिखने में तुलसी से ही प्रेरणा मिली है। उदाहरणार्थ, एक कवित्त और एक सवैया नीचे दिया जाता है—

कवित्त

सुन्दर बदन सरसीरुह सुहाए नैन
मंजुल प्रसून माथे मुकुट जटनि के।
अंसनि सरासन लसत सुचि कर सर
तून कटि मुनि पट लूटत पटनि के।
नारि सुकुमारि संग जाके अंग उबटि कै
बिधि बिरचे बरूथ विद्युत छटनि के।
गोरे को बरन देखि सोनो न सलोनो लागै
साँवरे बिलोके गर्व घटत घटनि के।

सवैया

बर दंत की पंगति कुन्द कली अधराधर पल्लव खोलन की।
चपला चमकै घन बीच जगै छबि मोतिन माल अमोलन की।
घुँघुरारि लटैं लटकैं मुख ऊपर कुंडल लोल कपोलन की।
निवछावरि प्रान करै तुलसी बलि जाउँ लला इन बोलन की।

समस्त वर्णन में रूप-चित्रण और अन्तिम पंक्ति में उनका प्रभाव स्पष्ट है जो रीतिकालीन कवित्त-सवैया की विशेषता बनी।

(5) पद-पद्धति : यह यों तो निर्गुण-सन्त-काव्य में भी मिलती है पर विशेषतया इसका प्रयोग कृष्णभक्ति-काव्य में सूर तथा अष्टछाप के अन्य कवियों द्वारा हुआ। इसका प्रयोग संगीत-कुशल कवियों द्वारा ही विशेष हुआ है। तुलसी ने अपनी 'गीतावली', 'विनयपत्रिका', 'कृष्ण गीतावली' में पदावली को ही अपनाया है। इनके लिखे पद भी बड़े सुन्दर हैं, यद्यपि संगीत की दृष्टि से सूर और मीरा के पदों के समान नहीं, भावगाम्भीर्य और काव्य-सौन्दर्य में ये श्रेष्ठ हैं।

(6) लोकगीत-पद्धति : तुलसी लोकगीतों से भी बहुत अधिक अनुप्राणित हुए थे। ऐसा जान पड़ता है कि लोकगीत और लोक-संस्कृति उनके संस्कारों में ढल चुके थे। मांगलिक अथवा उत्सव-समारोहों में लोक-काव्य-प्रतिभा गीतों आदि के रूप में मुखरित होती है। तुलसी के मानस पर उनका अमिट प्रभाव पड़ा था और वह उनकी रचनाओं में फूट निकला। लोकगीतों की पद्धति हमें उनके 'पार्वतीमंगल', 'जानकीमंगल', 'रामललानहछू' तथा कहीं-कहीं 'कवितावली' और 'गीतावली' में देखने को मिलती है। पुत्रोत्सव का सोहर 'नहछू' में गूँजता है जिसकी प्रतिध्वनि 'गीतावली' के पुत्रोत्सव-वर्णन में भी सुनाई पड़ती है। विवाहोत्सव के मंगल तो पार्वती और जानकी मंगलों में हैं ही। इसके अतिरिक्त 'कवितावली' में कहीं-कहीं 'झूलना' नामक लोकछन्द का भी बड़ा सुन्दर प्रयोग हुआ है जो उनकी ग्रहणशील मेधा का द्योतक है। बड़े ओज और मस्त गति से चलता हुआ

यह झूलना छन्द बड़ा प्रेरक होता है—

मत्तभट-मुकुट दसकंध-साहस-सइल
सृंग-बिद्दरनि जनु बज्र टाँकी।
दसन धरि धरनि चिक्करत दिग्गज कमठ
सेष संकुचित संकित पिनाकी।
चलत महि-मेरु उच्छलित सायर सकल
विकल बिधि बधिर दिसि बिदिसि झाँकी।
रजनिचर-घरनि घर गर्भ-अर्भक स्रवत
सुनत हनुमान की हाँक बाँकी।

इसी प्रकार 'बरवै' को भी एक लोकछन्द के रूप में लेना चाहिए। अवध में अनेक स्थानों पर झूलना की तरह होली तथा अन्य उत्सवों पर बरवै भी कहने की प्रथा है। और अवधी का तो यह ललित छन्द है जिसका उपयोग तुलसी ने किया और जिस पर मुग्ध होकर रहीम ने भी बड़ा ललित काव्य लिखा था।

यह तो छन्द आदि की दृष्टि से हुआ। कथासूत्र की दृष्टि से तुलसी ने प्रबन्ध और मुक्तक दोनों शैलियों को अपनाया और प्रबन्ध में भी महाकाव्य और खंडकाव्य दोनों लिखे। तुलसी ने नाटक नहीं लिखे। पूर्ववर्ती हिन्दी-काव्य में नाटकों का पूर्ण अभाव है जिसका उत्तरदायित्व सम्भवतः उस समय की शासक-संस्कृति पर है जो नाटकों के विरोध में थी। फिर भी अपने महाकाव्य के अन्तर्गत तुलसी ने पौराणिक कथा-शृंखला द्वारा सिद्धान्तनिरूपण वाली पद्धति, महाकाव्य की सर्गबद्ध शैली तथा नाटकों की नाटकीयता सबको मिलाकर एक बड़ी ही प्रभावशाली शैली का निर्माण किया है जिसमें यथास्थान सभी का आनन्द आता है।

इतना ही नहीं, तुलसी के काव्य में 'विनयपत्रिका' के रूप में हम एक शुद्ध गीतिकाव्य-ग्रन्थ पाते हैं। काव्य-प्रभेद की दृष्टि से उस समय इसकी कल्पना भी नहीं थी। यह तो पाश्चात्य काव्य-रूप है। फिर भी इसी पूर्णता के साथ समस्त प्रचलित काव्य-शैलियों में अपनी रचना को ढालने का तुलसी का प्रयास हमें आश्चर्य में डाल देता है।

यहाँ एक प्रश्न यह उठता है कि क्या तुलसी ने चमत्कार-प्रदर्शन के लिए विभिन्न शैलियों में लिखा है अथवा रामचरित उन्हें इतना प्यारा था कि उसकी बराबर पुनरुक्ति वे करते हैं या उसकी भी कोई सामाजिक आवश्यकता थी? तुलसी का प्रमुख ध्येय (विविध रचनाओं में रामचरित लिखने का) सामाजिक ही जान पड़ता है। उन्होंने प्रत्येक वर्ग को अपनी रुचि के अनुकूल रामचरित सुलभ करना चाहा और इस प्रकार महिला वर्ग के लिए उत्सव-संस्कारों के अवसर पर उपर्युक्त रामचरित से सम्बन्ध रखने वाले गीत उन्होंने 'रामललानहछू', 'पार्वतीमंगल', 'जानकीमंगल' और 'गीतावली' में प्रदान किए, कवित्व-रसिकों के लिए 'कवितावली' बनाई, भक्तों और संन्यासियों के लिए 'विनय-पत्रिका', 'वैराग्यसंदीपनी' जैसे ग्रन्थ हैं, लोकनीति से प्रेम रखने वालों के लिए 'दोहावली' है और गम्भीर साहित्य एवं दार्शनिक रुचिवाले लोगों के लिए तथा जनमानस का संस्कार करने के लिए तुलसीदास ने 'रामचरितमानस' का प्रणयन किया। इस प्रकार तुलसी की जागरूक चेतना ने समाज की आवश्यकता और अभिरुचि का ध्यान रखकर विविध ग्रन्थों की रचना की थी।

विश्वकवि तुलसीदास

विश्वनाथप्रसाद मिश्र

प्रत्येक देश में द्वन्द्वात्मक जगत के स्वरूपानुसार विद्वान्-अविद्वान् दोनों प्रकार के जन होते हैं। विद्वत्समुदाय की ज्ञानात्मक अभिरुचि दूसरे प्रकार की होती है और अविद्वान् की अज्ञानात्मक अभिरुचि दूसरे प्रकार की। जिस प्रकार का साहित्य-वाङ्मय विद्वान् पसन्द करते हैं सामान्यतया उसी प्रकार का साहित्य या वाङ्मय अविद्वान् नहीं स्वीकार करते। ज्ञान की पहुँच की सीमा भिन्न होने के कारण उनकी पसन्द में भिन्नता आ जाती है। इसी से सुजन-साहित्य और जन-साहित्य में भेद हुआ करता है। सुजन अर्थात् विद्वज्जन का साहित्य निखार-परिष्कार, गूढ़ता-गम्भीरता का आकलन करता है। जन-साहित्य में निखार-संस्कार की अपेक्षा नहीं होती। सहज अभिव्यक्ति ही उसमें सप्राण रहती है। इसलिए प्रायः यही देखा जाता है कि सुजन-साहित्य (क्लास लिटरेचर) और जन-साहित्य (मास लिटरेचर) प्रायः एक-दूसरे के विपरीत होते हैं। जनवर्ग का कार्य, उसकी मानसिक बुभुक्षा की सम्पन्नता-परिपूर्ति सुजन-साहित्य से नहीं होती और इसका विपर्यास सुजनों के लिए दृग्गोचर होता है। ऐसे कर्ता बहुत कम मिलते हैं जिनकी रचना दोनों को समान रूप से प्रिय हो। अर्थात् जिनकी रचना सर्वप्रिय हो ऐसे कवि इने-गिने ही होते हैं। जिनकी रचना सर्वप्रिय होती है वे ही विश्वकवियों की श्रेणी में आते हैं। 'विश्व' का अर्थ 'सर्व' है। 'विश्व' का भौगोलिक अर्थ भी उन्हीं कवियों के लिए इस विशेषण में सार्थक होता है। महाकवि तुलसीदास ने जो कुछ लिखा वह सब अभी विश्वकाव्य के रूप में भौगोलिक रूप में भले ही न आया हो, पर 'रामचरितमानस' विश्वकाव्य के इस अर्थ में पूर्णतया प्रतिष्ठित है। इसका निर्माण कवि ने अवधी भाषा में किया। यह अवधी भाषा पूरे उत्तर प्रदेश की भी बोली नहीं है, पर उसके 'मानस' ने अवधी-क्षेत्र की सीमा पार की। उसने समस्त समृद्ध भारतीय भाषाओं की सीमा पार की। भारत के बाहर कोई समृद्ध भाषा नहीं जिसमें मानस गद्य-पद्य किसी रूप में अनूदित, अनुकथित न हो गया हो। इसका कारण क्या है? तुलसीदास ने अपनी रचना में, विशेष रूप से मानस में कौन-सी ऐसी विशेषताएँ रखी हैं, जिनके कारण उनकी रचना विश्वकाव्य हो सकी और वे विश्वकवि हो गए।

भारतवर्ष बहुत प्राचीन देश है। उसमें समाज की साधना, धर्म की साधना और साहित्य की साधना प्राचीनकाल से होती आ रही है। यहाँ के नीतिवेत्ता, ऋषि-महर्षि, कवि, सभी अपनी साधना में जिस जीवन को लक्ष्य करके चलते रहे हैं वह है गार्हस्थ्य-जीवन।

गृहस्थाश्रम ज्येष्ठ आश्रम माना जाता है। अनेक दृष्टियों से वह ज्येष्ठ है। गृहस्थाश्रम की साधना कितनी ऊँची साधना है इसके अनेक उपाख्यान पुराणों में, इतिहासों में दिखाए गए हैं। अन्य आश्रम इसी के आधार पर, इसी के भरोसे चलते और जीते हैं। इसीलिए भारत ने सबसे अधिक दृष्टि इसी आश्रम पर रखी है। अन्य देशों में गार्हस्थ्य जीवन महत्त्वपूर्ण जीवन है, पर उसका संघटन वैसा नहीं जैसा भारत ने कर रखा है। जितना अधिक उत्तरदायित्व इस जीवन पर यहाँ डाला गया उतना अन्यत्र नहीं। इसलिए इसकी साधना यहाँ कठोर हो गई। उसकी पूर्ति के लिए अधिक सावधानी की आवश्यकता हुई। भारतवर्ष ने गार्हस्थ्य-जीवन की गृह-साधना को केवल लौकिक या भौतिक नहीं रखा। उसमें लोकोत्तर साधना की भी व्यवस्था की और सोपान-पद्धति पर की। प्रवृत्तिमार्ग की सीमा पर पहुँचकर आप-से-आप निवृत्तिमार्ग पर पहुँचने का सम्भार था। पर भारत में विदेशी संस्कृति के संसर्ग के कारण मध्यकाल में इस व्यवस्था को धक्का लगने की सम्भावना उठ खड़ी हुई। भारत ने निर्गुण और सगुण दोनों प्रकार के ब्रह्म उपनिषद्-काल से ही स्वीकार कर लिए थे। पर मध्यकाल में जिस संस्कृति का आयात हुआ उसमें निर्गुण की व्यवस्था ही थी, सगुण के लिए स्थान न था। वहाँ ब्रह्म का मूर्त रूप न लेकर अमूर्त रूप में ही साधना चल रही थी। ब्रह्म की निर्गुण-साधना पर ही दृष्टि रखने से निवृत्ति मार्ग का सबसे अधिक आकर्षण हो जाता है, इतना अधिक कि प्रवृत्तिमार्ग के परित्यागपूर्वक उसकी साधना में लगने की सलाह दी जाने लगती है। भारतीय भक्तिमार्ग प्रवृत्ति-लक्षण है, पर निवृत्ति उसमें आप-से-आप आ जाती है। सगुण ब्रह्म का उपासक आप-से-आप जागतिक आकर्षण से विरत हो जाता है। भव-रस उसे डुबो नहीं सकता।

भारत में ज्ञान और भक्ति का या कर्म और भक्ति का इस अर्थ में विरोध है कि ज्ञान और कर्म की साधना कठोर है और भक्ति की साधना सरल है। भक्ति का अनुयायी यह कभी नहीं कहता कि ज्ञान और कर्म के मार्ग कोई मार्ग ही नहीं। वैदिक अथवा भारतीय मार्ग में तीनों की समुचित व्यवस्था थी। पात्रभेद से मार्गभेद हो जाता है। पर जब किसी ने यह कहना आरम्भ किया कि—

राम नाम का मरम है आना। दसरथसुत तिहुँ लोक बखाना॥

और उसका प्रभाव भारतीय समाज पर और विशेष रूप से गार्हस्थ्य-जीवन पर पड़ने लगा, स्त्रियाँ अवतारवाद में अविश्वास करने लगीं, तब भक्तिमार्गी महात्माओं का माथा ठनका। उन्हें निर्गुण का खंडन करना पड़ा। 'रामचरितमानस' में शंकर और पार्वती के संवाद में यह विषय ऐसे रूप में रखा है कि कवि किस पदावली को लक्ष्य करके कह रहा है, स्पष्ट हो जाता है। पार्वती की पृच्छा है—

रामु सो अवध नृपति सुत सोई। की अज अगुन अलखगति कोई॥

शंकर की समाधान के अनन्तर गहरी फटकार है—

एक बात नहिं मोहि सोहानी। जदपि मोहबस कहेहु भवानी॥
तुम्ह जो कहा राम कोउ आना। जेहि श्रुति गाव धरहिं मुनि ध्याना॥
कहहिं सुनहिं अस अधम नर ग्रसे जे मोह पिसाच।
पाषंडी हरि पद बिमुख जानहिं झूठ न साच॥

'तुम्ह जो कहा राम कोउ आना' और 'राम नाम का मरम है आना' इन दोनों पंक्तियों को सामने रखने से स्पष्ट हो जाता है कि यह फटकार किस पर है। भारत में निर्गुण का उपदेश देने वाले दो प्रकार के सन्त-फकीर उस समय दिखाई देते हैं। एक वे जो मुक्तक दोहों या पदों अथवा शब्दियों के माध्यम से उसका उपदेश देते थे और दूसरे वे जो कहानी, उपाख्यान या प्रबन्ध के माध्यम से उसका प्रसार करते थे। तुलसीदास ने दोनों के अवैदिक स्वरूप को लक्ष्य कर कहा है—

साखी सबदी दोहरा कहि किहनी उपखान।
भगत निरूपहिं भगति कलि निंदहिं वेद पुरान॥

श्रीमद्‌भागवतादि प्राचीन ग्रन्थों में सगुण-निर्गुण का भेद न होते हुए भी मध्यकाल के भक्त हिन्दी में निर्गुण का खंडन क्यों कर रहे हैं? इसीलिए कि दूसरी ओर से सगुण का खंडन किया गया है और उसके द्वारा लाभ-हानि की चिन्ता उठ खड़ी हुई है। संप्रति इस ऊहापोह में न जाकर कि वल्लभाचार्यजी ने जो सगुण ब्रह्म को ही पारमार्थिक माना है उसका कोई तात्कालिक प्रयोजन भी था या नहीं, यहाँ इतना ही कहना पर्याप्त है कि अष्टछाप के सभी कवि सगुण का मंडन और निर्गुण का खंडन निश्चय ही मध्यकालीन उस निर्गुणपंथी विचारधारा के कारण करने लगे जिसका गार्हस्थ्य-जीवन पर अनिष्टकारी प्रभाव पड़ने की सम्भावना थी।

"निर्गुण की साधना उत्तम है और यह साधना सामान्य सगुण-साधना से विशिष्ट है तथा निर्गुण का जानना सरल नहीं है, सगुण तो सरलता से जाना जा सकता है।" इस प्रकार की उक्तियाँ कहने वालों का प्रभाव यहाँ तक बढ़ चला था कि सगुण का मंडन और निर्गुण का खंडन करने वालों तक ने यह मान लिया था कि निर्गुण रूप अगम है और सगुण रूप सुगम है—

निर्गुन अगम विचारहिं तातें सूर सगुन-लीलापद गावै।

निर्गुन रूप सुलभ अति सगुन जान नहिं कोइ।
सुगम अगम नाना चरित सुनि मुनि मन भ्रम होइ॥

इसी के खंडन के लिए महात्मा तुलसीदास को यहाँ तक कहना पड़ा कि ब्रह्म का निर्गुण रूप सुलभ है, सगुण रूप का ही जानना दुर्लभ है। यह बाबा तुलसीदास ने परम साहसपूर्वक कहा। सारे अनन्त दृश्य प्रसार के भीतर कोई अलक्ष्य सत्ता कार्य कर रही है। इसी से ग्रह-नक्षत्र-संस्था व्यवस्थापूर्वक संचालित है, जगत के नाना व्यापार सनियम हो रहे हैं। यह समझ लेना सरल है। यह समझना ही कठिन है कि जो सर्व-शक्तिमान है वह अशक्तों का-सा आचरण क्यों करता है। सगुण-भक्तों के भगवान के दो रूप हैं—ऐश्वर्य रूप और रसरूप। भगवान का ऐश्वर्य रूप वह है जिसमें वे अपनी शक्ति का प्रदर्शन करते हैं, ऐसे-ऐसे कार्य करते हैं जिनका करना साधारण जीव की शक्ति के परे है। इस ऐश्वर्य रूप को तुलसीदास सुगम रूप कहते हैं, क्योंकि ब्रह्म शक्तिसम्पन्न है। वह समर्थ है इसका प्रमाण उसके कार्यकलाप से लग जाता है और साधारण-विद्या-बुद्धिवाले की समझ में भी यह बात आ जाती है। पर भगवान का रसरूप ही अगम है। इसी को समझने में धोखा होता

है। यह धोखा पार्वतीजी को हुआ और यही गरुड़जी को हुआ। 'रामचरितमानस' में इसी भ्रम का निवारण करने का प्रयास किया गया है और भगवान की नरलीला अथवा उनका रसरूप बारम्बार सामने रखा गया है। जहाँ कहीं राम के इस रूप के कारण भ्रम होने की सम्भावना हुई है वहीं वक्ता ने श्रोता को सावधान कर दिया है। यह बराबर कहते गए हैं कि यह नरलीला है। सुग्रीव भाव-विलास में पड़कर कर्तव्य-कर्म भूल गए, इस पर राम कहते हैं—

सुग्रीवहुँ सुधि मोरि बिसारी। पावा राज कोस पुर नारी॥
जेहिं सायक मारा मैं बाली। तेहिं सर हतौं मूढ़ कहँ काली॥

इस पर पार्वती को आशंका हो सकती थी, हुई ही होगी। शंकर का समाधान है—

जासु कृपाँ छूटहिं मद मोहा। ताकहुँ उमा कि सपनेहुँ कोहा॥
जानहिं यह चरित्र मुनि ग्यानी। जिन्ह रघुबीर चरन रति मानी॥

'रामचरितमानस' में राम के परात्पर-स्वरूप की ओर स्थान-स्थान पर ध्यान आकृष्ट करने का और उनकी नरलीला से होनेवाले भ्रम के निवारण का प्रयास ग्रन्थ के साध्य का प्रयोजनीय अंग है। मानस में साध्य या प्रतिपाद्य यही है—

जेहि महुँ आदि मध्य अवसाना। प्रभु प्रतिपाद्य राम भगवाना॥

दशरथ के सुत राम परात्पर ब्रह्म ही हैं—यही तो उसका प्रतिपाद्य है। अत: जहाँ-जहाँ इस सम्बन्ध में भ्रम होने की सम्भावना है वहाँ-वहाँ स्मरण दिलाना कवि ने या वक्ता ने अपना कर्तव्य समझा है।

भारत में वैदिक प्रवाह को खंडित करने के प्रयास कई बार हुए। जब ऐसे प्रयास हुए, भारत-मानस महात्माओं ने उसका मंडन करने का सदुद्योग किया। महात्मा बुद्ध के द्वारा भी ऐसा प्रयास हुआ था। पर शंकराचार्य के सदुद्योग से उसका गतिरोध हुआ। तुलसीदास का अखंड विश्वास था कि वैदिक मार्ग का खंडन करने वाला भारत में प्रशस्त नहीं रह सकता। महात्मा बुद्ध के लिए उनका विचार यों है—

अतुलित महिमा वेद की तुलसी किए विचार।
जेहि निंदत निंदित भयो बिदित बुद्ध अवतार॥

भारत में राम और कृष्ण के अनन्तर बुद्ध अवतार माने जाते हैं, पर वेद की निन्दा करने का परिणाम यह हुआ कि अवतार होकर भी वे अन्य अवतारों की भाँति प्रशस्त नहीं है। बुद्ध की प्रत्यक्ष पूजा राम-कृष्ण को अवतार मानने वालों के द्वारा उन्हीं की भाँति नहीं होती। बुद्धगया में पिंडदान भले ही होता हो, पर बुद्ध की पूजा उनमें चली नहीं। कहते हैं कि जगन्नाथजी की ही पूजा बुद्ध की पूजा का परिवर्तित रूप है। उनकी तीन मूर्तियों को सनातनी कृष्ण, बलदेव और सुभद्रा की मूर्ति मानते हैं। उनके सम्बन्ध में कुछ किंवदन्तियाँ भी प्रचलित हैं।

महात्मा बुद्ध की सबसे बड़ी देन है मध्यमा प्रतिपदा अर्थात् मध्यम मार्ग अत्यन्त सुख और अत्यन्त दु:ख के मध्य में सुख-दु:खात्मक मार्ग का अवलम्बन। दूसरे ढंग से कहें तो अतिप्रवृत्ति और अतिनिवृत्ति के मध्य में प्रवृत्ति और निवृत्ति दोनों का कुछ अंश लेकर जीवन में निर्वाह करना। महात्मा बुद्ध की शिक्षा उभयात्मक तो थी, पर उसमें गार्हस्थ्य-जीवन के

लिए आकर्षण नहीं हो सका। गार्हस्थ्य-जीवन में वह संन्यास उतारा न जा सका। उसमें निवृत्ति प्रमुख हो गई। संघबद्ध भिक्खु-भिक्खुणी का जीवन ही आदर्श माना गया। पर भक्तिमार्ग ने गृहस्थ भक्तों के लिए गार्हस्थ्य-जीवन के बीच हँसता-खेलता भगवान का रूप सामने ला दिया। गृहस्थ रहते हुए भक्ति की चरम साधना का अधिकार मिल गया। अन्य भक्ति-सम्प्रदायों में चाहे जो भी हो पर तुलसीदास ने प्रवृत्ति के बीच भक्ति का, रामभक्ति का, स्वरूप माना है। महात्मा बुद्ध के अनन्तर स्पष्ट रूप में मध्यम मार्ग की घोषणा इन्हीं की वाणी में सुनाई पड़ी। अन्य भक्ति-सम्प्रदायों में गृहस्थों के अनुरूप प्रवृत्तिमूलकता उन्हें कुछ अधिक दिखाई पड़ी। कहते हैं—

घर कीन्हें घर जात है घर छाँड़े घर जाइ।
तुलसी घर बन बीच ही रामप्रेमपुर छाइ॥

सांसारिक गृह अर्थात् प्रवृत्ति-मार्ग पर चलने से पारलौकिक घर अर्थात् निवृत्ति-मार्ग छूट जाता है। ऐसे ही पारलौकिक घर अर्थात् निवृत्ति-मार्ग में प्रवृत्ति होने से लौकिक घर अर्थात् प्रवृत्ति-मार्ग की सुखदता नहीं मिलती। इसलिए घर (प्रवृत्ति) और वन (निवृत्ति) दोनों के बीच रामप्रेम के नगर में रहना चाहिए। रामभक्ति में दोनों का समन्वय है। भक्ति को वे सबके लिए अनिवार्य मानते हैं। जैसे संसार में अन्न-जल सबके लिए अनिवार्य है वैसे ही भक्ति भी अनिवार्य है। अन्य पदार्थों की अपेक्षा सामाजिक नीति के अनुसार अन्न-जल सस्ता होना चाहिए, जिससे गरीब-से-गरीब उसे प्राप्त कर सके। यही भक्ति के सम्बन्ध में तुलसीदास की मान्यता है। भक्ति ऐसी सहँगी अर्थात् सरल होनी चाहिए कि उसे कनिष्ठ साधक भी सरलता से अपने जीवन में उतार ले। इसीलिए भक्ति करने का अधिकार उन्होंने सबका माना है। सगुण-भक्ति का आन्दोलन केवल धार्मिक आन्दोलन ही नहीं है, वह ऐसा सामाजिक आन्दोलन है जो सामाजिक मर्यादा का प्रत्यक्ष खंडन न करते हुए सबके लिए उन मार्गों को खोल देता है जो शास्त्रीय परम्परा के अनुसार कुछ के लिए बन्द है। भक्ति की साधना चाहे प्राचीन ही क्यों न हो, मध्यकाल में उसने जिस प्रकार का स्वरूप ग्रहण किया उसमें कितने ही तत्सामयिक, सामाजिक और सांस्कृतिक तत्त्व निहित हैं। इसीलिए 'विनयपत्रिका' में तुलसीदास, जो अत्यन्त मर्यादावादी माने जाते हैं, भक्ति के सारे सामाजिक बन्धनों का खंडन करने का परामर्श देते हैं और अन्त में यह भी कह देते हैं कि मैं अपना मत कह रहा हूँ। शास्त्रों का मत इससे भिन्न है—

जाके प्रिय न राम बैदेही।
सो त्यागिए कोटि बैरी सम जद्यपि परम सनेही।
तुलसी सो सब भाँति परम प्रिय पुँजी प्रान तें प्यारो।
जासौं होइ सनेह रामपद एतो मतो हमारो।

भक्तों की समसामयिक प्रतिकूल परिस्थितियों के प्रति कैसी दृष्टि थी इसका पता अन्यों की रचना से कम, पर तुलसीदास की रचना से अपेक्षाकृत अधिक लगता है। उस समय समाज में जैसी विशृंखलता थी उसका स्पष्ट संकेत उन्होंने किया है। बहराइच में क्या हो रहा था इधर भी उनकी दृष्टि है, यवन महिपाल कैसा कराल दंड दे रहे थे उधर भी उनकी दृष्टि है। शूद्र ब्राह्मणों से कैसे झगड़ते थे इसे भी उन्होंने देखा, ब्राह्मण राग-द्वेष

में कैसे पड़े थे इसे भी उन्होंने कहा, क्षत्रियों का कैसा पतन था इसे भी उन्होंने बताया, वैश्यों की वृत्ति क्या थी इसे भी उन्होंने लिखा। 'रामचरितमानस' के कलियुग-वर्णन में उन्होंने समाज का पूरा खाका ही खींच दिया। श्रीमद्‌भागवत के आधार पर होने पर भी इसमें कई अंश ऐसे जोड़े गए हैं जिनका सम्बन्ध तुलसीदास के समय से है। कलियुग के अत्याचार से त्रस्त होकर उन्होंने राजराजेश्वर महाराज कोसलेन्द्र रामचन्द्र के दरबार में अपनी अर्जी (विनयपत्रिका) पेश की है। यह पत्रिका केवल तुलसीदास की व्यक्तिगत पत्रिका नहीं है। सारे समाज के प्रतिनिधि के रूप में उन्होंने पत्रिका भगवान के समीप भेजी है। सारे समाज का उद्धार वह चाहते हैं।

सर्वकवि की दृष्टि जितनी व्यापक और सर्वग्राही होनी चाहिए वैसी ही दृष्टि उनकी थी। समाज के विकृत स्वरूप पर दृष्टि देकर उन्होंने उसके उद्धार का उपाय भी सोचा। उनकी यह प्रतीति थी कि राम के बिना समाज का कल्याण नहीं हो सकता। राम के इसी स्वरूप को जन-जन में पहुँचाने का बीड़ा उन्होंने उठाया और अपने प्रयत्न में उन्हें सफलता मिली। ऐसी सफलता और किसी हिन्दी कवि को नहीं मिली। तुलसीदास ने राम का चरित विविध शैलियों में काव्यबद्ध किया, जिससे सब प्रकार की अभिरुचिवाले उसे ग्रहण कर सकें। कई प्रकार की भाषा का प्रयोग किया। 'पार्वतीमंगल' भी लिखा 'जानकीमंगल' के साथ। जिसे 'पार्वतीमंगल' भाता होगा उसे 'जानकीमंगल' भी रुचेगा। जिसे 'श्रीकृष्णगीतावली' भली लगेगी उसे 'राम गीतावली' भी भाएगी। तुलसीदास की बहुविध शैली ग्राहकता की ओट में न जाने कितनी रामकथा की पुस्तकें उनके नाम पर बनाकर चला दी गईं—'कड़खारामायण', 'झूलनारामायण', 'छप्पयरामायण', आदि-आदि। अपने समय की सभी शैलियों के ग्रहण करने की बात उठाकर एक ने तो यहाँ तक कह दिया कि तुलसीदास के समय के पूर्व 'पृथ्वीराजरासो' नहीं हो सकता, उनके पूर्व होता तो वह अवश्य उस शैली में भी रचना करते।

रामभक्ति के प्रसार के लिए उन्होंने बड़ा व्यापक प्रयत्न किया। हनुमत्पूजा का नए सिरे से नए रूप में प्रसार किया। काशी में बारह स्थानों पर हुनमान के मन्दिर बनवाए। उनके साथ अखाड़ों की योजना हुई। उनके सम्मुख श्रीराम मन्दिर बनने की विधि निश्चित हुई। धनुषधारी राम के मन्दिर हनुमन्मूर्ति के सम्मुख बने। हनुमान के चित्र चले—कन्धों पर राम-लक्षण, उर विदीर्ण करने पर भीतर राम-लक्ष्मण। हनुमन्मूर्ति में राम की आराधना निहित है इसके कितने स्पष्ट संकेत हैं। उन्होंने जो सामाजिक दृष्टि उत्तर में प्रसारित की उसे सम्यक् रूप में हृदयंगम किया दक्षिण के प्रसिद्ध महात्मा समर्थ गुरु रामदास ने जिन्होंने नियम बनाया कि प्रत्येक ग्राम में मारुति मन्दिर होना चाहिए और उसके निकट कीर्तन-संकीर्तन, शरीरसंवर्धनादि करना चाहिए। धार्मिक ओट में किस प्रकार सामाजिक अथच राजनीतिक आन्दोलन चल रहा था इसका रहस्य तुलसीदास के प्रयत्नों में सन्निहित है।

तुलसीदास के पूर्व भी रामलीला होती रही होगी। उधर वाल्मीकि ने अपना रामायण लवकुश के द्वारा गवाया और इधर कुशीलव नट को कहते हैं। कुशीलव का सम्बन्ध लवकुश से आज अनुसंधायक जोड़ते ही हैं। कुशीलवों में रामलीला भी चली या नहीं, इतिहास मौन है। रामकथा के बहुत से नाटक तुलसीदास के पूर्व अवश्य मिलते हैं, संस्कृत

भाषा में उनमें से बहुतों को उन्होंने देखा-सुना था, इसके प्रमाण उनकी रचना में यत्र-तत्र बिखरे हैं। आज रामलीला का जो प्रसार है उसमें तुलसीदास के 'रामचरितमानस' की धूम है। केशवदास की 'रामचन्द्रचन्द्रिका' की नाटकीयता के पीछे जनजीवन में उसके अभिनय की लालसा रही हो तो आश्चर्य नहीं। बहुत से स्थानों पर मानस की रामलीला में केशवदास की 'चन्द्रिका' के संवादों का प्रकाम प्रयोग होता है, वाराणसी में तुलसीदास ने यह प्रयास अपने मित्र मेघा भगत के साथ आरम्भ किया। आज भी वाराणसी के दो खंड हैं—केदार और काशी। केदारखंड में तो मानस के अनुसार रामलीला का आयोजन स्वयं तुलसीदास ने आरम्भ किया और काशीखंड में यह काम मेघा भगत ने आरम्भ किया। प्रवाद है कि मेघा भगत पहले वाल्मीकि रामायण के अनुसार रामलीला कराते थे। तुलसीदास की मित्रता से प्रभावित हो उन्होंने मानस के अनुसार रामलीला प्रचलित की। वाराणसी में जो आश्विन शुक्ला एकादशी को प्रसिद्ध भरतमिलाप होता है वह मेघा भगत की चलाई रामलीला का अंग है। तुलसीदास की रामलीला की विशेषता यह है कि यह एक ही स्थान पर नित्य नहीं होती। इसमें अयोध्या एक स्थान पर, चित्रकूट दूसरे स्थान पर तथा लंका तीसरे स्थान पर रखी जाती है। तुलसीदास द्वारा रामलीला के प्रचलन का प्रभाव दो मोहल्लों के नामों पर आज भी है—एक अवध और दूसरा लंका पर। वाराणसी के अस्सी मोहल्ले के उत्तर में अवध और दक्षिण में लंका है। इन्हीं स्थानों पर यथाक्रम अयोध्या और लंका स्थानों की लीलाएँ होती आई हैं। रामलीला के अतिरिक्त तुलसीदास ने कृष्णलीला भी चलाई थी, जिसका अवशेष अस्सी पर होने वाली नागनथैया के रूप में अब भी वर्तमान है। ये अस्सी घाट पर रहते थे जिसके दक्षिण गंगा पार काशी राज्य था। अस्सी की रामलीला ने किसी समय गंगा पार कर लिया। काशी राज्य की उस राजधानी का नाम 'रामनगर' विचारणीय है। पहले वहाँ रामलीला जनवर्ग के बीच ही फैली और तदनन्तर उसे राजकीय पोषण प्राप्त हुआ। रामलीला-सम्बन्धी इतना विशिष्ट सांस्कृतिक समारोह भारत में अन्यत्र नहीं होता, अयोध्या में भी नहीं। वहाँ के महात्मा भी प्रतिवर्ष आश्विन में रामलीला देखने यहीं पधारते हैं। तुलसीदास रामभक्ति का जैसा सांस्कृतिक समारोह खड़ा करना चाहते थे वह सचमुच खड़ा हो गया। मुगलों के राज्यकाल में सामाजिक नाटक उनके कट्टर धार्मिक नियमों के कारण नहीं हो सकते थे। धर्म की ओट में तुलसीदास ने ऐसे महानाटक का सम्भार कर दिया जिससे अनेक दृष्टियों से मनोरंजन के साथ ही जनता का कल्याण होने लगा।

तुलसीदास के कर्तव्य की महत्ता उनके ग्रन्थों के कृतित्व में ही नहीं है, उनके द्वारा भारत के सांस्कृतिक संघटन में है। केवल रामलीला-सम्बन्धी संघटन ही उन्होंने नहीं किया, मानस की कथा का श्रुतिसाध्य श्रवण-मनन भी प्रचारित किया। श्रीमद्‌भागवत की कथा, महाभारत की कथा, वाल्मीकीय रामायण की कथा तथा पुराणों की कथाओं द्वारा जनजीवन के सांस्कृतिक परिष्कार और भावों के व्यायाम की अनेक संस्थाएँ प्रचलित थीं। तुलसीदास के मानस के और उसके माध्यम से रामभक्ति के प्रसार के लिए इस संस्था का माध्यम भी उपयोगी समझा। मेरी भी धारणा है कि तुलसीदास स्वयं मानस के प्रथम व्यास थे। मानस की कथा का व्यासों द्वारा इतना अधिक प्रचार-प्रसार हुआ कि

संस्कृत के अधिकतर धार्मिक और साहित्यिक ग्रन्थों की व्यासविगलित अमृतवाणी के प्रवाह को उसने अपनी ओर मोड़ लिया। इस सांस्कृतिक समारोह ने भारतीय जीवन में राम को उतारने में बहुत सहायता पहुँचाई है।

तुलसीदास ने कितने ग्रन्थ लिखे यह विवाद का विषय है। पर व्यासों की परम्परा में होने वाले मीरजापुर के श्रीरामगुलाम द्विवेदी केवल बारह ग्रन्थ मानते हैं। 'गौतमचन्द्रिका' में तुलसीदास के अष्टांग योग की चर्चा है, जिसमें 'वैराग्यसंदीपनी' को छोड़ शेष सभी ग्यारह ग्रन्थ आ जाते हैं। उनकी रचनाओं का चक्र इस प्रकार है :

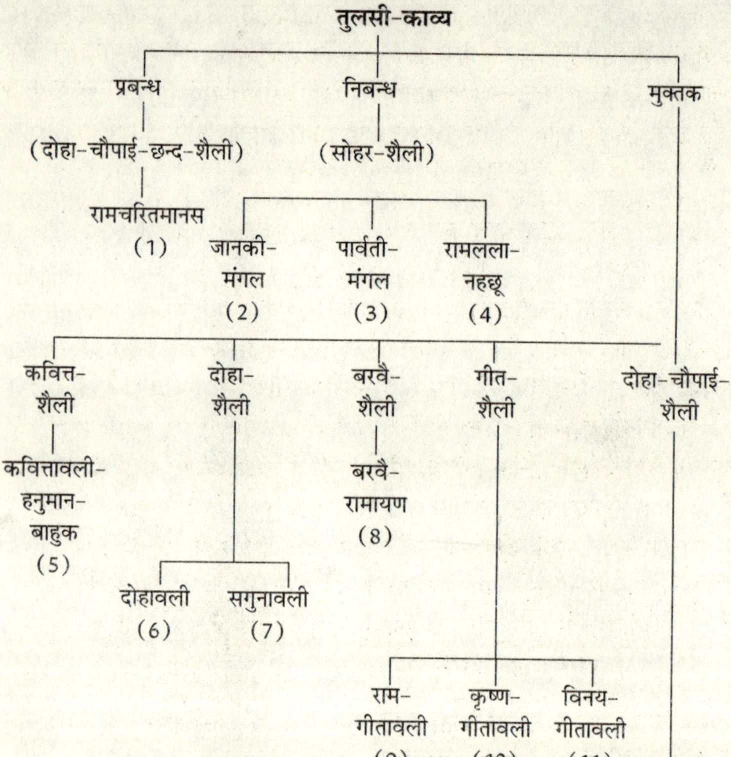

सोहिलो या सोहर-शैली की तीनों रचनाएँ 'मंगल' कहलाती हैं। मंगल शब्द विवाह के लिए प्रयुक्त है। 'रामललानहछू' में पैर के नखों को काटे जाने के संस्कार का उल्लेख है। राम का विवाह जनकपुर में हुआ था, पर इनमें 'नहछू' अयोध्या में हुआ है। इसलिए इसे यज्ञोपवीत के समय का मानते हैं। 'जानकीमंगल' में 'उपबीत ब्याह उछाह जे सियरामचरित जु गावहीं' में उपवीत का संकेत रामललानहछू की ओर है। नए अनुसन्धाता इस नहछू में 'वर' शब्द, 'कंगन' तथा मौर आदि के उल्लेख के कारण इसे केवल विवाह

का नहछू मानने के पक्ष में हैं। पर उन्हें यह पता नहीं कि अवध प्रान्त के कनौजिया ब्राह्मणों के यहाँ यज्ञोपवीत के समय वे सब पूर्वांग सम्पन्न होते हैं जो विवाह के समय हुआ करते हैं। केवल विवाह के समय रात की निकासी होती है जो यज्ञोपवीत के समय नहीं होती। वस्तुतः यह व्रतबन्ध तीन संस्कारों से संवलित है—उपनयन, वेदारम्भ और समावर्तन। मौर आदि समावर्तन के अंग हैं। अब भी व्रतबन्ध के अवसर के नहछू और विवाह के अवसर के नहछू के गान एक-से हैं।

'कबित्तावली' में कबित्त नाम से जितने छन्द अभिहित होते थे सभी सम्मिलित हैं—कई प्रकार के सवैये, घनाक्षरी, छप्पय, झूलना। इसी से इसके उत्तरकांड में कृष्ण सम्बन्धी तथा अन्य प्रकार के सभी प्रकीर्णक कबित्त संगृहीत कर दिए गए हैं। 'हनुमान-बाहुक' भी इसी के साथ है क्योंकि वह भी कबित्तों में है। 'बाहुक' शब्द का अर्थ बाहुपीड़ा लेते हैं। तुलसीदास ने 'बरतोर' का उल्लेख किया—'घोर बरतोर मिस फूटि-फूटि निकसत लोन रामराय को।' कुछ लोग प्लेग को गिल्टी की पीड़ा कहते हैं, अपर लोग 'अनुवाहुक' नामक आयुर्वेद के ग्रन्थों में उल्लिखित पीड़ा बतलाते हैं।

'दोहावली' में दोहे संगृहीत हैं। इसमें भी सभी प्रकार के दोहे हैं, सोरठे भी। सोरठा भी एक प्रकार का दोहा है, सोरठिया दोहा। सौराष्ट्र देश के लोगों की प्रवृत्ति दोहे को उलटकर लिखने की हुई और यह पद्धति 'सोरठा' नाम से प्रसिद्ध हो गई। 'दोहावली' में भी राम-सम्बन्धी ही दोहे नहीं, नीति-सम्बन्धी और सामयिक विचारधारा पर गोस्वामी जी की आलोचना-सम्बन्धी दोहे भी हैं। 'रामचरितमानस' के भी बहुत-से दोहे इसमें हैं। 'तुलसी सतसई' नाम की रचना तुलसीदास के नाम पर एक और चलती है, जिसमें 'दोहावली' के दोहे तो हैं ही, कुछ अत्यन्त चमत्कार वाले ज्योतिष आदि के दोहे भी हैं। 'दोहावली' में कुछ छन्द चमत्कारवाले भी आए हैं, पर उनका चमत्कार शीघ्र खुल जाता है। 'तुलसी सतसई' किसी करामाती की कृपा है जिसने 'सतसई' की पूर्ति के लिए प्रयास किया है। हो सकता है कि 'बिहारी सतसई' का प्रचार बहुत अधिक होने पर यह प्रेरणा किसी के मन में जगी हो। 'रहीम की सतसई' भी ऐसे ही लोगों ने प्रसिद्ध कर रखी है। संस्कृत में धार्मिक 'दुर्गा-सप्तशती' और साहित्यिक 'आर्या-सप्तशती' तथा प्राकृत में 'गाथा-सप्तशती' होते हुए भी, हिन्दी से पूर्व होते हुए भी 'सतसैया' नाम की दोहों की सतसई सबसे पहले बिहारी ने ही बनाई।

'सगुनावली' के कई नाम हैं—रामशलाका, रघुवरशलाका, रामाज्ञाप्रश्न आदि। कहते हैं इसका निर्माण गंगाराम ज्योतिषी के लिए हुआ था। ज्योतिषी काशिराज के राजज्योतिषी थे। राजकुमार आखेट को गए और नहीं लौटे। बहुत खोज करने पर भी पता न चला। ज्योतिषी से पूछा गया तो उन्होंने अनेक बातों का विचार कर कहा कि कल उत्तर देंगे। वह उदास थे और थे तुलसीदास के परम सत्संगी। तुलसीदास ने उदासी का हेतु पूछा। उन्होंने सारा समाचार कह सुनाया। इस पर गोस्वामी जी ने उन्हें निश्चिन्त रहने का आश्वासन दिया और रातभर में शकुनावली बना दी। इसमें रामकथा के द्वारा शकुन-विचार है। इसके सात कांडों में सात सप्तक हैं, प्रत्येक सप्तक में सात दोहे हैं। इस प्रकार इसमें 343 दोहे हैं। उसके शकुन-विचार की विधियों है : एक सौ आठ कमल-गट्टे रख लेते हैं। उनमें से क्रमशः तीन मुट्ठियाँ

लेकर पृथक्-पृथक् क्रमपूर्वक रखते हैं। उनमें से प्रत्येक मुट्ठी में से सात-सात करते पृथक् करने पर जो शेष रहे उसी से क्रमश: कांड, सप्तक और दोहे की संख्या निकलती है। यदि कुछ शेष न रहे तो सात शेष मानते हैं। रामभक्ति के प्रसार का यह पौराणिकी ढंग गोस्वामी जी ने निकालकर बहुतों को आकृष्ट किया। अनेक पुराण-पंथ के विरोधियों को भी आपन्न होने पर मानस की बाजारू पोथियों में किसी करामाती की चलाई खानेदार रामशलाका में आँख मूँदकर हाथ धरते देखा गया है।

'बरवै रामायण' के सम्बन्ध में प्रसिद्ध है कि यह बहुत बड़ा था पर अब छोटा ही मिलता है। इस प्रसिद्धि से लाभ उठकार किसी भगत ने बृहत् बरवै का निर्माण कर दिया है। 'बरवै रामायण' में रामकथा पूरी नहीं आई है, उसे पूर्ण रूप में प्रस्तुत करने का प्रयास बृहत् रूप में किया गया है। यह सम्पादित होकर प्रकाशित हो गया है। सम्पादक ने इसे तुलसी की ही रचना माना है। पर यह इसीलिए तुलसीदास की नहीं है कि इसकी शैली बड़ी सादी है। उधर मूल 'बरवै रामायण' में तुलसीदास के अलंकार-पांडित्य की पूरी छटा है। हिन्दी में एक पुस्तक 'तुलसीभूषण' बहुत दिनों पहले बनी। इसमें तुलसीदास के काव्य से अलंकार के उदाहरण देने का नियम लेखक ने बनाया है। इसमें 'बरवै रामायण' के सभी छन्द उद्धृत हैं। केवल एक बरवै इसमें अधिक है जो यमुनाजी के सम्बन्ध में है। यह प्रचलित 'बरवै रामायण' में नहीं है। कहते हैं कि रहीम कवि की मित्रता के नाते तुलसीदास ने बरवै में रामायण का वर्णन किया। उन्हें बरवै बहुत पसन्द था। उनका बरवै नायिका भेद प्रसिद्ध है।

'रामगीतावली' का नाम पदावली भी मिलता है। साथ ही 'विनयपत्रिका' का नाम 'रामगीतावली' और कहीं-कहीं 'पदावली' भी मिलता है। ऐसा जान पड़ता है कि पदशैली की रचनाएँ एक स्थान पर क्रम से संगृहीत होंगी। कहीं ऊपर 'पदावली' लिखा होगा, कहीं 'गीतावली'। इसी से उलट फेर हो गया होगा। इसमें कोमल भावों की अभिव्यक्ति है और कुछ ऐसे प्रसंगों के पद हैं जो मानस की प्रबन्धात्मकता के कारण उसमें नहीं आ सके हैं। 'गीतावली' के अन्त में राम के राजविलास के कुछ पदों को सामने करके रामभक्ति में रसिक-सम्प्रदाय की प्राचीनता और उसमें तुलसीदास के भी दीक्षित होने की चर्चा की जाती है। जो जानकीहरण के शृंगारी वर्णन में साधनात्मक रसिक-सम्प्रदाय का अनुसन्धान कर सकते हैं 'तिनहिं कहत कछु अघटित नाहीं।'

'श्रीकृष्णगीतावली' में श्रीकृष्ण-लीला के पद हैं। प्रवाद है कि तुलसीदास वृन्दावन गए। वहाँ श्रीकृष्ण की मूर्ति का छैलछबीला रूप देखकर उन्होंने यह दोहा पढ़ा—

का बरनौं छवि आज की भले बने हौ नाथ।
तुलसी मस्तक तब नवै धनुष बान ल्यौ हाथ॥[1]

'श्रीकृष्णगीतावली' के पढ़ने से इस प्रवाद में विश्वास नहीं होता। तुलसीदास की अनन्यता संकीर्ण मनोवृत्ति की अनन्यता नहीं थी।

'विनयपत्रिका' में राम के निकट कलि के उपद्रव के विरुद्ध अर्जी दी गई है। इसमें राम की सही हो इसके लिए उन दरबारियों की ही नहीं स्वयं जगज्जननी राजराजेश्वरी महारानी सीता से भी प्रार्थना की गई है—

---

1. वैष्णवों की वार्ता के अनुसार यह नन्ददास का कहा है।

कबहुँक अंब अवसर पाइ।
मेरियौ सुधि द्याइबी कछु करुन कथा चलाइ।

तुलसीदास का विश्वास इसमें मुखर है। अन्त में राम ने उस पर अपने हस्ताक्षर कर दिए। यह बड़ी प्रौढ़ रचना है। हिन्दी में पदों में ऐसी प्रौढ़ रचना दूसरी नहीं लिखी गई।

'वैराग्यसंदीपनी' में वैराग्य-सम्बन्धी भावना उद्दीप्त करने का प्रयास है। यह वैरागियों के ही लिए लिखी गई छोटी-सी पुस्तक है। दोनों मंगलों, नहछू, बरवै और संदीपनी को 'तुलसी-पंचरत्न' नाम परम्परा में बहुत दिनों से मिल चुका है।

तुलसीदास ने भाषा के क्षेत्र में अत्यन्त महत्त्वपूर्ण कार्य किया। यद्यपि अवधी भाषा का प्रयोग उनसे पूर्व सूफी-फकीरों ने काव्य में करना आरम्भ कर दिया था; पर उसमें प्रादेशिकता अधिक थी, साहित्यिक निखार नहीं था। तुलसीदास ने एक ओर तो अवधी को ब्रजी के साहित्यिक उत्कर्ष पर पहुँचाया, दूसरी ओर अवधी और ब्रजी का ऐसा मेल कर दिया कि हिन्दी-साहित्य में उनके अनन्तर अधिकतर कवियों की आदर्श भाषा मिली-जुली भाषा ही हो गई है। आगे के साहित्य में ब्रजी और अवधी का कोई संघर्ष इसीलिए नहीं खड़ा हो सका। भाषा के प्रौढ़ और समृद्ध रूपों की झाँकी इन्होंने अपने सभी ग्रन्थों में कराई है, पर सबसे अधिक सशक्त प्रयोग 'विनयपत्रिका' में दिखता है। संस्कृत की सामासिक पदावली का जैसा मनोहारी रूप विनय के आरम्भिक पदों में है वह हिन्दी में तो अन्यत्र दुर्लभ है। गीतों के रूप में ऐसी वैविध्यपूर्ण और समर्थ भाषा संस्कृत में भी सुलभ नहीं है। भाषा के जितने भी स्वरूप उस समय उपलब्ध थे सभी का प्रयोग करके गोस्वामी जी ने अपनी भाषा-प्रवीणता का पूर्ण परिचय दिया है।

तुलसीदास के साहित्यिक महत्त्व की भी चर्चा कर लेनी चाहिए। यों तो उनके सभी ग्रन्थ थोड़ा-बहुत साहित्यिक उत्कर्ष प्रदर्शित करते हैं, भक्तिभावना के साथ-साथ, पर सबसे अधिक साहित्यिक प्रकर्ष 'रामचरितमानस' में ही दिखता है। इसके समान दूसरा प्रबन्धकाव्य हिन्दी में नहीं बना। मुक्तक के क्षेत्र में तुलसीदास का महत्त्व कम आँका जा सकता है, सूरदास ने उस क्षेत्र में बहुत अधिक क्षमता प्रदर्शित की, पर प्रबन्ध के क्षेत्र में गोस्वामी जी को पार कर जाने वाला हिन्दी में कोई कवि नहीं हो सका। उसमें सबसे बड़ी विशेषता यह है कि शास्त्र का कोई गहरा आग्रह नहीं है। प्रबन्धकाव्यों में वर्णनात्मक प्रसंगों के सँभार की जैसी परिपाटी संस्कृत में भी चल पड़ी थी उसका भी परित्याग कर आवश्यक वर्णनों से ही उन्होंने काम लिया है। मानस के नायक, सात कांड आदि स्थूल स्वरूप की चर्चा का जो बाल-प्रयत्न किया गया है वह अत्यन्त मोटी बुद्धि की सूझ है। ऐसों का प्रयास तुलसीदास के साहित्यिक मूल्य की परीक्षा नहीं है, उन्हें साहित्य-क्षेत्र से पृथक् करने का आयास है। तुलसीदास के किसी अन्य ग्रन्थ को केवल भक्तिग्रन्थ कहकर टाला जा सकता हो तो उस पर कुछ ध्यान दिया भी जा सकता है, पर मानस के सम्बन्ध में उनकी दृष्टि साहित्यिक थी। उसमें प्राचीन संस्कृत-साहित्य के पारायण के प्रमाण स्थान-स्थान पर मिलते हैं। ग्रन्थ का मंगलाचरण ही साहित्य के लक्षण को ध्यान में रखकर होता है—

वर्णानामर्थसंघानां रसानां छंदसामपि।
मंगलानां च कर्त्तारौ वंदे वाणीविनायकौ॥

मानस को पुराण-महापुराण कहकर इस क्षेत्र से हटाने के प्रयत्न होते हैं। तुलसीदास को पुराणपंथी कहते-कहते उनके इस ग्रन्थ को पुराण कहकर हटाने का आयोजन है जिनकी मति 'नानापुराणनिगमागमसंमतम्' को सामने रखकर यह कहती है कि यह पुराण है उनके लिए संस्कृत-व्याकरण (लघु कौमुदी का ही सही) अभ्यास अपेक्षित है। उन्हें अधिक नहीं तो किसी कोष में पुराण के पंच लक्षणों को ही देख-समझ लेना चाहिए। मानस में इस भ्रम का कारण है पुराणशैली का साहित्यिक ग्रहण। उसमें चार-चार संवाद भ्रम उत्पन्न करते हैं। पर हिन्दी में प्रबन्धकाव्यों का अपना स्वरूप संवाद रूप में ही चलता था। इसके प्रमाण रासो में तथा केशवदास के ग्रन्थों में, 'वीरचरित्र' आदि में, बहुत मिलते हैं। मानस में अधिक इतना ही है कि संवादों का गुंफ है। यह संवाद-गुंफ पुराणों में मिलता तो है पर मानस में उसका साहित्यिक संक्षिप्त प्रयोग है, जैसा सूक्ष्म प्रयोग रासो-ग्रन्थों और वीरचरित्र आदि में भी नहीं है। संवाद के प्रश्नकर्ता को सामने करने के बदले मानस में उसे कथाप्रवाह के बीच नेपथ्य में ही रखा गया है। सामने वक्ता ही है जो श्रोता के प्रश्नों का उत्तर उसे सम्बोधित मात्र करके दे देता है। मानस का माहात्म्य समाप्त करने का दूसरे प्रकार का प्रयोग संस्कृत के पंडितों द्वारा हुआ। उन्होंने मानस के सभी प्रमुख स्थलों का संस्कृत के विभिन्न श्लोकों में उल्था करके और मनमाने ग्रन्थों के नामों का उल्लेख कर यह दिखाया कि तुलसीदास में जो कुछ है वह सब संस्कृत से उड़ाया हुआ है। बलिया और रायबरेली से पृथक्-पृथक् इस प्रकार के उद्योग हुए। इधर नवीन उद्योग भी हो रहे हैं। कोई कहता है कि अपभ्रंशों के प्रसिद्ध जैन कर्ता स्वयंभू पद्मचरित या रामचरित से तुलसीदास ने और मसाला तो उड़ाया ही, नाम तक उड़ा लिया। उन्होंने यह भी शोध किया है कि तुलसीदास ने 'स्वयंभू' को ही 'शम्भु' लिखा है मानस में। तुलसीदास का ज्ञान इतना कम था कि वह 'स्वयंभू' और 'शम्भु' का भी अर्थ नहीं जानते थे—'अंधहु बधिर न कहहिं अस'। जैनों के ग्रन्थ भांडागारों में बन्द पड़े थे जिन्हें जैन सम्प्रदाय के सब लोगों ने भी भली-भाँति देखा-सुना नहीं था, जिनकी भनक तक हिन्दी-साहित्य के कानों में नहीं पड़ी थी और जिनका सुसंगत अर्थ भी उनके हिमायती नहीं कर पाते हैं, जिनके हस्तलेख जनता के बीच फैले ही नहीं उन्हें तुलसीदास ने कहाँ कैसे पढ़ लिया; राम जाने? राम का जो रूप इन ग्रन्थों में है यदि वह तुलसीदास के सामने आया होता तो 'साखी सबदी दोहरा कहि किहनी उपखान' की ही भाँति उन पर भी कुछ लिखे बिना वे न रहते।

दक्षिण से अभिनव प्रयत्न यह हुआ है कि तमिल भाषा के कब नाम के महाकवि के ग्रन्थ से तुलसीदास द्वारा सामग्री ग्रहण करने की चर्चा ग्रन्थ लिखकर की गई है। तमिल भाषा कठिन है। आज भी हिन्दी क्षेत्र के जन उसका ज्ञान प्राप्त करने की इच्छा होते हुए भी उसे नहीं जान पाते, पर तुलसीदास ने उसे कैसे जान लिया, अस्सी घाट के निकट केदार के समीप दक्षिण के तमिल प्रदेशीय महात्मा से सुनकर। यदि ऐसे लोगों को यह पता चल जाए कि वे दक्षिण गए भी थे रामेश्वरम् तक, तब फिर क्या कहना? वास्तविकता यह है कि गोस्वामी जी ने वैसे प्रसंग संस्कृत के राम-सम्बन्धी नाटकों से लेकर रखे हैं, जिनकी उक्तियों का इस ग्रन्थ में उन्होंने कई स्थानों पर अनुवादन या अनुधावन किया है।

मानस के देखने से उनका संस्कृत-साहित्य का अध्ययन अवश्य सिद्ध है। उसकी

उक्तियों का ग्रहण भी सिद्ध है। पर उन्होंने सर्वत्र उन्हीं की छाया का आश्रय लिया है यह अतिकथन है। कभी-कभी तो कवि जिस ऊँची स्थिति में पाठ को ले जाना चाहता है उसके सम्बन्ध में उसे कहना पड़ता है कि मुझे कोई छाया मिल ही नहीं रही है—

परम पेम पूरन दोउ भाई। मन बुधि चित अहमिति बिसराई॥
कहहु सुपेम प्रगट को करई। केहि छाया कबि मति अनुसरई॥
कबिहि अरथ आखर बलु साँचा। अनुहरि ताल गतिहि नटु नाचा॥
अगम सनेह भरत रघुबर को। जहँ न जाइ मनु बिधि हरि हर को॥
सो मैं कुमति कहौं केहि भाँती। बाज सुराग कि गाँड़र ताँती॥

अन्त:करण के वेदान्तियों ने चार प्रकार कहे हैं। दोनों भाई इन चारों अन्त:करणों को भूल गए—मन, बुद्धि, चित्त और अहंकार को। अभिव्यक्ति अन्त:करण का ही काम है। राम और भरत के प्रेम में उसकी स्थिति ही नहीं रह गई। कवि की पहुँच से वह परे हो गया। ऐसे प्रेम का विवरण नहीं दिया जा सकता, उसकी व्यंजना मात्र हो सकती है। वही कवि ने कर दी।

तुलसीदास ने एक ओर तो ऐसी-ऐसी परिस्थितियों की ओर ध्यान आकृष्ट किया है जहाँ उनके पूर्ववर्ती कवि नहीं गए थे, दूसरी ओर उन प्रसंगों पर विशेष दृष्टि रखी है जिन पर साहित्यशास्त्र ने भी ध्यान नहीं दिया है। नव-रसों के अतिरिक्त वत्सल और भक्ति रस अथवा उसके दूसरे स्वरूप दास्य रस के परिपाक तक ही उनकी कृति नहीं जाती। राम के वनगमन के अवसर पर ग्रामवासियों तथा ग्रामवधूटियों का प्रसंग राम-कथा के बीच उन्होंने अपने सभी ग्रन्थों में रखा है। यह मनुष्य के प्रति मनुष्य के प्रेम की वह ऊँची स्थिति है जिस पर ऊँचे कवियों का ही ध्यान जा सकता है। तुलसीदास ने मनुष्य की शाश्वत वृत्तियों का अत्यन्त सरस उद्घाटन किया है। इसी से उनके ग्रन्थों का शाश्वत महत्त्व है।

काव्य-सिद्धान्त

उदयभानु सिंह

प्रसिद्ध काव्यशास्त्री राजशेखर ने अपनी 'काव्यमीमांसा' में प्रतिभाव्युत्पत्तिमान् कवियों के तीन प्रकार बतलाए हैं—काव्यकवि, शास्त्रकवि और उभयकवि। काव्यकवि कवित्व को विशेष महत्त्व देता है। वह अपने प्रतिपाद्य विषय के उपस्थापन में उक्ति-वैचित्र्य का सहारा लेता है और इस प्रकार कर्कश विषय को भी रमणीयता के साथ प्रस्तुत करता है। शास्त्रकवि की दृष्टि सैद्धान्तिक-निरूपण पर केन्द्रित रहती है। वह काव्य में भी शास्त्रार्थ का निरूपण करता है। तुलसीदास की रचनाओं में कवि-कल्पना और भक्तिदर्शन, उक्ति-वैचित्र्य और सिद्धान्त-प्रतिपादन दोनों का सुन्दर समन्वय है। अतएव वे उभयकवि हैं।

तुलसीदास दार्शनिक भक्त-कवि हैं। उनका काव्य भक्ति रस का काव्य है। शास्त्रीय दृष्टि से उन्होंने मुख्यतया धर्म, दर्शन और भक्ति के सिद्धान्तों का ही प्रतिपादन किया है। परन्तु, काव्यशास्त्रीय सिद्धान्तों की निदर्शना भी उन्होंने यत्र-तत्र सार-रूप में की है। 'रामचरितमानस' के निम्नांकित रूपक में उन्होंने समन्वयवादी दृष्टि से काव्य के प्रतिपाद्य विषय और कविता की परम्परा-प्रथित विशेषताओं (रस, ध्वनि, वक्रोक्ति, गुण, अर्थ-वैचित्र्य, भाव, भाषा, वृत्ति आदि) का सांकेतिक उल्लेख किया है :

सप्त प्रबंध सुभग सोपाना। ग्यान नयन निरखत मन माना॥
रघुपति महिमा अगुन अबाधा। बरनब सोइ बर बारि अगाधा॥
राम सीय जस सलिल सुधासम। उपमा बीचि बिलास मनोरम॥
पुरइनि सघन चारु चौपाई। जुगुति मंजु मनि सीप सुहाई॥
छंद सोरठा सुंदर दोहा। सोइ बहुरंग कमल कुल सोहा॥
अरथ अनूप सुभाव सुभासा। सोइ पराग मकरंद सुबासा॥
सुकृत पुंज मंजुल अलि माला। ग्यान बिराग बिचार मराला॥
धुनि अवरेब कबित गुन जाती। मीन मनोहर ते बहुभाँती॥
अरथ धरम कामादिक चारी। कहब ग्यान बिग्यान बिचारी॥
नव रस जप तप जोग बिरागा। ते सब जलचर चारु तड़ागा॥
सुकृती साधु नाम गुन गाना। ते बिचित्र जलबिहग समाना॥
संतसभा चहुँ दिसि अवँराई। श्रद्धा रितु बसंत सम गाई॥

भगति निरूपन बिबिध बिधाना। छमा दया दम लता बिताना॥
सम जम नियम फूल फल ग्याना। हरि पद रति रस बेद बखाना॥

काव्य-लक्षण

'रामचरितमानस' के प्रथम मंगल-श्लोक में ही उन्होंने काव्य-रचना की पंचसूत्री योजना प्रस्तुत करके अप्रत्यक्ष रूप से काव्य की परिभाषा का भी निर्देश कर दिया है—

वर्णानामर्थसंघानां रसानां छंदसामपि।
मंगलानां च कर्त्तारौ वन्दे वाणीविनायकौ॥

उपर्युक्त श्लोक का काव्यशास्त्रीय अभिप्राय यह है कि काव्य में पाँच तत्त्वों की रमणीय योजना की जानी चाहिए—

1. वर्ण अर्थात् भावानुकूल भाषा,
2. अर्थ (वाच्य, लक्ष्य, व्यंग्य आदि),
3. रस (प्रसिद्ध नवरस तथा भक्ति आदि),
4. छन्द (भाव एवं परिस्थिति के अनुकूल),
5. मंगल (कवि और भावक दोनों के केन्द्रबिन्दु से)।

इस प्रकार, तुलसीदास के अनुसार काव्य की परिभाषा हुई— *काव्य वह शब्दार्थमयी रचना है जो रसात्मक, छन्दोबद्ध और मंगलकारिणी हो।*

उनकी इस परिभाषा में यह बात ध्यान देने योग्य है कि तुलसी के उत्तमवर्ण संस्कृत आचार्यों ने काव्य-लक्षण के अन्तर्गत छन्द और मंगल का उल्लेख नहीं किया है। 'छन्द' का समावेश तुलसी ने युग-धर्म के अनुसार किया है। वे भाषा-कवि थे और उनके युग में हिन्दी-कविता पद्य में ही लिखी जाती थी। लक्ष्य-रचना के आधार पर ही लक्षण का निरूपण किया जाता है। मध्यकालीन हिन्दी-साहित्य में छन्द कविता का आवश्यक तत्त्व माना जाता था। आगे के हिन्दी-कवियों ने भी वृत्त (छन्द) को काव्य के अनिवार्य तत्त्व के रूप में स्वीकार किया—

चित्त हरै जो प्रबीनन को
बर बित्त रहै सो कबित्त कहावै।

'मंगल' का सन्निवेश दो कारणों से हुआ है—धर्म-बुद्धि से, और काव्य-बुद्धि से। तुलसीदास सनातनधर्मी थे। वे धार्मिक मर्यादा के अनुसार, काव्य की निर्विघ्न समाप्ति के लिए, मंगल-श्लोक लिख रहे थे। अतः 'मंगल' की योजना सर्वथा अपेक्षित थी। दूसरी ओर, वे मंगल-विधान को काव्य-महिमा का व्यावर्तक धर्म मानते हैं। उनके मतानुसार काव्य की कसौटी दुहरी है—एक रमणीयता की, और दूसरी श्रेष्ठता की। कविता की रमणीयता रस, ध्वनि, वक्रोक्ति, गुण, अलंकार, पद-संघटना, छन्दोविधान और प्रबन्ध-कल्पना में है। 'रामचरितमानस' की प्रस्तावना में उन्होंने यह बात अनेक स्थलों पर स्पष्ट कर दी है। काव्य की श्रेष्ठता या महिमा की एकमात्र कसौटी उसकी लोक-कल्याणकारिता है।

कीरति भनिति भूति भलि सोई। सुरसरि सम सब कहँ हित होई॥

वही कविता उत्तम हो सकती है जो गंगा के समान सर्वमंगलकारिणी हो। तुलसी-वर्णित

राम-कथा इसी प्रकार की कविता है—

मंगल करनि कलिमल हरनि तुलसी कथा रघुनाथ की।

संबुक भेक सेवार समाना। इहाँ न बिषय कथा रस नाना॥ आदि के द्वारा भी इसी सिद्धान्त का प्रतिपादन किया गया है। जो कविता भावक के चित्त को विषय-रस से ही प्रभावित करती है, उसे उच्चतर भूमि पर प्रतिष्ठित नहीं करती, वह हेय है। तुलसीदास प्रत्येक भाव की सहजाभिव्यक्ति को श्रेष्ठ कविता नहीं मानते। उनकी दृष्टि में श्रेष्ठ विचारों से अनुप्राणित रसाभिव्यंजक रमणीय वाणी ही श्रेष्ठ कविता है—

हृदय सिंधु मति सीप समाना। स्वाति सारदा कहहिं सुजाना॥
जौं बरषइ बर बारि बिचारू। होहिं कबित मुकुतामनि चारू॥
जुगुति बेधि पुनि पोहिअहिं रामचरित बर ताग।
पहिरहिं सज्जन बिमल उर सोभा अति अनुराग॥

इन पंक्तियों में तुलसी ने रूपक के द्वारा काव्य के चार तत्त्वों के समन्वय पर बल दिया है। वे तत्त्व हैं—कथानक (रामचरित), भाव (हृदय), विचार (बुद्धि-पक्ष) और रचना-कौशल (युक्ति)। सद्विचार-रहित भावों के उच्छलन मात्र से निर्मल हृदय सज्जनों की परितुष्टि नहीं हो सकती। वही काव्य महान है जिसकी कलात्मक भाव-व्यंजना उत्कृष्ट जीवन-दर्शन से समन्वित हो।

काव्य का शरीर

आचार्यों ने शास्त्रीय विवेचन को बोधगम्य एवं रमणीय बनाने के लिए काव्य या कविता की कल्पना पुरुष अथवा नारी के रूप में की है। तुलसीदास ने सरस्वती को वाणी की अधिष्ठात्री देवी तो माना ही है, उन्होंने नारी को भी कविता का उपमान बनाया है।[1] कविता के मानवीकरण के फलस्वरूप उसके शरीर और आत्मा या प्राण पर भी विचार किया गया है। रूपक के निर्वाह के लिए यह अपेक्षित समझा गया। विश्वनाथ आदि ने काव्य को शब्द रूप माना है। भामह, कुन्तक, मम्मट आदि की भाँति तुलसी ने उसे शब्दार्थमय माना है। यद्यपि उन्होंने 'काव्य-पुरुष' या 'कविता-कामिनी' के 'शरीर' अथवा 'आत्मा' का स्पष्ट निर्देश कहीं नहीं किया तथापि *वर्णानामर्थसंघानां, आखर अरथ अलंकृति नाना, कबिहि अरथ आखर बलु साँचा* आदि उक्तियों में दोनों का साथ-साथ उल्लेख करके इस मान्यता की व्यंजना की है। शब्द और अर्थ में व्यावहारिक भेद स्वीकार करते हुए वे दोनों में परमार्थतः अभेद मानते हैं—

गिरा अरथ जल बीचि सम कहिअत भिन्न न भिन्न।

पंतजलि आदि वैयाकरणों ने शब्द और अर्थ में नित्य सम्बन्ध माना है। अद्वैतवादी व्याकरण-दर्शन में अर्थभाव को शब्द का विवर्त माना गया है। जगत को रामरूप और राम को विश्वरूप माननेवाले तुलसी ने जगत के दृश्यमान अनुभूत रूप को मिथ्या माना है। उनकी दृष्टि में जिस प्रकार 'रबि आतप भिन्न न भिन्न' हैं, जिस प्रकार जल-बीचि 'भिन्न न भिन्न'

1. भनिति बिचित्र सुकबि कृत जोऊ। राम नाम बिनु सोह न सोऊ॥
बिधुबदनी सब भाँति सँवारी। सोह न बसन बिना बर नारी॥

हैं, उसी प्रकार राम और सीता भी, उसी प्रकार वाणी और अर्थ भी। वे केवल व्यावहारिकतया भिन्न हैं, मूलत: एक हैं। 'विनयपत्रिका' में राम को वाच्यवाचक रूप कहकर भी उन्होंने यही सत्य-तथ्य व्यक्त किया है। यह भी अवेक्षणीय है कि कालिदास ने वाणी और अर्थ में संपृक्तता स्वीकार की थी[1], परन्तु तुलसी ने भेदाभेद माना है।

काव्य की आत्मा

भारतीय साहित्यशास्त्र में काव्य की आत्मा के विषय में काफी विवाद रहा है। किसी ने रस को काव्य की आत्मा माना है, किसी ने ध्वनि को, किसी ने रीति को...तुलसीदास समन्वयवादी होते हुए भी रसवादी हैं। काव्यसौन्दर्य के लिए उन्होंने रस, ध्वनि, वक्रोक्ति, अलंकार, गुण और वृत्ति—इन विविध काव्यांगों की आवश्यकता स्वीकार की है—

आखर अरथ अलंकृति नाना। छंद प्रबंध अनेक बिधाना॥
भाव भेद रस भेद अपारा। कबित दोष गुन बिबिध प्रकारा॥
धुनि अवरेब कबित गुन जाती। मीन मनोहर ते बहुभाँती॥

कविता की अनिंद्य चारुता के लिए उन्होंने दोषों के परिहार का भी संकेत किया है।[2] इन सब काव्यांगों में रस का स्थान अन्यतम है। सरसता काव्य का सुन्दरतम धर्म है। अतएव उन्होंने रस को सर्वाधिक महत्त्व दिया है।[3] यह बात 'रामचरितमानस' के प्रथम मंगलश्लोक से भी प्रमाणित है। '*निज कबित्त केहि लाग न नीका। सरस होउ अथवा अति फीका॥ जदपि कबित रस एकौ नाहीं।* आदि उक्तियों से भी यह सिद्ध होता है कि रस काव्य का सर्वप्रधान तत्त्व है, काव्यात्मा है।

रसों की संख्या के विषय में मतभेद है। तुलसीदास के काव्य में ग्यारह रसों की अभिव्यक्ति हुई है—भारतीय काव्यशास्त्र में प्रसिद्ध नवरस (शान्त, शृंगार, वीर, करुण, अद्‌भुत, हास्य, रौद्र, भयानक एवं बीभत्स) तथा वात्सल्य और भक्ति-रस। शास्त्रीय दृष्टि से, इस प्रसंग में यह बात विशेष रूप से प्रलक्ष्य है कि तुलसी ने केवल दस रस ही माने हैं। नवरस तथा भक्तिरस का उल्लेख तो उन्होंने किया है,[4] परन्तु वात्सल्य रस का कहीं नहीं। ऐसा प्रतीत होता है कि उन्हें वात्सल्य का रसत्व मान्य नहीं है। इसके अनेक कारण हैं। यद्यपि तुलसी के पूर्ववर्ती विश्वनाथ-सरीखे आचार्य ने वात्सल्य की रसता स्वीकार कर ली थी तथापि साहित्यिक जगत में उसकी पूर्ण प्रतिष्ठा नहीं हो पाई थी। तुलसी के समक्ष वात्सल्य रस का पर्याप्त साहित्य नहीं था, जिसके आधार पर वे उसे गौरव देते। सूरदास

---

1. वागर्थाविव सम्पृक्तौ वागर्थप्रतिपत्तये।
   जगत: पितरौ वन्दे पार्वतीपरमेश्वरौ॥ —रघुवंश, [1]
2. सखर सुकोमल मंजु दोष रहित दूषण सहित।
3. सम जम नियम फूल फल ग्याना। हरि पद रति रस बेद बखाना॥
4. नव रस जप तप जोग बिरागा॥
   ... ...
   मैं कृतकृत्य भयउँ तव बानी।
   सुनि रघुबीर भगति रस सानी॥

उनके समकालीन ही थे। उनके (सूर के) वात्सल्य रस-निरूपण को मान्यता प्राप्त करने में कुछ समय लग जाना बिलकुल स्वाभाविक था। अपने वात्सल्य-वर्णन के आधार पर भी तुलसी वात्सल्य रस की परिकल्पना नहीं कर सके। उनके काव्य में निरूपित अधिकांश वात्सल्य वत्सल-भक्तिरस के ही अन्तर्गत माना जाएगा। उसे केवल वात्सल्य की कोटि में नहीं रखा जा सकता। यही नहीं, तुलसीदास की वे पंक्तियाँ भी जो सामान्य पाठक को केवल वात्सल्य रस की अनुभूति कराती हैं,[1] तुलसी की दृष्टि में (अन्य भक्तजनों के लिए भी) वत्सल-भक्तिरस-व्यंजक हैं।

उपर्युक्त ग्यारह रसों के दो स्पष्ट वर्ग हैं—एक भक्तिरस का और दूसरा भक्तीतर दस रसों का। भक्ताचार्यों की भाँति तुलसी का भी मत है कि भक्तिरस सर्वश्रेष्ठ है।[2] भक्तिमान् भावक कह सकते हैं कि तुलसी के सम्पूर्ण काव्य का अंगीरस भक्तिरस ही है। शृंगार, रौद्र, भयानक आदि रसों का निरूपण अंगरूप में ही हुआ है। किसी भी रचना में कवि के मानस से स्थायी भगवद्रति तिरोहित नहीं हुई है। अतएव तुलसी-निरूपित भक्तीतर रस की कल्पना करना निरर्थक है। इस कथन में यथार्थता, तर्कसंगति या समीचीनता नहीं है। इसका प्रबलतम प्रमाण यह है कि 'कवितावली', 'गीतावली', 'रामचरितमानस' आदि की अनेकानेक पंक्तियों के भावन से तटस्थ भावक के जिस वासनारूप स्थायी भाव का विकास होता है, वह भगवद्रति न होकर कामरति, जुगुप्सा, वात्सल्य या शोक ही है। यहाँ पर यह प्रतिपन्न कर देना अपेक्षित है कि तुलसीदास केवल भक्त ही नहीं थे, वे भक्त कवि थे। अश्वघोष के 'सौन्दरनन्द' की भाँति तुलसी की काव्य-कृतियाँ भी मोक्षार्थगर्भा हैं। यद्यपि उनकी कृतियों का अधिकतर भाग मोक्षधर्म अथवा काव्यधर्म-विशिष्ट मोक्षधर्म का ही प्रतिपादक है तथापि ऐसे स्थल भी बहुत हैं जहाँ केवल काव्यधर्म का ही पालन किया गया है।

काव्य-प्रयोजन

प्राचीन काव्यशास्त्र में काव्य के अनेक प्रयोजन बतलाए गए हैं—यश, अर्थ, व्यवहारज्ञान, अमंगल-निवारण, सद्यःपरनिर्वृत्ति, कान्तासम्मित उपदेश, चतुर्वर्ग प्राप्ति आदि। ये प्रयोजन दो वर्गों में रखे जा सकते हैं। यश आदि कविनिष्ठ प्रयोजन है। व्यवहारज्ञान, सद्यःपरनिर्वृत्ति आदि भवकनिष्ठ प्रयोजन है। तुलसी ने इन दोनों ही प्रकार के प्रयोजनों का उपस्थापन किया है। दोनों के ही केन्द्रबिन्दु से *स्वांत:सुख* काव्य का मूल प्रयोजन है। एकाध आलोचक आत्माभिव्यक्ति को काव्य सा साहित्य का मूल प्रयोजन मानते हैं। उनकी मान्यता तर्कसंगत नहीं है। इसके दो कारण हैं : (1) इस प्रसंग में 'प्रयोजन' का तात्पर्यार्थ है फल और आत्माभिव्यक्ति (इस गूढ़ शब्द का चाहे जो भी अर्थ किया जाए) काव्य का फल नहीं है।

---

1. जैसे—
बर दंत की पंगति कुंद कली अधराधर पल्लव खोलन की।
चपला चमकै घन बीच जगै छबि मोतिन माल अमोलन की।
घुँघुरारि लटैं लटकैं मुख ऊपर कुंडल लोल कपोलन की।
निवछावरि प्रान करै तुलसी बलि जाउँ लला इन बोलन की॥
2. जो मोहि राम लागते मीठे।
तौ नवरस षटरस रस अनरस ह्वै जाते सब मीठे॥

(2) 'मूल प्रयोजन' उसे कहते हैं जो अन्य प्रयोजनों का भी प्रयोजन हो, जिसका कोई अन्य प्रयोजन न हो। यदि आत्माभिव्यक्ति को प्रयोजन मान लिया जाए तो भी वह अन्तिम प्रयोजन नहीं है। स्वांतःसुख ही उसका भी मूल प्रयोजन है। चतुर्वर्ग आदि प्रयोजन इस प्रयोजन की ही शाखाएँ हैं। तुलसी ने केवल कवि के केन्द्र-बिन्दु से ही 'रामचरितमानस' के प्रतिज्ञा वचन में इस मूल प्रयोजन का उल्लेख किया है—

स्वांतः सुखाय तुलसी रघुनाथगाथा भाषानिबन्धमतिमंजुलमातनोति।

उन्होंने अर्थ, काम और यश की एषणाओं को मोहमूल तथा नश्वर समझकर[1] उन्हें अपना साध्य नहीं माना। यशःकामना उदात्त मानव की बहुत बड़ी कमजोरी है।[2] *भाषा भनिति भोरि मत मोरी। हँसिबे जोग हँसे नहिं खोरी॥ जो प्रबन्ध बुध नहिं आदरहीं। सो श्रम बादि बाल कबि करहीं॥* आदि पंक्तियों से यशोऽभिलाषा की अस्पष्ट ध्वनि अवश्य प्रतीत होती है; किन्तु वीतराग भक्तकवि ने प्रयोजन रूप में उसकी निबन्धना नहीं की। गौण प्रयोजन के रूप में उन्होंने प्रबोध का उल्लेख किया है—

भाषाबद्ध करबि मैं सोई। मोरें मन प्रबोध जेहिं होई॥
जस कछु बुधि बिबेक बल मेरें। तस कहिहउँ हियँ हरि के प्रेरें॥
निज संदेह मोह भ्रम हरनी। करउँ कथा भव सरिता तरनी॥

इस प्रयोजन के विषय में यह स्मर्तव्य है कि इसकी सिद्धि केवल भक्तिरस या शान्त-रस की कविता से ही हो सकती है, शृंगार आदि से नहीं।

भावक के केन्द्रबिन्दु से, वे काव्य के दो प्रयोजन मानते हैं—रसानुभूति और मंगल। *कबित रसिक न राम पद नेहू। तिन्ह कहँ सुखद हास रस एहू॥* जैसी पंक्तियों से पहले प्रयोजन की व्यंजना होती है। *'मंगल करनि कलिमल हरनि तुलसी कथा रघुनाथ की।', कीरति भनिति भूति भलि सोई। सुरसरि सम सब कहँ हित होई॥* आदि में लोकमंगल को काव्य का प्रयोजन बतलाया गया है। *'बुध बिश्राम सकल जन रंजनि। रामकथा कलि कलुष बिभंजनि।'* में 'बुध विश्राम' भक्तिजन्य ब्रह्मानन्द और ब्रह्मानन्द सहोदर काव्यरस दोनों का ही द्योतक है। तुलसी के काव्यप्रयोजन के विषय में एक संगत प्रश्न यह उठता है कि उन्होंने काव्यरचना स्वांतःसुखाय की है या बहुजन-हिताय।[3] इसका उत्तर यह है कि दोनों में कोई विरोध नहीं है; क्योंकि बहुजन-हित में ही; तुलसी का स्वांतःसुख है।

---

1. सुत बित लोक ईषना तीनी। केहि कै मति इन्ह कृत न मलीनी॥
   सरगु नरकु जहँ लगि व्यवहारू॥
   मोहमूल परमारथ नाहीं॥
2. मन्दः कवि यशःप्रार्थी गमिष्याम्युपहास्यताम्।
   प्रांशुलभ्ये फले लोभादुद्बाहुरिव वामनः॥ —कालिदास
   Fame is the spur that the clear spirit doth raise
   (That last infirmity of noble mind)
   To scorn delights, and live laborious days–John Milton
3. क्योंकि एक ओर तो वे कहते हैं—
   स्वांतः सुखाय तुलसी रघुनाथगाथा भाषानिबन्धमतिमंजुलमातनोति।
   और दूसरी ओर यह भी कहते हैं—
   कीरति भनिति भूति भलि सोई। सुरसरि सम सब कहँ हित होई॥

काव्य-हेतु

आचार्यों ने शक्ति (प्रतिभा), निपुणता और अभ्यास को सम्मिलित रूप से काव्य का हेतु माना है। उनका यह मत तुलसीदास को मान्य है। उनकी दृष्टि में शक्ति अर्थात् ईश्वर-प्रदत्त प्रतिभा-शक्ति काव्य रचना के लिए सबसे महत्त्वपूर्ण और आवश्यक तत्त्व है—

सारद दारुनारि सम स्वामी। रामु सूत्रधर अंतरजामी॥
जेहि पर कृपा करहिं जनु जानी। कबि उर अजिर नचावहिं बानी॥

'*संभु प्रसाद सुमति हियँ हुलसी। रामचरितमानस कवि तुलसी॥*' में भी इसी सिद्धान्त की अभिव्यक्ति हुई है। 'निपुणता' का अर्थ है—विविध कलाओं, विद्याओं, काव्यशास्त्र, लोकजीवन आदि का ज्ञान। अपने विनम्र आत्मनिवेदन में व्यक्तिरेक से तुलसी ने प्रवीणता की आवश्यकता पर भी बल दिया है।[1] काव्यमर्मज्ञों के निर्देशानुसार काव्य-रचना के अभ्यास की स्पष्ट चर्चा उन्होंने नहीं की, परन्तु इस सम्बन्ध में 'श्रम' शब्द के अनेकधा उल्लेख[2] से 'अभ्यास' की भी व्यंजना हो जाती है।

प्रतिपाद्य विषय

कविता के प्रतिपाद्य विषय के सम्बन्ध में तुलसीदास द्वारा उपस्थापित सिद्धान्त से सामान्य कवि या आलोचक का सहमत होना कठिन है। वे केवल रामविषयक वृत्त को ही महान समझते हैं। राम के सम्बन्ध से कुकवियों की गुणरहित वाणी भी विद्वज्जनों द्वारा समादृत होती है—

(क) *सब गुन रहित कुकबि कृत बानी। राम नाम जस अंकित जानी।*
सादर कहहिं सुनहिं बुध ताही। मधुकर सरिस संत गुनग्राही॥

(ख) *प्रभु सुजस संगति भनिति भलि होइहि सुजन मन भावनी।*
भव अंग भूति मसान की सुमिरत सुहावनि पावनी॥

उनके मतानुसार प्राकृत जनों का गुणगान करना सरस्वती का अपमान करना है—

कीन्हें प्राकृत जन गुन गाना। सिर धुनि गिरा लगत पछिताना॥

और दूसरी ओर—

भगति हेतु बिधि भवन बिहाई। सुमिरत सारद आवति धाई॥

उनकी यह निश्चित धारणा है कि सुकवियों की विचित्र रचना भी राम-नाम से रहित होने पर सर्वश्रृंगारवती नग्न[3] सुन्दरी की भाँति शोभा को नहीं प्राप्त होती—

---

1. कबि न होउँ नहिं बचन प्रबीनू। सकल कला सब बिद्या हीनू॥...
कबित बिबेक एक नहिं मोरे। सत्य कहउँ लिखि कागद कोरे॥
2. राम चरित सर बिनु अन्हवाएँ। सो श्रम जाइ न कोटि उपाएँ॥...
जो प्रबंध बुध नहिं आदरहीं। सो श्रम बादि बाल कबि करहीं॥
3. एकाध आलोचकों और टीकाकारों ने 'बसन' अथवा 'बर' का अर्थ पति किया है। जहाँ तक शब्दार्थ का प्रश्न है, उनकी मान्यता स्वीकार्य है। परन्तु नारी की वेशभूषा या साज-सज्जा के प्रसंग में 'बसन' का वस्त्र अर्थ करना ही अधिक युक्ति-युक्त और हृदयस्पर्शी प्रतीत होता है।

भनिति बिचित्र सुकबि कृत जोऊ। राम नाम बिनु सोह न सोऊ॥
बिधुबदनी सब भाँति सँवारी। सोह न बसन बिना बर नारी॥
राम नाम बिनु गिरा न सोहा। देखु बिचारि त्यागि मद मोहा॥
बसन हीन नहिं सोह सुरारी। सब भूषन भूषित बर नारी॥

यह दार्शनिक भक्तकवि की आध्यात्मिक दृष्टि है। जो काव्य भावक को उच्चतर भूमि पर प्रतिष्ठित नहीं करता, जो निःश्रेयस का भी साधक नहीं है, वह उसकी दृष्टि में हेय है। वह तो भक्ति-दर्शन से अनुप्राणित काव्य को ही आदर्श काव्य समझता है। काव्य और दर्शन दोनों का ही लक्ष्य है चित्तमुक्ति के द्वारा आनन्दानुभूति कराना। काव्यानन्द और ब्रह्मानन्द दोनों के लिए ही साधारणीकरण आवश्यक है। सांख्य-दर्शन में अन्तःकरण की वृत्तियाँ दो प्रकार की बतलाई गई हैं--साधारण एवं असाधारण। अन्तःकरणत्रय अर्थात् बुद्धि, अहंकार और मन की असाधारण वृत्तियाँ क्रमशः अध्यवसाय, अभिमान तथा संकल्प-विकल्प हैं। साधारण वृत्ति है--प्राणादि वायु। विभिन्न असाधारण वृत्तियों को त्यागकर, अन्तःकरण का अपने साधारण रूप में स्थित हो जाना ही उसका साधारणीकरण है। बुद्धि, अहंकार और मन के अपने-अपने विषयों के सम्बन्ध से मुक्त हो जाने पर अन्तःकरण में केवल प्राण-व्यापार का अस्तित्व रह जाता है। यही उसकी असाधारणीकृत अवस्था है, यही चित्तमुक्ति है। भक्ति और ज्ञान की दशा में अन्तःकरण का साधारणीकरण पूर्ण और स्थायी होता है, काव्य के भावन की दशा में यह साधारणीकरण अपूर्ण एवं अस्थायी होता है। इस कारण से भी काव्यानन्द ब्रह्मानन्द से हीन है, ब्रह्मानन्द सहोदर है। भक्तिरस के काव्य में साधारणीकरण की (अपेक्षाकृत) अधिक शक्ति है [1], उसके भावन से भावक को दोनों प्रकार की आनन्दानुभूति हो सकती है। अतः भक्तिरस के आचार्यों और तुलसीदास ने उसे अन्य कवियों की तुलना में श्रेष्ठ माना है।

भारतीय काव्यशास्त्र में स्वीकृत रस-सिद्धान्त दार्शनिक भूमि पर प्रतिष्ठित है। मधुसूदन सरस्वती ने कहा है कि चित्तद्रव्य लाख की भाँति स्वभावतः कठिनात्मक होता है। तापक विषयों के सन्निकर्ष से वह द्रुत हो जाता है। द्रुत चित्त की विषयाकारता भाव है। संस्काररूप से स्थित भाव स्थायी भाव है। यह स्थायी भाव ही विभावादि के द्वारा अभिव्यक्त होने पर 'रस' कहलाता है। वेदान्त की मान्यता है कि भगवान परमानन्दस्वरूप है। जीवात्मा माया के द्वारा आवृत्त है। काव्य विभावादि के द्वारा यह माया का आवरण क्षणभर के लिए तिरोहित हो जाता है और भावक को परमानन्द-स्वरूप की अनुभूति होने लगती है। यही अनुभूति रस है। इस अनुभूति में भावक विषय से सर्वथा अनवच्छिन्न नहीं होता। अतः काव्य-रस-ब्रह्म-रस से न्यून है। सांख्य के अनुसार सभी कार्यों का हेतु प्रकृति है जो तमोरजस्सत्वगुणमयी है। सत्वगुण की विशेषता है सुखमयता। विभावादि के भावन से तमोगुण और रजोगुण अभिभूत हो जाते हैं। सत्वगुण का उद्रेक होने पर भाव को सुखानुभूति होने लगती है। यही सुखानुभूति 'रस' है। सत्व के साथ मिश्रित रजोगुण और तमोगुण के तारतम्य के अनुसार ही रस की आनन्दानुभूति में भी न्यूनाधिकता होती है। सत्वगुण का उद्रेक करने तथा भगवान

---

1. रामचरितमानस एहि नामा। सुनत श्रवन पाइअ बिश्रामा॥
मन करि बिषय अनल बन जरई। होइ सुखी जौं एहिं सर परई॥

के परमानन्द-स्वरूप की अनुभूति कराने में जितना समर्थ भक्तिकाव्य है उतना दूसरा काव्य नहीं। अतएव तुलसी ने भक्तिकाव्य को श्रेष्ठ माना है! भक्ति की मिठास मिल जाने पर अन्य सभी रस सीठे लगते हैं।

काव्यवस्तु के सम्बन्ध में एक यह प्रश्न भी उठाया जा सकता है कि काव्य में प्रतिपादित वस्तु (भावपक्ष) का अपेक्षाकृत अधिक महत्त्व है अथवा प्रतिपादन-शैली (कलापक्ष) का। इस विषय में भी तुलसीदास समन्वयवादी हैं। उनके मतानुसार सामान्य काव्य में दोनों का समान महत्त्व है। पूर्वोक्त *'कबित बिबेक एक नहिं मोरे'* आदि में प्रतिपादन-कला को और *'भनिति भदेस बस्तु भलि बरनी। राम कथा जग मंगल करनी॥'* आदि में प्रतिपाद्य वस्तु को गौरव देकर उन्होंने दोनों की समान महत्ता स्वीकार की है। शब्द और अर्थ के अभेद का निरूपण तथा 'सप्तप्रबन्ध' वर्णन भी दोनों की समानता के प्रत्यायक हैं।

काव्य की भाषा

तुलसीदास के युग में लोक-भाषा की कविता विद्वानों की दृष्टि में आदरणीय नहीं थी। तुलसी के समसामयिक कवि केशवदास विद्वत्समाज के इस दृष्टिकोण से, और लोक-भाषा की हीन अवस्था से भली-भाँति परिचित थे। अतएव वे अपने भाषा-कवित्व को कोसे बिना नहीं रह सके, अपने को 'मन्दमति' कहने में भी संकोच नहीं किया—

भाषा-बोलि न जानहीं जिनके कुल के दास।
भाषा-कवि भो मंदमति तेहि कुल केशवदास॥

'भाषा भनिति', 'भनिति भदेस', 'गिरा ग्राम्य' आदि उक्तियों द्वारा तुलसीदास ने युग की भाषा-विषयक इस भावना का संकेत किया है। लोकसंग्रहाभिलाषी तुलसी का दृष्टिकोण उदार है। उन्होंने काव्य-निर्माण के लिए संस्कृत भाषा को आवश्यक नहीं माना। उनके मतानुसार, यदि कवि में भाव की सच्चाई है तो वह लोकभाषा में भी सरस रचना कर सकता है—

का भाषा का संसकृत प्रेम चाहियतु साँच।

काव्य की लोकप्रियता के लिए भाषा की सरलता अपेक्षित है—

सरल कबित कीरति बिमल सोइ आदरहिं सुजान।
सहज बयर बिसराइ रिपु जो सुनि करहिं बखान॥

कवि और भावक

काव्य-सिद्धान्त-विवेचन के प्रसंग में कवि और भावक के ऐक्य पर विचार कर लेना भी अपेक्षित है। इस विषय में दो प्रश्न विचारणीय हैं। पहला प्रश्न है—क्या कवि भावक, और भावक कवि हो सकता है? दूसरे शब्दों में—क्या एक ही व्यक्ति में कारयित्री प्रतिभा और भावयित्री प्रतिभा दोनों का समुचित विकास सम्भव है? इस प्रश्न के उत्तर में राजशेखर का कथन है कि अनेक प्राचीन आचार्यों ने दोनों में एकता स्वीकार की है, परन्तु कालिदास इसे नहीं मानते। कवित्व एवं भावकत्व एक-दूसरे से स्वरूपतः अपि च

विषयतः भिन्न हैं।[1] तुलसीदास भी अप्रत्यक्ष रूप से इसी मत का समर्थन करते हैं—

मनि मानिक मुकुता छबि जैसी। अहि गिरि गज सिर सोह न तैसी॥
नृप किरीट तरुनी तनु पाई। लहहिं सकल सोभा अधिकाई॥
तैसेहिं सुकबि कबित बुध कहहीं। उपजहिं अनत अनत छबि लहहीं॥

दूसरा प्रश्न है—क्या कवि को स्वरचित कविता से रसानुभूति होती है या नहीं? तुलसीदास का मत है—नहीं। अपनी रचना के द्वारा कवि को जो आनन्दानुभूति होती है वह विश्रान्तचित्त की रसानुभूति से भिन्न सुखानुभूति है। 'स्वांतःसुख' से यही निष्कर्ष निकलता है। दूसरा अकाट्य तर्क यह है कि रचनाकार को अपनी नीरस रचना भी अच्छी लगती है—

निज कबित्त केहि लाग न नीका। सरस होउ अथवा अति फीका॥

जो रसाभाव में भी रसानुभव कर लेता है वह निश्चय ही रसानुभूति से शून्य है। उसे प्रमाण मानना प्रमाण का हनन है।

मानसी रचना

तुलसीदास के अनुसार, काव्य मूलतः कवि की मानसी सृष्टि है। इस विषय में निम्नांकित पंक्ति ध्यान देने योग्य है—

रचि महेस निज मानस राखा। पाइ सुसमउ सिवा सन भाषा॥

परन्तु तुलसीदास की मान्यता के विषय में यह स्मरण रखना चाहिए कि भगवान के कृपापात्र सुमति कवि का सुमानस[2] ही 'रामचरितमानस' जैसी काव्य-रचना में कृतकार्य होता है। तुलसी ने 'विनयपत्रिका' में बतलाया है कि विश्व मनोनिर्मित है।[3] और कवि का विश्व तो स्पष्ट ही मनोनिर्मित है[4] *'मन महँ तथा लीन नाना तनु प्रगटत अवसर पाए'* का सिद्धान्त काव्य-रचना के विषय में विशेष रूप से चरितार्थ होता है।

अस मानस मानस चख चाही। भइ कबि बुद्धि बिमल अवगाही॥
भयउ हृदयँ आनंद उछाहू। उमगेउ प्रेम प्रमोद प्रबाहू॥
चली सुभग कबिता सरिता सो। राम बिमल जस जल भरिता सो॥

यह उक्ति भक्तकवि की अनुभूति और उसकी काव्य-रचना के विषय में है। यदि इसमें से भक्ति-भावना को अलग करके शुद्ध काव्य-सिद्धान्त की दृष्टि से विचार किया जाए तो निष्कर्ष यह होगा कि मनोदृष्टि से महान विषय का साक्षात्कार होने पर कवि की बुद्धि

---

1. कश्चिद्वाचं रचयितुमलं श्रोतुमेवापरस्तां
   कल्याणी ते मतिरुभयथा विस्मयं नस्तनोति।
   नह्येकस्मिन्नतिशयवतां सन्निपातो गुणाना-
   मेकः सूते कनकमुपलस्तत्परीक्षाक्षमोऽन्यः॥ —काव्यमीमांसा
2. संभु प्रसाद सुमति हियँ हुलसी। रामचरितमानस कबि तुलसी॥
3. बिटप मध्य पुतरिका सूत महँ कंचुकि बिनहिं बनाये।
   मन महँ तथा लीन नाना तनु प्रगटत अवसर पाये॥
4. अपारे काव्यसंसारे कविरेव प्रजापतिः।
   यथा वै रोचते विश्वं तथेदं परिवर्तते॥ —अग्निपुराण

निर्मल हो जाती है, हृदय आनन्द से उल्लसित हो उठता है, जब भाव हृदय में नहीं समाता तब वह कविता के रूप में अभिव्यक्त होता है।

तुलसी का आदर्श

तुलसी ने भरत की भारती की जो विशेषताएँ बतलाई हैं वे उनके काव्य की भी विशेषताएँ हैं। वही उनका आदर्श है—

(क) *हियँ सुमिरी सारदा सुहाई। मानस तें मुख पंकज आई॥*
बिमल बिबेक धरम नय साली। भरत भारती मंजु मराली॥

(ख) *सुगम अगम मृदु मंजु कठोरे। अरथु अमित अति आखर थोरे॥*
ज्यों मुखु मुकुर मुकुरु निज पानी। गहि न जाइ अस अद्‌भुत बानी॥

यह तथ्य लक्ष्य करने योग्य है कि तुलसी के परवर्ती बहुसंख्यक कवियों ने उनके प्रतिपाद्य विषय एवं प्रतिपादन-शैली का अनुसरण किया है; अनेक टीकाकारों और आलोचकों ने उनकी कविता के मर्म को यथाशक्ति समझने-समझाने का सत्प्रयास किया है, परन्तु तुलसीदास की अद्‌भुत वाणी अभी तक गही नहीं जा सकी।

काव्य-कला

श्यामसुन्दर दास

गोसाईं जी भक्ति के क्षेत्र में जितने महान थे उतने ही कविता के क्षेत्र में भी। वस्तुत: उनकी कविता उनकी भक्ति का ही प्रतिरूप थी। उनकी भक्ति ही वाणी का आवरण पहनकर कविता के रूप में व्यक्त हुई थी। उनकी कविता अपने-आप अपना उद्देश्य नहीं थी। 'कवि न होऊ नहिं चतुर प्रवीना' में जहाँ उनके विनय का पता चलता है वहाँ यह भी संकेत है कि वे अपने को कवि न समझकर कुछ और समझते थे। जिस बड़ी उम्र में उन्होंने कविता करना आरम्भ किया था उससे पता चलता है कि जिसे मिल्टन उन्नतमनाओं की निर्बलता कहते हैं वह यशोलिप्सा उन्हें छू तक नहीं गई थी। उन्होंने जो कुछ कहा है वह केवल 'कवि-चातुर्य' के फेर में पड़कर नहीं बल्कि इसलिए कि बिना कहे उनका जी नहीं मानता था, उन्हें चैन नहीं मिलता था। 'स्वांत:सुखाय मतिमंजुलमातनोति' में 'स्वांत:सुखाय' का यही तात्पर्य है। रामचन्द्र के अनन्त रूप, अनन्त शक्ति, अनन्त शील की जो एकान्त आनन्दानुभूति उनको हो रही थी उसे वे आत्म-परिवृत्त होकर ही उपभोग नहीं कर सकते थे। संसार को भी उसमें भागी कर लेना अनिवार्य था। यही आकुलता कविता को अबाध प्रवाह देती है। प्रयत्न-प्रसूत कविता वास्तविक कविता नहीं कही जा सकती। उसमें कविता का बहिरंग हो सकता है किन्तु यह आवश्यक नहीं कि जहाँ कविता का बहिरंग दिखाई दे वहीं उसका आभ्यन्तर भी मिल जाए। क्योंकि कविता हृदय का व्यापार है, दिमाग को खुजलाकर उसका आह्वान नहीं किया जा सकता। जो आप-से-आप उदय न हो वह वास्तविक कविता नहीं। सच्ची, स्पन्दन करती हुई सजीव कविता के लिए यह आवश्यक है कि कवि की मनोवृत्तियाँ वर्ण्य विषय के साथ एकाकार हो जाएँ। जब कवि की सब भावनाएँ एकमुख होकर जागरित हो उठती हैं, तब कवि का हृदय स्वत: ही भावुक उद्गारों के रूप में प्रकट होने लगता है। इस अभिव्यक्ति के लिए न कवि की ओर से प्रयत्न की आवश्यकता होती है और न कोई बाहरी रुकावट उसे रोक ही सकती है। गोसाईं जी में इस तल्लीनता की पराकाष्ठा हो गई थी, इसमें कोई सन्देह नहीं। उनकी नि:शेष मनोवृत्तियाँ रामाभिमुख होकर जागरित हुई थीं।

राम के साथ उनकी मनोवृत्तियों का इतना तादात्म्य हो गया था कि जो कोई वस्तु उनके और राम के बीच व्यवधान होकर आए उससे कदापि उनके हृदय का लगाव न हो सकता था। यही कारण है कि राम के अतिरिक्त किसी के विषय में उन्होंने अपनी वाणी का उपयोग नहीं किया। उनकी वाणी एकमात्र राम के यशोगान से यशोभिमंडित हुई है। रीतिकाल के

कवियों की तरह वे जगह-जगह लक्ष्मी के वर-पुत्रों की चाटुकारी करते नहीं फिरते थे। नरकाव्य करना वे अनुचित समझते थे—

कीन्हें प्राकृत जन गुन गाना। सिर धुनि गिरा लगत पछिताना॥

टोडर के सम्बन्ध में उन्होंने जो दो-चार दोहे कहे हैं वे इसलिए कि—

तुलसी राम-सनेह को सिर पर भारी भार।
टोडर काँधा ना दियो सब कहि रहे उतार॥

वे राम के अन्यतम भक्त थे, इसलिए उन्होंने राम-सम्बन्धी सभी लभ्य साहित्य पढ़ा था। सबके विवेकोचित त्याग और सारग्रहणमय अध्ययन से राम का जो मंजुल लोकरक्षक चरित्र उन्होंने निर्धारित किया, उसी को उन्होंने 'रामचरितमानस' के रूप में जगत के सामने रखा। इसी परित्याग और ग्रहण में उनकी मौलिकता है जिसका रूप उनकी प्रबन्ध-पटुता के योग में अत्यन्त पूर्णता के साथ खिल उठता है।

गोसाईं जी की प्रबन्ध-पटुता का परिचय एक इसी बात से मिल सकता है कि 'रामचरितमानस' की कथा को तीन व्यक्ति तीन श्रोताओं से कह रहे हैं। गोसाईं जी अन्त तक इस बात को भूले नहीं हैं और समय-समय पर पाठक को इस बात की याद मिलती रहती है कि गरुड़ से भुशुंडि-कथित कथा को शिव पार्वती से और शिव कथित कथा को याज्ञवल्क्य भरद्वाज से कह रहे हैं।

कथा का रस यदि बिगड़ता है तो गोसाईं जी के बार-बार यह याद दिलाने से कि राम परब्रह्म परमात्मा थे और कभी स्वयं रामचन्द्र के मुँह से यह आभास दिलाने से कि मैं परब्रह्म हूँ। अपने कपि मित्रों को विदा करते हुए राम कहते हैं—

अब गृह जाहु सखा सब भजेहु मोहिं दृढ़ नेम।
सदा सर्बगत सर्बहित, जानि करेहु अति प्रेम॥

यदि कोई यूरोपीय कह बैठे कि बन्दरों के ही ऊपर इस कथन का प्रभाव हो सकता था तो उसके लिए अवकाश है। परन्तु भक्तों के लिए इसी में सौन्दर्य है। कहीं-कहीं गोसाईं जी असम्भव बातें भी लिख गए हैं। बादलों द्वारा श्रद्धा के कारण किसी पथिक पर छाया करने की उद्‌भावना अस्वाभाविकता की सीमा तक नहीं पहुँचती। पृथ्वी पर न उतरकर देवताओं के आकाश ही से फूल गिराने तक भी गनीमत है, किन्तु राम के लिए सीधे स्वर्ग से इन्द्र का रावण से लड़ने के लिए रथ भेजना अस्वाभाविक लगता है।

जिस प्रकार गोसाईं जी का जीवन राममय था उसी प्रकार उनकी कविता भी। एक राम को अपनाकर उन्होंने सारे जगत को अपना लिया। रामचरित कहकर कोई वस्तु ऐसी न रही जिसके विषय में उनके लिए कहना शेष रह गया हो। रामचरित की व्यापकता में उन्हें अपनी कला के सम्पूर्ण कौशल के विस्तार का सुयोग प्राप्त था। उसी में उन्होंने अपनी सूक्ष्म पर्यवेक्षण-शक्ति का परिचय दिया। अन्त:प्रकृति और बाह्य प्रकृति दोनों से उनके हृदय का समन्वय था। दोनों को उन्होंने भिन्न-भिन्न परिस्थितियों में देखा था। उनकी पारगामी सूक्ष्म दृष्टि उनके अन्तस्तल तक पहुँची थी। इसी से उन्हें चरित्र-चित्रण और प्रकृति-चित्रण दोनों में सफलता प्राप्त हुई। परन्तु गोसाईं जी आध्यात्मिक धर्मशील प्रकृति के मनुष्य थे। सबके संरक्षक राम के प्रेम ने उन्हें संरक्षण के मूल शीलमय धर्म का प्रेमी बनाया था, जिसके संरक्षण

में उन्हें प्रकृति भी संलग्न दिखाई देती थी। पम्पा सरोवर का वर्णन करते हुए वे कहते हैं—

सुखी मीन सब एकरस अति अगाध जल माहिं।
जथा धर्मसीलन्ह के दिन सुख संजुत जाहिं॥

प्राकृतिक दृश्यों में शील-संरक्षिका धर्मशीला नीति की यह छाया उनके काव्यों में सर्वत्र दिखाई देती है। किष्किन्धाकांड के अन्तर्गत वर्षा और शरद ऋतु के वर्णन इसके बहुत अच्छे उदाहरण हैं। यह गोसाईं जी का महत्त्व है कि धर्म-सादृश्य, गुणोत्कर्ष आदि अलंकार-योजना के सामान्य नियमों का निर्वाह करते हुए भी वे शील और सुरुचि के प्रसार में समर्थ हुए हैं।

गोसाईं जी का प्रकृति से परिचय केवल परम्परागत नहीं था। इन्होंने अपने-आप भी प्रकृति का पर्यवेक्षण किया था। उनके हृदय में प्राकृतिक सौन्दर्य से प्रभावित होने की क्षमता थी। उनके विशाल हृदय में जड़ और चेतन, सृष्टि के दोनों अंग एक ही उद्देश्य की पूर्ति करते हुए उद्भावित होते हैं। उनकी दृष्टि में ग्लानि-पूरित हृदय को लेकर रामचन्द्र को मनाकर लौटा लाने के लिए जानेवाले शील-निधान भरत के उद्देश्यों में प्रकृति की भी सहानुभूति है। इसीलिए उनके मार्ग को सुगम बनाने के लिए—

किए जाहिं छाया जलद सुखद बहति बर बात।

प्रकृति की सरल सुन्दरता उनको सहज ही आकर्षित कर लेती थी। पक्षियों का कलरव, जिसमें वे परमात्मा का गुणगान सुनते थे, उन्हें आमन्त्रक प्रतीत होता था—

बोलत जलकुक्कुट कलहंसा। प्रभु बिलोकि जन करत प्रसंसा॥
सुंदर खग गन गिरा सुहाई। जात पथिक जनु लेत बोलाई॥

प्रकृति-सौन्दर्य के लिए उनके हृदय में जो कोमल स्थान था उसी का प्रसाद है कि हिन्दी में स्वीकृत विवरण मात्र दे देने की परम्परा से ऊपर बैठकर कहीं-कहीं उनकी प्रतिभा ने प्रकृति के पूर्ण चित्रों का निर्माण किया है। प्राकृतिक दृश्यों के यथातथ्य चित्रण की जो क्षमता यत्र-तत्र गोसाईं जी में दिखाई देती है वह हिन्दी के और किसी कवि में देखने को नहीं मिलती।

लषन दीख पय उतर करारा। चहुँ दिसि फिरेउ धनुष जिमि नारा॥
नदी पनच सर सम दम दाना। सकल कलुष कलि साउज नाना॥
चित्रकूट जनु अचल अहेरी। चुकइ न घात मार मुठभेरी॥

इस डेढ़ चौपाई में गोसाईं जी ने चित्रकूट और उसके पाद पर बहनेवाली मन्दाकिनी का सुन्दर तथा यथातथ्य चित्र अंकित कर दिया है और साथ ही तीर्थ का माहात्म्य भी कह दिया है। अप्रस्तुत का इतना सार्थक समन्वय गोसाईं जी की ही कला का कौशल है।

मनुष्य भी प्रकृति का ही एक अंग है। उसकी बाहरी चाल-ढाल, मुद्रा, आकार आदि भी बाह्य प्रकृति के वर्णन के ही अन्तर्गत समझने चाहिए। गोसाईं जी ने इनके चित्रण में भी अपना कौशल दिखलाया है। मृगया करते हुए रामचन्द्र की मूर्ति उनके हृदय में विशेष रूप से बसी हुई थी। उस मूर्ति का चित्र खींचते हुए उन्होंने अपनी सूक्ष्म पर्यवेक्षण शक्ति का परिचय दिया है—

जटा मुकुट सिर सारस नयननि गौहें तकत सुभौंह सकोरे।

और भी—

सोहति मधुर मनोहर मूरति हेम हरिन के पाछे।
धावनि नवनि बिलोकनि बिथकनि बसै तुलसी उर आछे॥

मृग के पीछे दौड़ते हुए, बाण छोड़ने के लिए झुकते हुए, मृग के भाग जाने पर दूर तक दृष्टि डालते हुए और हारकर परिश्रम जनाते हुए राम का कैसा सजीव चलचित्र आँखों के सामने आ जाता है!

बाह्य प्रकृति से अधिक गोसाईं जी की सूक्ष्म अन्तर्दृष्टि अन्तःप्रकृति पर पड़ी थी। मनुष्य-स्वभाव से उनका सर्वांगीण परिचय था। भिन्न-भिन्न अवस्थाओं में पड़कर मन की क्या दशा होती है, इसको वे भली-भाँति जानते थे। इसी से उनका चरित्र-चित्रण बहुत पूर्ण और दोषरहित हुआ है। 'रामचरितमानस' में प्रायः सभी प्रकार के पात्रों के चरित्र-अंकन में उन्होंने अपनी सिद्धहस्तता दिखाई है। दूसरे के उत्कर्ष को अकारण ही न देख सकने वाले दुर्जन किस प्रकार किसी दूसरे व्यक्ति को अपनी मनोवृत्ति देने के लिए पहले स्वयं स्वार्थत्यागी बनकर अपने को उनका हितैषी जताकर उनके हृदय में अपने भावों को भरते हैं, इसका मंथरा के चरित्र में हमें अच्छा दिग्दर्शन मिलता है। दुर्जनों की जितनी चालें होती हैं उन्हीं के दिग्दर्शन के लिए मानो सरस्वती मंथरा की जिह्वा पर बैठी थी।

जिस पात्र को जो स्वभाव देना उन्हें अभीष्ट रहा है उसे उन्होंने कोमल वय में बीज-रूप में दिखाकर आगे बढ़ते हुए भिन्न-भिन्न परिस्थितियों में उसका नैसर्गिक विकास दिखाया है। रामचन्द्र के जिस स्वार्थत्याग को हम बाहुबल से विजित, न्यायतः स्वायत्त और वस्तुतः हाथ में आए हुए लंका के समृद्ध राज्य को बिना हिचक विभीषण को सौंप देने में देखते हैं, वह एकाएकी आई हुई उमंग का परिणाम नहीं है। वह रामचन्द्र का बाल्यकाल ही से क्रमपूर्वक विकास पाता हुआ स्वभाव है। उसे हम चौगान के खेल में छोटे भाइयों से जीतकर ही हार मानते हुए बालक राम में, अन्य पुत्रों की उपेक्षा कर जेठे पुत्र को ही राज्याधिकारी माननेवाली अन्याय-युक्त प्रथा पर विचार करते हुए युवा राम में, और फिर प्रसन्नता से राज्य छोड़कर बनवासी ऋषि-मुनियों की भाँति तपोमय जीवन बिताते हुए वनवासी राम में देखते हैं।

'रामचरितमानस' में रावण का जितना चरित हमारी दृष्टि में पड़ता है उसमें, आदि से अन्त तक उसकी एक विशेषता हमें दृष्टिगत होती है। वह है घोर भौतिकता। कदाचित आत्मा की उपेक्षा करते हुए भौतिक शक्ति का अर्जन ही गोसाईं जी राक्षसत्व का अभिप्राय समझते थे। उसका अपार बल, विश्वविश्रुत वैभव, उसकी धर्महीन शासन-प्रणाली जिसमें ऋषि-मुनियों से कर वसूल किया जाता था, उसके राज्य-भर में धार्मिक अभिरुचि का अभाव, ये सब उसके भौतिकवाद के द्योतक हैं। प्रश्न उठ सकता है कि वह बड़ा तपस्वी भी तो था? किन्तु उसके तप से भी उसकी भौतिकता का ही परिचय मिलता है। वह तप उसने अपनी आध्यात्मिक उन्नति या मुक्ति के उद्देश्य से नहीं किया था वरन् इस कामना से कि भौतिक सुख को भोगने के लिए वह इस शरीर से अमर हो जाए।

हनुमान जी में गोसाईं जी ने सेवक का आदर्श खड़ा किया है। वे राम के सेवक हैं। गाढ़े समय पर जब सबका धैर्य और शक्ति जवाब दे जाती है तब हनुमानजी ही से राम का काम सधता है। समुद्र को लाँघकर सीता की खबर वही लाए। लक्ष्मण को शक्ति लगने पर

द्रौणाचल पर्वत को उखाड़ ले आकर उन्होंने संजीवनी बूटी प्रस्तुत की। भक्त के हृदय में बसने की राम की प्रतिज्ञा जब व्यवधान में पड़ी तब उन्होंने अपना हृदय चीरकर उसकी सत्यता सिद्ध की। परन्तु हनुमान जी के चरित्र में एक बात से कुछ असमंजस हो सकता है। वे सुग्रीव के सेवक थे। सुग्रीव से बढ़कर राम की भक्ति करके क्या उन्होंने सेवाधर्म का व्यतिक्रम नहीं किया? नहीं, लंका-विजय तक वास्तव में उन्होंने सुग्रीव की सेवा कभी छोड़ी ही नहीं और लोगों से कुछ दिन बाद तक जो वे अयोध्या में राम की सेवा करते रहे वह भी सुग्रीव की आज्ञा से—

दिन दसि करि रघुपति पद सेवा। पुनि तव चरन देखिहउँ देवा।
पुन्य पुंज तुम पवनकुमारा। सेवहु जाइ कृपा आगारा॥

इसी प्रकार भरत के हृदय की सरलता, निर्मलता, निस्पृहता और धर्म-प्रवणता उनकी सब बातों से प्रकट होती है। राम खुशी से उनके लिए राज्य छोड़ गए हैं, कुलगुरु वशिष्ठ उनको सिंहासन पर बैठने की अनुमति देते हैं, कौशल्या अनुरोध करती हैं, प्रजा प्रार्थना करती है; परन्तु सिंहासनासीन होना तो दूर रहा, वे इसी बात से क्षुब्ध हैं कि लोग कैकेयी के कुचक्र में उनका हाथ न देखें। वे माता से उसकी कुटिलता के लिए रुष्ट हैं। परन्तु साथ ही वे अपने को माता से अच्छा भी नहीं समझते, इसी में उनके हृदय की स्वच्छता है। जब माता ही बुरी है तो पुत्र भला कैसे हो सकता है?—

मातु मंदि मैं साधु सुचाली। उर अस आनत कोटि कुचाली॥

सिंहासन स्वीकार करने के लिए आग्रह करने वाले लोगों से उन्होंने कहा था—

कैकेई सुअ कुटिलमति राम बिमुख गतलाज।
तुम्ह चाहत सुखु मोहबस मोहि से अधम कें राज॥

भरत के सम्बन्ध में चाहे यह बात न खपती और वे प्रजा का पालन बड़े प्रेम से करते जैसा उन्होंने किया भी, परन्तु उनका राज्य स्वीकार करना महत्त्वाकांक्षी राजकुमारों और द्वेषपूर्ण सौतों के लिए एक बुरा मार्ग खोल देता, जिससे प्रत्येक अभिषेक के समय किसी-न-किसी कांड की आशंका बनी रहती। इसी बात को दृष्टि में रखकर उन्होंने कहा था—

मोहि राजु हठि देइहहु जबहीं। रसा रसातल जाइहि तबहीं॥

भरत की लोक-मर्यादा की, जिसका ही दूसरा नाम धर्म है, रक्षा की इस चिन्ता ने ही राम को—

भरत भूमि रह राउरि राखी।

कहने के लिए प्रेरित किया था। उमड़ते हुए हृदय और वाष्प-गद्गद कंठ से भरत के राम को लौटा लाने के लिए चित्रकूट पहुँचने पर जब राम ने उनसे अपना धर्म-संकट बतलाया तब उसी धर्म-प्रवणता ने उन्हें राज्य का भार स्वीकार करने के लिए बाध्य किया। परन्तु उन्होंने केवल राजा के कर्तव्य की कठोरता को स्वीकार किया, उसके सुख-वैभव को नहीं। सुख-वैभव के स्थान पर उन्होंने वनवासी का कष्टमय जीवन स्वीकार किया जिससे उनके उदाहरण से धर्मोल्लंघन की आशंका दूर हो जाए।

परन्तु वास्तविक मानस-जीवन इतना सरल नहीं है जितना सामान्यत: बाहर से दीखता है, या ऊपर के वर्णन से प्रकट हो सकता है। मनुष्य के स्वभाव में एक ही भावना की प्रधानता

नहीं रहती। प्राय: एक से अधिक भावनाएँ उसके जीवन में स्थित होकर उसके स्वभाव की विशेषता लक्षित कराती हैं। जब कभी ऐसी दो भावनाएँ एक-दूसरे की विरोधिनी होकर आती हैं उस समय यदि कवि इनके चित्ररण में किंचित् भी असावधानी करे तो उसका चित्रण सदोष हो जाएगा। उदाहरण के लिए गोसाईं ने लक्ष्मण को प्रचंड प्रकृति दी है, परन्तु साथ ही उनके हृदय में राम के लिए, अगाध भक्ति का भी सृजन किया है। जहाँ पर दोनों बातों का विरोध न हो वहाँ पर इनके चित्रण में उतनी कठिनाई नहीं हो सकती। जनक के 'बीर-बिहीन मही मैं जानी' कहते ही वे तमककर कह उठते हैं—

रघुबंसिन्ह महुँ जहँ कोउ होई। तेहिं समाज अस कहइ न कोई॥

परशुराम के रोषभरे वचनों को सुनकर वे कोरी-कोरी सुनाने में कुछ उठा नहीं रखते—

भृगुबर परसु देखावहु मोही। बिप्र बिचारि बचउँ नृपद्रोही॥
मिले न कबहुँ सुभट रन गाढ़े। द्विज देवता घरहि के बाढ़े॥

और भरत को ससैन्य चित्रकूट की ओर आते देख राम के अनिष्ट की आशंका होते ही वे बिना आगा-पीछा सोचे भरत का काम तमाम करने के लिए उद्यत हो जाते हैं—

जिमि करि निकर दलइ मृगराजू। लेइ लपेटि लवा जिमि बाजू॥
तैसेहिं भरतहिं सेन समेता। सानुज निदरि निपातउँ खेता॥

इसी प्रकार सरल रामभक्ति का परिचय भी उनके जीवन के चाहे जिस अंश में देखने को मिलेगा। गोसाईं जी के कौशल की परख वहाँ पर हो सकती है जहाँ पर राम के प्रति भक्ति-भावना और सहज प्रचंड प्रकृति एक-दूसरी के विरुद्ध होकर आएँ। यदि ऐसे स्थल पर दोनों भावों का निर्वाह हुआ तो समझना चाहिए कि वे चरित्र-चित्रण में कृत-कार्य हुए हैं।

रामचन्द्र को कैकेयी ने वन जाने का उपदेश दिया है। वचनबद्ध दशरथ 'नाहीं' नहीं कर सकते हैं। ऐसे अवसर पर यह आशा करना कि लक्ष्मण क्रोध से तिलमिलाकर धनुष-बाण लेकर सबका विरोध करने के लिए उद्यत हो जाएँगे, स्वाभाविक ही है। परन्तु देखते हैं कि गोसाईं जी ने लक्ष्मण से इस समय ऐसा कुछ भी नहीं करवाया है। परन्तु यह जितना ही सामान्य पाठक की आशा के विरुद्ध हुआ है उतना ही सप्रयोजन भी है, क्योंकि यहाँ पर क्रोध प्रकट करना लक्ष्मण के स्वभाव के विपरीत होता। ऐसा करने से वे राम की रुचि के विरुद्ध काम करते। लक्ष्मण को वनवास की आज्ञा का तब पता चला जब राम वन जाने के लिए तैयार हो चुके थे। एक पदानुसारी भृत्य की भाँति वे भी चुपचाप वन जाने की तैयारी करने लगे। यह बात नहीं कि उन्हें क्रोध न हुआ हो, क्रोध हुआ अवश्य था, परन्तु उन्होंने उसे दबा लिया। ससैन्य भरत को चित्रकूट आते हुए देखकर—

आइ बना भल सकल समाजू। प्रगट करउँ रिस पाछिल आजू॥

कहकर उन्होंने जिस रिस का उल्लेख किया था वह यही रिस है जिसे उन्होंने उस समय प्रकट नहीं होने दिया था। गोसाईं जी ने इस अवसर की गम्भीरता की रक्षा के उद्देश्य से लक्ष्मण के मन की दशा का उल्लेख नहीं किया।

इसी प्रकार लंका जाने के लिए प्रस्तुत रामचन्द्र ने तीन दिन तक समुद्र से रास्ता देने के लिए विनय की। लक्ष्मण को विनय की बात पसन्द न आई। परन्तु उन्होंने अपनी अरुचि

प्रकट नहीं की। जब रामचन्द्र ने समुद्र को अग्नि-बाणों से सोखने का विचार करके धनुष खींचा तब लक्ष्मण की प्रसन्नता दिखलाकर गोसाईं ने इस अरुचि की ओर संकेत किया।

भाव-द्वन्द्व का एक और उदाहरण लीजिए। कैकेयी के कहने पर रामचन्द्र ने वन जाने का निश्चय कर लिया है। इस समय दशरथ का राम-प्रेम और उनकी सत्यप्रतिज्ञा दोनों कसौटी पर है। और उनके साथ-साथ गोसाईं जी का चरित्र-चित्रण कौशल भी। पहले तो वन जाने की आज्ञा गोसाईं जी ने दशरथ के मुँह से नहीं कहलाई है। 'तुम वन चले जाओ'—अनन्य प्रेम के कारण दशरथ यह कह नहीं सकते थे। वे चाहते नहीं थे कि राम वन जाएँ। वे चाहते तो इस समय अपने वचन की अवहेलना करके रामचन्द्र को वन जाने से रोकने का प्रयत्न कर सकते थे। परन्तु वचन भंग करने का विचार भी उनके मन में न आया। हाँ, वे मन-ही-मन देवताओं को मनाते रहे कि राम स्वयं ही—

बचनु मोर तजि रहहिं घर परिहरि सीलु सनेहु।

सत्य-प्रतिज्ञ दशरथ अवमानित पिता होकर रहना अच्छा समझते थे, परन्तु राम का बिछोह उन्हें असह्य था। उनका यह राम-प्रेम कोई छिपी बात नहीं थी। कैकेयी को समझाती हुई विप्र-वधुओं ने कहा था—'नृप कि जिइहिं बिनु राम'। लक्ष्मण को समझाते हुए राम ने इस आशंका की ओर संकेत किया था—'राउ बृद्ध मम दुख मन माही'। हुआ भी यही। वचनों की रक्षा में जो राजा छाती पर पत्थर रखकर प्रिय पुत्र राम को वन जाते हुए देखते हैं, उन्हीं को हम राम के विरह में स्वर्ग जाता हुआ देखते हैं।

इस प्रकार जिस स्वभाव का व्यक्ति जिस अवस्था में जैसा काम करता, गोसाईं जी ने उसे वैसा ही करते दिखाया है। इसका केवल एक अपवाद हमें मिलता है। वह है राम का बालि को छिपकर मारना। यह शीलसागर न्यायप्रेमी राम के स्वभाव के अनुकूल नहीं हुआ है—

मारेहु मोहि ब्याध की नाईं।

मरते समय बालि के किए हुए इस दोषारोपण का राम कोई सन्तोषजनक उत्तर नहीं दे सके।

अनुज बधू भगिनी सुत नारी। सुन सठ कन्या सम ए चारी॥
इन्हहि कुदृष्टि बिलोकइ जोई। ताहि बधें कछु पाप न होई॥

अनुज-वधू यदि कन्या के समान है तो क्या अग्रज-वधू भी माता के समान नहीं है? सुग्रीव का तो इसके लिए रामचन्द्र ने वध नहीं किया! यदि बालि वध्य भी था और वह भी राम के द्वारा तो भी कोई यह नहीं कह सकता कि जिस उपाय से राम ने बालि को मारा वह उचित था। राम को चाहिए था कि पहले बालि पर दोषारोपण करते, फिर उसे ललकारकर युद्ध में मारते जैसे 'महावीर-चरित' में भवभूति ने कराया है। उसमें राम के बालि को अपना शत्रु समझने का भी कारण दिया गया है, क्योंकि बालि ने पहले ही राम के विरुद्ध रावण से मित्रता कर ली थी। दूसरे के साथ युद्ध में लगे हुए व्यक्ति को जिसे उनकी ओर से कुछ भी खटका नहीं है, पेड़ की आड़ से छिपकर मारना राम के चरित पर एक बड़ा भारी कलंक है जिस पर न तो हेतुवाद के चूने से कोई लीपापोती की जा सकती है और न मनुष्यता के रंग से ही। उद्देश्य चाहे कितना ही उत्तम क्यों न हो वह इतने गर्हित उपाय के अनौचित्य

को दूर नहीं कर सकता; और न यह कलंक रामचन्द्र को अवातर से मनुष्य की कोटि में उतार लाने के लिए ही आवश्यक है। विरहातुरता में करुण विलाप करते हुए तथा लक्ष्मण को शक्ति लगने पर यह कहते हुए—

जौं जनतेउँ बन बंधु बिछोहू। पिता बचन मनतेउँ नहिं ओहू॥

उन्होंने जो हृदय की मानवोचित मधुर कमजोरी दिखाई है वही उन्हें मनुष्यता की कोटि से बिलकुल बाहर जाने से रोकने के लिए पर्याप्त है; और नीचे उतरकर धर्माधर्म का बिलकुल विचार ही त्याग देना मनुष्यता की कोटि से भी नीचे गिरना है।

परन्तु इसका सारा दोष गोसाईं जी पर ही नहीं मढ़ा जा सकता। उनसे पहले के रामचरित्र के प्राय: सभी लेखकों ने रामचन्द्र से यह कर्म कराया है। इससे इस घटना का महत्त्व इतिहास का-सा हो जाता है, जिससे विरुद्ध चलना गोसाईं जी चाहते न थे। अन्यत्र गोसाईं जी ने इसे भक्त-वत्सलता का उदाहरण कहकर समझाने का प्रयत्न किया है, परन्तु उससे कुछ भी समाधान नहीं होता। यह कहना पड़ेगा कि आपत्ति में पड़कर राम को बहुत कुछ कर्तव्याकर्तव्य का ज्ञान नहीं रह गया था। उन्हें एक मित्र की आवश्यकता थी जो, चाहे जिस प्रकार हो, उनके उपकार के भार से दबकर उनका सच्चा सहायक हो जाता। सुग्रीव ने पहले मित्रता का प्रस्ताव किया इसलिए राम ने उसी के साथ मित्रता कर ली। यदि बालि को रामचन्द्र की मित्रता अभीष्ट होती और वह सुग्रीव के पहले मित्रता का प्रस्ताव करता तो सम्भवत: बालि के स्थान पर सुग्रीव को स्वर्ग की यात्रा करनी पड़ती।

जहाँ मानव-मनोवृत्तियों के सूक्ष्म ज्ञान ने गोसाईं जी से चरित्र-विधान में स्वभाविकता की प्राण-प्रतिष्ठा कराई वहाँ साथ ही उसने रस की धारा बहाने में भी उनको सहायता दी, क्योंकि रसों के आधार भी भाव ही हैं। गोसाईं जी केवल भावों के शुष्क मनोवैज्ञानिक विश्लेषक न थे, उन्होंने उनके हलके और गहरे रूपों को एक-दूसरे के साथ संश्लिष्टावस्था में देखा था, जैसा कि वास्तविक जगत में देखा जाता है। 'रामचरितमानस' की विस्तीर्ण भूमि में इन्हीं के स्वाभाविक संयोग से उनकी रस-प्रसविनी लेखनी सब रसों की धारा बहाने में समर्थ हुई है। प्रेम को उन्होंने कई रूपों में स्थायित्व दिया है। गुरु-विषयक रति, दाम्पत्य-प्रेम, वात्सल्य, भगवद्विषयक रति या निर्वेद, सभी हमें 'रामचरितमानस' में पूर्णता को पहुँचे हुए मिलते हैं। गुरु-विषयक रति का आनन्द विश्वामित्र के चेलों के रूप में राम-लक्ष्मण हमें देते हैं। जो गुरु से पहले जागकर उनकी सेवा-शुश्रूषा में संलग्न दिखाई देते हैं। भगवद्विषयक रति की सबसे गहरी अनुभूति उनकी 'विनयपत्रिका' में होती है, यद्यपि उनके अन्य ग्रन्थों में भी इसकी कमी नहीं है। शृंगार रस के प्रवाह में पाठकों को आप्लुत करने में गोसाईं जी ने कोई कसर नहीं रखी है, परन्तु उनका शृंगार में रस रीतिकाल के शृंगारी कवियों के शृंगार की भाँति कामुकता का नग्न नृत्य न होकर सर्वथा मर्यादित है। शृंगार रस यदि अश्लीलता के बहुत दूर पवित्रता की उच्च भूमि में कहीं उठा है तो वह गोसाईं जी की कविता में। जहाँ परम भक्त सूरदास भी अश्लीलता के पंक में पड़ गए हैं वहाँ गोसाईं जी ने अपनी कविता में लेशमात्र भी दुर्भावना नहीं आने दी है—

करत बतकही अनुज सन मन सिय रूप लोभान।
मुख सरोज मकरंद छबि करइ मधुप इव पान॥

देखन मिस मृग बिहग तरु फिरइ बहोरि बहोरि।
निरखि निरखि रघुवीर छबि, बाढ़इ प्रीति न थोरि॥

एक-दूसरे के प्रति अंकुरित होते हुए इस सहज प्रेम के द्वारा किसके हृदय में शृंगार रस की पुनीत व्यंजना न होगी!

फिर चित्रकूट में लक्ष्मण की बनाई हुई पर्णशाला में—

सिय अंग लिखैं धातु अंग सुमननि भूषन बिभाग,
तिलक करनि का कहौं कला निधान की।
माधुरी बिलास हास गावत जस तुलसिदास,
बसति हृदय जोरी प्रिय परम प्रान की।

सचमुच सरल प्रेममय यह जोड़ी हर एक के हृदय में घर कर लेती है। इनका यशोगान करती हुई गोसाईं जी की वाणी धन्य है, जिसने वासना-विहीन शुद्ध दाम्पत्य प्रेम का यह परम पवित्र चित्र लोक के समक्ष रखा है। जब कोई विदेशी कहता है कि हिन्दी के कवियों ने प्रेम को वासना और स्त्री को पुरुष के विलास की ही सामग्री समझकर हिन्दी-साहित्य को गन्दगी से भर दिया है तब 'यह लांछन सर्वांश में सत्य नहीं है', यह सिद्ध करने के लिए गोसाईं जी की रचनाओं की ओर संकेत करने के अतिरिक्त हमारे पास कोई साधन नहीं रहता।

गोसाईं जी के विप्रलंभ शृंगार की मृदुल कठोरता सीताहरण के समय राम के विलाप में पूर्णतया प्रत्यक्ष होती है।

वात्सल्य की मनोहरता इसमें देखिए—

ललित सुतहिं लालत सच पाए।
कौसल्या कल कनक अजिर महँ सिखवति चलन अँगुरियाँ लाए॥

करुण रस की धारा राम के वनवासी होने पर और लक्ष्मण को शक्ति लगने पर फूट पड़ती है। राम के वनवासी होने पर तो शोक की छाया मनुष्यों पर ही नहीं, पशुओं पर भी पड़ी। जिस रथ पर राम को सुमन्त कुछ दूर तक पहुँचा आया था, लौट आने पर उसमें जुते हुए घोड़ों की आकुलता देखिए—

देखि दखिन दिसि हय हिहिनाहीं। जनु बिनु पंख बिहग अकुलाहीं॥
नहिं तृन चरहिं न पिअहिं जलु मोचहिं लोचन बारि।

घोड़ों की जब यह दशा थी तब पुरवासियों की और विशेषकर उनके कुटुम्बी-जनों की क्या दशा हुई होगी!

जनक के 'बीर-बिहीन मही मैं जानी' कहने पर लक्ष्मण की आकृति में जो परिवर्तन हुआ उसमें मूर्तिमान रौद्र रस के दर्शन होते हैं—

माखे लखनु कुटिल भइँ भौंहें। रदपट फरकत नयन रिसौंहें॥

वीर और बीभत्स रस का मानो लंकाकांड स्रोत ही है। शिव-धनुष के भंग होने पर चारों ओर जो आतंक छा जाता है उसमें भयानक रस की अनुभूति होती है—

भरे भुवन घोर कठोर रव रबि बाजि तजि मारगु चले।
चिक्करहिं दिग्गज डोल महि अहि कोल कूरुम कलमले।
सुर असुर मुनि कर कान दीन्हें सकल बिकल बिचारहीं।

रामचन्द्रजी से सती और कौशल्या को एक ही साथ कई रूप दिखलाकर उन्होंने अद्‌भुत रस का चमत्कार दिखलाया। शिवजी की बारात के वर्णन और नारद-मोह में हास्यरस के फुहारे छूटते हैं। स्वयं राम-कथा के भीतर कृत्रिम रूप बनाकर आई हुई वास्तव में कुरूपा सूर्पणखा के राम के प्रति इस वाक्य से होंठ मुलक ही जाते हैं—

तुम्ह सम पुरष न मो सम नारी। यह सँयोग विधि रचा बिचारी॥
मम अनुरूप पुरुष जग माहीं। देखेउँ खोजि लोक तिहु नाहीं॥
तातें अब लगि रहिउँ कुमारी। मनु माना कछु तुम्हहि निहारी॥

लक्ष्मण इस पर मन-ही-मन खूब हँसे थे। इसी कारण जब राम ने उसे उनके पास भेजा तो उनसे भी न रहा गया—बोले, उन्हीं के पास जाओ। वे राजा हैं, सब कुछ उन्हें शोभा दे सकता है—

प्रभु समर्थ कोसलपुर राजा। जो कछु करहिं उनहि सब छाजा॥

इतना होने पर भी यह कहीं नहीं भान होता कि गोसाईं जी ने प्रयत्नपूर्वक आलम्बन, उद्‌दीपन, संचारी आदि को जुटाकर रस-परिपाक का आयोजन किया हो। प्रबन्ध के स्वाभाविक प्रवाह के भीतर स्वत: ही रस की तलैयाँ बँध गई है जिनमें जी-भर डुबकी लगाकर ही साहित्यिक तैराक आगे बढ़ने का नाम लेता है।

बात यह है कि वे कला को कलाबाजी की श्रेणी में गिरा देना नहीं चाहते थे। कला (आर्ट) और कलाबाजी (आर्टिफिस) में सदा से भेद होता आया है। इसी प्रकार खाली कारीगरी भी कला नहीं है। कलाकार (आर्टिस्ट) न कारीगर (आर्टिजन) है और न कलाबाज (आर्टिफिसर)। कलाबाज केवल हाथ की सफाई दिखाता है और कारीगर की सफलता उसके परिश्रम में है, जब कि कलावंत विवश होकर कला की सृष्टि का साधन बनता है, उसमें स्वत: कला का स्फुरण होता है। कलाबाज और कारीगर स्वयं अपनी सृष्टि के कर्ता हैं, परन्तु कलावंत कला की अभिव्यक्ति का एक माध्यम मात्र है। कलाबाज और कारीगर में उनकी इच्छा-शक्ति प्रेरणा करती है, कलावंत की विशेषता उनकी विवशता में है।

कनक कनक तें सौ गुनी, मादकता अधिकाय।
या खाए बौराय नर वा पाए बौराय॥

में कलाबाजी है। इस दोहे की विशेषता उक्ति का अनूठापन है जो सोना और धतूरा दोनों के लिए एक ही शब्द रख देने से आया है। केशवदास ने जहाँ तीन अर्थ एक-एक छन्द में ठूँसकर भरे हैं वहाँ वे कारीगर का काम करते हैं।

मेरो सब पुरुषारथ थाको।
बिपति बँटावन बन्धु बाहु बिनु करौं भरोसो काको।
सुनु सुग्रीव साँच हूँ मो सन फेरयो बदन बिधाता।
ऐसेउ समय समर संकट हौं तज्यौ लषन सो भ्राता॥
गिरि कानन जैहैं साखामृग हौं पुनि अनुज सँघाती।
ह्वै है कहा विभीषन की गति रहौं सोच भरि छाती॥

गोसाईं जी का यह पद शुद्ध कला का नमूना है। इसमें न कहीं प्रयत्न दीखता है और न कहीं बात की ब्योंत ही है। सीधे हृदय से निकली हुई बातें हैं, कहीं बनावट नहीं है। गोसाईं

जी की रचना अधिकतर इसी श्रेणी की है। प्रबन्ध के बीच में एकाध जगह जो कारीगरी दिखाई है वह उतनी नहीं खटकती, क्योंकि वह भी उस अवसर के गाम्भीर्य को बढ़ाने में सहायक होती है। रूपक-पुष्ट इस व्यतिरेक को देखिए—

जौं छबि सुधा पयोनिधि होई। परम रूपमय कच्छपु सोई॥
सोभा रजु मंदरु सिंगारू। मथै पानि पंकज निज मारू॥
एहि बिधि उपजै लच्छि जब सुंदरता सुख मूल।
तदपि सकोच समेत कबि कहहिं सीय समतूल॥

इससे जानकी जी की सौन्दर्य की अनुभूति के साथ-साथ कितने आदरभाव का उदय मन में होता है। परन्तु इस प्रकार की कारीगरी विशेष रूप से गोसाईं जी ने रामकथा के आरम्भ होने से पहले और कथा समाप्त हो जाने के बाद की है। 'गीतावली' और 'रामचरितमानस' दोनों में यही बात दिखाई देती है। इन अवसरों पर गोसाईं जी ने लम्बे-लम्बे सांग रूपक बड़ी धूमधाम से बाँधे हैं। मानस का रूपक प्रसिद्ध ही है। गोसाईं जी की कारीगरी के उदाहरण में एक और रूपक यहाँ दिया जाता है—

मुद मंगलमय संत समाजू। जो जग जंगम तीरथराजू॥
राम भक्ति जहँ सुरसरि धारा। सरसइ ब्रह्म बिचार प्रचारा॥
बिधि निषेधमय कलिमल हरनी। करम कथा रबिनंदनि बरनी॥
हरि हर कथा बिराजति बेनी। सुनत सकल मुद मंगल देनी॥
बटु बिस्वासु अचल निज धरमा। तीरथराज समाज सुकरमा॥
सबहि सुलभ सब दिन सब देसा। सेवत सादर समन कलेसा॥
अकथ अलौकिक तीरथराऊ। देइ सद्य फल प्रगट प्रभाऊ॥
सुनि समुझहिं जन मुदित मन मज्जहिं अति अनुराग।
लहहिं चारि फल अछत तनु साधु समाज प्रयाग॥

गीतावली के अन्त में तो गोसाईं जी ने लम्बे-लम्बे सांग रूपकों में नख-शिख ही वर्णन किया है। नखशिखकार तो नायिकाओं का नख-शिख वर्णन करते हैं, परन्तु गोसाईं जी ने रामचन्द्र का नख-शिख वर्णन किया है। उसमें राम का मुख, उनकी बाँहें, हाथ-पाँव—सभी अंगों का आलंकारिक भाषा में वर्णन किया है।

कला की सौन्दर्य-वृद्धि में कारीगरी के पूर्ण साहचर्य का उत्कृष्ट उदाहरण 'बरवै-रामायण' प्रस्तुत करती है। इस अपूर्व ग्रन्थ में अलंकार-योजना भावव्यंजना के इतने अनुकूल हुई है कि अलंकारों की ओर एकाएक ध्यान नहीं जाता। किन्तु भाव की गहराई तक पहुँचने के लिए जब अलंकारों को खोलना पड़ता है जब पद-पद पर उनकी बहुलता देखकर आश्चर्यचकित हो जाना पड़ता है।

कला का एक प्रधान उद्‌देश्य जीवन की व्याख्या करते हुए उसे किसी उच्चतम आदर्श में ढालने का प्रयत्न करना है। भावाभिव्यक्ति में जितनी सरलता होगी उतनी ही इस उद्‌देश्य में भी सफलता होगी। जो लोग अर्थ को वक्रोक्ति की भूल-भुलैया में छिपा रखने ही में अपनी कृतकार्यता समझते हैं, उनकी रचनाएँ सदा के लिए भविष्य की चीजें बनी रहेंगी। वह भविष्य कभी वर्तमान में परिणत न होगा। हाँ, कला की भूमि में भी गूढ़

अभिव्यंजनावादियों का अलग ही ताल्लुकदारी मंडल बाँध लिया जाए तो उनकी रचनाओं को सदा ही वर्तमान की वस्तु समझिए, यद्यपि उस वर्तमान का जनसाधारण के वर्तमान से कोई सम्बन्ध न होगा। परन्तु गोसाईं जी ने सदैव जनसाधारण के वर्तमान को दृष्टि-पथ में रखकर लिखा है। उन्होंने जो कुछ कहा है सीधे ढंग से कहा है। अलंकारों की योजना उन्होंने अर्थ को केवल शब्द-गुंफन में छिपाने के लिए नहीं बल्कि भाव की और भी स्पष्ट अभिव्यंजना करने के लिए की है। गोसाईं जी की पंक्तियों में साधारण प्रत्यक्षार्थ को छोड़कर गूढ़ार्थ की खोज करना कला के उपर्युक्त उद्देश्य का विरोध करना है, जिसने गोसाईं जी को रामचरित लिखने की अन्त:प्रेरणा दी थी।

कला के इसी उद्देश्य ने गोसाईं जी को संस्कृत का विद्वान् होने पर भी उस देववाणी की ममता छोड़कर जनवाणी का आश्रय लेने के लिए बाध्य किया था। संस्कृत, जिसमें अब तक राम-कथा संरक्षित थी, अब जनसाधारण की बोलचाल की भाषा न रहकर पंडितों के ही मंडल तक बँधी रह गई थी। इससे 'रामचरितमानस' का आनन्दपूर्ण लाभ सर्वसाधारण न उठा सकते थे। इसी गोस्वामी जी को भाषा में रामचरित लिखने की प्रेरणा हुई, पर पंडित लोगों में उस समय भाषा का आदर न था। भाषा-कविता की वे हँसी उड़ाते थे।

भाषा भनिति भोरि मति मोरी। हँसिबे जोग हँसें नहिं खोरी॥

परन्तु गोसाईं जी ने उनकी हँसी की कोई परवाह नहीं की, क्योंकि वे जानते थे कि वही वस्तु मानास्पद है जो उपयोगी भी हो। जो किसी के काम न आए, उसका मूल्य ही क्या?

का भाषा का संसकृत प्रेम चाहियतु साँच।
काम जो आवइ कामरी का लै करै कमाँच॥

अतएव उन्होंने 'भाषा' ही में कविता की और रामचरित को देश-भर में घर-घर पहुँचाने का उपक्रम किया।

उस समय काव्य की प्रचलित भाषा ब्रजभाषा थी। वैष्णवों ने इसी को अपनाया था। सूरदासजी ने 'सूरसागर' के पद इसी भाषा में रचे थे। गोस्वामी जी ने पहले इसी में फुटकर रचना करना आरम्भ किया। उन्होंने 'गीतावली', 'विनयपत्रिका' और 'कवितावली' का अधिक अंश ब्रजभाषा में ही लिखा है, परन्तु ब्रजभाषा फुटकर छन्दों के ही उपयुक्त थी, उसमें अभी तक कोई प्रबन्ध-काव्य नहीं लिखे गए थे। अतएव जब वे रामचरित को प्रबन्ध-रूप में लिखने बैठे तब उन्हें दूसरी भाषा ढूँढ़ने की आवश्यकता हुई। जब हम देखते हैं कि आगे चलकर जिन-जिन लोगों ने ब्रजभाषा में प्रबन्ध-काव्य लिखने का प्रयत्न किया वे सब असफल रहे तब हमें गोसाईं जी के ब्रजभाषा में प्रबन्ध-काव्य न लिखने के निर्णय का औचित्य जान पड़ता है। 'ब्रजविलास' आदि प्रबन्ध-काव्य कभी जनता में सर्वप्रिय न हुए। अतएव अपने प्रबन्ध-काव्य के लिए गोसाईं जी ने अवधी को ग्रहण किया जिसे प्रेममार्गी कहानी-लेखक सूफी कवि कहानियों के लिए भली-भाँति माँज चुके थे। अवधी की ओर गोसाईं जी की रुचि के और भी कारण थे। वह स्वयं उनकी बोली थी और उस प्रान्त की भी बोली थी जहाँ उनके इष्टदेव का जन्म हुआ था। गोसाईं जी के पहले चार-पाँच आख्यानक-काव्य अवधी में लिखे जा चुके थे। कोई तीस वर्ष पहले जायसी ने पद्मावती

की कहानी लिखकर अपनी प्रेमपुष्ट वाणी का चमत्कार दिखलाया था। गोसाईं जी ने उन्हीं का अनुसरण किया। 'जानकीमंगल', 'पार्वतीमंगल', 'बरवै रामायण' आदि ग्रन्थों की रचना भी उन्होंने अवधी ही में की।

इस प्रकार गोसाईं जी ने दो भाषाओं में कविता की। इन दोनों भाषाओं को संस्कृत की परिपक्व चाशनी की पाग देकर उन्होंने उन्हें अद्‌भुत मिठास प्रदान की है। इन दोनों भाषाओं पर उनकी रचनाओं से इतना अधिकार दिखाई देता है कि जितना स्वयं सूरदासजी का ब्रजभाषा पर और जायसी का अवधी पर न था। इन दोनों लब्धप्रतिष्ठ कवियों ने व्याकरण का गला दबाकर शब्दों के ऊपर खूब अत्याचार किया है। परन्तु गोसाईं जी ने ब्रजभाषा और अवधी दोनों के व्याकरण के नियमों का पूर्ण रूप से निर्वाह किया है। भाषा-शैथिल्य तो उनकी रचनाओं में कहीं मिलता ही नहीं है। एक भी शब्द उनमें ऐसा नहीं मिलता जो भरती का हो। प्रत्येक शब्द पूर्ण भावव्यंजक होकर अपने अस्तित्व की सप्रयोजनता को प्रकट करता है।

अपने समय की प्रचलित काव्य-भाषाओं ही पर नहीं उस समय तक प्रचलित काव्य-शैलियों पर भी उनका प्रभुत्व लक्षित होता है। विषय के अनुकूल उनकी शैली भी बदलती जाती है। 'गीतावली' और 'विनयपत्रिका' में सूरदास की गीत-पद्धति का अनुसरण किया गया है। उनमें भारतीय संगीत की भिन्न-भिन्न राग-रागिनियाँ गृहीत की गई हैं। 'कवितावली' में भाटों की परम्परा के अनुसार फुटकर सवैये और कवित्त कहे गए हैं। जब उनके समय के कवियों को साधारण राजाओं के भाट बनने में लज्जा न आई तब वे अपने सर्वस्व जगदाधिप श्रीराम की उमरदराजी कहने में क्यों लजाते? विरुदावली और वीरोत्साहिवर्धिनी दोनों प्रणालियों को, जिनके लिए सवैये, घनाक्षरी और छप्पय विशेषकर उपयुक्त ठहरते हैं, 'कवितावली' में प्रश्रय मिला है। 'रामचरितमानस' में जायसी के अनुकरण पर प्रबन्ध-काव्य के अनुकूल दोहे-चौपाइयों का अनुक्रम रखा गया है। चौपाई और बरवै अवधी के खास अपने छन्द हैं। बरवै में भी गोसाईं जी ने रामचरित का वर्णन किया है, परन्तु एक स्वतंत्र ग्रन्थ में, 'रामचरितमानस' के अन्तर्गत नहीं। 'रामचरितमानस' में बीच-बीच में त्रिभंगी, हरिगीतिका, त्रोटक, सोरठा आदि लम्बे-छोटे छन्द रखे गए हैं। परन्तु यह वहीं पर किया गया है जहाँ पर कथा-प्रबन्ध के प्रवाह में कुछ थमाव आवश्यक था; जैसे किसी देवता की प्रार्थना में अथवा इसी प्रकार के किसी अन्य अवसर पर, किन्तु और जगह नहीं। अब रह जाती है नीति-काव्य के रचयिताओं की विदग्ध वचनावली-सिद्ध प्रणाली जिसके साथ दोहों का कुछ अटूट सम्बन्ध-सा हो गया है। उस पर गोसाईं जी ने स्वतंत्र रचना भी की है और उसके लिए यत्र-तत्र प्रबन्ध के बीच में भी जगह निकाल ली है। दोहावली और सतसई ऐसे ही पद्यों के संग्रह हैं, जो कुछ तो मानस आदि गन्थों से संगृहीत हैं और शेष स्वतंत्र रचनाएँ हैं। क्लिष्ट-कल्पनाजन्य-कूट-कविताशैली को तो हम भूल ही गए थे। परन्तु गोसाईं जी उसे भी न भूले। सतसई में उन्होंने ऐसी जटिल रचनाएँ की हैं जिनका अर्थ करने के लिए बड़ी खींचातानी करनी पड़ती है और तब भी अनिश्चय बना ही रहता। ऐसी रचनाएँ प्रशंसनीय नहीं कही जा सकतीं चाहे वे गोसाईं जी की ही रची क्यों न हों। हाँ, गोसाईं जी की बुद्धिमत्ता की प्रशंसा करनी चाहिए कि उन्होंने इस प्रकार की रचनाओं के लिए ऐसे विषय को चुना और इस प्रकार से इस प्रणाली का उपयोग किया कि अर्थ के अनिश्चय

में भी अनर्थ की सम्भावना नहीं रहती। प्रत्येक दोहे में स्पष्ट ही किसी की वन्दना की गई है। यह भी पाठक जानता है कि राम अथवा राम से सम्बन्ध रखनेवाले किसी व्यक्ति की वन्दना होगी। कूट से वही नाम निकालने के लिए पाठक को अपना मस्तिष्क लगाना होता है। अब यदि गोसाईं जी का अभिप्राय राम की वन्दना से था और पाठक ने भरत की वन्दना समझी या गोसाईं जी ने एक प्रकार से किसी कूट का अर्थ राम-वन्दना से लिया और पाठक ने दूसरे प्रकार मे तो उसमें क्या बिगाड़ हो गया! बैजनाथजी और बिहारीलालजी चौबे की टीकाएँ इस बात की साक्षी हैं।

संक्षेप में, तल्लीनता, प्रबन्ध-पटुता, रचना-चातुर्य, भाषा-सौष्ठव, रस-परिपाक, अलंकार-योजना आदि चाहे जिस दृष्टि से देखें गोसाईं जी में हम सब दशाओं में कला का अन्यतम उत्कर्ष पाते हैं। जहाँ कहीं हम उन्हें देखते हैं, वहाँ हम उन्हें सर्वोपरि देखते हैं। पहले से दूसरा स्थान भी उनका कहीं नहीं दिखाई देता और काव्य-साहित्य का ऐसा कौन क्षेत्र है जहाँ हम उन्हें नहीं देखते! वास्तव में हिन्दी भाषा का सम्पूर्ण वैभव से पूर्ण शक्ति का साक्षात्कार गोसाईं जी में ही होता है। परन्तु हिन्दी के होकर वे केवल हिन्दुस्तान के ही नहीं बल्कि अपनी अलौकिक कवित्व-शक्ति के कारण समस्त संसार के हो रहे हैं। एक न माने जाने वाले पूर्व और पश्चिम भी उनकी प्रशंसा करने के लिए एक हो रहे हैं। देश और काल का अतिक्रमण करने वाली उनकी प्रतिभा के मूल में उनकी आत्मविस्मृतिकर तल्लीनता ही है; इसीलिए उनकी कृतियों में कला को वह उत्कर्ष प्राप्त हुआ है जिसे देखकर 'हरिऔधजी' की सार्थक वाणी में अपना स्वर मिलाते हुए, हमसे भी यही कहते बनता है कि—

कविता करके तुलसी न लसे, कविता लसी पा तुलसी की कला।

अलंकार-योजना

नरेन्द्र कुमार

तुलसीदास मुख्यतः भक्त कवि हैं। उनके काव्य में सर्वत्र काव्यधर्म की अपेक्षा मोक्षधर्म को प्राधान्य मिला है। उन्हें कवि कहलाने से अधिक सन्तोष भक्त कहलाने में मिलता है। यही कारण है कि वे काव्य-प्रतिभा को राम-कथा के गान में ही सार्थक समझते हैं। यह बात निम्नलिखित रूपक से भली-भाँति स्पष्ट हो जाती है—

हृदय सिंधु मति सीप समाना। स्वाति सारदा कहहिं सुजाना॥
जौं बरषइ बर बारि बिचारू। होहिं कबित मुकुतामनि चारू॥
जुगुति बेधि पुनि पोहिअहिं रामचरित बर ताग।
पहिरहिं सज्जन बिमल उर सोभा अति अनुराग॥

तुलसी के मतानुसार राम के चरित-गान से युक्त काव्य ही सज्जनों द्वारा आदरणीय है। उन्होंने कविता को नारी मानकर राम-नाम को वसन-रूप माना है। जिस प्रकार अनेक आभूषणों से अलंकृत नारी वस्त्रों के अभाव में सुन्दर नहीं लगती उसी प्रकार अनेक अलंकारों से सजी हुई सुकवि की वाणी भी राम-नाम के बिना अशोभित ही रहती है—

भनिति बिचित्र सुकबि कृत जोऊ। राम नाम बिनु सोह न सोऊ॥
बिधुबदनी सब भाँति सँवारी। सोह न बसन बिना बर नारी॥

तुलसीदास काव्य को बहुत उच्च और पवित्र वस्तु समझते थे। धार्मिक पवित्रता कविता का प्राण है और कविता का केवल परमात्मा के गुणगान एवं चरित्र-चित्रण में ही प्रयोग करना चाहिए—यह उनका विश्वास था। डॉ. भगीरथ मिश्र का यह कथन सर्वथा उचित है, परन्तु इसका यह तात्पर्य नहीं निकालना चाहिए कि तुलसी के काव्य में काव्यधर्म की उपेक्षा हुई है। काव्यधर्म के दृष्टिकोण से उनकी कविता रस एवं अलंकार आदि से पूर्णरूपेण सम्पन्न है। उनकी रचनाओं में काव्य की सभी विशेषताएँ चरम रूप में उपलब्ध हैं। उसका साहित्य भावों का उमड़ता हुआ सागर है जिसमें रस की थाह नहीं पाई जा सकती। असाधारण भावोद्रेक के कारण उसकी अभिव्यक्ति में वक्रता एवं चमत्कृति का वैशिष्ट्य है, "जिस प्रकार उमड़ती हुई सरिता अपने कूलनियमित सरल पथ में प्रवाहित होने में असमर्थ होकर नवीन-नवीन मार्ग खोज लेती है उसी प्रकार अनुभूति और भावुकता के चरम विकास की स्थिति में कवि के कंठ से निकली हुई भाव-रसधारा सीधी सरल भाषा के कूलों में न समाती हुई चमत्कारपूर्ण वक्र कथनों के विस्तृत क्षेत्र में फैल जाती है। असाधारण भावोद्रेक के कारण वर्णन में, वर्णन-

शैली में, वक्रता और चमत्कृति आ ही जाती है, यह स्वाभाविक है।'' तुलसी के काव्य में जैसी भावप्रवणता है, वैसी ही अलंकृति भी।

अलंकार-विधान में तुलसी की विशिष्ट प्रतिभा के प्रमाण मिलते हैं। अपने सभी काव्यों में उन्होंने, जिस अद्वितीय कौशल से अलंकारों की योजना की है वह उनकी तीव्र एवं सारग्रहिणी मेधाशक्ति तथा व्यापक व्यावहारिक ज्ञान का परिचायक है। उनकी अलंकार-योजना में न तो केशव के समान काव्यशास्त्रीय ज्ञान के प्रदर्शन की प्रवृत्ति है और न ही रीतिकालीन कवियों की भाँति कविता को अनेक अलंकारों से सजाने की धुन। उनका उद्देश्य कलात्मक प्रदर्शन न होकर भक्तिभावना की अभिव्यक्ति एवं जीवन-दर्शन का स्पष्टीकरण करना है। तुलसी की कृतियों में यत्र-तत्र बिखरे हुए कला-विषयक विचार उनकी प्रदर्शन से दूर रहने की प्रवृत्ति का दिग्दर्शन कराते हैं। 'रामचरितमानस' में आत्म-परिचय देते हुए वे काव्यकला के क्षेत्र में शालीनतापूर्वक अपनी अयोग्यता घोषित करते हैं—

कबि न होउँ नहिं बचन प्रबीनू। सकल कला सब बिद्या हीनू॥

साथ ही वे नम्रतावश अपनी अलंकारशास्त्र के ज्ञान की हीनता भी प्रकट करते हैं—

आखर अरथ अलंकृति नाना। छंद प्रबंध अनेक बिधाना॥
भाव भेद रस भेद अपारा। कबित दोष गुन बिबिध प्रकारा॥
कबित बिबेक एक नहिं मोरे। सत्य कहौं लिखि कागद कोरे॥

'पार्वती मंगल' में इसी बात को और भी स्पष्ट करता हुआ उनका कथन द्रष्टव्य है—

कबित रीति नहिं जानउँ कवि न कहावउँ।
संकर चरित सुसरित मनहिं अन्हवावउँ॥

तुलसी की उपर्युक्त धारणाओं के साथ-साथ ही उनकी अलंकार-योजना का मूलभूत सिद्धान्त भी स्पष्ट हो जाता है। वे काव्य में अलंकारों की अनिवार्यता स्वीकार नहीं करते। उनके मतानुसार सरल शैली में भावों की अभिव्यक्ति ही काव्य का ध्येय है—

सरल कबित कीरति बिमल सोइ आदरहिं सुजान।

वे अलंकारों की अपेक्षा भावों को अधिक महत्त्व देते हैं। तुलसीदास के काव्य-सिद्धान्त के अनुसार अलंकार भाव-समुद्र में 'बीचि विलास' के समान हैं। 'रामचरितमानस' के प्रसिद्ध 'मानस-रूपक' में 'मानस' का परिचय देते हुए वे स्पष्ट करते हैं—

राम सीय जस सलिल सुधासम। उपमा बीचि बिलास मनोरम॥

उपर्युक्त पंक्तियों में प्रयुक्त 'उपमा' शब्द केवल उपमा अलंकार का ही नहीं, अपितु सभी सादृश्यमूलक अलंकारों का, और भागत्यागलक्षणा से अलंकार-सामान्य का द्योतक है।

उपर्युक्त अन्त:साक्ष्य के आधार पर तुलसीदास की अलंकार-योजना-विषयक धारणाएँ इस प्रकार उपस्थापित की जा सकती हैं—

1. अलंकार काव्य के अनित्य धर्म हैं;
2. अलंकार रस अथवा भाव के उपकारक हैं;
3. अलंकार, रस अथवा भाव से पृथक् सत्ता नहीं रखते; जिस प्रकार लहरों का विलास समुद्र के जल का ही एक रूप होता है उसी प्रकार अलंकार रस अथवा भाव के

ही अंग होते हैं तथा उसके सौन्दर्य का उत्कर्ष करते हैं;

4. जिस प्रकार समुद्र में लहर स्वाभाविक रूप से आती है उसी प्रकार भावों के प्रवाह में स्वाभाविक रूप से आए हुए अलंकार ही काव्य-सौन्दर्य के वर्द्धक होते हैं।

तुलसी के सम्पूर्ण साहित्य में उनकी अलंकार-विधान-सम्बन्धी उपर्युक्त धारणाएँ स्पष्ट रूप से लक्षित होती हैं। इस प्रसंग में यह बात स्मरणीय है कि तुलसीदास समन्वयवादी होते हुए भी रसवादी हैं। उन्होंने रस को ही काव्य की आत्मा माना है। अलंकार उनके भावों की अभिव्यक्ति में उत्कर्ष एवं रस के परिपाक में सहायक उपकरण के रूप में ही प्रयुक्त हुए हैं। वे सिद्धान्ततः अलंकारों की अनिवार्यता न मानते हुए भी व्यवहारतः इनसे भली-भाँति परिचित थे, इनमें पूर्ण अभ्यस्त थे। तुलसीदास की अनोखी सूझ एवं काव्य में अर्थ-सौरस्य लाने की कुशलता का परिचय उनके द्वारा अलंकारों की निबन्धता में ही मिलता है। उनके काव्य में भावधारा इतने प्रबल वेग से बहती है कि उसमें अलंकृति की ओर ध्यान जाना कठिन हो जाता है, परन्तु फिर भी उनका अलंकार-विधान इतना आकर्षक है कि उसके सौन्दर्य की प्रशंसा किए बिना रहा नहीं जा सकता। अपने हृदय की उमड़ती हुई भावधारा के अभिव्यंजन में प्रभावोत्पादकता लाने एवं शोभा-वृद्धि करने के लिए तत्कालीन सभी उपलब्ध सामग्रियों का अनायास प्रयोग तुलसी के काव्य में मिलता है। सर्वत्र ऐसा भी नहीं है कि इस सामग्री का प्रयोग तुलसी ने अनजाने में ही कर दिया हो; कवि यत्र-तत्र अपनी अभिव्यक्ति के अलंकरण में सजग भी है। तुलसीदास के काव्य की अलंकृति का महत्त्व अनेक स्थलों पर उनके भाव-गाम्भीर्य से भी आगे बढ़ गया है, दोनों पक्ष एक-दूसरे से आगे बढ़ते हुए दृष्टिगत होते हैं। इसका मूल कारण है उनके काव्य में काव्य के दोनों पक्ष (भाव एवं कला) एक-दूसरे को अवलम्ब देते चलते हैं। भाव तुलसी की कला में जीवन भरते हैं तो कला भाव-व्यंजना को तीव्रता प्रदान करते हुए उसे सौन्दर्यमय बनाती है। ''गोसाईं जी अलंकारों के प्रयोग में सिद्धहस्त थे, जिससे वे प्रयोग उनके बाएँ हाथ के अनायास खेल हो गए थे। कभी-कभी तो ऐसा देखा जाता है कि आपकी कुशल लेखनी तरंगों की तरह एक-पर-एक उमड़ते हुए अलंकारों का ताँता बाँधती और साहित्यरसिकों को एक अनिर्वचनीय आनन्द के अथाह सागर में डुबोती हुई अविरल गति से दूर तक निकल जाती है।'' तुलसी द्वारा प्रयुक्त अलंकारों में जहाँ शास्त्रीय दृष्टिकोण से प्रगल्भ तथा समीचीन प्रयोग हैं, वहाँ लोक-साहित्य की-सी नैसर्गिकता भी है। भारतीय काव्य-शास्त्रीय परम्परा में वर्णित अधिकतर अलंकार उनके काव्य में सुगमता से प्राप्त हो जाते हैं। शब्दालंकार, अर्थालंकार तथा उभयालंकार सभी अपने भेद-प्रभेदों के सहित उत्तम रीति से उनके काव्य को अलंकृत करते हैं।

जहाँ तक शब्दालंकारों के प्रयोग का प्रश्न है, उत्कृष्ट कवि इनका प्रयोग अनुपाततः कम ही किया करते हैं, क्योंकि शब्दालंकार विशिष्ट शब्द रचना पर आश्रित होने के कारण बहुत कुछ काव्य के बाह्य रूप को ही अलंकृत करते हैं। शब्दालंकार का काव्य में विशेष प्रयोग उसके महत्त्व को कम करने वाला होता है।

शब्दालंकारों में भी दो प्रकार के अलंकार हैं, एक प्रकार के अलंकार केवल शब्द-छटा दिखाते हैं, उनका सम्बन्ध न तो प्रत्यक्ष रूप से भाव तथा रस से ही होता है और न उनके द्वारा अर्थ-सौन्दर्य में ही कुछ चमत्कार आता है। चित्र एवं प्रहेलिका आदि इसी प्रकार से

अलंकार हैं। वास्तव में अलंकार काव्य को अलंकृत न करके क्लिष्टता एवं काव्य के रस में अवरोध उत्पन्न करते हैं। रस में अवरोध लाने के कारण इस प्रकार के अलंकार तुलसी के अलंकार-योजना-विषयक सिद्धान्त के विपरीत पड़ते हैं। अतएव उन्होंने इस प्रकार के अलंकारों को कोई महत्त्व नहीं दिया। उनके समग्र काव्य में इस प्रकार के अलंकारों की योजना नगण्य ही है। केवल एक स्थान पर ऐसी युक्तिपटुता मिलती है, वह भी 'आख्यानगत पात्र का चातुर्य दिखाने के लिए ही है', काव्य के सामर्थ्य के प्रदर्शन के लिए नहीं। 'बरवै रामायण' में राम सूर्पणखा के नाक-कान काटने के लिए लक्ष्मण को इस प्रकार का संकेत करते हैं—

बेद नाम कहि अँगुरिन खंडि अकास।
पठयो सूपनखाहि लषन के पास॥

यहाँ 'बेद' से उसके पर्यायवाची शब्द 'श्रुति' तथा उसके अन्य अर्थ कान का एवं 'अकास' से उसके पर्यायवाची शब्द नाक तथा उसके अन्य अर्थ नासिका का ग्रहण होता है। इस प्रकार के अलंकार कष्टसाध्य होते हैं। इन अलंकारों का प्रयोग भावों की न्यूनता को छिपाने के लिए ही किया जाता है। तुलसीदास के समक्ष भावों के अभाव की समस्या नहीं है, प्रत्युत् उन्हें तो भावों के गहन भंडार को अलंकृत एवं सरस रूप में अभिव्यक्त करना है।

तुलसी के काव्यों में इस प्रकार के अलंकारों के नगण्य प्रयोग को दृष्टिगत रखते हुए निश्चित रूप से कहा जा सकता है कि इन अलंकारों के प्रति उनकी दृष्टि उपेक्षापूर्ण ही रही है।

दूसरे प्रकार के शब्दालंकारों का चमत्कार मूलतः विशिष्ट प्रकार की शब्द-योजना पर अवलम्बित रहता है तथापि अप्रत्यक्ष रूप से इनका सम्बन्ध भावोत्कर्ष से होता है। इस वर्ग के अलंकारों में यमक, श्लेष, पुनरुक्तवदाभास, वक्रोक्ति तथा अनुप्रास आदि अलंकार आते हैं। इनमें यमक, पुनरुक्तवदाभास, श्लेष तथा श्लिष्ट वक्रोक्ति की योजना सीमित रूप में ही काव्य को अलंकृत करती है। इसी दृष्टिकोण को सम्मुख रखते हुए तुलसी के काव्य में इन अलंकारों का प्रयोग बहुत ही सीमित रूप में प्राप्त है। भावों के प्रवाह में जहाँ इनकी योजना स्वभावतः ही हो गई है, वहाँ इनका सौन्दर्य दर्शनीय है। तुलसी के काव्य में अनेक स्थानों पर इन शब्दालंकारों के प्रयोग से भाषा में नाद-सौन्दर्य, प्रवाह, सजीवता, कोमलता आदि गुणों का समावेश होने के साथ-साथ प्रभावोत्पादकता आ गई है।

अन्य भारतीय कवियों की भाँति ही गोस्वामी जी ने भी अनुप्रास की योजना प्रचुर रूप से की है। सुन्दर अनुप्रासों की योजना ने उनके काव्य में अद्भुत सौन्दर्य भर दिया है। पग-पग पर अनुप्रासों की छटा दर्शनीय है। आचार्य रामचन्द्र शुक्ल के शब्दों में—"अनुप्रास के तो वह बादशाह थे, अनुप्रास किस ढंग से लाना चाहिए, उनसे यह सीखकर यदि बहुत से पिछले फुटकरिए कवियों ने अपने कवित्त सवैये लिखे होते तो उनमें भद्दापन और अर्थ-न्यूनता न आने पाती।" तुलसी के काव्य में अनुप्रासों का प्रचुर प्रयोग एवं असाधारण सौन्दर्य होते हुए भी मिश्र बन्धु अपने 'हिन्दी-नवरत्न' में न जाने क्यों तुलसी द्वारा उनके काव्य में अनुप्रास का स्वल्प प्रयोग ही मानते हैं। सम्भवतः मिश्र बन्धुओं का ध्यान इस ओर गया ही,

अन्यथा इस भ्रमात्मक उक्ति का कोई अन्य कारण नहीं दीख पड़ता। अनुप्रास-योजना कवि की क्लिष्ट परीक्षा होती है। प्रायः अनुप्रास के मोह में वर्णनीय भाव का ध्यान छूट जाता है। परन्तु तुलसी के काव्य में ऐसा कहीं नहीं हुआ है। अनुप्रास के मोह में व्यर्थ के शब्दों का प्रयोग करने की प्रवृत्ति उनमें नहीं है। तुलसीदास को अनुप्रास का मोह नहीं है, प्रत्युत उनके काव्य में अनुप्रास की अद्‌भुत छटा देखते हुए यह कहना भी अधिक समीचीन होगा कि अनुप्रास को तुलसी से मोह है। उनके काव्य में अनुप्रास-योजना भाषा में संगीत तथा लय के समावेश तथा उसे भावानुकूल बनाने के उद्‌देश्य से ही की गई है।[1] उनकी अनुप्रास-योजना नैसर्गिक रूप से पद में निहित अर्थ को साकार रूप देने में सहायक होती है। ध्वन्यर्थव्यंजना के ऐसे अनेक उदाहरणों में तुलसीदास ने काव्यगत शब्दों को नाद द्वारा शब्द-सामर्थ्य से ही प्रसंग और अर्थ का उद्‌बोधन करके चित्र से खड़े कर दिए हैं जिसके कारण भाव के अन्तरंग के बैठने से पूर्व ही भाषा का ही बहिरंग आवरण पाठक को आकर्षित कर लेता है। ऐसे स्थलों पर उन्होंने अभिप्रेत भाव के सामंजस्य का कितना ध्यान रखा है—

कंकन किंकनि नूपुर धुनि सुनि। कहत लखन सन रामु हृदयँ गुनि॥
मानहुँ मदन दुंदुभी दीन्ही। मनसा बिस्व बिजय कहुँ कीन्ही॥

यहाँ 'कंकन किंकिन' शब्दों के प्रयोग से नूपुर की ध्वनि का आभास होने लगता है। अभिप्रेत भाव से सामंजस्य रखती हुई यह शब्द-योजना उत्प्रेक्षा से पुष्ट होने के कारण और भी सुन्दर बन पड़ी है।

तुलसी ने शब्दालंकारों में पुनरुक्ति और काकुवक्रोक्ति का प्रयोग भी पर्याप्त रूप में किया है। अन्य शब्दालंकारों की योजना अपेक्षाकृत कम ही की है। तुलसी के काव्य में प्राप्त शब्दालंकारों की योजना को निम्नांकित रूप में तीन मुख्य भागों में वर्गीकृत किया जा सकता है—

1. इसमें चित्र प्रहेलिका तथा श्लेष-वक्रोक्ति आदि अलंकारों को रख सकते हैं। इस प्रकार के अलंकारों का विधान तुलसी के काव्य में नगण्य है।
2. इसमें यमक, पुनरुक्तवदाभास, श्लेष, वीप्सा आदि हैं। इन अलंकारों के अनेक सुन्दर उदाहरण तो तुलसी-साहित्य में यत्र-तत्र मिल जाते हैं, परन्तु इनकी योजना सीमित रूप में अनायास ही कहीं-कहीं हो गई है।
3. अनुप्रास का सौन्दर्य पग-पग पर दर्शनीय है। अनुप्रास की योजना ने तुलसी को विशेष रूप से आकृष्ट किया है।

अर्थालंकारों का प्रचुर प्रयोग तुलसी की अलंकार-योजना की एक महती विशेषता है। अर्थालंकार की योजना में सहृदयतापूर्ण अनुभूति से उत्पन्न विशेष विदग्धता की आवश्यकता होती है। जो यह अनुभूति कर सके कि यह योजना भावोत्कर्ष में, रसोद्रेक में, प्रेषणीयता में एवं सौन्दर्यबोध में सहायक हो सकती है, वही कलाकार चमत्कार ढंग से रसिकों को रसाप्लुत

---

1. उदाहरण के लिए—
   (क) सजनी ससि में समसील उभै नव नील सरीरुह से बिकसे।
   (ख) बंदउँ गुरु पद पदुम परागा। सुरुचि सुबास सरस अनुरागा।
   अमिअ मूरिमय चूरन चारू। समन सकल भव रुज परिवारू॥

करने में समर्थ हो सकता है। भावों को तीव्र करने, व्यंजित करने, सुबोध एवं प्रांजल बनाने तथा उनमें चमत्कार लाने के जो अनेक साधन हैं उनमें अर्थालंकार प्रमुख हैं। तुलसी के काव्य में अर्थालंकारों का विधान अभूतपूर्व सफलता से हुआ है। इन अलंकारों की योजना में तुलसी का उद्देश्य मुख्य रूप से भावों की उत्कृष्ट व्यंजना है।

तुलसी के काव्य में अर्थालंकारों का प्रयोग निम्नलिखित रूपों में हुआ है—

1. गुण तथा स्वभाव-चित्रण में उत्कर्ष लाने के लिए,
2. भावों एवं मनोवेगों के चित्रण में उत्कर्ष लाने के लिए,
3. कार्य-व्यापार-चित्रण में उत्कर्ष लाने के लिए,
4. घटना एवं अवस्था के चित्रण में उत्कर्ष लाने के लिए,
5. स्वरूप-चित्रण में उत्कर्ष लाने के लिए,
6. कल्पना के वैभव में उत्कर्ष लाने के लिए,
7. सिद्धान्त-प्रतिपादन में उत्कर्ष लाने के लिए,
8. भक्ति-भावना की अभिव्यक्ति में उत्कर्ष लाने के लिए।

तुलसी ने अर्थालंकारों में सादृश्यमूलक अलंकारों की सर्वाधिक योजना की है। सादृश्यमूलक अलंकारों में चमत्कार का मूल आधार साधर्म्य होता है। साधर्म्य पर आश्रित इन सभी अलंकारों में उपमेय-उपमान-भाव रहता है। प्रस्तुत पदार्थ का अप्रस्तुत पदार्थ के साथ, वाच्य अथवा गम्य साधर्म्य का विभिन्न रूप में विधान ही इन अलंकारों का मूल आधार है।

भावों की अभिव्यक्ति में तीव्रता लाने के लिए सादृश्यमूलक अलंकारों की योजना अत्यधिक सहायक होती है। सादृश्य की योजना वर्णित वस्तु एवं भाव आदि को चमत्कारपूर्ण ढंग से अनुभवगम्य बनाने में सहयोगी ही नहीं होती, कभी-कभी उपयुक्त प्रकार से अभिव्यक्ति के लिए अनिवार्य भी हो जाती है। इन अलंकारों की योजना में न तो अधिक प्रयास की ही अपेक्षा रहती है और न ही पग-पग पर काव्य में कृत्रिमता आ जाने का भय। इनकी योजनाकाव्य में अलंकृति का सर्जन तो करती ही है उसमें अद्भुत प्रेषणीयता भी भर देती है। यदि इन अलंकारों की योजना को ही काव्य का उद्देश्य न बना लिया जाए तो इनकी अलंकृति वर्णन में इस प्रकार घुल-मिल जाती है कि उसका पृथक् रूप जानना कठिन हो जाता है। सादृश्यमूलक अलंकारों की इन्हीं विशेषताओं से प्रभावित होकर तुलसी ने अपने काव्य में इनका प्रयोग बहुत अधिक किया है।

उपमा, रूपक और उत्प्रेक्षा तुलसी के विशेष प्रिय अलंकार रहे हैं। उपमा की रमणीय छटा उनके काव्य में पग-पग पर देखने को मिलती है। उनके काव्य का कोई छन्द भले ही बिना उपमा के मिल जाए परन्तु उसका कोई पृष्ठ कठिनता से ऐसा मिलेगा जिसमें सुन्दर उपमा का प्रयोग न हुआ हो। तुलसीदास की अलंकार-योजना-विषयक प्रवृत्ति के अनुसार ये उपमाएँ प्रयास-साध्य न होकर स्वाभाविक रूप से निःसृत है। इनमें सादृश्यगत एवं साधर्म्यगत औचित्य का पूरा ध्यान रखा गया है। रूप, दृश्य, स्वभाव, कार्यव्यापार, घटना और भावनाओं के चित्रण सौन्दर्य-बोध कराने के लिए तुलसी ने उपमाओं की योजना की है, फिर भी उनमें से अधिकांश सौन्दर्य या दृश्य-चित्रण के लिए व्यवहृत हुई हैं। उन्होंने काव्य में उपमा की

योजना करते हुए सभी प्रकार की प्राप्त सामग्री का उपयोग किया है। काव्य-परम्परा से लेकर दर्शन एवं ज्योतिष तक के क्षेत्र से उन्होंने अपनी उपमाएँ चुनी हैं। इतने व्यापक क्षेत्र से चयन करने के कारण उनकी उपमाओं में विविधता का वैचित्र्य है। उनकी उपमाएँ सर्वत्र मर्यादापूर्ण, औचित्य एवं सुरुचि से सम्पन्न हैं। कतिपय उदाहरण अवलोकनीय है—

(क) *लोचन जलु रह लोचन कोना। जैसें परम कृपन कर सोना॥*

(ख) *तेहिं पुर बसत भरत बिनु रागा। चंचरीक जिमि चंपक बागा॥*

(ग) *झलका झलकत पायन्ह कैसें। पंकज कोस ओस कन जैसें॥*

(घ) *तुलसी परिहरि हरि हरहिं पावँर पूजहिं भूत।*
अन्त फजीहत होहिंगे गनिका के से पूत॥

रूपक तुलसी का अतिशय प्रिय अलंकार है। वह उनके काव्य की उत्कृष्टता का एक महत्त्वपूर्ण आधार भी है। रूपक उनकी अलंकार-योजना का प्राण है। वर्जित भाव की अभिव्यक्ति में उनकी रूपक-योजना जितनी सहायक है वैसी अन्य कम स्थलों पर प्राप्त होती है। भाव, गुण, स्वभाव, क्रिया तथा स्वरूप सभी प्रकार के वर्णनों में उन्होंने रूपक को अपनी अभिव्यक्ति का माध्यम बनाया है। सुन्दर सांग रूपकों की योजना उनके काव्य की एक महत्त्वपूर्ण विशेषता है। उनके काव्य में गहन भावों की अभिव्यंजना अधिकतर सांग रूपक के माध्यम से हुई है। सम्पूर्ण काव्य में ऐसे स्थल कम हैं जहाँ तुलसी को किसी गम्भीर भाव की अभिव्यंजना अभिप्रेत है और सांग रूपक का विधान नहीं किया गया है। छोटे-छोटे अनेक सांग रूपकों के अतिरिक्त बड़े-बड़े और बेजोड़ सांग रूपकों के भी एक-से-एक बढ़कर उदाहरण 'मानस', 'गीतावली' और 'विनयपत्रिका' प्रभृति प्रधान कृतियों में उपलब्ध हैं। ''उन्होंने अपने इन लम्बे-लम्बे सांग रूपकों में भी मजाल नहीं है कि सादृश्य और साधर्म्य का आद्योपान्त निर्वाह न किया हो, साथ ही उसकी पूर्ण प्रभविष्णुता न दिखाई हो। उन्होंने ऐसे रूपकों की योजना सामान्यतया गम्भीर विषयों को सरस एवं सरल रीति से हृदयंगम कराने के लिए की है और उसमें पूर्णतया सफल भी हुए हैं।'' उनके सांग रूपक क्लिष्ट-से-क्लिष्ट दार्शनिक भावों को सामान्य जनता के बुद्धिस्तर के अनुकूल सरस अभिव्यक्ति प्रदान करने के साथ-साथ वर्णनीय भाव का चित्र प्रस्तुत कर देने की भी पूर्ण सामर्थ्य रखते हैं। उदाहरण के लिए—

(क) *कृपा डोरि बनसी पद-अंकुस परम प्रेम मृदु चारो।*
एहि बिधि बेधि हरहु मेरो दुख कौतुक राम तिहारो॥

(ख) *राम नाम मनिदीप धरु जीह देहरीं द्वार।*
तुलसी भीतर बाहेरहुँ जौं चाहसि उजिआर॥

(ग) *विषया परनारि निसा तरुनाई सु पाइ पर्यौ अनुरागहि रे।*

(घ) *सारद दारुनारि सम स्वामी। रामु सूत्रधर अंतरजामी॥*
जेहि पर कृपा करहिं जनु जानी। कबि उर अजिर नचावहिं बानी॥

अनेक स्थलों पर प्रयुक्त सांग रूपकों में भाव-सौन्दर्य अपेक्षाकृत कम होने के कारण कुछ बौद्धिकता आ गई है। इस प्रकार के रूपकों की योजना उन्होंने प्रायः धार्मिक एवं दार्शनिक विचारों की अभिव्यक्ति के निमित्त की है। फिर भी इन रूपकों में बुद्धि-व्यापार

की अधिकता होते हुए भी काव्य-सौन्दर्य की कमी नहीं हैं। 'रामचरितमानस' में 'मानस-रूपक', 'धर्मरथ-रूपक' तथा 'विज्ञानदीपक-रूपक' एवं 'विनयपत्रिका' के 'कामधेनु-रूपक' आदि इसी प्रकार के सांग रूपक है।[1] सिद्धान्त-प्रतिपादन के लिए इनका कहीं-कहीं अतिनिर्वहरण तो हुआ है परन्तु इनके मूल में पांडित्य-प्रदर्शन की भावना न होकर वर्णित क्लिष्ट सिद्धान्त के सरस एवं अलंकृत रूप में प्रतिपादन की भावना मुख्य है।

उत्प्रेक्षा तुलसी का अन्य अत्यधिक प्रिय अलंकार है। इसके अनेक सुन्दर उदाहरण उनके साहित्य की श्री वृद्धि करते हुए स्थल-स्थल पर दृष्टिगत होते हैं। उनके काव्य के कतिपय वर्णनात्मक स्थलों को छोड़कर, शायद ही कोई ऐसा प्रसंग मिले जहाँ उत्प्रेक्षाओं की छटा अवलोकनीय न हों उनकी उत्प्रेक्षाएँ तो चमत्कारकारिता में उनके उपमा-विधान से भी कहीं आगे बढ़ गई हैं। पं. चन्द्रबली पांडे के शब्दों में, ''तुलसी ने उपमा को इतना महत्त्व नहीं दिया जितना उत्प्रेक्षा को।'' इसका कारण यह है कि उपमा अलंकार में जो दृश्य उपस्थित किया जाता है वह सृष्टि का अंश होता है, प्रकृति में पहले से ही बना होता है, किन्तु उत्प्रेक्षा में यह बात नहीं होती। उत्प्रेक्षा का प्रयोग करते हुए कवि को कल्पना की उड़ान भरने की अधिक स्वतंत्रता होती है। तुलसी की कल्पना के उत्कृष्ट रूप उनके उत्प्रेक्षा-विधान में देखे जा सकते हैं—

(क) *सुनत जुगल कर माल उठाई। प्रेम बिबस पहिराइ न जाई॥*
सोहत जनु जुग जलज सनाला। ससिहि सभीत देत जयमाला॥

(ख) *नीदउँ बदन सोह सुठि लोना। मनहुँ साँझ सरसीरुह सोना॥*

(ग) *चारु चरन नख लेखति धरनी। नूपुर मुखर मधुर कबि बरनी॥*
मनहुँ प्रेम बस बिनती करहीं। हमहिं सीय पद जनि परिहरहीं॥

(घ) *इन्हहि देखि बिधि मनु अनुरागा। पटतर जोग बनावै लागा॥*
कीन्ह बहुत श्रम ऐक न आए। तेहिं इरषा बन आनि दुराए॥

(ङ) *स्रम सीकर साँवरि देह लसै मदो रासि महातम तारक मै॥*

तुलसी के काव्य में सादृश्यमूलक अलंकारों की योजना विशिष्ट रूप में हुई है। सादृश्य अथवा साम्य के द्वारा वर्णित विषय की व्यंजना जितनी सरल तथा स्वाभाविक रूप से होती है उतनी अन्य किसी प्रकार से नहीं। सादृश्यमूलक अलंकारों की योजना में प्रधान रूप से दो पक्ष होते हैं—उपमेय तथा उपमान। औचित्यपूर्ण उपमानों का विधान सादृश्यमूलक अलंकार के सौन्दर्य का आधार है। भावों में प्रेषणीयता लाना, उनमें प्रभावोत्पादकता का समावेश करना, उन्हें विशद बनाना तथा रसनीयता का संचार करना उपमान-योजना के औचित्य पर ही निर्भर है। तुलसी के काव्य में इसी औचित्य का विशेष निर्वाह हुआ है। यही कारण है कि उनके काव्य में प्रयुक्त उपमानों का सादृश्य समर्थ है।

उन्होंने योजित उपमानों का चयन संसार की विस्तृत रंगस्थली से किया है। उनकी उपमान-योजना की सफलता का आधार उनकी बाह्यदृश्यावलोकन की सूक्ष्मता, आभ्यन्तरिक वृत्तियों की अनूठी पहचान, शास्त्रों का गम्भीर अध्ययन एवं उत्कृष्ट कल्पना है। तुलसी द्वारा

---

1. क्रमशः देखिए—रामचरितमानस, 1 ।36 ।3-43 ।8, 6 ।80 ।5-11, 7 ।117, 9-118 ।16, और विनयपत्रिका, पद 22।

योजित उपमानों को निम्नलिखित वर्गों में विभाजित किया जा सकता है—

1. प्रकृति से गृहीत उपमान,
2. सामान्य लोक-व्यवहार से गृहीत उपमान,
3. पुराण एवं विभिन्न शास्त्रों से गृहीत उपमान,
4. काव्यरूढ़ि अथवा काव्य-परम्परा से गृहीत उपमान,
5. काल्पनिक उपमान।

तुलसी-साहित्य में महत्त्व की दृष्टि से सादृश्यमूलक अलंकारों के पश्चात् विरोधगर्भ अलंकारों का स्थान है। इन अलंकारों की योजना से तुलसी के काव्य में सर्वत्र चमत्कार का सृजन तो हुआ ही है, भावों की अभिव्यक्ति में भी उत्कर्ष हुआ है। उनके काव्य में विरोधाभास, विभावना एवं विषम अलंकारों की विशेष रूप से निबन्धना हुई है। 'असंगति' और 'सम' के भी कतिपय सुन्दर उदाहरण यत्र-तत्र मिल जाते हैं। अन्य अलंकारों की ओर उनका विशेष ध्यान नहीं रहा है। भाव के प्रवाह में जहाँ कहीं इनकी योजना तुलसी के काव्य को अलंकृत करती है वहाँ निःसन्देह इनका सुन्दर प्रयोग हुआ है। विरोधाभास का एक उदाहरण लीजिए—

बंदउँ मुनि पद कंजु रामायन जेहि निरमयउ।
सखर सुकोमल मंजु दोष रहित दूषन सहित॥

निम्नांकित पंक्तियों में कारण का अभाव होने पर भी कार्य-सम्पादन के कारण विभावना अलंकार का सन्निवेश है—

बिनु पद चलइ सुनइ बिनु काना। कर बिनु करम करइ बिधि नाना॥
आनन रहित सकल रस भोगी। बिनु बानी बकता बड़ जोगी॥

श्रृंखलामूलक कारणमाला, एकावली आदि अलंकारों की योजना करते हुए कवि को कुछ प्रयास करना ही होता है। प्रयास-साध्य होने के कारण तुलसी ने इन अलंकारों का प्रयोग बहुत कम किया है। कुछ ही स्थलों पर जहाँ प्रसंग से इन अलंकारों की योजना हो गई है वहीं इनके रूप देखने को मिलते हैं। धार्मिक एवं दार्शनिक मतों के विवेचन में तुलसी ने इन अलंकारों का प्रयोग विशिष्ट रूप से किया है। उनकी निबन्धना करते समय वे सतर्क तो अवश्य हैं परन्तु उनकी रचना में प्रयासजन्य शिथिलता नहीं है, जैसे निम्नांकित पंक्तियों में—

(क) *बिनु सतसंग न हरि कथा तेहि बिनु मोह न भाग।*
मोह गएँ बिनु राम पद होइ न दृढ़ अनुराग॥

(कारणमाला)

(ख) *ज्ञान को भूषन ध्यान है ध्यान को भूषन त्याग।*
त्याग को भूषन शांति पद तुलसी अमल अदाग॥

(एकावली)

न्यायमूलक अलंकारों की योजना तुलसी के काव्य में पर्याप्त मिलती है। इनमें काव्यलिंग, पर्याय, अर्थापत्ति, यथासंख्य, समुच्चय, उल्लास तथा प्रतीप आदि अलंकारों का प्रयोग विशेष रूप से किया गया है। इसका कारण यह है कि ये अलंकार वर्णित भाव के उत्कर्ष में सहायक होते हैं। न्यायमूलक अलंकारों में कष्टसाध्य अलंकारों का प्रयोग तुलसी ने बहुत कम किया है। परिसंख्या, मीलित, उन्मीलित, प्रत्यनीक, तद्गुण तथा अतद्गुण आदि

अलंकारों का प्रयोग तो समस्त तुलसी-साहित्य में दो-चार स्थलों पर ही मिलता है; जैसे रामराज्य-वर्णन के प्रसंग में परिसंख्या का प्रयोग—

दंड जतिन्ह कर भेद जहँ नर्तक नृत्य समाज।
जीतहु मनहि सुनिअ अस रामचंद्र कें राज॥

अथवा 'बरवै रामायण' में उन्मीलित अलंकार की योजना—

चम्पक हरवा अँग मिलि अधिक सोहाइ।
जानि परै सिय हियरे जब कुम्हिलाइ॥

तुलसी की अलंकार-योजना में बिम्ब-विधान अत्यन्त समृद्ध रूप में मिलता है। अलंकार-विधान में बिम्ब कलाकार की वह क्षमता है जिसके सहारे वह विगत घटनाओं और विषयवस्तु को रंग, रूप, ध्वनि, गति एवं आकार-प्रकार सहित प्रस्तुत कर देता है। सामान्य रूप से बिम्ब शब्दों द्वारा निर्मित चित्र है। तुलसी के अलंकृत वर्णनों में एक सफल बिम्ब के सभी गुण आ जाते हैं। उनके अलंकार-विधान में अद्वितीय चित्रात्मकता है। यही कारण है कि अपने काव्य में बिम्ब-निर्माण करने में तुलसी अत्यधिक सफल रहे हैं। उदाहरणार्थ—

नगर ब्यापि गइ बात सुतीछी। छुअत चढ़ी जनु सब तन बीछी॥[1]

यहाँ 'उत्प्रेक्षा' अलंकार के माध्यम से राम के वनवास की कथा को सुनकर अयोध्या की जनता के हृदय को पहुँचने वाले दुःख का वर्णन है। अयोध्या के लोगों में राम के वन-गमन का समाचार इतनी तीव्रता से उन्हें व्याकुल करता हुआ फैल गया जैसे बिच्छू का विष फैलता है। इस 'उत्प्रेक्षा' में बिम्ब-ग्रहण कराने की कितनी तीव्र शक्ति है? यहाँ अयोध्या के व्याकुल समाज की पीड़ा का चित्र-सा प्रस्तुत हो जाता है। इस प्रकार के अनेक उदाहरण तुलसीदास की रचनाओं में पग-पग पर प्राप्त होते हैं।

तुलसी की अलंकार-योजना का एक अन्य महत्त्वपूर्ण पक्ष है—प्रतीकों का प्रयोग। कविता में कम शब्दों के प्रयोग द्वारा अधिक भावों को भरने की इच्छा से प्रतीकों की योजना होती है। तुलसी ने अपने अलंकार-विधान में अनेक स्थलों पर अपनी विचारधारा एवं अनुभूतियों को प्रतीकों के द्वारा अभिव्यक्ति दी है। जिस प्रकार सूर ने 'माधव जू मेरी इक गाई' में गाय की अन्योक्ति द्वारा आत्माभिव्यक्ति की है। वैसे ही तुलसी ने अपने राम-प्रेम को चातक और मीन के प्रेम के प्रतीक से अपने कितने ही दोहों में प्रकट किया है। स्वाति-जल के लिए चातक का अनन्य प्रेम प्रसिद्ध है, भक्ति भी चातक की तरह ही प्रभु के अतिरिक्त कहीं और ध्यान नहीं देता। उदाहरणार्थ, तुलसी की निम्नांकित प्रतीक योजना देखिए—

उपल बरषि गरजत तरजि डारत कुलिस कठोर।
चितव कि चातक मेघ तजि कबहुँ दूसरी ओर॥[2]

यहाँ 'उपल' एवं 'कुलिस' आदि भक्ति-मार्ग में आने वाली बाधाओं के प्रतीक हैं। 'मेघ' से प्रभु का संकेत-ग्रहण होता है और 'चातक' भक्त का प्रतीक है।

तुलसी के काव्य में अलंकार-योजना के उत्कृष्टतम रूप मिलते हैं, यह निर्विवाद है। उन्होंने भारतीय काव्यशास्त्र में वर्णित अधिकतर अलंकारों का प्रयोग अपने काव्य में

---

1. रा., 2।45।3।

2. दो. 283।

अत्यधिक सफलता से तो किया ही है, उनके काव्य में अनेक ऐसी उक्तियाँ भी प्राप्त होती हैं जिनकी अलंकृति नितान्त मौलिक हैं उनके इस प्रकार के अलंकृत वर्णन भारतीय काव्यशास्त्र में वर्णित अलंकारों के अन्तर्गत नहीं आते। तुलसी के इस प्रकार के अलंकृत वर्णन अलंकरण के क्षेत्र में उनकी नवीन उद्‌भावनाएँ हैं। उदाहरण के लिए निम्नांकित पंक्ति दर्शनीय है—

बीच बास करि जमुनहि आए। निरखि नीरु लोचन जल छाए॥

यहाँ विशुद्ध रूप से 'स्मरण' अलंकार नहीं माना जा सकता। 'स्मरण' अलंकार तो वहीं कहा जा सकता है जहाँ सदृश्य वस्तु लाने में कवि का उद्‌देश्य केवल रूप, गुण या क्रिया का उत्कर्ष दिखाना रहता है। अलंकारगत स्मरण प्राय: वास्तविक नहीं होता, रूप, गुण आदि के उत्कर्ष-प्रदर्शन का एक कौशल मात्र होता है। आचार्य रामचन्द्र शुक्ल के मतानुसार ऐसे स्थलों पर यह निश्चय करना कठिन है कि यहाँ अलंकार है अथवा भाव। इस प्रकार की अलंकृतियों को यदि तुलसी द्वारा प्रयुक्त मौलिक अलंकार मान लिया जाए तो अधिक उपयुक्त होगा। ऐसी नवीन उद्‌भावनाएँ उनके अलंकार-विधान में अनेक स्थलों पर मिलती हैं। इन अलंकृतियों द्वारा तुलसी की अलंकार-योजना के सौन्दर्य में उत्कर्ष तो हुआ ही है, अलंकार-प्रयोग के क्षेत्र में नवीन रूपों की उद्‌भावना भी हुई है।

तुलसीदास महाकवि थे। उनकी दृष्टि व्यापक थी। वे कवि-प्रतिभा-सम्पन्न होने के साथ-साथ शास्त्र के भी प्रकांड पंडित थे। उनमें काव्य-कवित्व और शास्त्र-कवित्व का अनुपम समन्वय था। उनके काव्य में जहाँ कहीं भी काव्यधर्म-विशिष्ट रमणीयार्थ-प्रतिपादक पंक्तियों की रचना हुई है अथवा जहाँ कहीं भी मोक्षधर्मविशिष्ट व्यवस्थित उपस्थापन हुआ है वहाँ प्राय: सर्वत्र ही अलंकारों का विधान किया गया है। उनके अलंकार यथार्थत: काव्य के शोभाकारक उपकरण हैं। शब्दक्रीड़ा के आडम्बर में वे प्रवृत्त नहीं हुए। उन्होंने वैचित्र्यपूर्ण चमत्कार-सृष्टि का प्रयास नहीं किया। उन्होंने अपने काव्य में अलंकार-प्रयोग के औचित्य का चारुता के साथ निर्वाह किया है, उनकी रसोत्कर्ष-हेतुता का सम्यक् ध्यान रखा है, ठीक समय पर उनका ग्रहण किया है, ठीक समय पर उनका त्याग किया है और अनावश्यक खींचतान नहीं की है। यह ठीक है कि उनके विपुल साहित्य में 'काशी-स्तुति', 'विज्ञानदीप-वर्णन', 'मानसरोग-निरूपण' आदि कुछेक स्थल ऐसे हैं जहाँ पर सप्रयास अतिनिरूढ़ अलंकार-योजना खटक जाती है। परन्तु सहस्त्रों स्मरणीय आलंकारिक विधानों के बीच यत्र-तत्र हीन कोटि का अलंकारत्व नैसर्गिक नियम का द्योतक है, तुलसी की कवित्वहीनता का नहीं।

प्रगीतकाव्य

विनयकुमार

काव्य-रचना के दो पक्ष होते हैं—एक आन्तरिक, दूसरा बाह्य। आन्तरिक पक्ष का सम्बन्ध कवि के मन से होता है, बाह्य पक्ष का सम्बन्ध दृश्यमान जगत से। दूसरे शब्दों में आन्तरिक पक्ष मानस-रचना और बाह्य पक्ष भौतिक-रचना के अन्तर्गत आता है। रचना-प्रक्रिया में कवि रसविशेष के अनुरूप विषय आदि का सन्धान करता है। अनेक काव्य-रूपों का प्रयोग भी इसी क्षेत्र के अन्तर्गत होता है। जिस काव्य में वस्तु, चरित्र और वातावरण के माध्यम से रस की प्रतीति कराई जाती है, उसके लिए 'प्रबन्ध' शब्द का प्रयोग होता है। 'प्रबन्ध' में पात्रों और घटनाओं के वर्णन तथा रूप-विधान आवश्यक हैं। काव्य का दूसरा रूप निर्बन्ध है, अर्थात स्वतंत्र। जब कवि स्वानुभूति को सृष्टि के रागात्मक सम्बन्ध के परिप्रेक्ष्य में अभिव्यक्ति देता है तब एक ऐसी रचना होती है जिसमें रस की अभिव्यक्ति प्रबन्ध की रसाभिव्यक्ति से कुछ भिन्न होती है। ऐसी रचना के लिए गीतिकाव्य, प्रगीतकाव्य आदि पारिभाषिक शब्दों का प्रयोग होता है। प्रगीतकाव्य में कवि प्रबन्ध के अनेक वर्णनात्मक, चित्रात्मक व्यवधानों को न्यूनतम करके केवल अनुभूति के स्पर्श से रसाभिव्यक्ति की ओर प्रवृत्त होता है। इस प्रकार प्रगीतकाव्य आत्मप्रधान रचना है जिसमें कवि की मनोभावना ही अभिव्यंजित होती है। तात्पर्य यह है कि प्रगीत-पद्धति में स्वानुभूति की विवृति ही प्रमुख होती है।

प्रगीतकाव्य का स्वरूप

प्रतिपाद्य विषय के केन्द्र-बिन्दु से पाश्चात्य काव्यशास्त्रियों ने काव्य के दो भेद किए हैं—विषयगत कविता (Objective Poetry) और विषयिगत कविता (Subjective Poetry)। हिन्दी में 'प्रगीत' शब्द का व्यवहार अंग्रेजी के 'लिरिक' के अनुवाद के रूप में प्रचलित है। हडसन के अनुसार 'लिरिक' मूलतः वाद्ययन्त्र पर गाई जाने वाली कविता है।[1] यह परिभाषा प्राचीनकाल के पाश्चात्य दृष्टिकोण को स्पष्ट करती है। उस काल में 'प्रगीत' अपनी स्वरूपाभिव्यक्ति के लिए संगीत की अपेक्षा करता था। किन्तु आधुनिक काल में संगीत 'प्रगीत' का आवश्यक तत्त्व नहीं रह गया। प्रारम्भिक समय में मानव-मन में उठने

1. Lyric Poetry in the original meaning of the term was poetry composed to be sung to the accompaniment of Lyre or harp.
   The Study of Literature, W.H. Hudson, 2nd Edi., p. 126

वाले वैयक्तिक एवं सामूहिक भावों की अभिव्यक्ति के लिए केवल शब्द-योजना अपर्याप्त थी, अतः वाद्ययन्त्रों की सहायता ली जाती थी, किन्तु काल-क्रमानुसार, सभ्यता के विकसित युग में 'प्रगीत' के विधान में भी अन्तर आया। अंग्रेजी के रोमांटिक कवियों ने प्रगीत को मात्र व्यक्तिगत रचना का रूप दिया। इस प्रकार प्रगीत का स्वरूप विकसित हुआ।

प्रगीत के विकास पर सूक्ष्म दृष्टिपात करने से, चार युग दिखाई देते हैं। विकास के प्रथम चरण में संगीत की प्रधानता, द्वितीय चरण में संगीत के साथ भाव का प्राधान्य, तृतीय चरण में संगीत का गौणत्व और आत्मनिष्ठ भावना का अत्यधिक आग्रह तथा चतुर्थ चरण (आधुनिक युग) में संगीत से सम्बन्ध-विच्छेद और हार्दिकता की प्रमुखता।

प्रगीत के क्षेत्र में हिन्दी साहित्य का भक्तिकाल विकास के इन चार युगों में द्वितीय युग की पृष्ठभूमि पर निर्मित हुआ। इस युग में पद-पद्धति प्रचलित थी। पद-पद्धति में वैयक्तिकता के आग्रह के साथ ही संगीत की शास्त्रीय स्वीकृति भी है। इन पदों में कवि का ध्येय आत्मनिवेदन करना रहा, अतः ये स्वतः प्रेरित शुद्ध भावुक पद, पद-शिल्प के अन्तर्गत आते हैं।

सामान्यतः गेय मुक्तक को प्रगीत कह दिया जाता है, किन्तु यह धारणा उचित नहीं है। गेयता प्रगीतकाव्य की एकमात्र विशेषता नहीं है। मुक्तक छन्दोबद्ध होने के कारण गेय भी होता है। प्रायः मुक्तकों को भी गाते हुए सुना गया है। 'रामचरितमानस' प्रबन्ध-काव्य होते हुए भी गाया जाता है। अतः गेयता प्रबन्ध-मुक्तक और प्रगीत का विभाजक तत्त्व नहीं है। मुक्तक और प्रगीत में प्रमुख भेद यह है कि मुक्तक छन्द की इकाई उपस्थित करता है और प्रगीत भावों की अन्विति। मुक्तक में विषय की प्रधानता रहती है, प्रगीत में विषयी की। मुक्तक की रचना शान्त एवं स्थिर चित्त के द्वारा होती है, किन्तु प्रगीत आवेग का उच्छलन है। एक में भाव-स्पर्श मात्र है, दूसरे में भाव की प्रधानता है। तात्पर्य यह है कि मुक्तक छन्द-बन्धन से युक्त है, किन्तु प्रगीत की रचना-प्रक्रिया पूर्णतः आन्तरिक है।

प्रगीत के तत्त्व

काव्य की अन्य विधाओं की भाँति, प्रगीत के कुछ निश्चित तत्त्व हैं जिनके आधार पर ही शुद्ध प्रगीत का निर्णय किया जा सकता है। प्रगीत के तत्त्वों का सम्यक् निर्वाह महान प्रगीतकार की कसौटी है। यदि ऐसा नहीं, तो कलाकार प्रगीत की दृष्टि से सफल नहीं माना जा सकता।

काव्य की विधा के रूप में प्रगीत-काव्य का शास्त्रीय प्रतिपादन प्राचीन साहित्य-शास्त्र में नहीं किया गया। उनकी तात्त्विक विवेचना आधुनिक युग में ही हुई। आलोचना-शास्त्रियों ने प्रगीत के छः मुख्य तत्त्व निर्धारित किए हैं—

1. संगीतात्मकता,
2. आत्माभिव्यक्ति,
3. रागात्मक अनुभूति का समत्व,
4. जीवन के एक अंश का चित्रण,
5. भावाभिव्यंजना,
6. संक्षिप्तता।

संगीतात्मकता: प्रगीतकाव्य में संगीतात्मकता का महत्त्वपूर्ण स्थान है। प्रगीत में अन्तर्जगत का स्वाभाविक रागात्मक स्फुरण होता है, अत: संगीतात्मकता एक आवश्यक तत्त्व माना गया है। यह संगीत शास्त्रीय न होकर शब्दों के स्वाभाविक स्फुरण पर आधारित है।

आत्माभिव्यक्ति: प्रगीतकाव्य में व्यक्तिगत भावों की प्रधानता होनी चाहिए। प्रगीत में कवि स्वयं भाव का आश्रय होता है। प्रगीत आत्माभिनिवेशमयी कला है, अत: आत्मा की निर्विकार अभिव्यक्ति प्रगीत का प्राण है। कवि जहाँ आत्म का चित्रण नहीं करता वहाँ भी उसका निजीपन विशेष रूप से समाविष्ट रहता है।

रागात्मक अनुभूति का समत्व: प्रगीत में कवि विशिष्ट मनोदशाओं की अभिव्यक्ति करता है। ये मनोभाव जितने अधिक रागात्मक होंगे उतने ही आवेगपूर्ण होंगे। अत: प्रगीत में अनुभूति की इकाई आवश्यक है, उसमें खंड अनुभूति भी अपने-आप में पूर्ण रूप से व्यक्त होती है।

जीवन के एक अंश का चित्रण: कुछ प्रगीत वस्तुनिष्ठ भी होते हैं। उनमें कवि जीवन के एक आवेश (अंश) का चित्रण करता है। प्रगीत के सीमित कलेवर में व्यापक जीवन का अंश मात्र ही निबद्ध किया जा सकता है।

भावाभिव्यंजना: काव्य का क्षेत्र भावना का क्षेत्र है। प्रगीत व्यक्तिगत अभिव्यक्ति होते हुए भी व्यक्ति के तर्क-वितर्क की अभिव्यक्ति नहीं हो सकता। अत: 'भाव' की अभिव्यक्ति ही प्रगीत का वैशिष्ट्य है। प्रगीत की विशिष्टता में हेतु भाव-व्यंजना की उत्कृष्टता उतनी ही आवश्यक है जितनी अनुभूति की गम्भीरता।

संक्षिप्तता: आकार की संक्षिप्तता प्रगीत के शिल्प-विधान का आवश्यक गुण है। इसके समर्थन में स्वाभाविक तर्क यह है कि कोई एक मूल भाव विस्तृत आकार में खंडित हो सकता है, जिससे प्रभावान्विति में बाधा पहुँच सकती है। अत: प्रगीत जितना संक्षिप्त होगा, प्रभविष्णुता के क्षेत्र में उतना ही सफल होगा।

महाकवि तुलसीदास का काव्य-शिखर 'रामचरितमानस' है परन्तु 'विनयपत्रिका' का भक्त्यात्मक आत्मनिवेदन भी कम निश्छल और महत्त्वपूर्ण नहीं है। 'श्रीकृष्णगीतावली', 'कवितावली', 'गीतावली' का रागात्मक आग्रह एवं स्थिति का कौतूहलपूर्ण स्पर्श, कवि की व्यापक जीवनदृष्टि का परिचायक है। तुलसी के प्रगीतकाव्य में संगीत और काव्य का मणि-कांचन योग हुआ है।

तुलसी के सम्पूर्ण प्रगीतकाव्य को विषय की दृष्टि से तीन वर्गों में रखा जा सकता है—कथात्मक प्रगीत, भक्त्यात्मक प्रगीत और विविध प्रगीत। 'गीतावली' और 'श्रीकृष्णगीतावली' के पद कथात्मक प्रगीत के अन्तर्गत आते हैं। 'विनयपत्रिका' भक्त्यात्मक प्रगीत के अन्तर्गत और 'हनुमानबाहुक' तथा 'कवितावली' को विविध की कोटि में रखा जा सकता है। 'हनुमानबाहुक' में व्यक्तिगत वेदना की अभिव्यक्ति हुई और 'कवितावली' में भक्तिपरता के अतिरिक्त अनेक अन्य भावभूमियों का भी स्पर्श किया गया है।

तुलसी के प्रगीतकाव्य में पूर्व-विवेचित प्रगीत-तत्त्वों की सफल नियोजना हुई है।

1. संगीतात्मकता

संगीतात्मकता और भावप्रवणता प्रगीतकाव्य के प्राण हैं। भाव के साथ अर्थबोध की शर्त संयुक्त है। अर्थ-बोध होने पर ही भाव का आस्वादन होता है, किन्तु संगीतात्मकता के कारण भाव-बोध के अभाव में भी रसास्वादन होता है। संगीत स्वरों की अपेक्षा रखता है, शब्दों की नहीं। प्रगीत में शब्द और स्वर समन्वित रूप से रस की प्रतीति कराते हैं।

गोस्वामी जी की प्रगीत-रचनाओं में शास्त्रीय संगीत का निर्वाह सर्वत्र है। संगीतज्ञों के द्वारा उनके पद प्रायः गाए जाते हैं। ऐसा प्रतीत होता है कि तुलसी ने अपने पदों का रागांकन स्वयं नहीं किया। उनको शास्त्रीय संगीत का ज्ञान या तो नहीं था, अथवा अत्यल्प था। यह आवश्यक नहीं है कि महान कवि संगीतज्ञ भी हो। वैसे प्रत्येक कवि को स्वभावतः छन्द, लय, ताल का ज्ञान होता ही है, क्योंकि छन्द-बद्ध रचना करना अपने-आप में शब्दों को लय में बाँधना है।

संगीतात्मकता की दृष्टि से तुलसी के पदों के विषय में कुछ धारणाएँ स्पष्ट हैं—तुलसी के पद भावाभिव्यंजना-प्रधान हैं। उनमें भाव का आवेग अत्यधिक है। उनसे भाव की अखंड अनुभूति होती है। ये पद शब्दप्रधान अधिक हैं, स्वरप्रधान कम, और इनमें साहित्यिकता का विशेष आग्रह है।

उक्त धारणाओं के प्रकाश में एक बात स्पष्ट है कि प्रगीतों में साहित्यिक आग्रह से चित्र के वर्णन के कारण संगीत-विधान कुछ कुंठित हो जाता है। वर्णन-प्रवृत्ति में शब्द-विधान का आग्रह अधिक होता है। अतः शब्दों का आग्रह, संगीत के स्वर-वैभव के प्रतिकूल पड़ने के कारण, संगीत की स्वाभाविक धारा का अतिक्रमण कर जाता है। यह अतिक्रमण सर्वथा दोष नहीं है, क्योंकि प्रगीत के लिए संगीतात्मकता की आवश्यकता है, संगीत के सम्पूर्ण विधान का निर्वाह आवश्यक नहीं।

गोस्वामी जी ने बीस से अधिक रागों का प्रयोग किया है। केदार, आसावरी, सोरठा, कान्हरा, धनाश्री, बिलावल और जैतश्री के प्रति उनकी विशेष रुचि रही है। 'गीतावली' के राग मुख्यतया प्रातःकाल और सायंकाल के हैं। आसावरी राग में सामान्यतः लम्बे पदों की योजना की गई है।

राग और काव्य के भाव का सम्बन्ध घनिष्ठ है। अनेक भाव ऐसे होते हैं जो विभिन्न रागों में बाँध दिए जा सकते हैं, जैसे राग मारू में वीररसात्मक पद भी लिखा जा सकता है और कोमल भाव-सम्पन्न पद भी। चिन्ता, निर्वेद आदि भावनाओं की अभिव्यक्ति के हेतु गोस्वामी जी ने कान्हरा, विभास, भैरव, सारंग आदि रागों का प्रयोग किया है। इन पदों में भाव की अन्तर्धारा से राग की प्रकृति का पूर्णतः सामंजस्य हुआ है। इस पर भी तुलसी की काव्यरचना संगीत के लिए नहीं थी पद-रचना के बाद उसे संगीत-बद्ध किया गया था—

मन इतनोई या तन को परम फलु।
सब अंग सुभग बिंदु माधव छबि तजि सुभाव अवलोकु एक पलु॥

यह पद राग 'जैतश्री' में है। इसमें टेक तो ठीक मानी जा सकती है किन्तु अन्तरा स्वर विधान के अनुकूल नहीं है। गायक को स्वर-विस्तार के लिए पर्याप्त अवसर नहीं मिला।

किन्तु इस दोष के होते हुए भी, प्रगीत की अन्य विशेषताओं के कारण, यह पद उत्तम प्रगीतों में गिना जाने योग्य है।

संगीत के क्षेत्र में रसकल्पना काव्य-क्षेत्र से भिन्न है। काव्य का एक पद एक ही भाव की सृष्टि करता है, किन्तु संगीत में एक राग करुणा, उल्लास, निर्वेद आदि भावों की सृष्टि करने में सफल हो सकता है। गोस्वामी जी ने 'मलार' राग का प्रयोग 'श्रीकृष्णगीतावली' में तीन बार भिन्न-भिन्न अनुभूतियों को व्यक्त करते हुए किया है—

(क) *ब्रज पर घन घमंड कारे आए।*
(ख) *कोउ सखि नई बात सुन आई।*
(ग) *जौ पै अलि अन्त इहै करिबो हो।*

प्रथम पद में भयंकर वातावरण का, दूसरे में सामान्य अनुभूति का और तीसरे में विरहजन्य अवस्था का चित्रण किया गया है। यहाँ काव्य के प्रत्येक शब्द ने संगीत के क्षेत्र में स्वर के प्रति आत्मसमर्पण करके भावानुभूति को मार्मिक बना दिया है। संक्षेप में, राग-परक नादात्मक अभिव्यक्ति और शब्दार्थपरक काव्यात्मक अभिव्यक्ति के सामंजस्य की दृष्टि से तुलसी के पद प्रगीत के संगीतात्मक विधान के अनुरूप हैं।

राग सोरठ मध्यकालीन कवियों का प्रिय राग रहा है। यह कोमल प्रकृति का राग है। हृदयगत प्रवणशीलता, आत्मनिवेदनात्मक भावुकता, विरह और उल्लास इस राग के अन्तर्गत अत्यन्त मार्मिकता से व्यंजित होते हैं—

मधुकर कहहु कहन जो पारो।
नाहिन बलि अपराध रावरो सकुचि साथ जनि मारो।
नहिं तुम ब्रज बसि नन्दलाल को बाल विनोद निहारो।
नाहित रासरसिक रस चाख्यो तातें डेल से डारो॥

इस पद का सांगीतिक विधान सोरठ राग है। इसमें कवि ने आत्मदैन्य की मार्मिक अनुभूति अभिव्यक्त की है। सामान्यतः आत्मदैन्य-सम्बन्धी पद सोरठ में ही लिखे गए हैं। समय-विशेष के अनुरूप गाए जाने वाले रागों में गोस्वामी जी ने सन्धिप्रकाश रागों का प्रयोग किया है। 'भैरव' एवं 'ललित' प्रातःकालीन सन्धिप्रकाश राग हैं। इन रागों का समय प्रातः और सायं है। उस समय प्रकाश और अन्धकार की उत्तम सन्धि होने के कारण इन्हें सन्धिप्रकाश राग कहा जाता है। शास्त्रीय दृष्टि से सन्धिप्रकाश रागों में कोमल धैवत और कोमल ऋषभ का प्रयोग होता है। पर, इन दोनों में तात्विक अन्तर है। प्रातःकालीन रागों में शुद्ध माध्यम और उत्तरांग की प्रबलता के कारण ऐसे ध्वनिपरक वातावरण का निर्माण होता है जिसमें प्रातःकालीन प्रकृति को नैसर्गिक शोभा व्यंजित होती है। फलतः ललित, भैरवी, रामकली आदि रागों में भगवत्-स्मरण, प्रातःकालीन शोभा आदि का वर्णन होता है। सायंकालीन सन्धिप्रकाश रागों में खिन्नता, करुणा आदि का वर्णन होता है। सायंकाल का वर्णन, गौओं को चराकर लौटने का चित्रण, भगवत्-भजन राग गौरी में सुन्दरता से निबद्ध हुआ है—

राम कहतु चलु राम कहतु चलु राम कहतु चलु, भाई रे।

इस पद में 'रे' की टेक से कीर्तन का-सा भाव उपस्थित हो जाता है।

संक्षेप में, हम कह सकते हैं कि गोस्वामी जी ने अपने प्रगीतकाव्य में पद-पद्धति का प्रयोग किया है और शास्त्रीय विधान की रक्षा करते हुए भावानुकूल रागचयन तथा शब्द-योजना पर आधारित आन्तरिक लयात्मक सौन्दर्य की सृष्टि की है।

2. आत्माभिव्यक्ति

आत्माभिव्यक्ति साहित्यिक दृष्टि के प्रगीत का सर्वप्रमुख तत्त्व है। उसके अभाव में कला का सर्जन ही असम्भव है। किन्तु, जब कवि स्वयं आश्रय बनकर उपस्थित होता है तो निश्छल आत्माभिव्यक्ति के द्वारा अनुपम रसधारा प्रवाहित होती है।

मानव के समस्त भाव-व्यापार सुख-दुःखात्मक हैं। जीवन और जगत के मध्य अनेक व्यापारों और कवि के मानसिक भावों में निरन्तर संघर्ष की स्थिति रहती है। कवि सभी प्रकार के अनुभूत क्षणों की अभिव्यक्ति करता है। कुछ में उसके निजीपन का आग्रह अधिक होता है, कहीं पर व्यक्तित्व अप्रत्यक्ष रूप में लक्षित होता है तथा कहीं पर वह नितान्त प्रच्छन्न हो जाता है। गोस्वामी जी के प्रगीत इन तीनों स्थितियों में लिखे गए हैं। उन्होंने मात्र निजी सुख-दुःख, दीनता, मान, भय, भर्त्सना, आश्वासन आदि मनोभावों की ही अभिव्यक्ति नहीं की, अपितु सुख-दुःख के उत्पादक तत्त्वों को भी प्रगीत के कलेवर में वाणी दी है। तुलसी भक्त कवि हैं, अतः उनमें अनुभूति का स्वरूप भक्तिपरक है। भक्त का सम्बन्ध भगवान से है। वह दिन-रात ईश्वर की आराधना में लीन और गुणगान में आत्मविभोर रहता है। तुलसी में यही भावना है। राम के सेवक हैं। उनका रूठना, मान-मनौती आदि सभी कुछ राम हैं अतः उनके प्रगीतों में वयक्त 'आत्म' भक्ति के विविध रूपों से अनुप्राणित है किन्तु तुलसी की आत्माभिव्यक्ति की परख केवल आत्मनिवेदन से नहीं हो सकती, उसके लिए पात्र-निबद्ध अभिव्यक्ति का आश्रय भी लेना पड़ेगा।

गोस्वामी जी का स्थायी भाव भगवद्गति है। उसमें भी दास्य-भाव प्रधान है। दास्यरति में भक्त शरणागत होता है, यह शरणागति ही भक्त का अभीष्ट है। शरणागति छः प्रकार की है—

1. भगवान के अनुकूल रहने का संकल्प,
2. प्रतिकूलता का त्याग,
3. भगवान द्वारा रक्षा में विश्वास,
4. रक्षक-रूप में भगवान का स्मरण,
5. आत्मसमर्पण और
6. दीनता।

गोस्वामी जी की आत्माभिव्यक्तिप्रधान 'विनयपत्रिका' में उक्त छहों भूमियों का विस्तार विद्यमान है—

अब लौं नसानी अब न नसैहों।
रामकृपा भवनिसा सिरानी जागे फिर न डसैहौं॥
पायेउ नाम चारु चिंतामनि उर कर तै न खसैहों॥
स्याम रूप सुचि रुचिर कसौटी चित कंचनहिं कसैहौं॥

इस पद में भगवान के प्रति अनुकूलता का भाव, प्रतिकूलता का त्याग और आत्मसमर्पण का भाव रागात्मक आवेग के साथ व्यक्त हुआ है। तुलसी ने सहज अभिव्यक्ति द्वारा राम के प्रति जिस अटूट विश्वास का प्रकाशन किया है वह भक्त की अमूल्य मणि है। उनके भक्तिपरक आत्मनिवेदन की चरम अवस्था दैन्य-चित्रण के साथ उपालम्भ देने में है। यहाँ भक्त के हृदय में विश्वास और तर्क दोनों का समन्वय होता है। दैन्य-चित्रण असहाय अवस्था में होता है, उपालम्भ भी विवशता के स्वर को व्यक्त करता है। किन्तु भक्त की अनन्यता असहायता और विवशता पर विजय प्राप्त कर लेती है। वह साहस के साथ कहता है कि यदि मैं बुरा हूँ तो तुम तो शरणागत-पालक हो, दया क्यों नहीं करते!—

माधव अब न द्रवहु केहि लेखे।
प्रनतपाल पन तोर मोर पन जिअहुँ कमल पद देखे॥
जब लगि मैं न दीन दयालु तैं मैं न दास, तें स्वामी॥
तब लगि जो दुख सहेउँ कहेउँ नहिं जद्यपि अन्तरजामी॥

इस पद में भाव का स्वाभाविक उच्छलन है। अनुभूति में निजीपन, रागात्मकता और हार्दिक आवेश है। 'मोर पन जिअहूँ कमल पद देखें' में अनन्यता की चरम अवस्था है। 'माधव अब न द्रवहु केहि लेखे' में कितनी बड़ी विवशता है! भक्त की आशा का केन्द्र माधव ही जब द्रवित नहीं होगा तो जीवन की उपलब्धि क्या होगी? इस उपालम्भ में मौन प्रार्थना का स्वर अन्तःस्पूत धारा के रूप में लक्षित होता है। जब तक तुलसी और भगवान में दीन-दयालु, सेवक-स्वामी का नाता न था तब तक तो सांसारिक कष्ट सहे, पर अब क्यों सहे जाएँ? अब तो भगवान को द्रवित होना ही पड़ेगा। भक्त के इस विश्वासमय निवेदन का खंडन असम्भव है। इस पद में तुलसी का रागात्मक आत्मनिवेदन भावना के शिखर पर अधिक संवेदनशीलता का अभिव्यंजन कर सका है। ऐसे प्रगीतों में अनुभूति की गहराई पाठक के हृदय को स्पर्श करती है और वह स्वयं को कवि की अनुभूति के धरातल पर अनुभव करता है।

अनेक पदों में तुलसी ने शुद्ध आत्मनिष्ठ भाव से मानसिक चांचल्य और आध्यात्मिक कष्टों का वर्णन किया है। इनमें केन्द्रस्थ भाव भक्त का आत्मनिवेदन है, किन्तु चिन्ता, आतुरता, अस्थिरता आदि भावों की अभिव्यक्ति केन्द्रस्थ भाव को प्रभविष्णुता प्रदान करती है।

व्यक्तिगत अनुभूति के रागात्मक आवेग को प्रगति का प्राण मानकर गोस्वामी जी की आत्माभिव्यक्ति का मूल्यांकन किया जाए तो स्पष्ट है कि इन गीतों में केवल तुलसी की मर्म-व्यथा के दर्शन ही नहीं होते अपितु जीवन और जगत की बाह्य चक्रों से प्रताड़ित उस मानवात्मा की झलक मिलती है जो सांसारिक पापकुंड से बाहर आने के लिए व्याकुल है। वस्तुतः 'विनयपत्रिका' के ये पद तुलसी के हृदय की निर्विकार अभिव्यक्ति हैं।

3. रागात्मक अनुभूति का समत्व

रागात्मक अनुभूति से हमारा तात्पर्य है—अनुभूति में व्यक्तिगत उत्तेजना। प्रगीत के कोमल कलेवर में निष्क्रिय क्षणों की अभिव्यक्ति नहीं होती उसमें उत्तेजनात्मक क्षणों का भावांकन

होता है, अतः 'प्रगीत' की सफलता के हेतु अनुभूति का रागात्मक होना नितान्त आवश्यक है, अन्यथा प्रगीत की अन्तर्धारा भावपूर्ण न रह सकेगी। अनुभूति का रागात्मक होना उसकी अवस्था-विशेष का दिग्दर्शन करता है। अनुभूति वस्तु और अनुभवकर्ता के सम्बन्ध की मात्रा के कारण अनुभूति के कई स्तर हो जाते हैं। वैसे तो सभी प्रकार की अनुभूति कवि के व्यक्तित्व से संयोजित होती है जिसमें उसके हृदय का तीव्र आवेग रहता है किन्तु, कभी-कभी अनुभूत रूप उसके व्यक्तित्व से सम्बद्ध न होकर बाह्य-प्रेरित होता है। बाह्य-प्रेरित रूप में अपेक्षाकृत कम रागात्मकता होती है।

अनुभूति की रागात्मकता के प्रसंग में अनुभूति और बौद्धिकता का सम्बन्ध भी विचारणीय है। बौद्धिकता का दार्शनिक रूप तो प्रगीत के प्रतिकूल पड़ता है, किन्तु सामान्य विचार-तत्त्व, तर्क आदि प्रगीत की सीमा में आ जाते हैं। मनोविज्ञान ने यह सिद्ध कर दिया है कि इच्छाशक्ति, बोधवृत्ति और अनुभूति एक ही सरणि की मन:प्रवृत्ति की तीन धाराएँ हैं। मन मस्ती से गुनगुनाता है तो मनन भी करता है। प्रगीत में यदि गुनगुनाहट के लिए स्थान है तो मनन की उपेक्षा भी कैसे की जा सकती है? इस कारण विचारात्मक गीत भी 'प्रगीत' होता है, क्योंकि प्रगीत में व्यक्त विचार अनुभूति के माध्यम से व्यक्त होता है।

अनुभूति की इकाई और समत्व का अर्थ है, अनुभूति का शृंखलित रूप। अंग-भाव अंगी-भाव के सहायक हों और पाठक को अंगी-भाव का ही आस्वादन हो, तभी प्रगीत की सफलता है। अनुभूति की इकाई का सुन्दरतम उदाहरण उन पदों में विद्यमान है, जिनमें पात्र अवस्था-विशेष की भावना व्यक्त करता है। उदाहरणार्थ—

कहौ तुम बिन गृह मेरो कौन काजु।
बिपिनि कोटि सुरपुर समान मोको जो पै पिय परि हर्यो राजु॥
बलकल बिकल दुकूल मनोहर कन्दमूल फल अमिल नाजु।
प्रभु पद कमल बिलोकि है छिनछिन इहि ते अधिक कहा सुख समाजु॥
हौं रहौं भवन भोग लोलुप ह्वै पति कारन कियौ मुनि को साजु।
तुलसीदास ऐसे बिरह बचन सुनि कठिन हियो बिहरो न आजु॥

राम वन-गमन को तत्पर हैं। सीता से अनुरोध किया गया है कि वे घर में ही ठहरें। यह अनुरोध सीता के प्रतिकूल रहा। उनकी भावनाएँ उत्तेजित हो गईं। तुलसी ने उनकी अनुभूति को कई चित्रों में विभाजित कर दिया, किन्तु मूल भावना अंग-भावों से विच्छिन्न नहीं होने पाई। इस पद की प्रथम दो पंक्तियों में प्रेरणा का मूर्त विधान और उससे उत्पन्न मानसिक प्रतिक्रिया का स्फुरण है। दूसरी दो पंक्तियों में तीव्र मानसिक उद्वेग, अनुभूति की गम्भीरता और तीव्रता है। अन्तिम पंक्तियों में भावना और बुद्धि का सन्तुलित रूप है जिससे यह विचार-खंड उत्पन्न हुआ कि 'यह कैसे हो सकता है कि पति जंगल में रहे और पत्नी घर में उपभोग करें!'

शुद्ध आत्माभिव्यक्ति और पात्रबद्ध अभिव्यक्ति दोनों रूपों में तुलसी ने रागात्मक अनुभूति की इकाई और समत्व की रक्षा की है। वन्दना और बाल-वर्णन के कतिपय पदों में समत्व का निर्वाह नहीं हो पाया है। 'कवितावली' और 'गीतावली' के पदों में कहीं-कहीं वर्णन के आग्रह के कारण अनुभूति की इकाई सुरक्षित नहीं रह पाई है, किन्तु उनमें भी अनेक

पद ऐसे हैं जिनमें अनुभूति का केन्द्र विश्रृंखलित नहीं होने पाता और पाठक कवि के साथ सरलता से तादात्म्य स्थापित कर लेता है।

4. जीवन का आंशिक चित्रण

प्रगीत-काव्य मूलतः जीवन की आंशिक अनुभूति की रागात्मक अभिव्यक्ति है। कवि की अनुभूति चाहे स्वतः स्फूर्त हो अथवा बाह्य-प्रेरित—दोनों स्थितियों में कवि को विशिष्ट स्थल छाँटने होते हैं। व्यक्तिगत संवेदनात्मक प्रगीत में यह समस्या सरलता से सुलझ जाती है। कवि अपनी गम्भीरतम अनुभूति का चित्रण करता है। किन्तु कथाश्रित (वस्तुनिष्ठ) प्रगीत-काव्य में कवि-कौशल की सार्थकता इस बात में है कि वह मार्मिक स्थलों को अपनी रागात्मक अनुभूति के रंग से चित्रित करे। कवि जितने हृदयस्पर्शी स्थलों का चुनाव कर सकेगा, प्रगीत में उतनी ही प्रभविष्णुता आ सकेगी।

आंशिक अभिव्यक्ति का तात्पर्य अवस्था-विशेष का चित्रण है। कवि जीवन के विस्तृत क्षेत्र में से कुछेक रागात्मक क्षणों को वाणी देता है। तुलसी ने 'गीतावली' में आराध्यदेव के मधुर रूप की झाँकियाँ प्रस्तुत की हैं, उसमें वस्तु का आग्रह होते हुए भी 'मानस' का-सा घटना-संघटन नहीं है। 'गीतावली' और 'श्रीकृष्णगीतावली' इसी हेतु प्रगीतकाव्य हैं कि उनमें आराध्य के जीवन के खंड-चित्रों को पद-विशेष में अखंडत्व देकर रूपायित किया गया है। राम की कथा के मध्य मार्मिक स्थल अनुभूति के आवेग से चित्रित है। भाव के उपयुक्त शब्दावली का चयन कर तुलसी ने स्थिति को पर्याप्त भावुक और प्रभावशाली बनाया है।

'गीतावली' में राम के जीवन के एक मार्मिक स्थल को तुलसी ने अत्यन्त कारुणिक रूप में चित्रित किया है। लक्ष्मण के मूर्च्छित होने पर विवेक और बल के स्वामी राम क्षणभर को हताश हो जाते हैं। जिनके निर्देशानुसार युद्ध चल रहा है, उनकी वाणी में कैसी असमर्थता? किन्तु लक्ष्मण की मूर्च्छा के समय एक बार में ही वे सब कुछ भूल गए—

मो पै तो न कछू ह्वै आई।
ओर निबाहि भली बिधि भायप चल्यौ लखन-सो भाई॥
पुर पितु मातु सकल सुख परिहरि जेह बन बिपति बँटाई॥
ता संग हौं सुरलोक सोक तजि सक्यो न प्रान पठाई॥
... ...
तुलसी में सब भाँति आपने कुलहि कालिमा लाई॥

लक्ष्मण की मूर्च्छा जैसा संकट न आया होता तो राम सम्भवतः वह कुछ न सोचते, जो ऐसी परिस्थिति में सोचा गया। राम लक्ष्मण की रक्षा करने में असमर्थ हैं। अतः मन में यह भाव उदित होना कि मुझसे तो कुछ नहीं हुआ, नितान्त स्वाभाविक है। अब तक राम किसी दिन रण में गए भी तो नहीं थे। केवल निर्देशन मात्र उनका कार्य था। जो व्यक्ति वियुक्त हुआ है, उसने अन्तिम श्वास तक साथ दिया। उसके शुभ कर्मों की स्मृति भी निराशा में धैर्य बँधाती है। आत्मसन्ताप की भावना 'तात मरन तियहरन, गीधबध, भुजदाहिनी गँवाई' में साकार होती है। राम के हृदय की व्याकुलता की चरम सीमा यहीं स्पष्ट होती है कि राम

इन अनर्थों का कारण स्वयं को समझने लगते हैं। यहाँ पर कवि ने राम के ही नहीं, मानव मात्र के करुण भावों को अवचेतनमन की कुहा से निकालकर अभिव्यक्ति दी है। राम की स्थिति से कवि का रागात्मक सम्बन्ध नितान्त वैयक्तिक धरातल पर अभिव्यंजित हुआ है।

इस प्रकार गोस्वामी जी ने कथात्मक प्रगीतों में जीवन की विशिष्ट मार्मिक अनुभूति को अवस्थानुरूप चित्रित करने में पूर्ण सफलता प्राप्त की है।

5. भावाभिव्यंजना

आत्माभिव्यक्ति, रागात्मक अनुभूति और समत्व की चर्चा करते हुए हम यह स्पष्ट कर चुके हैं कि 'भाव' प्रगीत का प्राण है। पाठक की आनन्दानुभूति का आधार कवि द्वारा वर्णित भाव ही है। अतः प्रगीत में भाव-व्यंजना, सुस्पष्ट और अनुभूतिगम्य तथा व्यक्त चित्र निर्मल और उदात्त होना चाहिए। भावाभिव्यंजना को 'प्रगीत' के तत्त्वों में इसलिए स्थान दिया गया है कि व्यक्तिगत तर्क-वितर्क चिन्तन का गाम्भीर्य और सिद्धान्त-निरूपण वैयक्तिक अभिव्यक्ति के विषय तो हो सकते हैं किन्तु वे प्रगीत की दृष्टि से औचित्यपूर्ण नहीं माने जा सकते। वस्तुतः व्यक्तिगत भावाभिव्यक्ति ही प्रगीत को उसका स्वरूप प्रदान करती है।

काव्यशास्त्र में वर्णित स्थायी भावों में सभी भाव सर्वथा प्रगीतोपयोगी नहीं हैं। रति, शोक, उत्साह, शम, वात्सल्य, ईश्वरानुराग—ये छः भाव ही मुख्यतः प्रगीतोपयोगी हैं। तुलसीदास के प्रगीत-काव्य में उक्त भावों की यथावसर सफल अभिव्यक्ति हुई है।

तुलसीदास रति (शृंगार)-भाव की अभिव्यक्ति उतने मनोयोग से न कर सके जितने मनोयोग से भक्ति-भाव की। इसका कारण यह है कि कवि का मन काम-रति में रमा नहीं। ऐसे चित्रों को उसने यथासम्भव कम करने की चेष्टा की है। अपने प्रगीतों में रति-भाव के संयोग पक्ष का वर्णन कवि उतना दत्तचित्त होकर नहीं कर पाया है, किन्तु विरह-वर्णन में मन की व्याकुलता, क्षुद्र वैयक्तिकता से ऊपर उठकर और सात्विक कल्याणमयी वृत्ति से युक्त होकर व्यक्त हुई है। ऐसे पदों में भाव की अतिशयता है, विचार और सिद्धान्त का अभाव है। विरहिणी सीता का चित्रांकन देखिए—

आरत बचन कहति बैदेही।
बिलपति भूरि बिसूरि दूरि गए मृग संग परम सनेही॥
कहे कटु बचन रेख नाँघी मैं तात छमा सों कीजै।

इस पद में दुःख, दैन्य पश्चात्ताप की मिश्रित अनुभूति का चित्रण है। 'तात छमा सो कीजै' में आत्मविवशता के द्वारा अनुभूति तीव्र होकर हृदय को द्रवित करती है। विरह से अधिक यहाँ पर अनिष्टसूचक शोक प्रधान हो गया है। एक अन्य भावात्मक चित्र द्रष्टव्य है—

कपि के चलत सिय को भनु गहबरि आयो।
पुलक शिथिल भयो सरीर नीर नयनन्हि छायो॥
कहन चह्यो संदेस नहीं कह्यौ पिय के जिय की जानि हृदय दुसह दुख दुरायो॥

यहाँ भाव का व्यापार ही प्रधान है। कोई तर्क नहीं, कुछ कहना नहीं, सामान्य-जन के समान अविरल अश्रु-प्रवाह भी नहीं। यहाँ तो मन केवल 'गहबरि' हो आता है और 'दुसह

दुख' भी छिपा लिया जाता है। केन्द्रस्थ भाव इतना गहरा है कि अनुभावों का व्यापार नितान्त स्वाभाविक दृष्टिगोचर होता है।

'विनयपत्रिका' की शुद्ध वैयक्तिक अभिव्यक्ति में दैन्य, आत्मग्लानि, निर्वेद आदि भावभूमियों की प्रधानता है। यद्यपि सभी मनोदशाएँ भक्ति की पूरक हैं तथापि पदविशेष में एक केन्द्रीय भावधारा की अभिव्यक्ति सशक्त रूप में की गई है। कवि द्वारा अभिव्यक्त सभी भावधाराएँ प्रकारान्तर से भगवद्भक्ति की ओर प्रवाहित होती हैं। भाव व्यंजना की दृष्टि से 'विनयपत्रिका' और 'श्रीकृष्णगीतावली' के पद अपेक्षाकृत अधिक प्रभावशाली हैं।

6. संक्षिप्तता

संक्षिप्तता प्रगीतकाव्य का बाह्य गुण है। तीव्रता और अनुभूति के एकान्त प्रवाह के लिए गीत का आकार छोटा होना चाहिए। संक्षिप्तता गीत को प्रभावपूर्ण और भाव को अखंड बनाए रहती है। इस अखंडता के कारण पाठक के मन पर अंग-रूप और अंगीभावों का अन्वित प्रभाव पड़ता है। समाहित भावना के कारण अनुभूति की तीव्रता, लयात्मक संवेदनशीलता और चित्र की स्पष्टता में बाधा नहीं पड़ती।

प्रगीत उस रेखाचित्र की भाँति है जिसमें भाव-सौन्दर्य रेखाकार की कुशलता पर निर्भर है। अत: भावों की तीव्रता और समाहित प्रभाव के लिए प्रगीत में संक्षिप्तता का निर्वाह अनुभूति की तीव्रता और कला की सफलता का द्योतक है।

आकार की दृष्टि से तुलसी के प्रगीत भक्तिकालीन अन्य प्रगीतकारों के समान ही सफल हैं। उनमें भाव और रागात्मक आवेश की पूर्णता विद्यमान है। अधिकांश पद संक्षिप्त हैं, उनमें इतना विस्तार नहीं है कि केन्द्रस्थ भाव विच्छिन्न हो जाए। 'गीतावली' और 'विनयपत्रिका' के कुछ पद अधिक लम्बे हैं। विशेष रूप से 'गीतावली' के बालकांड में अनेक पदों में भाव गौण और सौन्दर्य-वर्णन अधिक है। ये पद प्रगीत के समाहित प्रभाव की दृष्टि से असफल हैं, इनमें संक्षिप्तता न होने के कारण भावों की उतनी तीव्रता नहीं, जितनी प्रगीत में आवश्यक है, पर सभी पद ऐसे नहीं हैं। 'विनयपत्रिका' के आत्मनिवेदनात्मक पदों में अनावश्यक विस्तार नहीं है। अनेक गीत विचार प्रधान होते हुए भी आवृत्ति और विस्तार में लघु होने के कारण अत्यधिक प्रभावशाली हैं।

'श्रीकृष्णगीतावली' के पद संक्षिप्तता की कसौटी पर खरे उतरते हैं। कवि ने लघु कलेवर में भाव की तीव्रता और अनुभूति के आवेग की अनुपम सृष्टि की है—

'करिहैं हरि बालक की सी केलि', 'मधुकर कहहु कहन जो पारो', 'बिछुरत भी ब्रजराज आज इन नयननि की परतीति गई' आदि गीत संक्षिप्तता की दृष्टि से अनुभूति को अधिक मात्रा में बोधगम्य बना सके हैं।

भक्तिकाल के समूचे साहित्य में गेय-पद रचना की प्रबल प्रवृत्ति के अनुरूप महाकवि तुलसी ने भी प्रगीत काव्य का प्रणयन किया। उनके 'मानस' तथा अन्य प्रगीत-रचनाओं में महाकवि को लोककल्याणमयी उदात्त भावना के दर्शन होते हैं। और प्रगीत-रचनाओं में जीवन के सुख-दुख को अनुभूति की गहराई से व्यक्त करने वाले व्यक्तित्व का स्वाभाविक

उच्छलन मिलता है। पाठक की रसमयता और साहित्य के गौरव की दृष्टि से तुलसीदास के दोनों रूप अभिनन्दनीय हैं। महाकवि तुलसी जिस प्रकार अपनी अन्य विशेषताओं के कारण अपने क्षेत्र में अप्रतिम हैं, उसी प्रकार प्रगीत की दृष्टि से भी उसका वैशिष्ट्य असंदिग्ध है। 'विनयपत्रिका' के प्रारम्भिक पद संस्कृत से चली आ रही स्तोत्र-पदशैली में रचित होने के कारण बहुदेववाद में आस्था रखने वाली हिन्दू-जनता के मानस को अति निकट से स्पर्श करते हैं। भावोचित वर्ण-विन्यास से युक्त, अनुप्रासमयी प्रवाहयुक्त शब्द योजना के कारण तुलसी के पदों की लय में श्रुतिमधुर ध्वनि की जो अभिव्यंजना हुई है वह प्रगीत की दृष्टि से अत्यन्त उत्कृष्ट है। हिन्दी-साहित्य में प्रगीतकार के रूप में भी तुलसी का स्थान अत्यन्त उच्च और महत्त्वपूर्ण है। वे पदशैली की दृष्टि से भी अपने युग के निर्माता हैं। काव्यमर्मज्ञ तथा भक्त भावक दोनों ही तुलसी के पदों में तन्मय होकर चेतना की उस लोकोत्तर भूमि (मधुमति भूमिका) में पदार्पण करते हैं। जहाँ ब्रह्मानन्द भी है और ब्रह्मानन्दसहोदर रसानुभूति भी। अतः अधिकार के साथ कहा जा सकता है कि इयत्ता और ईदृक्ता की दृष्टि से तुलसी का प्रगीतकाव्य हिन्दी-साहित्य का महनीय निधि है।

प्रकृति-चित्रण

सुरेन्द्रनाथ सिंह

मानव और मानव-कृत पदार्थों के अतिरिक्त विश्व में जो कुछ रूपात्मक सत्ता दृष्टिगोचर होती है उसका चित्रण जब काव्य में किया जाता है तब उसे 'प्रकृति-चित्रण' कहते हैं। आकाश-मंडल में चमकते हुए सूर्य, चन्द्र एवं तारे अपनी उत्ताल तरंगों से पृथ्वी को क्षुब्ध करता हुआ समुद्र, क्षितिज को घेरते हुए धरा पर छा जाने वाले बादल, उनके वक्ष:स्थल में चमक उठने वाले विद्युत-पुंज, धरती के अंचल पर अपना मस्तक उठाए हुए पर्वत-शृंग, घाटियों से निकलकर कभी मन्थर-गति से और कभी भयंकर वेग से गर्जन करती हुई सरिताएँ, हरी-भरी वनस्पतियाँ तथा उन्हें आन्दोलित करता हुआ पवन, वनों में उछलते-कूदते पशुओं के झुंड, धरा एवं आकाश के सन्देशों को पहुँचाने वाले कलरवशील पक्षियों के समूह—ये सब-के-सब प्रकृति के अंग हैं।

मनुष्य भी प्रकृति-लोक का ही एक प्राणी है। अन्य प्राणियों के समान वह भी प्रकृति के वरदान का पाथेय लेकर ही अपने गन्तव्य की ओर अग्रसर हुआ। अन्तर केवल इतना ही है कि उसने अपेक्षाकृत असाधारण प्रगति की, अपनी मनीषा से नाना प्रकार के आविष्कार किए, उनके प्रयोग से रहने-सहने एवं सोचने के ढंग बदल दिए। प्रकृति के साम्राज्य में रहते हुए भी उसने अपने लिए स्वतंत्र क्षेत्र निर्मित किए। ऐसे क्षेत्र जहाँ वह प्रकृति का दास नहीं अपितु उसका स्वामी है, जहाँ उसी इच्छाएँ उठते ही कार्य रूप में परिणत हो जाती हैं। बुद्धि के रथ पर आरूढ़ होकर कृत्रिमता के नगर में आ जाने पर भी उसकी भावमयी स्मृतियाँ प्रकृति के अनन्त रूपांचल से ही सम्बद्ध रहीं। जीवन-संघर्ष की कटु-विभीषिका से थक जाने पर वह पुन: वहाँ लौट जाना चाहता है जहाँ प्रकृति का ऐश्वर्य बिखरा पड़ा है, जहाँ के दृश्यों को देखते ही हृदय के बन्धन खुल जाते हैं और आनन्द की फुहारें शीतलता प्रदान करती हैं।

मानव-हृदय से निस्सृत आनन्द एवं अवसाद के निर्झरों की रमणीय विवृति ही काव्य है। कवि संवदेनशील कलाकार है। संस्काररूप में प्राप्त प्रकृति प्रेम कविता में उपेक्षित नहीं रह सकता। वह उभरकर आता है और काव्य को एक आकर्षक शोभा से मंडित कर देता है। भावों का सहज उच्छलन प्रकृति के अवयवों का सम्बल लेकर काव्य में एक विलक्षण सौन्दर्य की सृष्टि करता है। प्रत्येक सफल कवि की कविता में प्रकृति चित्रण किसी-न-किसी रूप में अवश्य रहता है, क्योंकि प्रकृति-चित्रण से जहाँ भावाभिव्यक्ति में सुगमता होती है वहाँ काव्य में रमणीयता भी आ जाती है।

प्राचीन काव्यों में, विशेषकर संस्कृत के काव्यों में, चतुर्दिक् फैले हुए प्रकृति के अनन्त वैभव का अप्रतिम अंकन हुआ है। वैदिकयुगीन कवि प्रकृति की छटा देखकर विस्मय-विमुग्ध है, चमत्कृत है। क्षण-क्षण में बदलने वाले प्रकृति के रूपों में चैतन्य का दर्शन करता है। उसे प्रतीत होता है कि ये शक्तियाँ किसी सार्वभौम सत्ता के संकेत पर नृत्य कर रही हैं। वह उनकी वन्दना करता हुआ उनका आवाहन करता है। उसके हृदय में आह्लाद और चिन्तन में जिज्ञासा है। लौकिक संस्कृत के काव्यों में प्रकृति के अनेकानेक रूपों का हृदयग्राही चित्रण हुआ है। प्रकृति के प्रति कवि में आत्मीयता एवं संवेदना है। उसका सौन्दर्य-बोध अत्यन्त परिष्कृत है। उसने प्रकृति-वर्णन के विविध पक्षों का चित्ताकर्षक उद्घाटन किया है।

हिन्दी साहित्य के मध्ययुग में प्रकृति का जिन रूपों में ग्रहण किया गया है वे कुछ भिन्न हैं। वहाँ भक्ति की भावधारा अत्यन्त प्रबल है। प्रकृति की स्वतंत्र सत्ता प्राय: स्वीकार ही नहीं की गई है, उसे ब्रह्म की अभिव्यक्तिमात्र माना गया है। आराध्यदेव के सौन्दर्य में प्रकृति-सौन्दर्य को लीन कर दिया गया है। वह 'सुन्दरता का सागर' है जिसका दर्शन करते ही प्रकृति आनन्दातिरेक से उल्लसित हो उठती है। प्रकृति गौण है, प्रमुख है आराध्य जिसकी कृपा पर नाना-रूप जगत अवलम्बित है।

तुलसीदास का ऐसे ही मध्ययुग (भक्तिकाल) में आविर्भाव हुआ था। वे मूलत: भक्त कवि हैं। राम उनके आराध्य देव हैं जिनके 'भृकुटि-विलास' पर सृष्टि का कार्य-व्यापार चलता है। उन राम की प्राणप्रिया सीता हैं जिन्हें कवि जगज्जननी मानता है। ये राम-सीता ही जग के अणु-अणु में व्याप्त हैं, जिन्हें वह हाथ जोड़कर प्रणाम करता है। उसकी गति, मति और रति सब राम के प्रति समर्पित हैं। राम की लीला का गान करना उसका प्रयोजन है। इस प्रयोजन की सिद्धि में जो भी प्रकृति-चित्रण हुआ है वह आनुषंगिक एवं साधन-रूप में। कवि का उद्देश्य प्रकृति-चित्रण करना नहीं है बल्कि प्रकृति के माध्यम से अपने भावों एवं विचारों का प्रकाशन करना है। तुलसीदास के प्रकृति-चित्रण पर विचार करते समय युगीन दृष्टि एवं कवि की प्रवृत्ति का ध्यान रखना आवश्यक है।

तुलसीदास के काव्य में प्रकृति-चित्रण निम्नांकित चार प्रमुख रूपों में हुआ है—

1. उपदेशिका रूप में,
2. आलम्बन रूप में,
3. उद्दीपन रूप में,
4. अलंकार विधान में।

उपदेशिका रूप

प्रकृति को विभिन्न रूपों में ग्रहण करना कवि की प्रतिभा पर निर्भर है। तुलसी ने प्रकृति को नीति और उपदेश देने वाली शक्ति के रूप में देखा है। कवि होने से पहले वे भक्त, दार्शनिक और सन्त हैं। उनके मन में राम के प्रति प्रगाढ़ अनुराग है। वे प्रकृति के प्रत्येक कण में उन्हीं की झलक देखते हैं एवं उनकी दिव्य गाथा का गान करके जन-मन का परिष्कार करते हैं। तुलसी अपने काव्य का यही उद्देश्य मानते हैं कि पाठक उसका पारायण करके रसानुभूति के साथ ही अपना लोक और परलोक भी सुधार सके। वे उसी काव्य को श्रेष्ठ मानते हैं जो

'सुरसरि' के समान सबका मंगल करे। इसीलिए उनके काव्य में प्रकृति-चित्रण भावों एवं विचारों को सुचारु रूप से स्पष्ट करने के लिए हुआ है। 'रामचरितमानस' के अरण्यकांड एवं किष्किन्धाकांड में प्रकृति विशिष्ट रूप से उपदेशिका बनकर आई है। प्रकृति के हरितांचल में कल्लोल करते हुए गोदावरी एवं पम्पा-सरोवर के तट पर पहुँचकर भी कवि उनके स्वतंत्र सौन्दर्य का दर्शन नहीं करता। तुलसी के शिव पम्पा-सरोवर को एक उपदेशक के रूप में देखते हैं—

संत हृदय जस निर्मल बारी। बाँधे घाट मनोहर चारी॥
जहँ तहँ पिअहिं बिबिध मृग नीरा। जनु उदार गृह जाचक भीरा॥
पुरइनि सघन ओट जल बेगि न पाइअ मर्म॥
मायाछन्न न देखिऐ जैसें निर्गुन ब्रह्म॥

यह सन्त कवि की दार्शनिक दृष्टि है जो सरोवर के निर्मल जल को सन्त के पवित्र हृदय के समान बतलाती है। सघन पुरइन से आच्छादित अदृश्य जल के उपमान के रूप में मायाच्छन्न अलक्ष्य निर्गुण ब्रह्म की योजना की कल्पना की गई है। गूढ़ दार्शनिक तत्त्व का उद्घाटन कितने सुबोध ढंग से किया गया है!

किष्किन्धाकांड में वर्षा एवं शरद् ऋतु के वर्णन में उपदेश-बाहुल्य अपनी चरम सीमा पर है। हिन्दी-साहित्य में इस प्रकार का सारगर्भित उपदेशमूलक प्रकृति-निरूपण तुलसीदास की अपनी निजी विशेषता है। इसमें कवि के हृदय का उल्लास नहीं अपितु धर्म-दर्शन का प्राबल्य है। ऐसा लगता है जैसे वह एक बार प्रकृति के रूप को देखता है और दूसरी बार लोक-व्यवहार के क्षेत्र की ओर और तुरन्त उसे उपमान-रूप में प्रस्तुत कर देता है—

दामिनि दमक रह न घन माहीं। खल कै प्रीति जथा थिर नाहीं॥
बरषहिं जलद भूमि निअराएँ। जथा नवहिं बुध बिद्या पाएँ॥
बूँद अघात सहहिं गिरि कैसें। खल के बचन संत सह जैसें॥
छुद्र नदीं भरि चलीं तोराई। जस थोरेहुँ धन खल इतराई॥
भूमि परत भा ढाबर पानी। जनु जीवहि माया लपटानी॥
सिमिटि सिमिटि जल भरहिं तलावा। जिमि सदगुन सज्जन पहिं आवा॥
सरिता जल जलनिधि महुँ जाई। होइ अचल जिमि जिव हरि पाई॥
हरित भूमि तृन संकुल समुझि परहिं नहिं पंथ।
जिमि पाखंड बाद तें गुप्त होहिं सदग्रंथ॥

इसी प्रकार शरद्-ऋतु के वर्णन में भी कवि की सूक्ष्म निरीक्षिका शक्ति का परिज्ञान तो होता है परन्तु मन को लीन कर देने वाली रमणीय अभिव्यक्ति का नहीं—

फूलें कास सकल महि छाई। जनु बरषाँ कृत प्रगट बुढ़ाई॥
उदित अगस्ति पंथ चल सोषा। जिमि लोभहि सोषइ संतोषा॥
सरिता सर निर्मल जल सोहा। संत हृदय जस गत मद मोहा॥
रस रस सूख सरित सर पानी। ममता त्याग करहिं जिमि ग्यानी॥
जानि सरद रितु खंजन आए। पाइ समय जिमि सुकृत सुहाए॥

यह ठीक है कि तुलसीदास के उपदेश-बहुल प्रकृति-वर्णन में प्रकृति का शुद्ध रूपांकन

नहीं है, परन्तु यह ध्यातव्य है कि कवि का उद्देश्य ही प्रकृति को साधन बनाकर अपने नीति एवं उपदेश पक्ष की स्थापना करता रहा है। वह जहाँ रंग-बिरंगी वनस्पतियों का अंकन करता है वहाँ आक एवं पत्र-पुष्प-विहीन जवासे का वर्णन करना भी नहीं भूलता—*'अर्क जवास पात बिनु भयऊ। जस सुराज खल उद्यम गयऊ॥'* इससे स्पष्ट है कि तुलसी की प्रकृति-निरीक्षण-शक्ति व्यापक थी। उन्होंने उपदेश देने की केन्द्रीय भावना से प्रेरित होकर प्रकृति का यथातथ्य निरूपण अवश्य किया है परन्तु उनके मन में प्रकृति के प्रति अनुराग का भाव भी न्यून नहीं है। उनकी सफलता इस बात में है कि उन्होंने नीरस उपदेशों को भी प्रकृति के माध्यम से अत्यन्त हृदयग्राही बना दिया है।

आलम्बन-रूप

सामान्यतः भाव के प्रेरक आधार को आलम्बन कहते हैं। प्रकृति के सौन्दर्य में आलम्बन का तात्पर्य है प्रकृति को एक स्वतंत्र एवं पृथक् सत्ता मानकर उसका रूप-चित्रण करना। प्रकृति का सफल कवि वही है जो उसके मधुर एवं उग्र रूपों का चित्ताकर्षक रूपांकन करे। तुलसीदास प्रकृति-छटा पर विस्मय-विमुग्ध हो जाने वाले कवि नहीं हैं। जीवन-यात्रा में प्रकृति की ओर उनका ध्यान कभी-कभी चला जाता है। आनन्द के उन्हीं लघु क्षणों में, थोड़ी देर के लिए उनका मनःप्रसादन हो जाता है। कवि ने आलंबन-रूप में प्रकृति का बहुत कम वर्णन किया है। 'रामचरितमानस' में इस तरह के संक्षिप्त वर्णन यत्र-तत्र ही हुए हैं। कवित्व की दृष्टि से उन प्रकृति-वर्णनों में विशेष रमणीयता नहीं है। बालकांड के इस प्रकृति-चित्रण में कितनी सामान्य-सी बात कह दी गई है!—

सदा सुमन फल सहित सब द्रुम नव नाना जाति।
प्रगटीं सुंदर सैल पर मनि आकर बहु भाँति॥
सरिता सब पुनीत जलु बहहीं। खग मृग मधुप सुखी सब रहहीं॥
सहज बयरु सब जीवन्ह त्यागा। गिरि पर सकल करहिं अनुरागा॥

इसी तरह पम्पा-सरोवर के वर्णन में कुछ पक्षियों, वृक्षों और फूलों के नाम गिनाकर, शीतल-मन्द-सुगन्ध समीर के बहने की चर्चा कर कवि अपने मूल विषय की ओर बढ़ गया है—

बिकसे सरसिज नाना रंगा। मधुर मुखर गुंजत बहु भृंगा॥
बोलत जलकुक्कुट कलहंसा। प्रभु बिलोकि जनु करत प्रसंसा॥
चक्रबाक बक खग समुदाई। देखत बनइ बरनि नहिं जाई॥
चंपक बकुल कदंब तमाला। पाटल पनस परास रसाला॥
नव पल्लव कुसुमित तरु नाना। चंचरीक पटली कर गाना॥
सीतल मंद सुगंध सुभाऊ। संतत बहइ मनोहर बाऊ॥

'गीतावली' के चित्रकूट-वर्णन में कवि विशेष सफल हुआ है। वहाँ कुछ विस्तार के साथ उनका मन रमा है—

सब दिन चित्रकूट नीको लागत।
बरषा ऋतु प्रबेस बिसेष गिरि देखन मन अनुरागत॥

चहुँ दिसि बन संपन्न बिहँग मृग बोलत सोभा पावत।
जनु सुनरेस देस पुर प्रमुदित प्रजा सकल सुख छावत॥
सोहत स्याम जलद मृदु धोरत धातु रँगमगे सृंगनि।
मनहु आदि अंभोज बिराजत सेवित सुर मुनि भृंगनि॥
सिखर परस घन-घटहि मिलति नभ पाँति सो छबि कवि बरनी।
आदि बराह बिहरि बारिधि मनो उठ्यो है दसन धरि धरनी॥
जल जुत बिमल सिलनि झलकत नभ बन प्रतिबिंब तरंग।
मानहु जग रचना विचित्र बिलसति बिराट अँग अँग॥
मंदाकिनिहिं मिलत झरना झरि झरि भरि भरि जल आछे।
तुलसी सक्ल सुकृत सुख लागे मानौ राम भगति के पाछे॥

वर्षा ऋतु में चित्रकूट की चित्ताकर्षक छटा देखकर कवि आनन्दविभोर है। पर्वत का उन्नत शिखर, उसके ऊपर काली घटाएँ, उन दोनों के बीच में उड़ती हुई श्वेत बगुलों की पंक्ति, जैसे पर्वत-रूपी आदि वराह बगुलों की पंक्तिरूप दाँतों पर घटारूप पृथ्वी को धारण करके बाहर निकले हों। कितना सुन्दर एवं विराट् प्रकृति-चित्र है! प्रकृति की इस छटा को देखकर कवि का मन प्रसन्न है। परन्तु उसकी यह स्थिति एकांतिक नहीं है। उसका भक्तरूप अधिक प्रबल है। जलयुक्त निर्मल शिलाओं में झलमलाते हुए आकाश एवं वन के प्रतिबिम्ब से अप्रतिम दृश्य का अंकन हो जाता है। किन्तु उसे देखकर विराट् भगवान के अंग-प्रत्यंग में संसार की विचित्र रचना प्रतिफलित होने की बात कहने से सहज उल्लास कुछ दब-सा जाता है।

उद्दीपन-रूप

काव्य में आश्रयगत भावनाओं को तीव्रता प्रदान करने वाले कारण को उद्दीपन कहते हैं। मानव को प्रकृति के व्यापार सदैव प्रभावित करते रहे हैं। वह अपनी रागात्मक वृत्ति के सन्दर्भ में प्रकृति को कोमल, मादक व निष्ठुर आदि विविध रूपों में देखता रहा है। दुख की स्थिति में उसे प्रकृति का सौन्दर्य हृदय को सालने वाला उपकरण बन जाता है।

तुलसीदास के काव्य में प्रकृति का उद्दीपनकारी रूप सटीक रूप से चित्रित हुआ है। प्रकृति को भूमिका बनाकर कवि ने विविध पात्रों की मानसिक दशा को आकर्षक ढंग से व्यक्त किया है। व्यक्ति जब स्वयं दुखी होता है तब दूसरों के सुख को देखकर उसका दुख कई गुना बढ़ जाता है। तुलसी के राम की भी यही स्थिति है। यों तो राम सम्पूर्ण भारतीय काव्य में परमवीर धीर-प्रशान्त नायक के रूप में चित्रित हुए हैं, परन्तु जीवन की विडम्बनाओं एवं प्रकृति के विविध व्यापारों से उनका हृदय भी प्रभावित हुआ है। अनिंद्य सुन्दरी प्राणप्रिया सीता के वियोग में विरहाकुल राम वन-वन घूम रहे हैं। अपने शरीर के अंग-विशेष की चारुता के लिए प्रशंसित विविध प्राणी वन में विचरण कर रहे हैं। उन प्राणियों को देखकर उन्हें सीता की याद आ जाती है—उन सीता की याद जिन्होंने पहले अंग-प्रत्यंग की सुषमा से उन प्राणियों के अंगविशेष के सौन्दर्य को पराजित कर दिया था, जिन्हें देखकर ये सदैव हीनभावना का अनुभव किया करते थे, उनके सम्मुख आने का साहस ही नहीं करते थे; वे ही अब सीता

के न रहने पर निर्द्वन्द्व होकर विचरण कर रहे हैं। उनकी सरस क्रीड़ाओं को देखने एवं अपनी एकाकी अवस्था का अनुभव करने से उनका हृदय वेदना से बोझिल हो जाता है और वे कह उठते हैं—

खंजन सुक कपोत मृग मीना। मधुप निकर कोकिला प्रबीना॥
कुंद कली दाड़िम दामिनी। कमल सरद ससि अहिभामिनी॥
बरुन पास मनोज धनु हंसा। गज केहरि निज सुनत प्रसंसा॥
श्रीफल कनक कदलि हरषाहीं। नेकु न संक सकुच मन माहीं॥
सुनु जानकी तोहि बिनु आजू। हरषे सकल पाइ जनु राजू॥
किमि सहि जात अनख तोहि पाहीं। प्रिया बेगि प्रगटसि कस नाहीं॥

कवि ने प्रकृति को जिस उद्दीपनकारी रूप में यहाँ प्रस्तुत किया है वह सांकेतिक होते हुए भी पूर्णतः समर्थ है।

जो वर्षा ऋतु संयोगावस्था में आनन्द एवं उल्लास की धारा प्रवाहित कर देती है वही वियोगावस्था में हृदय में कसक उत्पन्न कर देने का कारण बन जाती है। प्रिया से वियुक्त राम को आकाश में गरजते हुए बादल क्षुब्ध कर देते हैं। इस बेला में प्राणेश्वरी सीता की क्या दशा होगी, इसे सोचते ही उनका मन काँप उठता है—

घन घमंड नभ गरजत घोरा। प्रिया हीन डरपत मन मोरा॥

उपर्युक्त पंक्तियों में हृदय की रागात्मक दशा का कितना मार्मिक प्रकाशन है! जिन परम-पराक्रमी राम के धनुष की टंकार तीनों लोकों को प्रकम्पित कर देती है वह ही वियुक्त प्रिया की कारुणिक स्थिति का अनुमान करके ही धैर्य छोड़ बैठते हैं।

कितनी विचित्र अवस्था है कि जो राम धर्म-पथ पर चलते हएु सुकर्म की प्रकाश-रेखा खींच रहे हैं, वे ही दुर्भाग्य के आघात से वियोगान्धकार से अभिभूत हैं! जो चन्द्रमा जगत को शीतलता प्रदान करता है वही उन्हें निष्ठुरता के साथ तपा रहा है—

सीतलता सति की रहि सब जग छाई।
अगिनि ताप ह्वै तम कहँ सँचरत आई॥

महावीर हनुमान ने सुन्दरकांड में जहाँ सीता को राम का सन्देश दिया है वहाँ प्रकृति के उद्दीपन रूप का सुन्दर वर्णन हुआ है। वियोगकाल में प्रकृति किस प्रकार प्रतिकूल होकर अपार कष्ट देती है उसका मार्मिक उद्घाटन किया गया है—

कहेउ राम बियोग तव सीता। मो कहुँ सकल भए बिपरीता॥
नव तरु किसलय मनहुँ कृसानू। कालनिसा सम निसि ससि भानू॥
कुबलय बिपिन कुंत बन सरिसा। बारिद तपत तेल जनु बरिसा॥
जे हित रहे करत तेइ पीरा। उरग स्वास सम त्रिबिध समीरा॥

भारतीय साहित्य की यह बहुत बड़ी विशेषता है कि नायक-नायिकाओं के प्रेम उभयपक्षीय हैं। संयोग एवं वियोग में उनकी मनःस्थितियाँ समान हैं। यही बात राम और सीता के सन्दर्भ में भी सत्य है। दोनों आदर्श दम्पती हैं। जहाँ राम सीता को अपनी शक्ति मानते हैं वहाँ सीता भी स्वयं को उनकी छाया। जहाँ राम सीता के वियोग में व्याकुल होकर वन-वन घूम रहे हैं, प्रकृति के उत्तेजक रूपों से व्याकुल हो रहे हैं वहाँ पति-वियुक्ता,

खिन्नमना और मलिन-वसना सीता भी अशोक-वाटिका के बन्दीगृह में मृत्यु का आवाहन कर रही हैं। उन्हें ऐसा प्रतीत होता है कि चन्द्रमा आग बरसा रहा है एवं किशलय-समुदाय अंगार के समान दहकता हुआ हृदय को तपा रहा है—

पावकमय ससि स्रवत न आगी। मानहुँ मोहि जानि हतभागी ॥
सुनहिं बिनय मम बिटप असोका। सत्य नाम करु हरु मम सोका ॥
नूतन किसलय अनल समाना। देहि अगिनि जनि करहि निदाना ॥

वियोग की स्थिति बड़ी दारुण होती है। प्रिय के न रहने पर सुषमाशालिनी प्रकृति 'बैरिन'-सी लगने लगती है। चन्द्रमा की ज्योत्स्ना से धरती का रोम-रोम शीतल हो जाता है परन्तु वियोगिनी के मन में आग लगी रहती है। इतना ही नहीं उसे सारा संसार ही जलता हुआ दिखाई देता है—

डहकु न है उजियरिया निसि नहिं घाम।
जगत जरत अस लागु मोहि बिनु राम ॥

तुलसी ने प्रकृति के जिस उद्दीपनकारी रूप का चित्रण किया है उसमें मौलिकता नहीं है अपितु परम्परागत शैली का ही निर्वाह है। लेकिन उनका वैशिष्ट्य इस बात में है कि उन्होंने प्रकृति के अतिशयोक्तिपूर्ण एवं भड़कीले चित्रों का अंकन नहीं किया बल्कि सीधे-सादे ढंग से पात्रों की भावनाओं को स्पष्ट करने के लिए पृष्ठभूमि के रूप में उनका संयोजन किया है। उनका प्रयोजन है प्रकृति के माध्यम से पात्र की आन्तरिक स्थिति का प्रकाशन करना जिसमें उन्हें पूरी सफलता मिली है।

अलंकार-विधान

जो शोभा-वर्द्धन करे वह अलंकार है। काव्य के सन्दर्भ में इसका अर्थ है उपमा आदि अलंकार जो काव्य की रसात्मकता को उत्कर्ष प्रदान करते हैं। अलंकार वाणी के आभूषण हैं जिनके कारण अभिव्यक्ति में स्पष्टता, भावों में प्रभविष्णुता एवं भाषा में सौन्दर्य का सम्पादन होता है। काव्य में चारुता एवं चमत्कारिता के उत्कर्षक अलंकार ही हैं। प्रकृति में वह शक्ति है जो सदैव से मानव को आकृष्ट करती रही है। अपने कथ्य को सशक्त ढंग से प्रस्तुत करने के लिए, उसमें लालित्य लाने के लिए प्रकृति के उपकरणों को, उनकी विशेषताओं को माध्यम बनाया जाता रहा है। 'नेत्र सुन्दर हैं'—इतना कहकर ही मनुष्य को सन्तोष नहीं होता। वह अपने अभिप्रेत को और प्रेषणीय बनाता हुआ कहता है—'नेत्र नील कमल के समान सुन्दर हैं।' 'नील कमल' उपमान का प्रयोग करने से नेत्रों की दीर्घता, श्यामता एवं आर्द्रता का ज्ञापन हो जाता है। यह तथ्य काव्य के क्षेत्र में अधिक सटीक ढंग से चरितार्थ होता है। प्रकृति के अभाव में काव्य नीरस है, बिना उसके सरसता आ ही नहीं सकती। यही कारण है कि अन्य महान कवियों के समान तुलसीदास ने भी अलंकार-रूप में प्रकृति का बारम्बार निरूपण किया है। इसके फलस्वरूप उनके काव्य में रमणीयता के साथ-साथ विलक्षण प्रभाव क्षमता भी आ गई है। तुलसी के काव्य में अलंकार-रूप में प्रकृति का प्रयोग अनेक प्रकार से हुआ है।

मानवीकरण

जो मानव नहीं है उसमें मानव-सुलभ गुणों के आरोप करने की प्रक्रिया को मानवीकरण कहते हैं। परिस्थिति के सन्दर्भ में व्यक्ति विविध प्रकार की भावानुभूति करता है। भावावेश में वह प्रकृति पर भी मानवीय भावनाओं का आरोप करता है। तुलसी ने भी ऐसी ही परिस्थितियों में पृष्ठभूमि के रूप में प्रकृति का मानवीकरण बड़े ही सार्थक रूप में किया है। 'रामचरितमानस' के कामदेव-प्रसंग (काम-दहन-प्रसंग) में काम की प्रेरणा से सम्पूर्ण जड़-चेतन पदार्थ काम-भाव से अभिभूत है। वृक्ष से संगम करती हुई लताओं एवं समुद्र से संगम करती हुई सरिताओं पर जिस मानवी भाव का आरोप किया गया है उसमें कितनी रमणीयता है!—

सब के हृदयँ मदन अभिलाषा। लता निहारि नवहिं तरु साखा॥
नदीं उमगि अंबुधि कहुँ धाईं। संगम करहिं तलाव तलाईं॥

राम को परमतत्त्व मानकर प्रकृति के उपकरण श्रद्धा-प्रणत हैं। वे सब स्वामी की सेवा करने के लिए प्रयत्नशील हैं—

(क) *जेहि तरु तर प्रभु बैठहिं जाई। करहिं कलपतरु तासु बड़ाई॥*
परसि राम पद पदुम परागा। मानत भूमि भूरि निज भागा॥
छाँह करहिं घन बिबुधगन बरषहिं सुमन सिहाहिं।
देखत गिरि बन बिहग मृग रामु चले मग जाहिं॥

(ख) *जहँ जहँ जाहिं देव रघुराया। करहिं मेघ तहँ तहँ नभ छाया॥*

मानव के प्रति मानवीकृत प्रकृति की तीन स्थितियाँ होती हैं—

(1) समानुभूति की स्थिति,
(2) विषमानुभूति की स्थिति,
(3) तटस्थता की स्थिति।

(1) समानुभूति—समानुभूति का अर्थ है समान अनुभूति। अर्थात् प्रकृति का इस रूप में चित्रण हो जो व्यक्ति की मनोदशा के अनुरूप हो। प्रकृति उसी के समान उसके सुख में प्रसन्न एवं दुःख में अवसादपूर्ण हो। तुलसी के काव्य में राम को देखकर प्रकृति के हर्षित होने का वर्णन अनेक स्थलों पर है, परन्तु उनके समान अनुभूति करने का प्रसंग बिरल ही है। 'गीतावली' के अरण्यकांड में सीता-हरण हो जाने पर प्रकृति शोक-सन्तप्त है। वहाँ वह बाद में प्रिया-वियोग से दुखित होने वाले राम के साथ पहले से ही संवेदना प्रकट करती हुई-सी दिखाई देती है—

सरित जल मलिन सरनि सूखे नलिन,
अलि न गुंजत कल कूजैं न मराल।
कोलिनि कोल किरात जहाँ तहाँ बिलखात।
बन न बिलोकि जात खग मृग माल॥
तरु जे जानकी लाए ज्याये हरि करि कपि,
हेरैं न हुँकरि झरैं फल न रसाल।

जे सुक सारिका पाले मातु ज्यों ललकि लाले,
तेऊ न पढ़त न पढ़ावै मुनि बाल॥
समुझि सहमे सुठि प्रिया तौ न आई उठि
तुलसी बिबरन परन तृन साल।
औरै सो सब समाजु कुसल न देखौं आजु
गहबर हिय कहँ कोसलपाल॥

कवि ने व्यंजना के द्वारा मानवीकरण किया है। संवेदना प्रगट करना मानव का विशेष धर्म है जिसका आरोप यहाँ बड़े ही मार्मिक ढंग से किया गया है।

(2) विषमानुभूति—विषमानुभूति का तात्पर्य है प्रतिकूल अनुभूति। अर्थात् प्रकृति का इस रूप में चित्रण कि वह पात्र की अनुभूति के विपरीत हो। इस प्रकार पात्र की सुखानुभूति के अवसर पर प्रकृति के अवसाद का वर्णन अथवा पात्र की दुखानुभूति के अवसर पर प्रकृति के उल्लास का चित्रण हो। तुलसी के काव्य में इस स्थिति का वर्णन स्पष्ट रूप से नहीं मिलता। 'रामचरितमानस' में विलाप करते हुए राम ने प्रकृति के उन उपकरणों की ओर संकेत अवश्य किया है जो सीता का हरण हो जाने पर आनन्दित है। परन्तु उक्त प्रसंग में विषमानुभूति की प्रधानता नहीं है। कवि ने प्रकृति की मिस से सीता के विविध अंगों के सौन्दर्य का भव्य कथन किया है, फिर भी प्रकृति की विषमानुभूति तो है ही। वनस्पतियाँ और अन्य वन-प्राणी इस बात से प्रसन्न हैं कि अपने जिन शरीर अंगों की सुन्दरता के कारण वे प्रसिद्ध हैं उन्हें अपने सौन्दर्य से पराजित करने वाली सीता अब यहाँ नहीं रहीं। सीता वियोग में दुःखी राम को ये उल्लसित वनस्पतियाँ एवं प्राणी चिढ़ाते हुए-से प्रतीत हो रहे हैं—

खंजन सुक कपोत मृग मीना। मधुप निकर कोकिला प्रबीना॥
सुनु जानकी तोहि बिनु आजू। हरषे सकल पाइ जनु राजू॥
किमि सहि जात अनख तोहि पाहीं। प्रिया बेगि प्रगटसि कस नाहीं॥

(3) तटस्थता—तटस्थता की स्थिति वह दशा है जिसमें प्रकृति न तो मानव के सुख से सुखी होती है और न ही उसके दुःख से दुःखी; अपितु वह उदासीन प्रतीत होती है। 'रामचरितमानस' में एक-दो स्थानों पर कवि ने इस स्थिति का सांकेतिक वर्णन किया है। सीता के वियोग में व्याकुल राम लता, खग, मृग आदि से सीता का पता पूछते हैं—

हे खग मृग हे मधुकर श्रेनी। तुम्ह देखी सीता मृगनैनी॥

उपर्युक्त पंक्तियों में प्रकृति के प्राणी राम के सुख-दुख के प्रति सर्वथा उपेक्षा भाव रखते हुए अंकित किए गए हैं, अतएव यहाँ पर प्रकृति के तटस्थ रूप का चित्रांकन हुआ है।

अन्य अलंकार—सभी अलंकार प्रकृति के योग से अपने नाम को विशेषतया सार्थक करते हैं। प्रकृति का आश्रय लेने के कारण उनके सौन्दर्य में विलक्षण वृद्धि हो जाती है। तुलसी के काव्य में यों तो सभी अलंकार प्रकृति के संस्पर्श से भासित हैं परन्तु उनमें उपमा, रूपक एवं उत्प्रेक्षा की छटा तो सर्वत्र बिखरी पड़ी है। उपर्युक्त अलंकार कवि को अत्यन्त प्रिय हैं, अपने भावों एवं विचारों की अभिव्यक्ति को उत्कर्ष प्रदान करने के लिए उनकी निबन्धना उसने विशेष उत्साह के साथ की है।

उपमा—वर्ण्य का किसी लोकप्रसिद्ध वस्तु के साथ चमत्कारपूर्ण साधर्म्य निरूपण

उपमा अलंकार है। प्रकृति अनन्त रमणीयताओं की रंगस्थली है। अतएव उपमान के रूप में उसकी योजना कवि प्रायः करते आए हैं—

तुलसीदास ने बालक राम के रूप-चित्रण में उपमान-रूप में प्रकृति-के अंगों का अंकन करके अत्यन्त मनोहर सौन्दर्य का विधान किया है—

बर दंत की पंगति कुंद कली अधराधर पल्लव खोलन की।
चपला चमकैं घन बीच जगैं छबि मोतिन माल अमोलन की।

कुंद कली अपने उज्ज्वल वर्ण, लघुता एवं सुन्दरता के लिए, पल्लव अपनी कोमलता एवं लालिमा के लिए, श्यामल बादलों की गोद में चमकने वाली चपला अपनी चमक के लिए विख्यात है। प्रकृति के क्षेत्र से लिए गए ये उपमान बालक राम की दंतपंक्ति, अधरोष्ठ एवं श्यामल वक्ष पर मोतियों की माला की शोभा का निरूपण करने के लिए प्रस्तुत किए गए हैं।

इसी प्रकार एक अन्य चित्र की सुन्दरता भी द्रष्टव्य है। शिशु राम के सुन्दर मुखमंडल में अंजन-रंजित चित्ताकर्षक नेत्रों की उपमा कितनी चमत्कारपूर्ण है। कवि की प्रतिभा ने धरा और आकाश के उपमानों को एक स्थान पर स्थापित करके, हृदय-हारी सौन्दर्य की सृष्टि करके अपनी महती कल्पना-शक्ति का परिचय दिया है—

तुलसी मन रंजन रंजित अंजन नैन सुखंजन जातक से।
सजनी ससि में समसील उभै नवनील सरोरुह से बिकसे॥

स्वयंवर में सभी राजा प्रयत्न करके हार गए। शिव का धनुष उठाना तो दूर रहा, उसे डिगा तक न सके। 'सीता का विवाह नहीं हो सकेगा', यह सोचकर खिन्नमना जनक ने उपस्थित राजाओं से कहा—"घरनि सिधाइए, सुधारिए आगिलो काज, पूजि पूजि धनु कीजै बिजय बजाइकै।" उनके इस व्यंग्य को सुनकर अपनी पौरुषहीनता के कारण ग्लानिवश राजा लोग सकुचाकर, सिर झुकाकर, रह गए। कवि ने उनकी इस दशा की समता छुई-मुई के पौधे से की है जो स्पर्श करते ही कुम्हला जाता है। जनक के बचन से राजाओं की स्थिति भी बहुत-कुछ वैसी ही हो गई है—

जनक बचन छुए बिरवा लजारु के से
बीर रहे सकल सकुचि सिर नाइकै॥

बादलों का समूह पवन के आघात से उड़ा चला जाता है। युद्धभूमि में राक्षस बलशाली वानरों की सेना से आतंकित होकर पलायन करने लगते हैं। इन दोनों में कितना सादृश्य है! प्राकृतिक दृश्य का उपमा के रूप में विधान कितना सार्थक है!—

चले निसाचर निकर पराई। प्रबल पवन जिमि घन समुदाई॥

कवि को विशाल आकार वाले रावण की भयानकता का वर्णन करना है। इस उद्देश्य की पूर्ति के लिए उसे प्रकृति की शरण में जाना पड़ता है। निम्नांकित पंक्तियों में सावयव उपमा की योजना रावण के रूप का अनुभव कराने में कितनी सहायक बन गई है!—

अंगद दीख दसानन बैसें। सहित प्रान कज्जलगिरि जैसें॥
भुजा बिटप सिर सृंग समाना। रोमावली लता जनु नाना॥
मुख नासिका नयन अरु काना। गिरि कन्दरा खोह अनुमाना॥

यहाँ प्रकृति के अंग 'कज्जल गिरि', 'सृंग', 'लता', 'कंदरा' तथा 'खोह' उपमान रूप से उद्धृत हुए हैं जो उपमेय रावण के आकार, भुजा, रोमावली, मुख-नासिका एवं कान की विकरालता को सशक्त ढंग से सूचित करते हैं।

रूपक—सादृश्य के आधार पर उपमेय में उपमान के अभेद आरोप को रूपक कहते हैं। भारतीय काव्यों में रूपक अलंकार का अतिशय प्रयोग मिलता है। तुलसी के काव्य में भी रूपक-योजना अपने उत्कृष्ट रूप में हुई है। उनमें कवि की प्रौढ़ कल्पना एवं कलात्मकता का रुचिर निखार है। कवि ने प्रकृति के क्षेत्र से अनेकानेक उपमानों का चयन करके अपने काव्य को रमणीयता के साथ अलंकृत किया है।

धनुष-यज्ञ का प्रसंग है। शिव के धुनष की ओर अग्रसर होने के लिए दमकते हुए सिंहासन से राम उठ गए हैं। उस समय का चित्रण कितना सजीव है! प्रकृति के अंगों के संयोग से चित्र में कितना औदात्य आ गया है!—

उदित उदयगिरि मंच पर रघुबर बालपतंग।
बिकसे संत सरोज सब हरषे लोचन भृंग॥

कैकेयी राजा दशरथ को प्रतिज्ञा-पालन करने के लिए बाध्य करती है। क्रोधाभिभूत रानी वर्षाकालीन उस भयंकर नदी के समान है जो अपने भीषण जल-संघात से तट के वृक्षों को उखाड़ फेंकती है। रूपक-निबद्ध इस प्राकृतिक उपमान के द्वारा कवि ने कैकेयी का सशक्त चित्र ही खींच दिया है—

अस कहि कुटिल भई उठि ठाढ़ी। मानहुँ रोष तरंगिनि बाढ़ी॥
पाप पहार प्रगट भइ सोई। भरी क्रोध जल जाइ न जोई॥
दोउ बर कूल कठिन हठ धारा। भवँर कूबरी बचन प्रचारा॥
ढाहत भूपरूप तरु मूला। चली बिपति बारिधि अनुकूला॥

'गीतावली' के चित्रकूट प्रसंग में ऋतुराज वसन्त के वर्णन का सांग-रूपक बड़ा ही मनोहारी है। ऐसा प्रतीत होता है कि जैसे प्रकृति सम्पूर्ण साज-सज्जा के साथ शोभित हो रही हो—

ऋतुपति आए भलो बन्यो बन समाज...
सिंहासन सैल सिला सुरंग। कानन छबि रति, परिजन कुरंग॥
सित छत्र सुमन बल्ली बितान। चामर समीर निरझर निसान॥
मनो मधु माधव दोउ अनिप धीर। बर बिपुल बिटप बानैत बीर॥
मधुकर सुक कोकिल बदि बृंद। बरनहिं बिसुद्ध जस बिबिध छंद॥

'रामचरितमानस', 'रामकथा' एवं 'नारी-वर्णन' आदि के प्रसंगों में भी प्रकृति पर आश्रित रूपकों की काव्योचित निबन्धना हुई है। प्रकृति-योजना द्वारा मानव-भावों की अभिव्यक्ति करके कवि ने अपने प्रतिपाद्य को अत्यन्त प्रेषणीय बना दिया है।

उत्प्रेक्षा—जहाँ परस्पर भिन्न समझते हुए भी सादृश्य के कारण उपमेय में उपमान की सम्भावना की जाती है वहाँ उत्प्रेक्षा अलंकार होता है। उत्प्रेक्षा सदैव से कवियों का विशेष प्रिय अलंकार रहा है। इसका कारण यह है कि उसमें कवि की कल्पना के स्वच्छन्द प्रसार के लिए मुक्त अवकाश रहता है। तुलसी ने अपने काव्य में उत्प्रेक्षा को भी

महत्त्वपूर्ण स्थान दिया है। कवि की कल्पना का रमणीय विस्तार उसके उत्प्रेक्षाविधान में विशेष रूप से दर्शनीय है।

जनक-वाटिका का प्रसंग है। राम-लक्ष्मण लता-मंडप से लताओं को हटाकर बाहर निकलते हैं। उस समय उनके अतुलित सौन्दर्य का अंकन करने के लिए कवि ने प्रकृति के उपमान के सहारे कितनी भव्य उत्प्रेक्षा की है!—

लताभवन तें प्रगट भे तेहि अवसर दोउ भाइ।
निकसे जनु जुग बिमल बिधु जलद पटल बिलगाइ॥

इस दोहे में जिन अप्रस्तुत मेघ और चन्द्र जैसे प्राकृतिक पदार्थों की उत्प्रेक्षा की गई है उनसे उक्ति में उत्कृष्ट चमत्कार आ गया है।

यह कवि समय है कि चकोर चन्द्रमा के सौन्दर्य का एकटक होकर पान करता है। इस पक्षी को वहाँ उपमान रूप में प्रस्तुत किया जाता है जहाँ एकाग्र होकर निर्निमेष रूप से देखने के भाव की व्यंजना करनी होती है। जनक की रानियाँ अटारी पर बैठी हुई राम को अत्यन्त स्नेहपूर्वक देख रही हैं। उन्हें देखकर कवि ने जो उत्प्रेक्षा की है उसमें साक्षात् चित्रांकन की शक्ति है—

तुलसी मुदित मन जनकनगर-जन
झाँकतीं झरोखें लागीं सोभा रानी पावतीं।
मनहुँ चकोरीं चारु बैठी निज निज नीड़
चन्द की किरिनि पीवैं पलकैं न लावतीं।

निम्नांकित चौपाई में तुलसीदास का कल्पना-वैभव विलक्षण है। उस दृश्य की कल्पना सचमुच ही रमणीय है जिसमें मृणायुक्त गुलाबी कमल कान्तिमान चन्द्रमा के गले में माला पहना रहा हो। राम के गले में जयमाला पहनाती हुई सीता के विषय में कवि ने यह कल्पना की है—

सुनत जुगल कर माल उठाई। प्रेम बिबस पहिराइ न जाई॥
सोहत जनु जुग जलज सनाला। ससिहि सभीत देत जयमाला॥

यहाँ राम का मुखमंडल चन्द्रमा है, सीता के कमनीय कर मृणाल हैं, उनकी हथेलियाँ (गुलाबी) कमल हैं। यह नैसर्गिक तथ्य है कि चन्द्रमा को देखकर कमल संकुचित हो जाता है। सीता भी प्रेम की अतिशयना एवं नारी-सहज लज्जा के कारण राम को जयमाला नहीं पहना पा रही हैं। उपमेय और उपमान का यह सादृश्य-विधान निश्चय ही मनोरम है।

सन्ध्याकाल में सूर्य के अस्तंगामी होते समय कमल संकुचित होने लगते हैं। उस समय की उनकी छटा दर्शनीय होती है। स्वर्णकमल की शोभा तो और भी उत्कृष्ट होगी। संकुचित स्वर्ण-कमल की शोभा के परिप्रेक्ष्य में राम के निद्रायुक्त मुखमंडल के विषय में कवि ने कितनी सुन्दर कल्पना की है!—

नीदउँ बदन सोह सुठि लोना। मनहुँ साँझ सरसीरुह सोना॥

राम नील वर्ण के हैं। संग्राम-भूमि में घनघोर युद्ध करने के कारण उनके शरीर पर रक्त की बूँदें पड़ गई हैं। रक्त-बिन्दु से युक्त राम के शरीर की छवि निराली हो गई है। कवि ने अपने वर्ण्य-विषय को काव्यात्मक ढंग से व्यक्त करने के लिए प्रकृति से गृहीत जो उपमान

प्रस्तुत किए हैं। उनको पढ़ते ही पाठक के मस्तिष्क में उस मरकत-मणि के पर्वत का चित्र उभर आता है जिस पर बीरबहूटियाँ फैल रही हों—

श्रोनित-छींट-छटानि जटे तुलसी प्रभु सोहैं महाछबि छूटी।
मानो मरक्कत-सैल बिसाल में फैलि चलीं बर बीरबहूटी॥

अवतार लेकर कर्मभूमि में सतत संघर्षशील आराध्य राम के चरित का आख्यान करने के लिए ही तुलसीदास ने अपनी सम्पूर्ण प्रतिभा का प्रयोग किया है। उनके अनुसार सम्पूर्ण प्रकृति राम की ही सृष्टि, उनकी लीलाभूमि और रामरूप है। अतएव उन्होंने अपने काव्य में प्रकृति को उसी सीमा तक चित्रित किया है जिस सीमा तक वह राम के चरित का प्रकाशन करती है। कवि के काव्य-सर्जन का उद्देश्य प्रकृति के नाना रूपों की स्वगत रमणीयता का उद्घाटन करना नहीं रहा है; अपितु उसके माध्यम से प्रतिपाद्य राम, उनकी अवतार-लीला एवं भक्ति के निरूपण को अधिक प्रभावशाली बनाना रहा है। यह बात असंदिग्ध है कि तुलसीदास के काव्य में इस दृष्टि से किया गया प्रकृति-चित्रण उनके द्वारा निबद्ध रघुनाथ-गाथा को पर्याप्त कवित्वमय बनाने में समर्थ हुआ है।

भाषा पर अधिकार

निरंजनलाल शर्मा

भाषा-विषयक सिद्धान्त

तुलसीदास के भाषा-विषयक सिद्धान्त में तीन महत्त्वपूर्ण बातें दृष्टिगोचर होती हैं। पहली बात यह है कि उनके अनुसार वाणी प्रतिभाशाली कवि की वशवर्तिनी है; शब्द और अर्थ में, वर्ण्य विषय और वर्णन के माध्यम में, अथवा भाव और भाषा में घनिष्ठ सम्बन्ध है। निम्नांकित पंक्तियाँ इसी मन्तव्य की ओर संकेत करती हैं---

सारद दारुनारि सम स्वामी। रामु सूत्रधर अंतरजामी॥
जेहि पर कृपा करहिं जनु जानी। कबि उर अजिर नचावहिं बानी॥

... ...

गिरा अरथ जल बीचि सम कहिअत भिन्न न भिन्न।

... ...

वर्णानामर्थसंघानां रसानां छन्दसामपि।

... ...

कबिहि अरथ आखर बलु साँचा। अनुहरि ताल गतिहि नटु नाँचा।

इस प्रसंग में यह बात विशेष रूप से लक्ष्य करने योग्य है कि राम का चरित ऐसा विषय है जो 'भदेस', 'भनिति' के माध्यम से अभिव्यक्त होने पर भी सज्जनों द्वारा समादृत होता है।

दूसरी बात यह है कि वही कविता समझदार व्यक्तियों द्वारा समादृत होती है जो सरल हो—

सरल कबित कीरति बिमल सोइ आदरहिं सुजान।

यदि कविता प्रसाद गुण से पूर्ण नहीं है तो वह लोक के लिए अग्राह्य है। कठिन भाषा अर्थ-व्यंजना में बाधा पहुँचाती है। ऐसी दशा में कवि के उद्देश्य की पूर्ति असम्भव है। सरल भाषा में की गई भावाभिव्यक्ति विवेकशील पंडितों और अनपढ़ या कम पढ़े-लिखे साधारण जनों को समान रूप से प्रभावित करती है। तुलसी के 'रामचरितमानस' ने इस तथ्य को निःसन्देह सिद्ध कर दिया है।

तीसरी बात यह है कि भाषाविशेष में ही कविता लिखने का आग्रह दुराग्रह मात्र है। यह समझना भ्रान्तिपूर्ण है कि सुन्दर काव्य-रचना, या राम-चरित-वर्णन संस्कृत में ही सम्भव

है। लोक-भाषा में भी उतनी ही सफलता के साथ कविता की रचना की जा सकती है जितनी सफलता के साथ संस्कृत में। इस सन्दर्भ में यह तथ्य भी अनुपेक्षणीय है कि तुलसी के युग में संस्कृत को समझने वालों की संख्या नितान्त सीमित थी। वे लोक-कल्याण की अभिलाषा से प्रेरित होकर कविता लिख रहे थे। इसलिए अधिक-से-अधिक जन-समाज के हित के लिए लोक-भाषा का व्यवहार आवश्यक था। वे इस बात को भी भली-भाँति जानते थे कि पंडित-वर्ग ठेठ हिन्दी में काव्य-रचना की कटु आलोचना करेगा। अतएव विरुद्ध विचारधारा वाले पंडित के परितोष के लिए उन्होंने नम्रतापूर्वक अपना मत स्पष्ट कर दिया—

कीरति भनिति भूति भलि सोई। सुरसरि सम सब कहँ हित होई॥

... ...

का भाषा का संस्कृत प्रेम चाहिए साँच।
काम जुआवै कामरी का लै करिअ कुमाँच॥

अवधी-ब्रजभाषा

तुलसीदास के युग में हिन्दी की दो उपभाषाएँ, अवधी और ब्रजभाषा, विशेष रूप से प्रतिष्ठित हो चुकी थीं। उन्होंने अपनी काव्य-रचना के लिए इन दोनों को ही अपनाया। 'रामचरितमानस' के प्रत्येक सोपान के आरम्भ में मंगल-श्लोकों की रचना में उन्होंने संस्कृत का भी प्रयोग किया। वे अपनी कृतियाँ जनता के लिए लिख रहे थे और जनसाधारण तक अपने सन्देश को पहुँचाने के लिए जनसाधारण की भाषा में ही रचना करना अपेक्षित था। अतएव उन्होंने लोक-प्रचलित भाषाओं अवधी और ब्रजभाषा को गौरव दिया। प्रेमाख्यानक कवियों के प्रबन्ध-काव्यों में अवधी भली-भाँति मँज चुकी थी। तुलसी ने अपने प्रबन्ध-काव्यों में अवधी का प्रयोग किया। उन्होंने अपनी निम्नांकित ग्रन्थों की रचना अवधी में की—

1. रामललानहछू (पूर्वी अवधी)
2. बरवैरामायण (पूर्वी अवधी)
3. जानकीमंगल (पश्चिमी अवधी)
4. पार्वतीमंगल (पश्चिमी अवधी)
5. रामचरितमानस (बैसवाड़ी अवधी)

हिन्दी का अधिकांश कृष्ण-काव्य ब्रजभाषा में ही लिखा गया है। तुलसी के पूर्ववर्ती सूरदास आदि ने ब्रजभाषा के माध्यम से प्रचुर काव्य-साहित्य का निर्माण किया था। मुक्तक-रचना के क्षेत्र में ब्रजभाषा का स्थान अप्रतिम था। तुलसी ने भी अपनी मुक्तक रचनाओं के लिए ब्रजभाषा का ही चुनाव किया। उनकी नीचे लिखी हुई कृतियाँ ब्रजभाषा में ही रची गई हैं—

1. गीतावली (पश्चिमी ब्रजभाषा)
2. विनयपत्रिका (पश्चिमी ब्रजभाषा)
3. दोहावली (पश्चिमी ब्रजभाषा)
4. वैराग्य-संदीपनी (पश्चिमी ब्रजभाषा)

5. कवितावली ('हनुमानबाहुक' के सहित) (पूर्वी ब्रजभाषा)
6. श्रीकृष्णगीतावली (पूर्वी ब्रजभाषा)

शब्द-भंडार

तुलसी-साहित्य के अध्ययन से स्पष्टतया सिद्ध होता है कि उनका शब्द-भंडार अत्यन्त सम्पन्न है। उन्होंने अपेक्षानुसार तत्सम (संस्कृत), तद्भव, देशज और विदेशी शब्दों का बिना किसी संकोच के व्यवहार किया है। वे संस्कृत भाषा और साहित्य के भी मर्मज्ञ थे। 'रामचरितमानस' के श्लोकों के अतिरिक्त 'मानस' और 'विनयपत्रिका' की स्तुतियों, 'गीतावली' के गीतों तथा 'मानस' की चौपाइयों में भी तत्सम-संस्कृत-पदावली भरी पड़ी है। उदाहरण के लिए—

शंकरं संप्रदं सज्जानंददं सैलकन्यावरं परमरम्यं।
काम मद मोचनं तामरस लोचनं वामदेवं भजे भावगम्यं॥
कंबु कुंदेंदु कर्पूर गौरं शिवं सुन्दरं सच्चिदानंदकंदं।
सिद्ध सनकादि योगींद्र वृंदारका विष्णु विधि वंद्य चरनारविंदं॥

अनेक स्थलों पर हिन्दी-संस्कृत-मिश्रित तिलचावली भाषा का प्रयोग मिलता है, जैसे—

यत्र कुत्रापि मम जन्म निज कार्य बस भ्रमत जग जोनि संकट अनेकं।
यत्र त्वद्भक्ति सज्जन समागम सदा भवतु में राम विश्राममेकं।

'सुखेन', 'सिरसि', 'सदसि' आदि संस्कृत के विभक्ति-युक्त पदों, 'अहं', 'इदं', 'अयं', 'किम्' आदि सर्वनामों, 'अस्मि', 'अस्ति', 'पश्य', 'देहि', 'भजामि' आदि क्रियाओं, और 'तेऽपि', कोऽपि', 'सोऽपि' आदि सन्धि-रूपों का भी उन्होंने स्वच्छन्दता से प्रयोग किया है।

मध्ययुग की साहित्यिक हिन्दी और जन-भाषाओं में तद्भव शब्दों का प्रचुर प्रयोग मिलता है। तुलसी ने उन लोक-प्रचलित तद्भव शब्दों का सर्वाधिक प्रयोग किया है। ये शब्द प्राकृत के माध्यम से जनसाधारण की भाषा में आए और उनके अंग बन गए थे। लोकसंग्रहाभिलाषी तुलसी को उनका अधिकाधिक उपयोग अपेक्षाकृत अधिक उपयुक्त जँचा। 'पखारन' (प्रक्षालन), 'पनहीं' (उपानह), 'बरिआता' (वरयात्रा) 'केवट' (कैवर्त), 'बाँझ' (वन्ध्या), 'अहेर' (आखेट) आदि अनगणित शब्द इसी प्रकार के हैं। बोलचाल में व्यवहृत देशज शब्दों का भी उन्होंने स्वच्छन्दता से प्रयोग किया है, जैसे 'गोड़', 'पेट', 'ढाबर', 'झारि', 'टहल' आदि।

तुलसीदास मुस्लिम-शासनकाल में हुए थे। वे अपने युग की विदेशी राजभाषा से भली-भाँति परिचित थे। यह राजभाषा का ही प्रभाव है कि हिन्दू-संस्कृति का प्रबल समर्थक और धार्मिक कवि होने पर भी उनकी रचनाओं में अरबी-फारसी (विशेष करके फारसी) शब्दों की इतनी बहुलता पाई जाती है। 'अँबारी', 'अबीर', 'सहन', 'बलाइ', 'हलक', 'अकास', 'गनी', 'ताज', 'हाल', 'खास', 'खलक', 'खबास' 'खसम' आदि शब्द अरबी से लिए गए हैं। 'जहाँन', 'जमात', 'बकसीस', 'दरबार', 'कसम', 'गुमान', 'गरूर', 'सरखतु',

'दादि', 'मसीह', 'निसान', 'उसीला' आदि बहुसंख्यक शब्द फारसी से गृहीत हैं।

विदेशी अरबी-फ़ारसी शब्दों को ग्रहण करते समय तुलसी ने अवधी और ब्रजभाषा की प्रवृत्ति के अनुसार उनमें ध्वनि-परिवर्तन किया है, उदाहरण के लिए 'ज़ीन' का 'जीन', 'शहनाई का 'सहनाई', 'बहली' का 'बहरी', 'फ़ील' का 'पील', 'बैरख' का 'बैरक' आदि। यही नहीं, विदेशी शब्दों में ध्वनि-परिवर्तन करके और हिन्दी-प्रत्यय लगाकर उनका इस प्रकार रूप-निर्माण किया है कि उनके मूल रूप का आभास भी नहीं मिलता, जैसे 'शरीक' से 'सरीकता', 'मिस्कीन' से 'मिसकीनता', 'नवाज' से 'निवाजा', 'निवाजे', 'निवाजिबो' आदि।

तुलसीदास के शब्द-भंडार के विषय में पंडित रामनरेश त्रिपाठी ने लिखा है—"तुलसीदास का शब्द-भंडार तो ऐसा बृहत् था कि गूढ़-से-गूढ़ भावों को सरलता से व्यक्त करने में उन्हें कहीं कठिनाई नहीं पड़ी है। तुलसीदास जी की कविता की बदौलत नब्बे हजार संस्कृत-शब्द देहात के अपढ़ आदमियों के घरों में जा बैठे हैं, जो शिक्षा-विभाग या विश्वविद्यालयों द्वारा भी वहाँ हरगिज नहीं पहुँच सकते थे। ये शब्द हिन्दू-संस्कृति के मूल स्वरूप हैं जो बौद्ध मत और पाली, प्राकृत और अपभ्रंश भाषाओं के अंधड़ में उखड़ गए थे, तुलसीदास जी ने उन्हें फिर जमा दिया। उसी तरह गाँवों के लगभग तीस-चालीस हजार शब्दों को सभ्य या शहराती समाज तक पहुँचा दिया, जिन्होंने पढ़ी-लिखी और देहात की अपढ़ जनता में विचारों की समानता स्थापित कर दी। मौके-मौके पर अरबी-फारसी के शब्द भी डाल दिए गए हैं जिनसे वे लोग आकर्षित हुए, जो अरबी-फारसी भी जानते थे।"

तुलसी के शब्द-भंडार की एक महत्त्वपूर्ण विशेषता यह भी है कि उन्होंने संज्ञाओं से क्रिया-रूपों की, और क्रियाओं से संज्ञाओं की रचना करके हिन्दी की व्यंजना-शक्ति का विकास किया है। उदाहरणार्थ 'उपदेश' से 'उपदेसेउ', 'आँच' से 'आँचे', 'राग' से 'रागे', 'आदर' से 'आदरिए', 'पीड़ा' से 'पीड़हिं', 'अनुसरण' से 'अनुसरिए' आदि; और संज्ञा के रूप में प्रयुक्त 'लूटक' (मुनि पर लूटक पटनि के), सिधायक (सुनि संदेस रघुनाथ सिधायक) आदि। अनेक स्थलों पर सामान्यतः अप्रचलित अर्थ में, किन्तु प्रसंगानुसार भाव-व्यंजना में समर्थ शब्दों का प्रयोग करके भाषा-सम्बन्धी चमत्कार और उस पर अपना अधिकार प्रदर्शित किया है। इस प्रकार 'भरनी' (राम कथा कलि पन्नग भरनी), 'पतंग' (बहु बिधि क्रीड़हिं पानि पतंगा,) 'सोना' (मनहुँ साँझ सरसीरुह सोना), 'सकल' (तहँ सुख सकल सकल दुख नाहीं) आदि क्रमशः मोरनी, गेंद, लाल, खड़िया, अंश आदि अर्थों में प्रयुक्त हुए हैं। 'धूमध्वज' (अग्नि), 'अंजन-केश' (दीपक), 'भुजंग-भोग' (सूँड़), 'दसन-बसन' (होंठ), 'बन-बाहन' (नाव) आदि प्रयोग भी इसी प्रवृत्ति से अनुप्राणित हैं।

मुहावरे-कहावतें

मुहावरों और कहावतों के प्रचुर प्रयोग से भी भाषा पर उनका असाधारण अधिकार सूचित होता है। कतिपय उदाहरण पर्याप्त होंगे—

1. महाराज लाज आपुही निज जाँघ उघारे।
2. रेख खँचाइ कहउँ बलु भाखी। भामिनि भइउ दूध कइ माखी।

3. दस मुख बिबस तिलोक लोकपति बिकल बिनाए नाक चना हैं।
4. त्यों त्यों नीच चढ़त सिर ऊपर ज्यों ज्यों सील बस ढील दई है।
5. टूटियौ बाँह गरे परै फूटेहू बिलोचन पीर होति।
6. माँगि कै खैबो मसीत कै सोइबो लैबे को एक न दैबे को दोऊ।

शब्द-शक्तियाँ

सामान्यतः शब्द की तीन शक्तियाँ मानी गई हैं—अभिधा, लक्षणा और व्यंजना। प्रभावशाली कवि अपने काव्य में इन तीनों का ही अधिकारपूर्वक और सफलता के साथ प्रयोग करता है। तुलसी की रचनाएँ इन शब्द-शक्तियों के चमत्कार से भरी पड़ी है। तीनों के एक-एक उदाहरण द्रष्टव्य हैं—

अभिधा

मोचिनि बदन सँकोचिनि हीरा माँगन हो।
पनहि लिए कर सोभित सुन्दर आँगन हो॥
नैन बिसाल नउनियाँ भौं चमकावइ हो।
देइ गारी रनिवासहि प्रमुदित गावइ हो॥

—रामललानहछू

लक्षणा

राजमराल के बालक पेलि कै पालत लालत खूसर को।
सुचि सुन्दर सालि सकेलि सो बारि कै बीजु बटोरत ऊसर को॥
गुन ग्यान गुमानु भँभेरि बड़ी कलुपद्रुम काटत मूसर को।
कलिकाल बिचारु अचारु हरो नहि सूझै कछू धमधूसर को॥

—कवितावली

व्यंजना

चारु चरन नख लेखति धरनी। नूपुर मुखर मधुर कबि बरनी॥
मनहुँ प्रेम बस बिनती करहीं। हमहि सीय पद जनि परिहरहीं॥

—रामचरितमानस

गुण-व्यंजक पदावली

गुण तीन हैं—प्रसाद, माधुर्य और ओज। ये गुण वस्तुतः रस के धर्म हैं, परन्तु शब्दों की रस-व्यंजकता के कारण इन्हें शब्द का धर्म भी कह दिया जाता है। जिस रचना के पढ़ते ही तत्काल अर्थ-बोध हो जाता है और रस की अनुभूति होने लगती है, उसमें प्रसाद गुण माना जाता है, जैसे—

तुलसीदास प्रभु कृपा करहु अब मैं निज दोष कछु नहिं गोयो।
डासत ही गइ बीत निसा सब कबहुँ न नाथ नींद भरि सोयो॥

जिस शब्द-रचना से पाठक का चित्त द्रुत हो जाता है, उसमें माधुर्य गुण होता है। उसमें प्रायः कोमलकान्त पदावली का प्रयोग किया जाता है, उदाहरणार्थ—

कंकन किंकिनि नूपुर धुनि सुनि। कहत लखन सन रामु हृदयँ गुनि॥
मानहुँ मदन दुंदुभी दीन्ही। मनसा बिस्व बिजय कहँ कीन्ही।

ओज गुण उस रचना में माना जाता है जिससे चित्त दीप्त होता है। उसमें प्राय: कर्णकटु वर्णों का प्रयोग किया जाता है, जैसे—

मत्त भट मुकुट दसंकठ साहस सइल
सृंग बिद्दरनि जनु बज्र टाँकी।
दसन धरि धरनि चिक्करत दिग्गज कमठु
सेषु संकुचित संकित पिनाकी॥

वृत्तियाँ

काव्य में उपर्युक्त तीनों गुणों के अनुरूप ही शब्दों अथवा वर्णों का विन्यास किया जाता है। वर्ण-विन्यास के क्रम को 'वृत्ति' कहते हैं। वृत्तियाँ भी तीन हैं—परुषा, उपनागरिकता और कोमला। जहाँ दीप्ति-प्रधान भावों की व्यंजना में कठोर वर्णों का प्रयोग किया जाता है, वहाँ परुषा वृत्ति होती है, उदाहरण के लिए—

डिगति उर्बि अति गुर्बि सर्ब पब्बै समुद्र सर।
ब्याल बधिर तेहि काल बिकल दिगपाल चराचर।
दिग्गयंद लरखरत परत दसकंधु मुख्ख भर॥
सुर बिमान हिमभानु भानु संघटत परसपर॥

सुकुमार भावों की व्यंजना के लिए किए गए कोमल वर्णों के विन्यास में उपनागरिकता वृत्ति पाई जाती है, जैसे—

तुलसी मन रंजन रंजित अंजन नैन सुखंजन जातक से।
सजनी ससि मैं समसील उभै नवनील सरोरुह से बिकसे॥

कोमला वृत्ति परुषा की तुलना में कोमल होने के कारण कोमला कहलाती है। जिस रचना में सुकुमार वर्ण-विन्यास अथवा परुष पदावली का आग्रह न हो, अर्थात् जिसमें दोनों ही प्रकार के वर्णों का प्रयोग किया गया हो, उसमें कोमला वृत्ति होती है। उदाहरण-रूप में निम्नांकित पंक्तियाँ द्रष्टव्य हैं—

सब प्रकार मैं कठिन मृदुल हरि दृढ़ बिचार जिय मोरे॥
तुलसीदास प्रभु मोह सृंखला छुटहिं तुम्हारे छोरे॥

शब्दालंकार-योजना

तुलसी की भाषा अलंकारों से अलंकृत है। अर्थालंकारों की चर्चा यहाँ पर अनपेक्षित है। शब्दालंकारों में अनुप्रास भारतीय कवियों का प्रिय अलंकार रहा है। तुलसी का सम्पूर्ण साहित्य अनुप्रास की छटा से मंडित है। दिग्दर्शन के लिए एक-दो उदाहरण पर्याप्त हैं—

सुमन समेत बाम कर दोना। सावँर कुअँर सखी सुठि लोना॥

... ...

गोरो गरूर गुमान भर्‌यौ कहौ कौसिक छोटो सो ढोटो है काको।

अनेक स्थलों पर लाटानुप्रास, श्लेष, यमक आदि अलंकारों का भी स्वाभाविक और प्रभावशाली प्रयोग हुआ है। अधोलिखित उदाहरणों में उनकी शोभा देखी जा सकती है।

लाटानुप्रास

हरषे हेतु हेरि हर ही को। किए भूषन तिय भूषन ती को।

अथवा

लोचन जलु रह लोचन कोना। जैसें परम कृपन कर सोना॥

श्लेष

रावन सिर सरोज बनचारी। चलि रघुबीर सिलीमुख धारी॥

अथवा

बहुरि सक्र सम बिनवउँ तेही। संतत सुरानीक हित जेही।

उपर्युक्त 'सिलीमुख' (भौंरा, बाण) में अभंग श्लेष और सुरानीक (सुरा+अनीक, सुरा+नीक) में सभंग श्लेष है।

यमक

अस मानस मानस चख चाही। भइ कबि बुद्धि बिमल अवगाही॥

अथवा

कपि सों कहति सुभाय अंब के अंबक अंबु भरे हैं।

भाषा पर तुलसी का असाधारण अधिकार है। अपने प्रतिपाद्य विषय की समर्थ व्यंजना के लिए उन्होंने प्रसंगों, पात्रों एवं भावों के अनुकूल भाषा का प्रयोग किया है। रति, करुणा आदि कोमल भावों की व्यंजना में प्रायः समास रहित मधुर पदावली का व्यवहार किया गया है। रौद्र, बीभत्स, भयानक आदि रसों के प्रसंग में तदनुरूप समासों और पुरुष पदावली का व्यवहार हुआ है। अपने कथ्य को अधिक-से-अधिक प्रभावपूर्ण ढंग से प्रस्तुत करने के लिए उन्होंने चुभते हुए शब्दों का आवश्यकतानुसार चयन किया है। 'नतरु बाँझ भलि बादि बियानी' में निन्दापरक शब्दों की योजना भी मार्मिक है। उनकी संवाद-योजना में स्वाभाविक, सजीव, प्रसाद-गुणपूर्ण, भावप्रवण, विदग्धतापूर्ण, युक्ति-युक्त और नाटकोचित भाषा का प्रयोग मिलता है। मंथरा-कैकेयी-संवाद आदि के अवसरों पर सामान्य प्रचलित भाषा का व्यवहार है। 'विनयपत्रिका' के स्तोत्रों, 'रामचरितमानस' के दार्शनिक प्रकरणों आदि में संस्कृतनिष्ठ और अर्थगौरवशाली शब्दावली का प्रयोग मिलता है। इस प्रकार तुलसीदास ने अपनी विभिन्न कृतियों में परिस्थितियों के अनुरूप सशक्त भाषा का अधिकारपूर्वक प्रयोग किया है। वस्तुतः वे भाषा के सम्राट हैं।

तुलसी की कारयित्री प्रतिभा

श्रीधर सिंह

कारयित्री प्रतिभा कवि की रचनात्मक प्रतिभा अथवा साहित्य-स्रष्टा की उस प्रतिभा को कहते हैं कि जिसके सहारे वह अपनी सृष्टि अथवा सर्जन करता है। काव्य-मीमांसाकार के मत से कवि की उपकारक प्रतिभा को कारयित्री और भावक की उपकारक प्रतिभा को भावयित्री कहते हैं। अपने विशिष्ट अर्थ में भारतीय साहित्यशास्त्र का यह एक पारिभाषिक शब्द है जिससे अभिनव कृतित्व में सक्षम कवि अथवा कर्ता की शक्ति का बोध होता है। अंग्रेजी में इसका समानार्थी शब्द 'क्रिएटिव जीनियस' है लेकिन पारिभाषिक दृष्टि से इसके लिए अन्य समानधर्मी शब्द 'इमेजिनेशन' का व्यवहार किया जाता है।

किसी भी कवि की कारयित्री प्रतिभा की परख करने से पूर्व कारयित्री प्रतिभा अथवा कवि के कर्तृत्व की सीमारेखा का नियन्त्रण कर लेना अत्यन्त आवश्यक है। कृति कवि के कर्तृत्व की साकार परिणति है, किन्तु कृति और इसी नाते कवि का कर्तृत्व भी कर्ता के अन्तस् में निश्चित आकार ग्रहण करने से पूर्व घटित होने वाली अनेक प्रक्रियाओं और सम्पूर्ण सर्जन के केन्द्र में स्थित भावक अथवा सामाजिक के आग्रह-आकुलताओं से बँधा होता है : इन दोनों के (कर्ता के पक्ष और सामाजिक के पक्ष के) सन्दर्भ में ही कृति के रूप और मूल्य का सही आकलन किया जा सकता है। इन दोनों में से यदि पहले को मूल की भूमिका कह सकते हैं तो दूसरे को उसका उपसंहार।

कृति के भी अनेक अंग होते हैं और कारयित्री प्रतिभा के क्षमता-स्तर के अनुरूप इन सभी अंगों को नया स्वरूप एवं सन्दर्भ, नई शक्ति और नया जीवन मिलता है। यदि कृति में किसी एक अंग की गौणता अथवा मुख्यता के आधार पर अंगों का निर्धारण न करें तो प्रत्येक कृति के तीन अंग होते हैं—विषय, वस्तु और अभिव्यंजना। ये ही तीन कृतित्व के त्रिकोण हैं।

विषय

विषय के चयन अथवा विषय को नया स्वर देने में साधारणतया मौलिकता अथवा नवीनता की कम गुंजाइश हुआ करती है, और यदि विषय पिष्टपेषित हो अथवा कवि के युग या युग-युग की अभिव्यक्ति का मुख्य आधार बन चुका हो तो यह गुंजाइश और भी कम हो जाती है। ऐसी स्थिति में पुराने अथवा चालू विषय को केवल अत्यन्त प्रौढ़ कवि-प्रतिभा

ही नवीन ढलाव और सप्राण स्वर प्रदान कर पाती है। ठीक यही बात तुलसी के काव्यों के विषय के सम्बन्ध में भी लागू होती है।

तुलसी का सम्पूर्ण कृतित्व, केवल एक कृति 'श्रीकृष्णगीतावली' को छोड़कर, एक ही विषय पर आधृत है और वह है—राम और राम की भक्ति। 'श्रीकृष्णगीतावली' का विषय भी अन्य कृतियों के विषय से पृथक् न होकर प्रकारान्तर से इन्हीं का अविभाज्य अंग है : भक्ति दोनों में है, अन्यों में राम की भक्ति है तो इसमें राम के अन्य अवतार कृष्ण की है।

लेकिन यदि सूक्ष्म दृष्टि से विचार करें तो राम की भक्ति तुलसी के कृतित्व का मूल विषय नहीं, उसका ढाँचा ही प्रतीत होगी; विषय तो वह है जो इस ढाँचे में नए ढलाव, नई सम्भावनाओं और जीवन-मूल्यों की अमर प्राणवत्ता लेकर उभरा है। इसी ढलाव में तुलसी का वह तुलसीत्व छिपा है जिसे पहचानने की आवश्यकता है और जो स्वत: तुलसी की विषयगत निजता को अन्य भक्त कवियों अथवा रामभक्त कवियों से अलग कर देता है।

तुलसी ने राम की भक्ति को एक अवलम्ब के रूप में ही स्वीकारा। व्यष्टि और समष्टि जीवन के तमाम विकारों और विकृतियों के बीच चूँकि जीवन के विकास और समृद्धि की स्वस्थ स्थितियाँ सम्भव नहीं हैं, इसलिए सहारे के लिए प्रयास करना अथवा कारगर अवलम्ब ढूँढ़कर आगे बढ़ना ही मनुष्य का चरम लक्ष्य होता है। लेकिन अवलम्ब तो अन्तत: अवलम्ब ही है, मूल तो वह है जिसके लिए अवलम्ब की खोज की जाती है। तुलसी ने जीवन और जगत की सम्पूर्ण समस्याओं को जिस गम्भीरता और गहराई के साथ देखा-परखा और समाधान की जो युक्तियाँ सुझाईं, उनके अन्तर्गत राम की भक्ति की भूमिका स्वत: नष्ट हो गई है; यह दूसरी बात है कि उन्होंने अनेक मनोवैज्ञानिक कारणों और आग्रहों की वजह से इस पर इतना अधिक बल दिया है कि स्वभावत: इसके ही मूल लक्ष्य—साधन और साध्य, दोनों होने का भ्रम हो जाता है। लेकिन यदि 'रामभक्ति किसके लिए' के प्रश्न का उत्तर ढूँढ़ें तो तुलसी के कृतित्व का उद्देश्य और विषय का मूल स्वरूप दोनों ही साफ उजागर हो जाएँगे और यह समझने में तनिक भी कठिनाई नहीं होगी कि तुलसी की भक्ति सहज भक्ति के लिए नहीं, जीवन की पूर्णता के लिए अपनाई गई है।

यहीं पहुँचने पर तुलसी में विषय का वैसा ही त्रिकोण बनता दिखाई देता है जैसा महात्मा बुद्ध ने दु:ख, दु:ख-कारण और दु:ख-निवारण के तीन कोणों से बनाया था। निवारण के त्रिकोण से तीन कोण क्रमश: दारिद्र्य, दारिद्र्य का कारण और दारिद्र्य का निवारण है।

'दारिद्र्य' शब्द तुलसी के साहित्य का विशिष्ट और परिभाषिक शब्द है। तुलसी ने इस शब्द को अपनी प्राय: सभी प्रमुख कृतियों में इतनी अधिक बार और इतने अधिक सुस्पष्ट आशय के साथ दुहराया है कि उनके अभिप्राय को समझने में कठिनाई नहीं हो सकती। अपने 'मानस' काव्य में (जिसे तुलसी के तुलसीत्व का) तुलसी के जीवन-दर्शन, उनके कृतित्व के विषय के स्वरूप एवं प्रकृति आदि का सर्वाधिक निदर्शक काव्य कहा जा सकता है और जो सच्चे अर्थों में जीवन-काव्य है) उन्होंने 'रामनाम', 'मानस' और अपनी 'कविता-सरिता' के माहात्म्य का कथन किन रूपों में किया है, इसे पढ़कर दारिद्र्य शब्द की विशेष भूमिका का अनुमान लगाया जा सकता है। ये कथन क्रमश: इस प्रकार हैं—

(1) *रामनाम: कामप धन दारिद दवारि के।*

(2) *मानस: त्रिबिध दोष दुख दारिद दावन।*

(3) *कविता सरिता: समन दुरित दुख दारिद दोषा।*

कहना नहीं होगा कि रामनाम, मानस और काव्य इन तीनों का तुलसी के लिए क्या मूल्य और महत्त्व है और जब इनका सम्पूर्ण माहात्म्य वे दारिद्र्य के दोष से उबारने वाले के रूप में ही समेटकर प्रस्तुत करते हैं तब वे क्या कहना चाहते हैं?

तुलसी का आशय और भी स्पष्ट होता दिखाई देता है जब वे दसानन को दारिद्र्य का ही प्रतिरूप बताते हैं—

(1) *दारिद दसानन दबाई दुनी दीनबन्धु।*

(2) *दसमुख दुसह दरिद दरिबो को भयो*
प्रगट त्रिलोक ओक तुलसी निधान सों॥

वे दारिद्र्य को 'मोह' कहकर पुकारते हैं—

मोह दरिद्र निकट नहिं आवा। लोभ बात नहिं ताहि बुझावा॥

यह 'मोह' वही है जिसे तुलसी ने सम्पूर्ण व्याधियों का मूल भी कहा है और एक अन्य प्रसंग में 'रावण' भी कहा है—

(1) *मोह सकल ब्याधिन्ह कर मूला। तिन्ह ते पुनि उपजहिं बहु सूला॥*

(2) *मोह दसमौलि तद्भ्रात अहंकार...*

फिर इसी दारिद्र्य-दोष के दलैया के रूप में तुलसी ने अपने आराध्यदेव राम की अपनी सभी प्रमुख कृतियों में न जाने कितनी ही बार गुहार लगाई है। इतना ही नहीं, 'कवितावली' में भगवान शंकर और 'हनुमानबाहुक' में हनुमान को भी कवि ने 'दारिद-दलैया' के रूप में याद किया है।

जीवन और जगत की समस्त समस्याओं के मूल में तुलसी ने दारिद्र्य की भूमिका को जिस रूप में भावित किया है, उसे देखकर जहाँ एक ओर इसे उनके कृतित्व के विषय की आधारभूमि मानने में हिचक नहीं होती है वहाँ दूसरी ओर इस एक शब्द पर ही टिके कवि के विषयगत कर्तृत्व को पूरा-पूरा समझने के लिए इसकी विशेष व्याख्या भी अपेक्षित मालूम पड़ती है।

तुलसी-साहित्य का अध्येता तुलसी के दैन्य-भाव से अपरिचित नहीं है। अत: कुछ समय तक सुविधा की दृष्टि से दारिद्र्य की व्याख्या करने और इसके माध्यम से विषय के मूल रूप को स्पष्ट करने के लिए मैं 'दैन्य' शब्द को ग्रहण कर रहा हूँ। दैन्य के सहारे दारिद्र्य को समझने में बड़ी आसानी होगी।

'दैन्य' का अर्थ है मन की दीनता अथवा अभाव-बोध के कारण उत्पन्न मन में हीनता का भाव। मनुष्य अपूर्ण है, अत: दैन्य मानव-मन का सहज और प्रकृत गुण-धर्म है। दैन्य के पूर्णत: अभाव में निरन्तर विकासशील मनुष्य की सच्ची कल्पना ही सम्भव नहीं है। यही दैन्य मनुष्य में आत्म-बोध, अस्तित्व-बोध आदि के भाव उत्पन्न करता है और अभाव को भाव से भरने के लिए कर्म की प्रेरणा देता है। इस रूप में दैन्य ही मानव के और मानवीय सभ्यता एवं संस्कृति के विकास का मूल कारण है।

यह दैन्य द्विमुखी है—(1) अभावजन्य और (2) मानसिक। अभावजन्य दैन्य प्राय: भौतिक आवश्यकताओं की आपूर्ति अथवा अपने में इनकी पूर्ति कर सकने की असामर्थ्य की भावना के कारण जनमता है, जबकि मानसिक दैन्य के लिए इस प्रकार के किसी भी कारण की अपेक्षा नहीं हुआ करती है। यह मन में पनपने वाले असन्तोष अथवा सन्तोष के अभाव का ही परिणाम होता है। मनुष्य के विकास के लिए दैन्य के ये दोनों ही रूप आवश्यक हैं बशर्ते ये सीमित और नियन्त्रित रूप में ही अभिव्यक्ति पाएँ।

दैन्य को परिमित और नियन्त्रित अथवा अपरिमित और अनियन्त्रित बनाने वाले दो भाव हैं—(1) आत्म-भाव अथवा लोक-भाव और (2) 'मैं'-भाव। अपने (व्यक्ति) को मानव-समुदाय का एक अंग मानकर चलने अथवा मन के निजी स्वार्थपरक आग्रहों पर न चलकर आत्मा के आग्रहों पर बढ़ने का भाव आत्मभाव अथवा लोक-भाव है। इसके विपरीत लोक अथवा मानव-समुदाय को नहीं बल्कि निज को अथवा नितान्त अपने और अपनों को ही केन्द्र मानकर मनमानी करने का भाव 'मैं'-भाव है। इन दोनों को क्रमश: (1) उदात्त दैन्य और (2) अनुदात्त दैन्य कह सकते हैं। यदि दैन्य की उत्प्रेरक वृत्ति लोकपरक है और उसका केन्द्र एक व्यक्ति ही नहीं लोक अथवा विश्व है तो वह दैन्य व्यक्ति एवं विश्व दोनों के मंगल का हेतु है; यही दैन्य का उदात्त रूप है। किन्तु यदि दैन्य केवल व्यक्ति तक अथवा व्यवित के 'मैं' तक ही सीमित है तो उससे न तो व्यक्ति के 'मैं' की ही निर्विघ्न पुष्टि-तुष्टि सम्भव है और न लोक में शान्ति एवं सुरक्षा ही; यही दैन्य का अनुदात्त रूप है।

दैन्य का यह अनुदात्त रूप ही दारिद्र्य है और अपनी विशुद्ध 'मैं'-मयी वृत्ति के कारण सर्वाधिक अनिष्टकर भी है। 'मैं' की इसी भूमिका को ध्यान में रखकर तुलसी ने इसे सम्पूर्ण प्रपंचों की जड़ ठहराया है। उन्होंने इसे साफ-साफ पौराणिक शब्दावली में माया कहा है—

मैं अरु मोर तोर तैं माया। जेहिं बस कीन्हे जीव निकाया॥

मानव-मन के समस्त विकारों अथवा दुष्प्रवृत्तियों को तुलसी ने इसी माया अथवा 'मैं' के साथ देखा है। उनके मत से ये ही माया के कटक हैं जिनसे वह जन-मन को आक्रान्त करती है—

ब्यापि रहेउ संसार महुँ माया कटक प्रचंड।
सेनापति कामादि भट दंभ कपट पाषंड॥

'मैं-तैं' के इस 'मोह-तम' (दारिद्र्य) को मिटाने और स्वस्थ जीवन के विकास के लिए एक ही रास्ता है और वह 'आतम-भानु' की प्राप्ति का। जो इस आत्म-भाव की साधना पूर्ण कर ले वही सच्चा सन्त है—

मैं तैं मेट्यो मोह तम ऊगो आतम भानु।
सन्तराज सो जानिए तुलसी या सहिदानु॥

लेकिन मूल समस्या आत्म-भाव (सन्तत्व) की प्राप्ति की नहीं, 'मैं'-परक दारिद्र्य से मुक्ति की है। आत्म-भाव की सार्थकता और उपयोगिता ही दारिद्र्य के निराकरण में निहित है। इसी प्रकार दैन्य-भाव की भी कोई समस्या नहीं है, समस्या तो दैन्य की उस विकृति की है जो दारिद्र्य का रूप सहज ही ग्रहण कर लेती है। व्यक्ति स्वभावत: अपनी दृष्टि से सोचने,

समझने और करने का आदी होता है। इसी प्रवृत्ति के क्रम में एक ऐसी स्थिति स्वत: आ जाती है जब व्यक्ति की जीवन-साधना, सह-भावना, अथवा सह-अस्तित्व की भावना से परिचालित न होकर 'मैं' और 'तुम' की भावना से परिचालित होने लगती है और इस वृत्ति से उत्प्रेरित न व्यक्ति अपने को भरने के लिए वह सब कुछ करता है अथवा कर सकता है जो उसके लिए तनिक-सा लाभप्रद होकर अन्यों के लिए भयंकर, हानिप्रद ही क्यों न हो। इस तरह के अनन्त 'मैं' जब अपने-अपने स्वार्थों की साधना के क्रम में एक-दूसरे से टकराते हैं, जो आवश्यक ही नहीं, अनिवार्य स्थिति है, तब व्यक्ति और लोक-जीवन के संघर्ष की वह कहानी आरम्भ होती है जिसमें न तो व्यक्ति अपने जीवन में 'विश्राम' पाता है और न लोक ही। तुलसी ने जगह-जगह 'विश्राम' को जो जीवन का सबसे बड़ा काम्य बताया है, उसका यही रहस्य है। मानस का फल 'विश्राम' ही है—

रामचरितमानस एहि नामा। सुनत श्रवन पाइअ बिश्रामा॥
मन करि बिषय अनल बन जरई। होइ सुखी जौं एहिं सर परई॥

तुलसी के काव्यों में, विशेषकर मानस में दारिद्र्य अथवा 'मैं'-भाव के और सन्तत्व अथवा आत्म-भाव के चित्र अपनी सम्पूर्ण विशेषताओं के साथ-साथ उभरकर सामने आए हैं। एक तरह से इन दोनों के द्वन्द्व में ही कवि का समूचा कर्तृत्व लगा है। रावण यदि दारिद्र्य का प्रतीक है तो राम सन्तत्व के। इसीलिए तुलसी के राम अपने से पूर्व के सभी रामों से भिन्न हैं—भीतर और बाहर एकरूप और एकरस ही नहीं हैं बल्कि ऐसे हैं जिन पर सारा लोक मुग्ध है; ऐसे हैं कि शिव की तरह गरल का पान स्वयं करते हैं और अमृत दूसरों के लिए सँजोए रखते हैं। इसीलिए वाल्मीकि के राम की तरह कोई इनसे आतंकित नहीं है। तुलसी के जिस भी पात्र का पतन हुआ है, वह दारिद्र्य के ही कारण हुआ है। चाहे नारद का क्षणिक पतन हो और चाहे प्रतापभानु का चिरकालिक पतन; सबके मूल में दारिद्र्य ही व्याप्त है।

दारिद्र्य को जीवन की विकट समस्या का मूल मानने के बाद तुलसी ने इसके कारणों और समाधानों का भी संधान किया। राम की भक्ति सन्तत्व की प्राप्ति की साधिका भर है और इसे (भक्ति को) मनोवैज्ञानिक ढंग पर कारगर बनाने के लिए तुलसी ने इसमें उन सभी कारणों को समाविष्ट करके मार्ग प्रशस्त करने का प्रयत्न किया जिनके अभाव में दारिद्र्य के पनपने की विशेष गुंजाइश रहा करती है। इसीलिए तुलसी की भक्ति में लोकवाद अथवा समष्टि-भावना की साधना से लेकर सन्तुलित पुरुषार्थचतुष्ट्य तक की साधना मिलती है और इसीलिए यह भक्ति निठल्लों की साधना न बनकर सच्चे लोकनिष्ठों एवं सन्तुलित कर्ममार्गियों की साधना बन गई है। यही इसका वैशिष्ट्य है।

तात्पर्य यह कि तुलसी ने पिटे-पिटाए विषय को लेकर भी उसे नया रूप-रंग दिया। दारिद्र्य को अपने विषय की आधार भूमि बनाकर उन्होंने विषय को बिलकुल नया ढलाव तो दिया ही, मानव-समाज को स्वस्थ और सुखी जीवनयापन के निमित्त यथार्थताओं और वास्तविकताओं के बीच से गुजरने वाला एक ऐसा 'दर्शन' भी दिया जो थोड़ी-सी साधना के द्वारा स्वप्नों के स्वर्ग को इसी धरती पर उतारकर भोग्य बना सके। तुलसी के कर्तव्य अथवा उनकी कवि-प्रतिभा की यही सबसे बड़ी महत्ता है।

वस्तु

'वस्तु' के रूप में तुलसी ने अपनी कृतियों में प्राय: राम की कथा अथवा राम की भक्ति से ओत-प्रोत अपनी भावना और सांसारिक समस्याओं के बीच जनमे विचारों को ही आकार दिया है। कहीं पर तुलसी की कृतियों की वस्तु में विषय साधनावस्था में है तो कहीं सिद्धावस्था में और कहीं दोनों में समन्वित है। यह मूल विषय भी कहीं बिलकुल प्रत्यक्ष और अभिधात्मक स्वर में व्यक्त है तो कहीं एकदम अप्रत्यक्ष और सूक्ष्म व्यंजनात्मक रूप में—ऐसे रूप में कि मूल विषय के विशाल आधार-फलक पर कवि के जीवन-दर्शन की छाया के अन्तर्गत ही ऊपर की पॉलिश की चकाचौंध के भीतर कुछ सूझ सके।

सबसे पहले मानस की वस्तु-परीक्षा करें। मानस में काव्य-विधा का ही नहीं, वस्तु की संयोजना और संघटना का एक अभिनव प्रयोग हुआ है। मानस का 'कार्य' एक ऐसा कार्य है जो जीवन की समस्त मूलभूत समस्याओं और उसके समाधानों को समाहित किए हुए है। राम का धरती पर अवतार ही समस्या को सही सन्दर्भ में परखने का परिणाम है। राम ने अपने अवतार लेने का 'कार्य' ही पृथ्वी के भार को हरना बताया है।

हरिहउँ सकल भूमि गरुआई। निर्भय होहु देव समुदाई॥

मानस का यह कार्य अन्य अनेक कार्यों से बँधा और सधा है। इन सभी कार्यों के दो-दो रूप हैं—बाह्य और आभ्यन्तर। बाह्य का सम्बन्ध जगत में घटने वाले मानवी कार्य-व्यापार से है और आभ्यन्तर का व्यक्ति के भीतर अथवा मन में पनपने वाली भावना अथवा मनोवृत्ति से है। फिर इन दोनों के भी दो-दो रूप हैं—कुरूपता के और सुरूपता के। कुरूपता का रूप पृथ्वी के भार अथवा यों कहें कि धरती पर जीवन के स्वस्थ और सुखमय विकास को अवरुद्ध कर देने वाली स्थिति का कारण है जब कि सुरूपता का पृथ्वी पर से भार के हटाने या यों कहें कि 'विश्राम' की स्थिति पाने का हेतु है।

मानस की पूरी कथा दारिद्र्य और सन्तत्व के उभय पुलिनों को विविध प्रकारों से छूती-हटती हुई बालकांड के (आरम्भिक खंड) 'रावण-चरित' से लेकर 'रामराज्य' की स्थापना तक बढ़ती गई है। सभी अवान्तर अथवा आनुषंगिक कथाएँ—यदि संपाती-जैसी एकाध कथा को अपवाद मान लें तो उड़ गई हैं। सम्पूर्ण कथा को काट-छाँट और जोड़-बढ़ाकर ऐसा बना दिया है कि वह जीवन-काव्य की आवश्यकताओं को सफल अभिव्यक्ति दे सके।

राम-कथा को मानस-जैसे जीवन-काव्य की वस्तु बनाने के निमित्त ही जहाँ एक ओर पौराणिक संवाद-शैली अथवा वक्ता-श्रोता के अनेक जोड़ों द्वारा कथा-वर्णन की शैली अपनाई गई है वहाँ दूसरी ओर कथा की बड़ी विस्तृत भूमिका (बालकांड का आदि भाग) और बड़ा लम्बा उपसंहार (उत्तरकांड का अन्त भाग) भी रखा गया है। पहली युक्ति के द्वारा कथा में अभीष्ट भराव और विश्वसनीयता उत्पन्न की गई है तो दूसरी युक्ति के द्वारा सामाजिक में विशेष दृष्टि, रुचि-परिष्कृति और अनुकूल आस्वादन की शक्ति उत्पन्न की गई है। यदि ये दोनों उक्तियाँ न अपनाई गई होतीं तो मानस में जीवन-काव्य के सभी पहलुओं को जिस रूप में उठाया गया है उनके भार से दबकर या तो वह पुराण अथवा धर्म-दर्शन का ग्रन्थ बनकर रह जाता या सामान्य स्तर का प्रबन्ध-काव्य।

'विनयपत्रिका' की वस्तु तुलसी की रामभक्ति की भावना से ओत-प्रोत है। इसमें वे

विनय की पत्रिका को अपने आराध्य देव को भेंट कर उनकी सही कराना चाहते हैं। पत्रिका आराध्य देव तक ठीक तरह से पहुँच जाए और काम भी बन जाए इसके लिए उन्होंने दरबारी विधि-विधानों को भी अपनाया है। इन प्रणालियों को अपनाने के कारण समूचे वस्तु-विधान में अद्‌भुत सन्दर्भ-गर्भितता और संघटनात्मकता आ गई है। ऊपर से देखने पर लगता है कि वस्तु का संघटन जितना मुक्त है उतना ही बद्ध भी है। यह दूसरी बात है कि यह बद्धता कथा अथवा आख्यान की न होकर केवल पत्रिका को पेश करने की प्रणाली की है। पत्रिका तो सर्वथा स्वतंत्र है, प्रणाली की बद्धता अथवा एकसूत्रता का उसकी अन्त:प्रकृति से कोई वास्ता नहीं।

तुलसी की कारयित्री प्रतिभा की सर्वाधिक सफलता इस बात में रही कि वस्तु के वायवी तत्त्वों को उसने विशेष कलात्मकता के साथ स्थूल आकार प्रदान कर दिया और इस आकार के प्रत्येक भाग में जितना भी अपेक्षित अथवा वांछित हो उतना भरने का भरपूर अवकाश भी छोड़ा। आरम्भ के स्तुति और स्तवन खंड में कवि ने अपने प्रिय सभी देवों और देवियों की अनेक रूपों और प्रकारों में जी भरकर स्तुति और अन्त में उनसे राम की कृपा दिलाने की प्रार्थना की है। फिर पत्रिका में हृदय की समूची कुरूपता, कल्मषता और विषण्णता को साधक कवि की आत्मविभोरता ने अपने आराध्यदेव के सामने खोलकर रख दिया है। लगता है, जैसे 'स्वजन' को पाते ही युगों से संचित सफलता-असफलता की मूक टीस फफककर फूट पड़ना चाहती है। पत्रिका के पदों के प्रत्येक चरण में कवि के हृदय का क्रन्दन ध्वनित है। न तो कहीं कोई दुराव-छिपाव है और न कथन की थकान ही: सर्वत्र एक अभिनव उत्साह और किसी-न-किसी भावकली को उन्मीलित करने की ललक है। इस रूप में यह पत्रिका तुलसी की ही न होकर प्रत्येक मानव की पत्रिका बन गई है।

वस्तुत: पत्रिका को आत्म-निवेदन का आधार बनाना तुलसी की मौखिक सूझ है आत्मनिवेदन को पत्रिका की वस्तु में ढालकर कवि ने इसे अत्यधिक व्यंजनात्मक और प्रभविष्णु तो बनाया ही, निवेदनों में सूत्रबद्धता भी ला दी। सूत्रबद्धता के परिणामस्वरूप प्रत्येक पद के अंड प्रभाव के साथ-साथ सबके समष्टि प्रभाव का रास्ता भी खुल गया। 'सूर' आदि के आत्मनिवेदनों में इस प्रकार के समष्टि प्रभाव की सम्भावना ही नहीं। लगे हाथ कवि ने वस्तु के विधान (पत्रिका को पेश करने की प्रणाली) के अन्तर्गत देवी-देवताओं की जी भरकर स्तुति भी कर ली है। इन स्तुति-स्तवनों का भक्त तुलसी के लिए कितना महत्त्व रहा होगा, इसे कहने की आवश्यकता नहीं है। पत्रिका के आधार पर गढ़ी गई वस्तु के अभाव में ये स्तुति-स्तवन अजागलस्तन ही बनकर रह जाते।

'कवितावली' मुक्तकों का संग्रह है। समय-समय पर तुलसी ने रामकथा के जिन विविध प्रसंगों और देशकाल एवं भक्ति-सम्बन्धी अपने विचारों को कवित्त-छन्दों में ढाला, आगे चलकर उन्हें ही एक क्रम से 'कवितावली' में सजा दिया गया। उसके उत्तरकांड को छोड़कर शेष कांडों में रामकथा को उसके क्रम में ही आकार दिया गया है : अयोध्याकांड में आयोध्याकांड के प्रसंग हैं तो सुन्दरकांड में सुन्दरकांड के। महज इतनी-सी क्रमबद्धता और रामकथा से ही प्रसंगों की संग्राहकता के अतिरिक्त इसमें कहीं भी किसी प्रकार की आख्यात्मक पूर्वापरापेक्षिता नहीं है।

कवित्त, सवैया और छप्पय श्रृंगार और ओजपरक भावों की अभिव्यक्ति में सिद्ध हो चुके थे। तुलसी ने छन्द की प्रकृति का पूरा ध्यान रखा अथवा यों कहें कि अपने अन्य काव्यों में रामकथा के परुषाभाव-परक स्थलों या प्रसंगों की भरपूर अभिव्यंजना न कर पाने के कारण उन्होंने इस ग्रन्थ के छन्दों का चुनाव ही इस कमी को पूरा करने की दृष्टि से किया। ग्रन्थ में श्रृंगार आदि को भी स्थान मिला है, पर मूल झुकाव ओजपरक भावों की ओर ही है। कवि के इस झुकाव के अनुरूप ही समूची वस्तु-योजना इस प्रकार हुई है कि रामकथा के न जाने कितने प्रिय प्रसंग ही नहीं उड़ गए हैं, भरत, शबरी, जटायु जैसे पात्र तक आँखों से ओझल रह गए हैं। रामकथा के प्रसंगों में से कवि की वृत्ति सबसे अधिक हनुमान की पूँछ-लीला, लंका-दहन और राम-रावण युद्ध में रमी है। जिन प्रसंगों में कवि का मन जितना ही लगा है, उनका उतना ही अधिक विस्तार हुआ है; अन्यथा कुछ ही कवित्तों में प्रसंग को कौन कहे, पूरा कांड ही समाप्त हो गया है। प्रिय प्रसंगों की परिधि में कवि ने एक-से-एक अनूठी प्रसंग योजनाएँ की हैं। उदाहरण के तौर पर, यदि सुन्दरकांड की वस्तु को लें तो पता चलेगा कि कवि ने हनुमान की पूँछ-लीला को विविध कोण से झाँका तो है ही, आग लगने पर मचने वाली भगदड़ के और उससे संत्रस्त लोगों की भयाकुल आकृतियों, क्रियाओं एवं प्रतिक्रियाओं के अनेकविध उरेहणों के द्वारा विषयवस्तु के साथ एकरूप हो जाने की अपनी बहुमुखी क्षमता का भी पूरा परिचय दिया है।

तुलसी की (रामकथा को आधार बनाकर चलने वाली) प्रायः सभी प्रमुख कृतियों में राम की शक्ति, शील और सौन्दर्य में से किसी एक का प्राधान्य दिखाई देता है। 'मानस' में राम के शील का प्राधान्य है तो 'गीतावली' में सौन्दर्य का और 'कवितावली' में शक्ति का। जिसमें जिस रूप की प्रधानता है, उसमें समूची वस्तु-योजना उसी लक्ष्य की दृष्टि से की गई है। 'कवितावली' की वस्तु-योजना में इसकी झलक साफ-साफ दिखाई देती है। उसमें राम की शक्ति को रूपायित करना था तथा राम का ऐश्वर्य-रूप ही अधिक निखरा है। ग्रन्थ के पहले कबित्त के पहले शब्द 'अवधेस' और अन्तिम कबित्त के अन्तिम शब्द 'दियो सरषतु' तक, किंवा आदि से अन्त तक, ऐश्वर्य-भावना का ही प्रसार है। शक्ति और ऐश्वर्य के अनुरूप ही मुख्य भाव परुषता के हैं, तो प्रकृति ओज की है। इस प्रकार वस्तु ने वही और वैसा ही आकार लिया है जैसा प्रतिपाद्य को अधिक भास्वर बनाकर संवेद्य बनाने के लिए अपेक्षित था।

संक्षेप में, इसे ही तुलसी की वस्तु-योजना का कौशल कह सकते हैं। उपर्युक्त वस्तु-योजना के निमित्त तुलसी ने कितने प्रयोग किए इसका पता इस तथ्य से ही चल जाता है कि उन्होंने किसी विधा के परम्परित रूप को न ग्रहण कर अपने काव्य-ग्रन्थ के प्रतिपाद्य के अनुरूप उसका रूप-संस्कार किया है। महाकाव्य की विधा के अन्तर्गत 'मानस' की और प्रगीत की विधा के अन्तर्गत 'विनयपत्रिका' की काव्य-विधाएँ हिन्दी को तुलसी की अत्यन्त महत्त्वपूर्ण मौलिक देन हैं।

अभिव्यंजना

अभिव्यंजना कवि की संप्रेषणा-साधना का समग्र चित्र है और इसके सौष्ठव को खंड-

खंड में विभक्त कर ठीक-ठीक आँक पाना कठिन है, लेकिन समीक्षक के पास विश्लेषण-पद्धति से इसके वैशिष्ट्य को बोधगम्य बनाने के अलावा कोई चारा भी नहीं है : भावक चाहे भले इस समग्र रूप में ही भावित कर पाए। विश्लेषण-पद्धति से अभिव्यंजना के सौष्ठव को कूतने के लिए इसके तीन प्रमुख पहलुओं की परख अत्यन्त उपयोगी है। उपयुक्त पद-चयन, जीवन्त वाक्य-संघटन और प्रकृत शैली। तुलसी की कारयित्री प्रतिभा की अभिव्यंजना-सामर्थ्य को परखने के लिए इन्हीं तीनों का विचार अपेक्षित है।

उपयुक्त पद-चयन—शब्द अथवा पद भाषा को और भाषा कृतित्व को आकार देती है। पदों की जीवन्तता से ही भाषा की सजीवता बनती है। काव्य-प्रणयन की प्रक्रिया के अन्तर्गत कवि का मुख्य कर्म अर्थ-बोध नहीं, भाव-बोध कराना होता है, अत: शब्दों अथवा पदों के उपयुक्त चयन की अनिवार्यता और भी अधिक बढ़ जाती है। पदों का उपयुक्त चयन अथवा पदों के अभीष्ट व्यापार-शोधन की समस्या कवि-कर्म की इतनी विकट समस्या होती है कि इसके सुलझाव में ही कारयित्री प्रतिभा का उन्मेष रूपायित होता है। वैसे काव्य-भाषा का प्रत्येक पद काव्य की प्राणवत्ता के लिए समान महत्त्व का होता है, फिर भी भाषा की आवयविक गठन में सर्वाधिक महत्त्वपूर्ण भूमिका दो पद अदा करते हैं—संज्ञा-पद और क्रिया-पद। इन दोनों में भी अन्त:प्रवाहिनी भाव-धारा और संगुंफित कार्य-व्यापारों का विधान करने वाला होने के नाते क्रिया-पदों का महत्त्व और भी बढ़ जाता है। जो कवि क्रिया-पदों के चयन में सिद्धि पा जाता है, उसे अन्यों में कठिनाई नहीं होती। इसलिए तुलसी के उपयुक्त पद-चयन की शक्ति को परखने के लिए क्रिया-पदों की उपयुक्तता की परीक्षा करना युक्तियुक्त है।

तुलसीदास के प्राय: सभी प्रौढ़ काव्यों में विषयानुरूप क्रिया-पदों के उपयुक्त चयन की विशिष्ट कला का निखार है। उदाहरण के लिए, यहाँ एक साधारण-सी क्रिया 'नवहिं' की सजीवता देखें—

सब के हृदयँ मदन अभिलाषा। लता निहारि नवहिं तरु साखा।

'झुकना' कार्य-व्यापार की व्यंजना अनेक शब्दों के द्वारा हो सकती थी, लेकिन उनमें से कवि ने केवल 'नवहिं' को ही चुना। इतना ही नहीं, कवि ने पद-संघटना के ध्वनित आग्रह और उसके लय-प्रवाह के द्वारा 'नवहिं' की व्यंजक-शक्ति को भी विषयानुरूप एकनिष्ठता प्रदान की।

हृदय में मदन का कैसा प्रभाव व्याप्त था, इसे 'नवहिं' क्रिया-पद मूर्त भी कर रहा है और आस्वाद्य भी। मदन के मादक वातावरण में कामदग्ध तरु अपनी-अपनी शाखारूपी भुजाओं को फैलाकर कितने आतुर होकर कोमल भाव से लताओं का आलिंगन करने के लिए उनकी ओर झुक रहे हैं, इसे 'नवहिं' क्रिया-पद सुन्दर ढंग से मूर्त कर रहा है। 'निहारि' (अपूर्ण क्रिया) के योग से 'नवहिं' और भी अधिक अर्थ-गर्भ हो गया है। 'निहारि' में एक अजब अन्दाज से आँखों की कोर से लताओं को देखने का दृश्य है तो 'नवहिं' में उससे भी अधिक कोमल अन्दाज उसकी ओर झुकने का चित्र है। 'निहारि'-संवलित 'नवहिं' क्रिया-पद की व्यंजना से तरुओं के समस्त शृंगारिक काव्य-व्यापार ही नहीं, प्रत्युत् उनके अन्त:करण की रति-जन्य दाहकता, कातरता, अधीरता और मसृणता भी व्यंजित हो रही

है। भाषा का कोई भी दूसरा शब्द न 'नवहिं' का स्थान ले सकता है और न 'निहारि' का ही।

वस्तुतः क्रिया-पदों की प्राणवत्ता के लिए उनमें दो गुणों का अन्तर्भाव आवश्यक है : एक है, कार्य-व्यापार का चित्रांकन और दूसरा है, भाव का सजीव संवहन। जिस क्रिया-पद में इन दोनों गुणों का सन्निवेश जितना ही अधिक रहेगा, उसमें भाव-विधायिका शक्ति भी उतनी ही अधिक रहेगी। तुलसीदास के प्रायः समस्त क्रिया-पदों में उभय गुणों की पूर्णता देखी जा सकती है। एक बहुत ही साधारण और घिसे-पिटे 'ओड़िअहिं' क्रिया-पद की व्यंजना-शक्ति की परख कथन की पुष्टि करेगी—

जानि तुम्हहिं मृदु कहउँ कठोरा। कुसमयँ तात न अनुचित मोरा॥
होहिं कुठायँ सुबंधु सहाए। ओड़िअहिं हाथ असनिहु के घाए॥

प्रसंग मानस के चित्रकूट का है। चित्रकूट की धर्म-सभा में धर्म-संकट में ऊभ-चूभ मर्यादा पुरुषोत्तम राम 'भायप भगति' के प्रतीक भरत से अपने को उबरने की गुहार लगा रहे हैं। इसी भाव को 'ओड़िअहिं' क्रिया द्वारा संवेद्य बनाना है।

'ओड़िअहिं' का अर्थ है, ओड़नाः सहना या अपने ऊपर ले लेना। अर्थ साधारण है पर सन्दर्भ के अनुरूप सटीक प्रयोग होने से इसमें अपूर्व चमत्कार और अर्थ-गर्भिता आ गई है 'ओड़िअहिं' पद से निकलने वाली ध्वनि में 'ओ' से बहुत-कुछ किसी वस्तु की ओर संकेत करने की-सी मुद्रा में हाथों के बढ़ने का और फिर बाद के ह्रस्वस्वर युक्त वर्णों ('ड़िअहिं: सपाट होने की ध्वनि) से पूरे क्षेत्र तक हाथों के पसर जाने का चित्र ध्वनित हो रहा है। साथ ही इस प्रकार पसरने में किसी पर हाथ रखने के गुरुतर भार के संवहन की गर्जना भी इससे निकल रही है। 'ओड़िअहिं' पद की ध्वनि की यह विशिष्टता कुछ इसकी अपनी (उच्चारणगत) है और कुछ पद्य के लय-प्रवाह में इसकी उभरी हुई शक्ति की है।

सभी क्रिया-पद समान जीवन-शक्ति के नहीं होते। जीवन-शक्ति के आधार पर इनके दो वर्ग होते हैं : एक वे जिनमें अब भी संवेदन की प्रकृत शक्ति पर्याप्त शेष है और दूसरे वे जिनकी प्रकृत शक्ति अत्यधिक घिस-पिट जाने के कारण निःशेष-सी हो गई है। इन दोनों ही प्रकार की क्रियाओं को अधिकाधिक जीवन्त बनाने के लिए कवि की कला की अपेक्षा है। इतना अवश्य है कि प्रथम वर्ग की क्रियाओं की सजीवता के लिए उतने आयास अथवा उतनी कला अपेक्षा नहीं है जितनी कि द्वितीय वर्ग की क्रियाओं के लिए है।

कवि-प्रतिभा की परख दोनों वर्गों की क्रियाओं को सजीव करने में है। तुलसीदास ने प्रथम वर्ग की क्रियाओं को किस प्रकार जीवन्त रूप प्रदान किया, इसे ऊपर दिए गए उदाहरणों से बहुत-कुछ समझा जा सकता है। ठीक 'नवहिं' के ढंग के ऐसे बहुत-से क्रिया-पद तुलसी के काव्य में प्रयुक्त हैं जो उपयुक्त चयन और प्रयोग-वैशिष्ट्य के कारण पूर्णतः सजीव हो गए हैं। 'उकसहिं', 'लुकाने', 'काँपहिं', 'तरेरे', 'पुलकहिं', 'धँसइ', 'बिबराए', 'झलकैं', 'बिथकी', 'झहराने', 'ढाहिगो', 'हलरावति', 'छिरकत', 'किलकत', 'चुचकारे', 'छावहिंगे' और 'उफने' आदि उसी ढंग के क्रिया-पद हैं।

द्वितीय वर्ग की क्रियाओं को सजीव बनाने के लिए तुलसीदास ने दो युक्तियाँ व्यवहृत की हैं। एक है शब्द-संहिति की युक्ति और दूसरी है क्रियापदों को जीवित प्रसंगों में चलाकर उन्हें पुनर्जीवित करने की युक्ति। शब्द-संहिति अथवा पद-संहिति का आशय एक ही विधान

के लिए एक से अधिक पदों का व्यवहार करना है। भाषा के विकास में अत्यधिक चलते-चलते शब्द अपनी मूल निर्मातृ-अनुभूति को क्रमशः छोड़ बैठते हैं। इनसे अर्थ-बोध तो पूरा-पूरा हो जाता है पर भाव-बोध नहीं हो पाता। अतः भाव-संवेदन के निमित्त इन शब्दों की मूल अनुभूतिपरक व्यंजना को जगाकर इन्हें पहले-जैसा सजीव रूप देने के लिए कवि दो या दो से अधिक क्रिया पदों का सहारा लेता है।

तुलसीदास ने भाषा की इस विकास-सापेक्ष प्रवृत्ति को पूर्णतः पहचानकर अपनी भाषा को सजीव बनाया। इस वर्ग के क्रिया-पदों की प्राणवत्ता के लिए उन्होंने पद-संहिति—विशेषकर पद-युग्मों का पर्याप्त सहारा लिया है। एक उदाहरण देखिए—

जानि पहिचानि में बिसारे हौं कृपानिधान
एतो मान हठि उलटि देत खोरि हौं।
करत जतन जासों जोरिबो को जोगीजन
तासों क्यों हु जुरी सो अभागो बैठो तोरि हौं।
मोसे दोष कोस को भुवन कोस दूसरो न
आपनी समुझि सूझि आयो टकटोरि हौं...

'हठि उलटि देत खोरि' को छोड़ इस पद में कहीं और क्रिया-पद-संहिति नहीं है। शेष सभी एकाधिक क्रिया-पदों से संवलित क्रियाओं में क्रिया-पद-युग्मों का विलास है। 'बैठो तोरि' में किसी सूत्र को तोड़ने की ध्वनि के साथ उसे तोड़कर धम्म् सें बेलौस-बैठने का चित्र है तो 'आयो टकटोरि' में इधर-उधर, यहाँ-वहाँ खूब टटोलकर लौटने का है।

इन पदों की चित्र प्रस्तुत करने की शक्ति की ही तरह इनकी भाव-व्यंजना की शक्ति भी अपूर्व है। 'बैठो तोरि' से अज्ञातपूर्ण कार्य पर खीझ की संवदेना हो रही है तो 'आयो टकटोरि' से सारी मृगमरीचिका का अनुभव कर तृप्ति-स्थल की शरण में पड़ रहने की दीन-याचना का है। ऊपर की पद-संहिति की स्पृह्य सफलता अनेक भाव-व्यापारों द्वारा चित्र-शृंखला बनाकर भाव-समष्टि की संवेदना करने में है।

पुनर्जीवन प्राप्त करने वाली दूसरे प्रकार की क्रियाएँ न तो स्वयं सजीव होती हैं और न पद-संहिति या पद-युग्मों के माध्यम से ही प्राणान्वित हो पाती हैं। भाव-प्रवाह में उपयुक्त प्रयोग से ही इनमें प्राण-संचार होता है। कवि की कल्पना इन्हें अनुभूति के अथाह सागर में डुबोकर इनकी मूल निर्मातृ-अनुभूति जैसी ही अनुभूति के संसर्ग से इनकी पहले-जैसी भावाभिव्यंजक शक्ति को पुनः उभारती है। जो कवि इनकी विशिष्ट प्रकृति को पहचानने और तदनुरूप अनुभूति-सागर में इन्हें सराबोर कर बाहर निकालने में जितना ही पटु होता है, उसके काव्य में इनका उतना ही जीवन्त रूप निखरता है। निम्नांकित उद्धरण के अधिकांश क्रिया-पद इसी युक्ति से सजीव बनाए गए हैं—

राम हौं कौन जतन घर रहिहौं।
बार बार भरि अंक गोद लै ललन कौन सों कहिहौं ॥ 1 ॥
इहि आँगन बिहरत मेरे बारे तुम जो सँग सिसु लीन्हें।
कैसे प्रान रहत सुमिरत सुत बहु विनोद तुम कीन्हें ॥ 2 ॥

भाव-संवेदन की दृष्टि से 'रहिहौं', 'कहिहौं', 'लीन्हें' और 'कीन्हें' इस पद के बाहर

जितने ही अशक्त और निष्प्राण हैं, यहाँ उतने ही सशक्त और भावपूर्ण हो गए हैं। इन्हें सप्राण करने की कला से इनके उपयुक्त चयन की कला कम महत्त्वपूर्ण नहीं है। अनुपयुक्त चयन होने पर प्रसंग और पद में न तो अनुभूति-साम्य ही हो पाएगा और न पद को नवजीवन ही प्रदान किया जा सकेगा। मसलन, 'रहिहौं' के स्थान पर 'बसिहौं' को रखा जा सकता था, पर 'बसिहौं' में 'रहिहौं' के अर्थ और अनुभूति को व्यक्त करने की वैसी क्षमता कहाँ! 'बसिहौं' से इससे पूर्व उजड़े रहने और अब 'बसने' की ध्वनि निकल रही है जबकि 'रहिहौं' में इससे पूर्व पूर्णत: बसे रहने की और अब उसी प्रकार रहते रहने की सम्भावना-असम्भावना की विह्वलता व्यक्त हो रही है। इसलिए 'रहिहौं' क्रिया-पद द्वारा माता कौशल्या की सम्पूर्ण मन:स्थिति और उनकी छटपटाहट के लिए उत्तरदायी समूची परिस्थितियाँ और परिवेश स्वत: संवेद्य हो उठते हैं। किसी अन्य पद द्वारा इस प्रकार का भाव-वहन सम्भव न हो पाता।

कहा जा चुका है कि जीवन के भाव और व्यापार इतने असंख्य हैं कि उन्हें यथावत् भाषा में उतारना सदैव एक विकट समस्या रही है। शब्दों का सर्वाधिक अभाव कार्य-विधायिका क्रियाओं में खटकता है। इस अभाव की पूर्ति-परिपूर्ति कर भाषा को सजीव बनाए रखने के लिए कवि-समाज सतत-प्रयत्नशील रहा है। तुलसीदास ने भी इस विकट समस्या से निपटने के लिए बड़ी ही अनुकरणीय विधि प्रवर्तित की है। यह विधि संज्ञा-पदों से क्रिया-पदों के निर्माण की है। इस विधि के द्वारा संज्ञा-पदों से निर्मित क्रिया-पदों से जहाँ एक ओर अनन्त व्यापारवाची क्रिया-पदों का भंडार विस्तृत होता है, वहाँ दूसरी ओर क्रिया-पदों में भावाभिव्यंजन की असीम क्षमता और संक्षिप्तता भी आ जाती है। संज्ञा-पद प्राय: क्रिया-पदों से अधिक जीवित होते हैं और संज्ञा एवं क्रिया दोनों के कार्यों को साथ-साथ करने के कारण वाक्य में संक्षिप्तता भी पर्याप्त रहती है। 'निमन्त्रण दिया' न कहकर केवल 'नेवते' से काम चल जाता है। तुलसीदास के पूर्ववर्ती और समसामयिक कतिपय अन्य कवियों ने भी इस विधि का व्यवहार किया है, पर इस क्षेत्र में तुलसी सबसे आगे रहे हैं। इस ढंग पर तुलसीदास ने भाषा को बहुत-से आवश्यक क्रिया-पद दिए हैं। 'मानस' में प्रयुक्त इस प्रकार के कुछ क्रिया-पद ये हैं। नेवते, अवराधे, तोषेउ, बिबाहहु, परितोषी, सन्तोषे, अनुरागे, अपहरहीं, निरबाहा, अनुभयउ, अनुसारी, अकुलानी, उपदेसिऊ, अनुसरहु, आदरिअ, ठाठहु, सनमाने, मातहि, सिरजा, बिस्तारहिं, ब्यापेउ, बेगहु आदि-आदि। एकाध जगह विशेषणों तक से ऐसे क्रिया-पद निर्मित कर लिए गए हैं जो पूर्णत: उपयुक्त लगते हैं; यथा धवलिहउँ।

संज्ञा-पदों से निर्मित क्रिया-पदों के व्यवहार से भाषा में किसी प्रकार की अवांछित स्वच्छन्दता का अवतरण हो जाता हो, ऐसी बात नहीं। यह विशुद्ध रूप से जन-बोलियों की प्रवृत्ति से प्रभावित प्रयोग है। जन-बोलियों में इस प्रकार के बहुत-से प्रयोग चलते रहते हैं और इन्हीं के माध्यम से उनमें सदैव नयापन और ताजगी बनी रहती है। प्रत्येक जीवित और विकासोन्मुख भाषा में इस तरह के क्रिया-पदों का निर्माण—थोड़ा-थोड़ा करके ही सही—होता चलता है और क्रिया-पदों के संचित भंडार में नवजीवन का प्रवेश होता रहता है। इन प्रयोगों से भाषा के विकृत होने का भय तब बढ़ जाता है जब इनका न तो उचित नियमन-नियन्त्रण हो पाता है और न इन्हें व्याकरणिक व्यवस्था में ठीक-ठीक ढाला ही जाता है। सूर और विशेषकर जायसी की भाषा में इस ढंग की थोड़ी-बहुत अव्यवस्था आते-आते बच गई

है। इन कवियों की भाषा में इस ढंग के प्रयोग भी बहुत अधिक नहीं हैं। तुलसीदास के साहित्य में यदि इस ढंग के प्रयोग की अधिकता है तो इसी के अनुरूप अतीव व्याकरणिक, नियमितता भी है। इसीलिए इनकी भाषा में इस प्रकार के क्रिया-पद पूर्ण स्वस्थ हैं।

क्रिया-पदों के चयन की महती कसौटी शब्दों की सूक्ष्मातिसूक्ष्म व्यंजक शक्तियों की परख है। कोई भी दो शब्द, चाहे वे पर्यायवाची ही क्यों न हों, एक-से भाव और व्यापार की व्यंजना नहीं कर सकते। सब में कुछ-न-कुछ अन्तर होता है और इस अन्तर में ही उस शब्द की प्राण-शक्ति का सच्चा स्पन्दन सुनाई देता है। कवि का कार्य शब्दों की पृथक्-पृथक् प्रकृति को पहचानना और तदनुरूप उनका उपयोग कर उन्हें प्राणन्वित करना है। किसी कवि ने शब्दों की प्रकृति को कितना पहचाना है, इसकी परीक्षा करने के लिए किसी एक ही शब्द के अन्य अनेक समानार्थी शब्दों के बीच कवि द्वारा स्थापित अन्तर और इनके विशिष्ट प्रयोगों का अध्ययन उपयोगी है।

वह कवि-प्रतिभा ही कैसी जिसने शब्दों के निगूढ़ जीवन-उत्सवों को न परखा! तुलसीदास ने सामान्य-से-सामान्य शब्दों के अन्तर को केवल पहचाना ही नहीं प्रत्युत् उनका यथास्थान बार-बार सटीक प्रयोग भी किया है—फिर भी क्या मजाल कि अपेक्षित शब्द के स्थान पर उसके किसी अन्य पर्याय अथवा समानार्थी का न्यास हो गया हो। उदाहरण के लिए 'देखना' क्रिया को लीजिए। 'रामचरितमानस' में 'देखना' क्रिया के लगभग 14 पर्याय अथवा समानार्थी शब्द प्रयुक्त हुए हैं—

1. **देखेउ**— *सतीं जाइ देखेउ तब जागा। कतहुँ न दीख संभु कर भागा॥*
2. **लखी**— *परबस सखिन्ह लखी जब सीता। भयउ गहरु सब कहहिं सभीता॥*
3. **पेखिअ**— *मज्जन फल पेखिअ ततकाला। काक होहिं पिक बकउ मराला॥*
4. **बिलोकति**— *चकित बिलोकति सकल दिसि जनु सिसु मृगी सभीत॥*
5. **चितए**— *अस कहि फिरि चितए तेहि ओरा। सिय मुख ससि भए नयन चकोरा॥*
6. **ताकि**— *सुमन चाप निज सर संधाने। अति रिस ताकि श्रवन लगि ताने॥*
7. **चाहा**— *सीय चकित चित रामहि चाहा। भए मोहबस सब नरनाहा॥*
8. **निहारी**— *अस कहि दोउ भागे भयँ भारी। बदन दीख मुनि बारि निहारी॥*
9. **सूझ**— *गाधिसूनु कह हृदयँ हँसि मुनिहि हरिअरइ सूझ॥*
10. **हेरि**— *रथु हाँकेउ हय राम तन हेरि हेरि हिहिनाहिं॥*
11. **तरेरे**— *सुनि लछिमन बिहसे बहुरि नयन तरेरे राम॥*
12. **अवलोके**— *अवलोके रघुपति बहुतेरे। सीता सहित न वेष घनेरे॥*
13. **जोहे**— *हरि हित सहित रामु जब जोहे। रमा समेत रमापति मोहे॥*
14. **निरखहिं**— *जुबतीं भवन झरोखन्हि लागीं। निरखहिं राम रूप अनुरागीं॥*

चौदहों क्रिया-पद 'देखना' व्यापार को ही प्रकट कर रहे हैं, पर हरेक में कुछ ऐसा वैशिष्ट्य है इन्हें एक-दूसरे से एकदम पृथक् कर दे रहा है। हरेक में 'देखना' व्यापार को और देखने वाले के हृदयस्थ भावों को विभिन्न रूपों में ध्वनित करने की शक्ति है। 'देखेउ' के देखने में सामान्य ढंग से देखने का विधान है। 'लखी' लखना के निकट होने पर भी इससे भिन्न है। 'देखने' में किसी एक निश्चित वस्तु को ही दृष्टिगत न कर किंचित् निरपेक्ष भाव

से सभी कुछ देखने का ढंग है, पर 'लखने', में दृष्ट वस्तु को ही विधिवत् देखने की क्रिया है—यद्यपि भीतर की तटस्थता बहुत कुछ यहाँ भी है। 'पेखिअ' में स्थिति थोड़ी बदल गई है। देखने में दृष्ट वस्तु के दृश्य का संयोग साथ-साथ है। 'बिलोकति' के विलोकन में सामान्य देखने से कहीं अधिक तत्परता और मनोयोग के साथ वस्तु के देखने का भाव है।

'चितए' और 'ताकि' में देखना व्यापार पर्याप्त परिवर्तित है। 'चितए' में जहाँ 'विलोकन' से भी अधिक चाव के साथ चित्त को मोड़ने की प्रक्रिया है, वहाँ 'ताकि' में उड़ती हुई अथवा तिरछी निगाहों से वस्तु केवल देख-भर लेने का अर्थ है। 'चाहा' में वस्तु को भीतरी रुचि और लालसा सहित देखने का भाव-विलास है : देखने में हृदय की चाह-अनचाह साथ-साथ है। 'निहारी' में भाव-विशेष के साथ खुली आँख से साफ-साफ देखने की क्रिया है। 'सूझ' में दिखाई पड़ने की प्रक्रिया और इस क्रिया को सम्पन्न करने वाली आँखों के चित्र संलग्न हैं।

'तरेरे' और 'हेरि' की स्थिति सर्वथा विपरीत है। इनमें देखने वाले के आन्तर-भाव और दृष्ट वस्तु को देखने की विधि दोनों के संकेत हैं। 'तरेरे' के द्वारा भीतरी रोष आँखों के माध्यम से प्रकाशित हो रहा है तो 'हेरि' के द्वारा किसी को खोज-खोज बार-बार फिर-फिरकर देखने का व्यापार है। 'अवलोके' और 'बिलोके' के विधान बहुत कुछ समान ही हैं, जो कुछ अन्तर है वह दोनों के देखने में अनुपाततः कम-अधिक रमने का है। 'वि'-युक्त विलोके में अवलोके से अधिक गम्भीरता है।

अब रहे दो पद—'जोहे' और 'निरखहिं'। दोनों में देखने के भाव और व्यापार पृथक्-पृथक् और अति स्पष्ट हैं। 'जोहे' में दृष्ट वस्तु में शोभा का और द्रष्टा में तरलता का अधान है जबकि निरखने में हृदय की समूची वृत्तियों के साथ वस्तु को भरपूर देखने-परखने का उफान है।

ऊपर के चौदह उदाहरणों में कोई भी क्रियापद ऐसा नहीं है जिसकी जगह पर 'देखना' शब्द का कोई दूसरा पर्याय विन्यस्त किया जा सके। ध्यान देने की बात है कि कवि ने इन अन्यान्य पर्यायों की प्रकृति पहचानने और प्रसंगानुरूप उपयुक्त प्रयोग करने में ही अनुपम कौशल का परिचय नहीं दिया अपितु आवश्यकतानुसार समवर्गीय पर भिन्न अर्थवाची शब्दों की अर्थव्याप्ति को एक निश्चित अर्थ में परिमित कर उन्हें नया अर्थ और नई शक्ति प्रदान की है। इस विधि-से ये शब्द अपनी मूल अर्थ-सम्पदा के परिप्रेक्ष्य में नव-अर्थ-सहित दोहरी भूमिका निभाते हैं। 'चाहा' और 'जोहे' इसी प्रकार के शब्द हैं। 'चाहा' के साथ चाहने और 'जोहे' के साथ शोभित होने का जो परिप्रेक्ष्य है, उसमें 'देखने' का भाव प्रसंग के वैशिष्ट्य को समग्र रूप में सामने ला रहा है।

जिस कवि ने 'देखना' जैसी बहु प्रयुक्त और बहुत-कुछ सपाट क्रियाओं और इनके पर्यायों एवं समानार्थियों के परीक्षण एवं प्रयोग तक में अद्‌भुत शक्ति का परिचय दिया, उसने अन्य जीवित क्रियाओं की परख में कितनी सफलता पाई होगी, यह सहज अनुमेय है।

जीवन्त वाक्य-संघटन—काव्य के वाक्यों के पद शरीर के अंगों की ही भाँति सुसम्बद्ध और यथास्थान सुसंघटित होते हैं। इसलिए सुसंघटित वाक्य के दो आवश्यक गुण

निर्धारित किए जा सकते हैं—(1) शब्दों (पदों) के परस्पर सम्बन्धों की व्यवस्था और (2) पद-संघटना के भीतर विन्यस्त पदों में परिवर्तनसहत्व का अभाव है। पहले का सम्बन्ध अन्वय की योग्यता से है और दूसरे का प्रसंगसम्बद्धता अथवा जीवित आवयविकता से।

वाक्य में अन्वय की योग्यता दो तरह से सम्भव होती है—(1) व्याकरणिक प्रयोग द्वारा और (2) पदों के स्थान द्वारा। पदों की विशेष स्थान पर स्थिति के द्वारा उनके व्याकरणिक सम्बन्धों का निश्चय, और अन्वय में स्पष्टता गद्य की भाषा में तो भली-भाँति सम्भव है किन्तु काव्य की भाषा में वाक्य के भीतर पदों के स्थान-क्रम की निश्चिति न होने के कारण पदों के स्थान अन्वय में विशेष योग नहीं दे पाते हैं : यत्र-तत्र स्थानों के आधार पर इनके व्याकरणिक सम्बन्धों का परिचय मिलता रहे, यह दूसरी बात है। अत: काव्य के वाक्यों की अन्वय-योग्यता को परखने के लिए व्याकरणिक व्यवस्था का अध्ययन करना ही उपयोगी है।

तुलसी ने अपनी भाषा में पूर्ण व्याकरणिक व्यवस्था लाने के निमित्त पूरी सजगता बरती है। इसके लिए एक ओर उन्होंने पूरबी और पश्चिमी भाषाओं के बहुत से प्रयोगों को एक-दूसरे के साथ चलाया है तो दूसरी ओर अवधी एवं ब्रज दोनों ही नवविकसित भाषाओं के बहुत से लचीले अथवा अस्थिर नियमों में स्थिरता और एक ही सम्बन्ध को सूचित करने वाले एकाधिक प्रयोग-रूपों में (मसलन 'कर', 'केर' और 'केरि' सम्बन्धवाची परसर्गों में) लिंग, वचन आदि के आधार पर नियमबद्धता उत्पन्न की है। इन सभी प्रयासों के परिणामस्वरूप तुलसी के वाक्यों में इतनी अधिक 'स्वच्छता' आ गई है कि न तो किसी पद के सम्बन्ध को पहचानने में भ्रान्ति का अवकाश रहा और न अन्वय करने में ही। इसीलिए तुलसी के वाक्यों के व्यंग्य चाहे जितने हों, पर अभिधेय एक ही होते हैं।

व्याकरणिक व्यवस्था की पराकाष्ठा तब दिखाई देती है जब किसी और प्रयोग-सा प्रतीत होने वाला पद अपने वास्तविक सम्बन्ध का निर्भ्रान्त द्योतन कर देता है, मसलन नीचे के उदाहरण का 'सुहाए' पद—

तबहिं सप्तरिषि सिव पहिं आए। बोले प्रभु अति बचन सुहाए॥

ऊपर से देखने पर 'सुहाए' क्रिया-पद जैसा लगता है, लेकिन अन्वय करने पर अपने मूल रूप—विशेषण के रूप में प्रकट होता है। 'सुहाए' 'बचन' का विशेषण है।

जहाँ व्याकरणिक प्रयोगों के आधार पर अन्वय स्पष्ट नहीं होता, वहाँ वाक्य के कथ्य का सन्दर्भ उसे खोलकर रख देता है। एक उदाहरण यह है—

मोर दास कहाइ नर आसा। करइ तौ कहहु कहा बिस्वासा॥

पूरे वाक्य का अन्वय दो प्रकार से हो सकता है (1) मोर दास कहाइ नर, आसा करइ, तौ कहहु कहा बिस्वासा; अर्थात् यदि मनुष्य (नर) मेरा दास होने पर किसी चीज को (पाने की) आशा करता है तो भला कहो, उसका क्या विश्वास है? (2) मोर दास कहाइ, नर आसा करइ तो कहहु कहा बिस्वासा, अर्थात् यदि कोई मेरा दास होकर (भी) किसी मनुष्य की आशा करता है तो भला कहो, उसका क्या विश्वास है (अर्थात् उसका मुझ पर विश्वास ही अत्यन्त क्षीण है)।

यहाँ पूरे वाक्य का अन्वय सन्दर्भ से खुलता है। दास होकर आशा ही नहीं करना यह

कोई युक्तियुक्त बात नहीं जँचती और इसमें राम की भक्ति और उनके भक्तवत्सल रूप का महत्त्व भी उजागर नहीं हो पाता है जबकि 'राम का भक्त होकर किसी मनुष्य की आशा करने' की बात में आशा की निरर्थकता भी ध्वनित होती है और राम की भक्ति का महत्त्व भी; इसी के साथ ऐसी आशा करने वाले भक्त की भक्ति की कचाई भी उतरा जाती है। अत: यह दूसरा अन्वय ही सन्दर्भानुकूल है, पहला नहीं।

अन्वय की अत्यन्त प्रौढ़ योग्यता की ही तरह तुलसी के प्रौढ़ काव्यों में पद-संघटना के भीतर विन्यस्त पदों में परिवर्तन-सहत्व का अभाव भी दिखाई देता है। जो पद जिस स्थान पर रख उठा है, उसे बिना मूल भाव-धारा को भंग किए उस वाक्य में अन्यत्र कहीं स्थानान्तरित नहीं किया जा सकता है। सही अर्थों में ये वाक्य इस प्रकार से सुगठित शरीर की तरह हो गए हैं कि जैसे एक अंग को (हाथ आदि को) दूसरे अंग (पाँव आदि) के स्थान पर जड़कर सुगठन को अविकृत नहीं रखा जा सकता है, उसी प्रकार वाक्य के एक पद के स्थान पर दूसरे किसी पद को जड़कर भी। इसी स्थिति पर पहुँचकर काव्य पूरा सजीव हो उठता है और कवि की कारयित्री प्रतिभा सिद्धि प्राप्त कर लेती है। यह स्थिति ही, यदि काव्यमीमांसाकार की-सी भाषा में कहें तो 'वाक्यपाक' की स्थिति है।

प्रकृत शैली—शैली का तात्पर्य है अभिव्यक्ति का ढंग। जिस तरह प्रत्येक व्यक्ति के कहने के अलग-अलग ढंग हुआ करते हैं, उसी तरह कवियों की अभिव्यंजना के भी। यही नहीं, एक ही कवि की अपनी ही एकाधिक कृतियों में कहने के ढंग बदल जाते हैं। लेकिन सबसे उत्कृष्ट ढंग वह होता है जो सबसे अधिक प्रकृत होता है। जिस अवसर पर जिस व्यक्ति अथवा मनोभावना द्वारा जो कहा जाना चाहिए, उसे ही कहना शैली का प्रकृत रूप है : इससे कम कह पाना असामर्थ्य है और अधिक कह डालना चमत्कार है, कला तो जैसे को तैसे में ही ढालकर प्रस्तुत करने में है।

शैली को प्रकृत बनाए रखने की दृष्टि से समर्थ कवि भावानुरूप वर्ण-योजना से लेकर काव्यभाषा को प्राणान्वित करने वाली लय-योजना तक न जाने कितनी ही युक्तियों का सहारा लेता है। तुलसी के एक उदाहरण के माध्यम से इनकी शैली की प्राकृतिकता को आँका जाए—

नेकु सुमुखि चित लाइ चितौ री।
राजकुँवर मूरति रचिबे को रुचि सु बिरंचि स्रम कियौ है कितौ री॥

प्रस्तुत पद का प्रसंग राम की रूप-माधुरी से पूर्णत: अभिभूत और विमुग्ध स्त्रियों द्वारा उनके सौन्दर्य के वर्णन का है। ऐसे अवसरों पर वर्णन में सौन्दर्य के प्रति विस्मय और अतिशय दोनों का आना सहज-स्वाभाविक है। 'री' के माध्यम से पहला ध्वनित है तो 'विरंचि स्रम....कितौ' के माध्यम से दूसरा। यहाँ कहने वाली भी स्त्री है और सुनने वाली भी। स्त्रियों के विस्मय और अतिशयपरक भावों के कहने का विशेष ढंग होता है; यहाँ 'नेकु सुमुखि चित लाइ चितौ री' में बात कहने का ढंग नारी-स्वभाव के सर्वथा अनुरूप है।

शब्दों के चयन में भी भाव की प्रकृति का पूरा ध्यान रखा गया है। भाव की कोमल प्राणता और मधुर संवेदनशीलता के अनुरूप ही 'ट-वर्ग' को छोड़ शेष सभी स्पर्शा (क आदि), लोड़ित (र); पार्श्विक (ल) और व, स आदि वर्ण-ध्वनियों, सजातीय अथवा

विशुद्ध अनुस्वारों, और समाज-रहित अनुप्रासयुक्त पदावली का प्रयोग हुआ है।

लय की सटीक योजना के द्वारा पूरी कविता की उपयुक्त व्यंजना की पर्याप्त शक्ति और जीवन दिया गया है। काव्य की लय-योजना संगीत की तरह आरोह-अवरोह पर नहीं, 'कालान्तराल' (टाइम इंटरवल) पर चलती है। कालान्तराल के द्वारा ही पदों में सुषुप्त व्यंग्यार्थ जग उठता है। ऊपर के उदाहरण की पहली पंक्ति में कालान्तराल ठीक उसी प्रकार है जिस प्रकार सम्बोधन-चिह्न या विराम दिया गया है। अत: 'नेकु' कालान्तराल के प्रभाव से सखी से सखी-निवेदन को ही नहीं, निवेद्य की सामान्यतया तथा इस व्याज से निवेदन में चितए जाने वाले रूप की असामान्यतया और सखी (वक्ता) की विस्मयकारी आकुलता को भी व्यंजित कर दे रहा है। 'चितौ' के पास थोड़ी देर तक विराम पाने पर लय ने इसमें देखने के व्यापार की मुद्राएँ मूर्तित कर दी हैं।

निष्कर्ष यह कि तुलसी ने हर सम्भव विधि से अपनी शैली को अधिक-से-अधिक प्रकृत बनाने की साधना की है। भाव और प्रतिपाद्य के अनुरूप उन्होंने जीवन-काव्य 'मानस' के लिए महात्माओं-सन्तों की विशिष्ट पुराण-शैली चुनी तो आत्म निवेदनों से भरी 'विनयपत्रिका' के लिए भक्तों की पद-शैली और ओज की ऊर्जा से हुमकती 'कवितावली' के लिए भाट-चारणों की कबित्त-शैली। प्रकृति के अनुरूप 'मानस' की शैली में गरिमा को पूरा उभार मिला है तो 'विनयपत्रिका' की शैली में आर्द्रता को और 'कवितावली' की शैली में औत्सुक्य को। अभिव्यंजना के प्रत्येक अंग को सर्वाधिक सफल रूप में रूपायित करने का ही परिणाम है कि तुलसी का कर्तृत्व अपने में स्वयं एक आदर्श बन गया है।

सामाजिक मत

राजपति दीक्षित

संसार में अधिकतर व्यक्ति ऐसे ही होते हैं जो जगत-प्रवाह में बहा करते हैं, पर उच्च मनोवृत्ति के ऐसे महापुरुषों का भी समय-समय पर आविर्भाव हुआ करता है जो प्रवाह-पतित होकर उसमें बहते नहीं, प्रत्युत् जगत-प्रवाह को सुदिशा की ओर मोड़ने का भगीरथ प्रयत्न करते हैं। महात्मा तुलसीदास मुगल-साम्राज्य की सुख-शान्ति से, उसके ऐश्वर्य-वैभव के चाकचिक्य से, प्रभावित होकर आश्वस्त हो जानेवाले व्यक्ति न थे। भारतीय और विदेशी फारसी-अरबी संस्कृतियों के संघर्ष और फलस्वरूप पारस्परिक मिश्रण की भावना को जागरित करने का परिणाम यह अवश्य हुआ कि जनसमाज में ईश्वर के एकत्व की भावना प्रबल रूप में जगी और हिन्दू तथा मुसलमान विभिन्न धर्मों को मानते हुए भी मिल-जुलकर रहने लगे, पर राजा और प्रजा दोनों में उस उत्कर्षसचूक मनोभाव का उदय न हुआ जो विश्वात्मा के चरम लक्ष्य की ओर ले जाने वाला होता है। दूसरे शब्दों में, इसे यों कह सकते हैं कि जनसमाज में जिस प्रवृत्ति की झलक दिखाई पड़ी वह बाह्य परिस्थितिजन्य थी। आन्तरिक प्रेरणा के कारण जैसी उदात्त वृत्ति जगनी चाहिए वह न राजन्यवर्ग में ही थी और न प्रजामंडल में ही। जो कुछ था, बाह्य था, आभ्यन्तर कुछ भी नहीं। तुलसीदास का सारा प्रयास जनता-जनार्दन के मानस-परिष्कार के लिए था। वह जिस समाज की कल्पना करके चले वह स्वार्थ-त्याग और बलिदान सिखानेवाला था और उन्होंने जिस राज्य की भावना की थी वह लोकाराधन के लिए राज्य, सुख, राग आदि सबको निछावर कर देनेवाला था। उन्होंने राजा और प्रजा के लिए जो आदर्श रखा था वह संक्षेप में प्राचीन वर्ण-व्यवस्था का पुनरुज्जीवक और राम-राज्य का प्रस्थापक था।

आदर्श-राज की भावना

मानव के संघटन का इतना विकास हो चुका है कि उसकी दृष्टि से समाज के अर्थ में व्यापकता बढ़ गई है। छोटे परिवार से लेकर विस्तृत राज्य तक का समुदाय समाज के अन्तर्गत आता है। समाज का विकास राष्ट्र तक हो चुका है। विकास के चरमोत्कर्ष के अनन्तर हो सकता है कि समाज की व्याप्त 'वसुधैव कुटुम्बकम्' तक हो जाए। यहाँ समाज के अद्यावधि विकसित व्यापक अर्थ पर ध्यान रखते हुए हमें गोस्वामी जी का मत देखना है। पहले उनकी आदर्श-राज्य की भावना और राजनीति पर आइए। तुलसीदास के आदर्श-राज्य का नाम

रामराज्य है। प्रश्न उठता है कि यह केवल कल्पना-लोक की वस्तु है या इसमें व्यावहारिकता भी है? समाज-संघटन के जितने आदर्श कल्पित होते हैं वे सदा ज्यों-के-त्यों घटित नहीं होते। व्यवहार में जितने सिद्धान्त या आदर्श आते हैं उन्हें अपना रूप बदलना पड़ता है। इस दृष्टि से तुलसीदास की रामराज्य की कल्पना केवल कल्पना ही ठहरती है। जितने सिद्धान्त प्रस्तुत होते हैं वे किसी असत् को हटाकर किसी सत् स्थापना की ओर प्रवृत्त होते हैं। इस दृष्टि से देखने पर तुलसीदास की उक्त कल्पना, केवल कम-से-कम उनकी दृष्टि में या उसी प्रकार के अन्य महात्माओं की दृष्टि में, नहीं ठहरेगी।

रामराज्य की सर्वोपरि विशेषता थी प्रजा में पारस्परिक ऐक्य। ऐक्य के अभाव में वैर की वृद्धि अनिवार्य है। वैर का जनक है वैषम्य। और राजतंत्र में वैषम्य का कारण होता है राजा। समदृष्टि-शून्य राजा प्रजा का पालन द्वैत-भाव से करता है। तत्परिणाम-स्वरूप प्रजावर्ग में वैर की अग्नि प्रज्वलित होती है। यदि राजा प्रतापी हो अर्थात् उपद्रवियों को यथोचित दंड देनेवाला और शान्त सज्जनों पर यथावश्यक प्रसाद करने वाला हो तो विषमता का परिहार हो जाता है। रामराज्य में—

बयरु न कर काहू सन कोई। राम प्रताप बिषमता खोई॥

जहाँ विषमता नहीं वहाँ सुख और शन्ति का विकास होता ही है। प्रजा निर्भय अ-शोक और नीरोग रहती है—

बरनाश्रम निज निज धरम निरत बेद पथ लोग।
चलहिं सदा पावहिं सुखहि नहिं भय सोक न रोग॥

... ...

रामराज राजत सकल धरम निरत नर नारि।
राग न रोष न दोष दुख सुलभ पदारथ चारि॥

प्रजा त्रयतापों से अछूती थी। अल्प मृत्यु, रोग, दारिद्र्य आदि के महादुःखी भी उसके पास नहीं फटकते थे। रामराज्य में इनका पूर्ण अभाव कहा गया है। राजा और प्रजा के लिए धर्म अर्थात् कर्तव्यनिष्ठता या आधुनिक पदावली में नियमबद्धता ही सर्वोपरि होनी चाहिए। रामराज्य में यही था, इसी से न कोई दीन था, न दुःखी-दरिद्र, न मूर्ख, न कुलक्षण। सभी निर्दम्भ, सदाचारी, धर्मप्राण, गुणज्ञ, कृतज्ञ, ज्ञानवान और पंडित थे। कपट ने तो उन्हें छुआ भी न था। 'यथा राजा तथा प्रजा' के अनुसार जब राम को प्रजा इस रूप में देखती थी!—

कोटिन्ह बाजिमेध प्रभु कीन्हे। दान अनेक द्विजन्ह कहुँ दीन्हे॥
श्रुति पथ पालक धर्म धुरंधर। गुनातीत अरु भोग पुरंदर॥

तब उसकी अनुकृति भी करती थी। जहाँ एक नारीव्रत राम राज्य करते थे वहाँ की प्रजा भी वैसी ही क्यों न हो!

एकनारि ब्रत रत सब झारी। ते मन बच क्रम पति हितकारी॥

रामराज्य की विशेषताओं का बयान करने से यह भ्रम नहीं होना चाहिए कि तुलसीदास राजा के समर्थक और प्रजा के उपेक्षक थे। तत्त्वतः वे उस समय के शासन को प्रजा के लिए अत्यन्त उद्वेजक न होते हुए भी आदर्श और लाभकर नहीं समझते थे। यह कहने की आवश्यकता अब नहीं रह गई कि तुलसीदास ने सहृदयों और जनसमाज के समक्ष

रामचरित सुधार-संस्कार के लिए ही प्रस्तुत किया था। यह तथ्य इतना स्पष्ट है कि किसी प्रकार के समर्थन की अपेक्षा नहीं रखता। 'विनयपत्रिका' में उन्होंने राम के समक्ष जो अपनी अर्जी पेश की है, जिसमें कलियुग के द्वारा उत्पन्न कष्टों के निवारण की प्रार्थना की गई है, वह उनकी व्यक्तिगत बात नहीं है। तुलसीदास लोक-हृदय महात्मा थे, प्रजा के प्रतिनिधि के रूप में उसमें फैले हुए अविचार और उसको होने वाले कष्टों को लक्ष्य कर उन्होंने यह संविधानक रखा है। मानस में कलियुग-वर्णन यद्यपि श्रीमद्भागवत से लेकर ही अधिकतर रखा गया है! पर उसके वर्णन में उनका सामयिक प्रयोजन है, इसे कौन अस्वीकार कर सकता है, उस सन्त का नवनीत-हृदय प्रजा के ताप से द्रवीभूत हो रहा था। वे प्रजा के उत्थान और कष्ट-निवारण की कामना से ओत-प्रोत थे और चाहते थे कि यह शीघ्र-से-शीघ्र सम्पन्न हो।

तुलसीदास रामराज्य की चर्चा दो दृष्टियों से करते हैं। एक ओर तो वे राजन्य-वर्ग को सचेत करते हैं कि राज्य वही टिकने वाला हो सकता है जो प्रजासम्मत हो। दूसरी ओर वे प्रजा को भी चेतावनी देते चलते हैं कि उसे ऐसे ही आदर्श राज्य के लिए प्रयत्नशील होना चाहिए। भारतीय समाज में अन्याय और अत्याचार के प्रति जो विद्रोहात्मक प्रवृत्ति जगी उस जागृति में तुलसीदास का बहुत अधिक हाथ है, यह निस्संकोच कहा जा सकता है। तुलसीदास की कृतियों के द्वारा समाज में जिस भावना का प्रसार हुआ और उनके उद्योग से जनता में जिस बल-वीर्य का संवर्धन हुआ वह इतिहास के पन्नों में छिपा पड़ा है। हनुमत्पूजा के प्रसार का आयोजन करके, हनुमान-मन्दिरों की स्थापना करके और रामलीला की व्यवस्था बाँधकर उन्होंने प्रजा का हित-साधन करने में कुछ उठा नहीं रखा।

तुलसीदास प्रजा के कितने बड़े हिमायती थे, यह देखने के लिए प्रजा के लिए कहे गए उनके कुछ विचारों का आलोड़न-मन्थन सुतराम् अनिवार्य है। राम जैसे आदर्श राजा को भी प्रजा की आलोचना का सम्मान क्यों करना पड़ता है, इसलिए कि तत्कालीन नरेश प्रजा की वैसी चिन्ता नहीं करते थे जितनी उन्हें करनी चाहिए थी। यदि तुलसीदास सामन्तवादी मनोवृत्ति के होते, जैसा कुछ लोगों को भ्रम हुआ है, तो वे प्रजा-पक्ष का वैसा समर्थन न करते जैसा उन्होंने किया है। राम ने स्पष्ट कहा है कि प्रजा यदि मेरे दूषण देखे तो मुझे वर्जित करे—

नहिं अनीति नहिं कछु प्रभुताई। सुनह करहु जो तुम्हहिं सुहाई॥

... ...

जौं अनीति कछु भाषौं भाई। तौ मोहि बरजहु भय बिसराई॥

यह तो नहीं कहा जा सकता कि तुलसीदास राज्य का स्वामित्व प्रजा का मानते थे। उस युग में इस प्रकार की सामान्यतया कल्पना यदि असम्भव नहीं तो असाधारण अवश्य थी। राज्य का अधिकारी तुलसीदास की दृष्टि में राजा ही था, जैसे उस समय यदि सबकी नहीं तो अधिकतर व्यक्तियों की दृष्टि में था। पर यह अवश्य और बेखटके कहा जा सकता है कि तुलसीदास प्रजासम्मत शासन ही मानते थे। उनकी दृष्टि में 'नृपनय' के साथ 'साधुमत' और 'लोकमत' दोनों की मान्यता अपेक्षित थी। राजकीय व्यवहार कोरी राजनीति से नहीं चल सकता। उसमें साधुमत अर्थात् व्यक्तिगत उच्चादर्श लोकमत या जनमत का मेल

अनिवार्य है—

करिय साधुमत लोकमत नृपनय निगम निचोरि॥

यह अवश्य है कि तुलसीदास प्राचीन शास्त्रों के मानने वाले थे, वे 'निगम-मत' छोड़कर चलने वाले न थे। 'तस्मात् शास्त्रं प्रमाणं ते' को पूर्णतया वे मानते थे, पर लोकमत की अवहेलना न वे करने की सोच सकते थे और न उन्होंने ऐसा कहीं कहा ही है।

कई विद्वानों का मत है कि तुलसीदास राज-व्यवहार, उनके नियम, कायदे-कानून से अपरिचित थे। केशवदास ने जितना दरबारी शिष्टाचार (एटीकेट) का ध्यान रखा है उतना उन्होंने नहीं। इसके क्या कारण थे, उनकी चर्चा यहाँ अनावश्यक है, पर यह खुल्लमखुल्ला कहा जा सकता है कि उन्होंने प्रजा-पक्ष का ध्यान कहीं भी नहीं छोड़ा है। उन्होंने साधारण जनता के हृदय के दर्शन कराने के अवसर पर अपनी पूरी सहृदयता का प्रदर्शन किया है। राम के वनवास के अवसर पर ग्राम के नर-नारियों की ओर उनकी जैसी दृष्टि गई है वैसी न तो तुलसी के पूर्व किसी संस्कृत, प्राकृत, अपभ्रंश या भाषा के कवि की गई और न उनके किसी उत्तरवर्ती ने ही रामचरित-काव्य का निर्माण करते हुए वैसा अभिनिवेशपूर्वक उसका वर्णन या उल्लेख किया। यह निरर्थक अथवा वर्णन प्रियता के कारण नहीं है। यदि ग्राम नर-नारी रामभक्त के रूप में पहले से ही प्रसिद्ध होते तो भी कहा जा सकता था कि भक्त कवि का यह केवल पक्षपात है। पर अपरिचित ग्रामीणों में, विशेषतया नारियों में, जिस मानव-सामान्य-भावना का उदय कवि ने कराया है वह उसके प्रजा-प्रातिनिध्य का प्रमाण है।

राजा-प्रजा का सम्बन्ध

अब विचार करना चाहिए कि राजा-प्रजा का सम्बन्ध कैसा हो। 'प्रजा' शब्द का अर्थ सन्तति होता है। तुलसीदास प्रजा के प्रति राजा की वात्सल्य-भावना को ही ठीक समझते हैं। वात्सल्य की भावना में स्वामित्व का दम्भ और अहंकार आप-से-आप लीन हो जाते हैं। राजा के लिए प्रजा प्रिय है। राजा को उसका प्रेमी होना चाहिए। राजा भी प्रजा के लिए प्रिय हो, यह उसके कर्मों और व्यवहार पर आश्रित है। दूसरे शब्दों में, तुलसी की दृष्टि में राजा के लिए प्रजा का 'प्रियत्व' स्वाभाविक, प्राकृतिक होना चाहिए। प्रजा में भी राजा का 'प्रियत्व' जगे इसके लिए राजा को ही प्रयत्नशील होना चाहिए। इसी के लिए उन्होंने स्थान-स्थान पर राजा को सचेत और सावधान किया है। इस स्पष्टीकरण से तुलसीदास की राजा और प्रजा के सन्निकृष्ट सम्बन्ध की धारणा का ठीक-ठीक पता चल जाता है।

अब रहा यह कि राजा किस प्रकार के आचरण से प्रजा का 'प्रियत्व' प्राप्त कर सकता है। इसके लिए अनेक नीतिवाक्य उन्होंने 'दोहावली' में दिए हैं। राजा की समता जब पिता से है तो उसके साथ ही उसमें प्रजा के लिए पालकत्व का गुण भी होना चाहिए। यों तो राजा को सबके लिए समदर्शी होना चाहिए, पर उसके लिए समान वितरण आवश्यक नहीं है। वह मुखिया है और मुख की भाँति, सब कुछ ग्रहण करके भी वितरण अंगों की आवश्यकता और उपयोगिता की दृष्टि से ही करता है—

मुखिया मुखु सो चाहिऐ खान पान कहुँ एक।
पालइ पोषइ सकल अँग तुलसी सहित बिबेक॥

इससे यह भी स्पष्ट हो जाता है कि राजा में पितृत्व ही उन्हें मान्य है, मातृत्व नहीं। माता सन्तति के लिए अविवेक से भी काम ले सकती है, पर पिता, जैसी उसके गुण-धर्म की भारतीय भावना है, विवेक से काम लेने वाला है। तुलसीदास हृदय के साथ विवेक को भी इसी से मान्य ठहराते हैं।

रहा यह कि राजा प्रजा से 'खान-पान' को 'एक' की दृष्टि से कैसे आवश्यक सामग्री का चयन करे। इसके लिए उनकी सम्मति बहुत ही स्पष्ट, उपयोगी और आधुनिक राजनीतिक मान्यताओं की संवादिनी दिखाई देती है। वे कहते हैं कि राजा कर का ग्रहण ऐसे उपायों और ढंग से करे कि प्रजा को पता ही न चले कि किस प्रकार उसने कर लिया—जिस प्रकार सूर्य अपनी किरणों से जल खींचता है, पर कोई यह नहीं लक्षित कर पाता कि जल कैसे आकाश में चला गया, पर जब वही जल वृष्टि बनकर फिर लौटता है तो सभी को प्रत्यक्ष दिखाई देता है। किसी राजनीति के विशेषज्ञ को यह बताने की आवश्यकता नहीं कि साम्प्रतिक राजनीति भी प्रत्यक्ष कर (डाइरेक्ट टैक्सेशन) को अच्छा नहीं मानती। तुलसीदास कहते हैं—

बरखत हरषत लोग सब करषत लखै न कोय।
तुलसी प्रजा सुभाग तें भूप भानु सो होय॥

राजनीति विषयक विभिन्न अंगों से सम्बद्ध गोस्वामी जी की नीति के विषय में संकेतित स्थल दर्शनीय हैं।[1] निष्कर्ष रूप में इतना ही कहना है कि तुलसीदास में राजनीति-सम्बन्धी दृष्टि दो प्रकार की है, एक तो पारम्परिक या परकीय और दूसरी स्वतंत्र या स्वकीय। पारम्परिक दृष्टि से वे मनु महाराज की ही भाँति राजा को ईश्वर का अंश और मान्य मानते आ रहे थे[2], पर स्वतंत्र दृष्टि से वे राजा के प्रजा-सम्मत पथ के ही अनुगामी थे। यहाँ तक कि समय के अच्छे और बुरे होने का हेतु उन्होंने राजा को माना है—

जथा अमल पावन पवन पाइ कुसंग सुसंग।
कहिय सुबास कुबास तिमि काल महीप प्रसंग॥

कहने को तो कोई कह सकता है कि युगधर्म के अनुसार राज्य की स्थिति हुआ करती है, पर तुलसीदास के मत से इसका कारण राजा अर्थात् शासन ही है। शासन के 'सुत्व' का हेतु उसकी सुनीति और 'कुत्व' का हेतु कुनीति ही है।

आधुनिक शब्दावली में तुलसीदास 'क्रान्तिकारी' तो नहीं कहे जा सकते, पर उन्होंने जो कार्य किया और जिस प्रकार का मत अभिव्यक्त किया उसने परिणाम वही उत्पन्न किया जो क्रान्ति का होता है या कम-से-कम माना जाता है। राजा यदि बुराई करे, प्रजा का ठीक

---

1. राजमद-सम्बन्धी विचारों के लिए देखिए : 'मानस', अयो. 59.8; 226.8;227.1; 229.6,7।
उत्तम राजप्रकृति-सम्बन्धी विचारों के लिए देखिए : वही, बा. 27-5-10, अयो. 314; 'दोहावली', दो. 507, 516, 522, 530।
राजकर्मचारी-सम्बन्धी विचारों के लिए देखिए : 'दोहावली', दो. 517, 521, 525। स्वत्वसंग्रह-सम्बन्धी विचारों के लिए देखिए : वही, दो. 509, 510, 511। गोपन एवं अन्य नीति-सम्बन्धी विचारों के लिए देखिए : 'मानस' अयो. 314.1; अरण्य. 20.8, 10, 11, 18.14; बा. 170; लं. 5.5; 23; 27.10; उ. 11.6।
2. साधु सुजान सुसील नृपाला। ईस अंस भव परम कृपाला।
उधर मनु का कथन है : 'महती देवता ह्येषा नररूपेण तिष्ठति'।

पालन न करे, तो अपने समय के अनुरूप तुलसीदास उसे तीन प्रकार की धमकी दे सकते थे। एक तो यह कि लोक में अयश[1] होगा, दूसरे यह कि विनाश[2] हो जाएगा और तीसरे यह कि परलोक में हानि होगी।[3] लोक और परलोक का लोभ या भय दिखाना ही उस समय सम्भव था। साम्प्रतिक क्रान्ति की बात उस समय का कवि सोच ही कैसे सकता था? पर इस प्रकार के शान्ति-आन्दोलन का परिणाम वही हुआ। तुलसीदास ने धनुर्धारी और दशकन्ध-विनाशी राम का जो स्वरूप अंकित किया उससे प्रजा के हृदय में सन्तोष और शरीर में स्फूर्ति तथा मस्तिष्क में स्वाधिकार का विचार भर दिया।

संक्षेप में, तुलसीदास तत्कालीन कुनीतिपूर्ण शासन की तुलना रावण-राज्य से करते थे। उसके प्रतिपक्ष में ही वे रामराज्य चाहते थे। इस रामराज्य में प्रजा प्राणों से बढ़कर प्रिय होती थी, यह बताने की आवश्यकता नहीं। अन्त में यही कहा जा सकता है कि वे अपने समय तक विकसित भावना के अनुसार एकतंत्र-शासन-प्रणाली को ही मानते-जानते थे, पर चाहते थे प्रजातंत्र-शासन-प्रणाली। राजा की निरंकुशता का समर्थन तो कोई भी नहीं कर सकता। तुलसीदास तो ऐसे राजा को भी तिरस्कार की दृष्टि से देखते हैं जो प्रजा को प्राणप्रिय नहीं समझता। इसलिए गोस्वामी जी प्रजापक्ष के ही समर्थक सिद्ध होते हैं। यदि मध्यकाल में उनका आविर्भाव न हुआ होता तो वे रामराज्य का स्वरूप अवश्य सामने रखते, पर प्रजाराज्य की ही चर्चा करते। दूसरे शब्दों में उनका रामराज्य प्रजाराज्य ही है। यह वही प्रजाराज्य है जिसकी उद्‌भावना महर्षि वाल्मीकि ने की थी, जिस राज्य में धोबी की बात सुनी गई और अपनी निर्दोष पत्नी का परित्याग किया गया। भावभूति के शब्दों में रामराज्य लोकाराधन है। तुलसीदास लोकाराधन ही चाहते थे। सगुणोपासक भक्त अपने उपास्य की विभूति लोक में ही देखता है। उसके लिए जग सीयराममय है। इसीलिए वह किसी व्यक्ति का आराधन, किसी राजा-रईस का आराधन कर ही नहीं सकता। वह लोक-समष्टि का उपासक होता है, व्यष्टि का नहीं। अत: तुलसीदास को जो लोग सामन्तवादी कहते हैं या समझते हैं उनकी बुद्धि वादग्रस्त है।

प्राचीन वर्णाश्रम-धर्म की प्रतिष्ठा

समाज के राजगत व्यापक संघटन और राजनीतिक मान्यता की चर्चा करने के उपरान्त अब गोस्वामी जी के व्यवहारगत सामाजिक संघटन और उसकी मान्यता का विचार करना चाहिए। सबसे प्रथम यह कह देना आवश्यक है कि वेदशास्त्रानुमोदित मार्ग का अवलम्बन करना-कराना ही क्या समस्त भक्ति-सम्प्रदाय का स्वरूप है। ऐसा क्यों हुआ और उसमें केवल प्रतिगामिता ही नहीं है। आदि बातों का खंडन-मंडन प्रस्तुत निबन्ध का लक्ष्य नहीं, पर इतना कह देना आवश्यक है कि भारत में जिन-जिन सुधारवादी या गतिशील आन्दोलनों का उदय हुआ उनका समावेश आवश्यक परिवर्तन के साथ कर लेने की प्रवृत्ति निरन्तर जगती आई

---

1. सोचिअ नृपति जो नीति न जाना। जेहि न प्रजा प्रिय प्रान समाना॥
2. राज करत बिन काज ही करैं कुचालि कुसाज।
   तुलसी ते दसकंध ज्यों जइहै सहित समाज॥
3. जासु राज प्रिय प्रजा दुखारी। सो नृपु अवसि नरक अधिकारी॥

है। प्राचीन युग में, कम-से-कम हमारे कवि के समय में, किसी सुधार-संस्कार या परिवर्तन का ग्रहण समस्त या अधिकांश भारतीय समाज को तभी मान्य हो सकता था जब वह श्रुति-स्मृति-पुराण-शास्त्रानुमोदित हो। इसलिए जो भी आन्दोलन, विशेषतया भक्ति का जो आन्दोलन फिर से खड़ा हुआ उसके लिए भी श्रुति-स्मृति का सहारा आवश्यक क्या, अनिवार्य था। बौद्ध, जैन, सिद्ध, नाथ, निर्गुनिये आदि जिस परिष्कार के अभिलाषी थे उसी को श्रुतिसम्मत-पथ में ले आना भक्ति-सम्प्रदाय का आन्तरिक उद्देश्य था, इसे समझ लेने से भक्ति-सम्प्रदाय और उसके अन्तर्गत चलनेवाले मत-मतान्तरों के वास्तविक रूप का पता चल जाता है। कबीर आदि निर्गुनिये जो आन्दोलन कर रहे थे उसमें जाति-पाँति का त्याग आवश्यक था, सबकी समानता उनको मान्य थी। पर इसके साथ ही वे यह भी कहते थे कि प्रेम अर्थात् भक्ति के लिए ज्ञान की आवश्यकता नहीं। कबीर ने स्पष्ट कह दिया है कि--

पोथी पढ़ि पढ़ि जग मुआ पंडित हुआ न कोय।
ढाई आखर प्रेम का पढ़ै तो पंडित होय॥

भारतीय भक्ति-मार्ग ज्ञान का विरोधी नहीं है, पर वह ज्ञान अर्थात् कोरे ज्ञान को पर्याप्त नहीं समझता। गोस्वामी जी ने ऐसे कोरे ज्ञान को 'वाक्यज्ञान' कहा है। 'वाक्यज्ञान' से वस्तुतः संसार का रहस्य जान लेना सम्भव नहीं। सच पूछिए तो तुलसीदास क्या और सूरदास क्या, जितने भी भक्त-सम्प्रदाय के कवि हुए हैं उन्होंने निर्गुनियों का विरोध इसलिए किया है, अन्यथा सुधार की बातें उन्हें भी मान्य थीं। दूसरे शब्दों में यों कह सकते हैं कि कबीर आदि सन्त-फकीर जाति-पाँति की व्यवस्था हटाकर जिस सर्वसामान्य मार्ग का या प्रवृत्ति का उद्‌बोधन करना चाहते थे वही प्रवृत्ति इन सगुणोपासक भक्तों की भी थी; पर वे 'क्रान्तिकारी' नहीं थे। वर्ण-व्यवस्था का उन्मूलन करने से ये लोग कोई लाभ नहीं समझते थे, पर समानाधिकार इन्हें भी मान्य था। वह समानाधिकार भक्ति के क्षेत्र में सबको मिल सकता था। भक्त होने पर श्वपच किसी जन्मना ब्राह्मण से किसी प्रकार नीचा नहीं रह जाता; प्रत्युत यदि ब्राह्मण भक्त नहीं है तो डोम भक्ति के कारण उससे ऊँचा भी माना जाता है।[1] वस्तुतः भक्ति हृदय का व्यापार है। जो समानता केवल बुद्धि से स्थापित होती है वह चिरस्थायी और शाश्वत नहीं हो सकती। भक्ति के द्वारा, हृदय के द्वारा पुष्ट समानता चिरस्थायिनी होती है। कोरे पुराणपंथियों से भक्तिमार्गियों को भिन्न समझना चाहिए। ठीक इसी प्रकार भक्तिमार्गियों को ज्ञान-पंथियों या निर्गुनियों से भी भिन्न मानना चाहिए। गोस्वामी जी वस्तुतः समन्वयवादी वृत्ति के थे। वे 'पुराण' और 'नवीन' दोनों का समुचित संघटन और संयोग करने वाले थे, न वे पुराणवादी थे, न नवीनवादी। उन्हें पारस्परिक रूप में वर्ण-व्यवस्था मान्य थी, पर वे उसके कट्टर समर्थक न थे। वे भक्ति के साथ ज्ञान और कर्म को भी मानते थे। पर इस त्रयी में ज्ञान और कर्म गौण थे। ज्ञान की मान्यता के कारण वे वेद का तिरस्कार नहीं करते थे और कर्म की मान्यता के कारण वर्ण-व्यवस्था को भी मानते थे। समाज की मर्यादा तोड़कर कोई नया पंथ वे नहीं चलाना चाहते थे, इसी से उन्होंने वर्ण-व्यवस्था का

---

1. तुलसी भगत सुपच भलो भजै रैनि दिन राम।
ऊँचो कुल केहि काम को जहाँ न हरि को नाम॥

प्रत्यक्ष खंडन नहीं किया। 'मानस' के पात्रों के द्वारा उन्होंने वर्णाश्रम-धर्म का समर्थन इसी से कराया। अन्य ग्रन्थों में उन्होंने भक्ति को ही सर्वोपरि रखकर मर्यादा के विरुद्ध बातें कहने का साहस भी किया। जैसा वे 'विनयपत्रिका' में कहते हैं—

जाके प्रिय न राम बैदेही।
सो त्यागिये कोटि बैरी सम जद्यपि परम सनेही॥

जिस युग में गोस्वामी जी हुए थे उस युग में लोक के अधिकांश को ध्यान में रखकर अर्थात् बहुजनहित को लक्ष्य करके कोई परम्परा-प्रेमी उसके अतिरिक्त कोई दूसरी कल्पना कर ही नहीं सकता था जैसी कल्पना उन्होंने की। सामाजिक दृष्टि से उस समय इतना अधिक विकास या गतिशीलता जनता में नहीं आ पाई थी जिसकी ओर सन्त उसे ले जाना चाहते थे। कोई कहना चाहते तो कह सकता है कि निर्गुनिये सन्तों का पक्ष वस्तुतः दलित वर्ग का पक्ष था और सगुणोपासकों का पक्ष समस्त समाज में से बहुमत का पक्ष था। जो भी हो, समाज किस प्रकार चलता रहे और इसमें सहसा उपप्लव होकर विनाश की स्थिति न उत्पन्न हो, इसलिए तुलसीदास ने प्राचीन वर्णाश्रम-व्यवस्था का समर्थन किया था। उनका ऐसा समर्थन कहीं-कहीं उस सीमा तक भी पहुँच गया है जो भोंड़ा, साथ ही खटकने वाला भी प्रतीत होता है, इसमें सन्देह नहीं।

वर्णाश्रम-व्यवस्था का मूल और सिद्धान्त तो उन लोगों को भी मान्य है जो उसके विरोधी हैं, पर कठिनाई यह उपस्थित होती है कि वर्णभेद को जन्मना माना जाए या कर्मणा? जन्मना मानने से उसके 'गुण-कर्म-विभाग' का आगे चलकर लोप हो जाता है, सबको समान अधिकार और अवसर की स्थिति नहीं रह जाती। कर्मणा मानने से उसका परिष्कार समय-समय पर अपेक्षित होता है। तत्त्वतः वर्ण-व्यवस्था न तो केवल जन्मना ही मान्य हो सकती है और न केवल कर्मणा ही। दोनों का किसी प्रकार समन्वय ही उसकी उपयोगिता सिद्ध कर सकता है। गोस्वामी जी एक प्रकार से समन्वय की यही स्थिति लाना चाहते थे। 'जन्मना' की यह बात तो वे परम्परा के अनुसार ही स्वीकार कर लेते हैं, पर 'कर्मणा' के लिए उस व्यवस्था के गुण-कर्म का नियोजन करके भक्ति का विनियोजन करते हैं। भक्ति का यह विनियोग समाज की दृष्टि से ही उन्होंने किया था। वे भक्ति को सामाजिक भूमिका पर ले आना चाहते थे। केवल व्यक्तिगत साधना के लिए उनकी भक्ति नहीं है और न वह केवल लोक साधना के ही लिए है। वह दोनों का योग है। वे चाहते ही हैं—

तुलसी घर बन बीच ही राम प्रेम पुर छाइ।

इसीलिए वर्ण-व्यवस्था सम्बन्धी उनकी उक्तियों को अर्थवाद की दृष्टि से देखना चाहिए, शब्दवाद की दृष्टि से नहीं।

तुलसीदास ने ब्राह्मणों की बड़ी प्रशंसा की है, उनके माहात्म्य का बार-बार उल्लेख किया है। इतना लिखा है और ऐसे लिखा है कि यदि कोई उन्हें पंडे-पुजारियों का वकील कह बैठे तो कोई आश्चर्य नहीं। पर ऐसी बात है नहीं। यथार्थतः वे ब्राह्मणत्व का आदर्श ऊँचा समझते थे, त्याग और उनकी तपस्या को ही उपयुक्त समझते थे, परोपकार ही उनका लक्ष्य मानते थे। ब्राह्मणों के पतन पर उन्हें घोर क्षोभ है, तो भी इस विषय पर उनके कुछ कथन असमर्थनीय हो जाते हैं। तथा कहीं-कहीं शूद्रों की निन्दा भी इसी कोटि में आ जाती है।

क्षत्रिय और वैश्य के लिए भी लोकोपकार वाली ही दृष्टि से उन्होंने विचार किया है, जातिगत विचार वहाँ नहीं है। अर्थात् जैसे शूद्र के सम्बन्ध में है वैसे क्षत्रिय और वैश्य के सम्बन्ध में नहीं कि ब्राह्मण को प्रणाम न करने वाला या ब्राह्मण को न मान देने वाला क्षत्रिय या वैश्य मान्य नहीं है। 'विनयपत्रिका' में उन्होंने जिस 'हेतुवाद' की चर्चा की है वह मुखर शूद्रों से सम्बन्ध रखने वाला है।

अब आश्रम पर आइए। तुलसीदास ने आश्रमों में से गृहस्थाश्रम पर ही विशेष दृष्टि दी है। है भी वह ज्येष्ठ आश्रम। हमारे कवि ने 'मानस' तथा अपने अन्य काव्यों का निर्माण जीवन के लिए, चलित जीवन के लिए ही किया है और भारतीय 'समाज' में मुख्य है 'गृहस्थी'—परिवार। जो व्यक्ति परिवार के लिए कुछ दे सके उनकी 'मानसिक बुभुक्षा' की शान्ति कर सके, वह बहुत-कुछ कर चुका। गोस्वामी जी ने पातिव्रत पर बहुत-कुछ लिखा है। गृहस्थी कैसे चले, इसका ध्यान उन्हें बराबर है। अनुसूया ने सीता को जो पातिव्रत की शिक्षा दी है वह भारतीय समाज की पारस्परिक स्थिति का ध्यान रखकर कवि के द्वारा कहलाई गई उक्ति है। तुलसीदास हमारे चलित जीवन के संस्कार-सुधार, देखभाल का इतना अधिक ध्यान रखते हैं और उसके लिए 'मानस' में उन्होंने इतने अधिक स्थलों पर नीतिविषयक उक्तियों की योजना की है कि 'मानस' काव्यग्रन्थ के बदले स्मृतिग्रन्थ-सा जान पड़ने लगता है। उनके काव्य में उपदेशात्मक तत्त्व का प्राधान्य इसी से है। सन्त और असन्त के लक्षण बार-बार आए हैं। जैसे केशवदास अपना पांडित्य प्रदर्शित करने के लिए 'राम-चन्द्रिका' में शास्त्रीय प्रमाणों और नीतिवाक्यों का सन्निवेश करते हैं वैसे ही तुलसीदास भी करते हैं, पर वे पांडित्य प्रदर्शन की दृष्टि से ऐसा न करके समाज के उपकारार्थ करते हैं। पहले में आत्मपक्ष प्रधान है, दूसरे में विश्वात्म-पक्ष। सूरदास को इसीलिए चिन्ता नहीं कि शृंगारी काव्य का समाज पर क्या प्रभाव पड़ेगा, पर तुलसीदास को इसकी चिन्ता निरन्तर है। भक्तिकाल के अनन्तर रीतिकाल में सूरदास का अनुगमन विशेष हुआ, तुलसीदास का एकदम नहीं या बहुत कम। उसका कारण स्पष्ट है। सूरदास ने समाज की चिन्ता में घुल-घुलकर 'सूर-सागर' का प्रणयन नहीं किया। उसमें काव्यतत्त्व उपदेशात्मक तत्त्वों से दबा नहीं, पर तुलसीदास में यह बात स्पष्ट है। उसमें काव्यतत्त्व पर समाजतत्त्व का रंग खूब चढ़ा। परिणाम भी वही हुआ। रीतिकाल के कवियों ने सूरदास को माना, तुलसी को नहीं। पर समाज में सूरदास का उतना प्रसार नहीं हुआ जितना तुलसीदास का। कहीं 'सूरसागर' न हो, पर 'मानस' आपको मिल जाएगा। भारतीय परिवारों के आदर्शों की, शील-शिष्टाचार की स्थापना की गोस्वामी ने बहुत चिन्ता की है। भरत के चरित्र को केवल परम भक्त के चरित्र का आदर्श न मानना चाहिए। तुलसीदास भारतीय समाज, परिवार में भ्रातृत्व का वही आदर्श चाहते हैं जो उन्होंने 'मानस' में दिखाया है।

पारिवारिक जीवन का आदर्श

भारतीय समाज और उसके अंग परिवार में क्या विकार आ गया था, इसकी चर्चा 'विनयपत्रिका' के पदों तथा कलियुग-प्रसंग में उन्होंने की है। उसका स्वरूप क्या होना चाहिए, इसे 'मानस' के राम-परिवार के सिद्धान्त-रूप से उन्होंने कहा ही नहीं, व्यावहारिक

रूप में दिखा भी दिया है। तुलसीदास उसी भारतीय परम्परा के अनुगामी या अपने समय के अनुरूप उसी के समर्थक हो सकते थे जिसको आजकल की विलायती शब्दावली में समाज का सम्मिलित परिवार (ज्वाइन्ट फेमिली) प्रकार कहते हैं, पर 'फेमिली' और 'परिवार' शब्दों की आख्या में ही अन्तर है। 'फेमिली' की सीमा छोटी—'स्व' की सीमा तक है और 'परिवार' की सीमा बड़ी—'स्व' की सीमा पार कर 'पर' की सीमा तक है। भारतीय 'परिवार'-संघटन-शैली के द्वारा 'घर' में ही 'बाहर' की, व्यष्टि में ही समष्टि की, 'स्व' के साथ 'पर' की, थोड़े में या एक शब्द में 'धर्म' की शिक्षा दी जाती है। इसी से सामाजिक तुलसीदास ने 'परिवार' पर विशेष ध्यान दिया है। 'मानस' में रामचरित के भीतर रामपरिवार में उन्होंने उसके स्वरूप की पूर्ण अभिव्यक्ति की है। यदि 'मानस' को दृष्टि में रखकर कोई कहना चाहे तो कह सकता है कि गोस्वामी जी 'पारिवारिक कवि' हैं। वे भाई-भाई, पति-पत्नी, पिता-पुत्री, माता-पुत्र, स्वामी-सेवक आदि यहाँ तक कि लालित-पालित पशु-पक्षियों के सम्बन्धों और उनके निर्वाह की जैसी झलक दिखाते हैं उसमें 'सम्मिलित परिवार' शैली का पूर्ण समर्थन निहित है। यदि किसी विचारशील के समक्ष ये पंक्तियाँ रखी जाएँ—

बृद्ध रोगबस जड़ धनहीना। अंध बधिर क्रोधी अति दीना॥
ऐसेहु पति कर किएँ अपमाना। नारि पाव जमपुर दुख नाना॥

तो वह तुलसीदास को पुराणपंथी क्या, पोंगापंथी ही समझेगा। पर उनका जो प्राचीन सामाजिक आदर्श और उनकी जो पारिवारिक रूप-कल्पना थी वह 'पराशर-स्मृति' आदि में इसके विपरीत व्यवस्था होते हुए भी, उसका समर्थन क्या उल्लेख भी अनावश्यक समझती है। तो भी आजकल बहुतों को यह विचार पूर्णतया समर्थनीय न जँचेगा, 'पिता' की आज्ञा का पालन करने वाला प्रह्लाद पूज्य है, पर उन्होंने—

अनुचित उचित बिचार तजि जे पालहिं पितु-बैन।
ते भाजन सुख सुजस के बसहिं अमरपति ऐन॥

का भी समर्थन किया है, ऐसा क्यों? इसका उत्तर यह है कि वे 'लोकमत' और 'साधुमत' दोनों में अन्तर करके चलते थे। जहाँ व्यक्तिगत आदर्श की उच्चता अपेक्षित है वहाँ 'साधुमत' ही मान्य होगा—'साधुमत' व्यक्तिमत है और 'लोकमत' जातिमत। भरत का वाक्य 'लोकमत'—जातिमत सामान्य कथन—साधारण धर्म है। प्रह्लाद की करनी साधुमत—व्यक्तिगत विशेष स्थिति—असाधारण या विशेष धर्म है। उन्होंने प्रह्लाद का भी खुल्लमखुल्ला समर्थन किया है—

जाके प्रिय न राम बैदेही।
सो त्यागिये कोटि बैरी सम जद्यपि परम सनेही॥
तज्यो पिता प्रहलाद बिभीषन बन्धु भरत महतारी॥
बलि गुरु तज्यो कंत ब्रज बनितन भे मुदमंगलकारी॥

कुछ लोग भरत के द्वारा माता के प्रति कहे गए वचनों और किए गए व्यवहार के कारण 'मानस' के भरत को तो बुरा कहते ही हैं, उसकी कल्पना करने वाले कवि की भी कुत्सा करते हैं। तुलसीदास की दृष्टि 'विनयपत्रिका' के उक्त पद से स्पष्ट है। यह 'साधुमत'

भक्तिमत है। इसका 'लोकमत' से कोई विरोध नहीं है। लोक की उच्च, उच्चतर और उच्चतम कल्पनाओं के लिए ही इसका भी समर्थन है। व्यक्ति, परिवार, ग्राम, देश, विश्व आदि के तारतम्य से धर्म की उच्चता बढ़ी है। व्यक्ति की अपेक्षा परिवार के धर्म का पालन श्रेष्ठतर है; परिवार की अपेक्षा क्रमशः ग्राम, देश और विश्व के धर्म का पालन। ये मनुष्य के विकास के प्राचीन भारतीय सोपान हैं। गोस्वामी जी इसे ही मानते थे, यह आज बुरा हो या सिद्ध हो, यह दूसरी बात है। तात्पर्य यह है कि लोकोन्मुख प्रवृत्ति ही उनकी प्रवृत्ति है। व्यक्ति-साधना और जागतिक व्यवहार में उन्होंने अन्तर किया है। विमाता के प्रति, जो प्रायः ईर्ष्या-बुद्धि से ही देखने वाली होती है, मातृवत् व्यवहार उन्होंने इस जागतिक पारम्परिक भारतीय वृत्ति के अनुरूप रखा और दिखाया है। गोस्वामी जी ने कैकेयी को बचाने के लिए 'गिरा' का प्रयोग करके उसकी कार्यवाही से तटस्थ-सा कर दिया है तथा चित्रकूट में उसका घोर पश्चाताप दिखाकर उसकी शालीनता प्रकट की है।

दास-दासी भी परिवार के अंग हैं और तुलसीदास ने सेवक-सेव्यभाव की भक्ति-पक्ष में महत्ता भी स्वीकार की है। यही कारण है कि उन्होंने सेवक के गुण-धर्मों का उल्लेख और सेवकों के कर्तव्य-पालन का वर्णन अत्यन्त मनोभिनिवेशपूर्वक किया है। भक्ति के जितने सम्प्रदाय खड़े हुए उनमें सेवक या दास्य-भाव अनिवार्य रूप से रहता है। जो सख्य, वात्सल्य और कान्त-भाव से उपासना करते हैं, उनमें भी शान्त और दास्य-भाव रहते हैं, इसलिए दास्य भक्ति-क्षेत्र का प्रधान भाव, सबमें अनुस्यूत भाव है, अतः परिवार के इस अंग के वर्णन में विशेष अभिनिवेश भक्त के लिए स्वाभाविक है। भारतीय व्यवहार-परम्परा में जातिगत, स्थितिगत भेदों को मानते हुए भी दासों के प्रति पारिवारिक सम्बन्ध जोड़ने की और उसका निर्वाह करने की प्रथा है। हमारे कवि ने इसी पारिवारिक भाव-प्रधान सम्बन्ध को आदर्श माना है। मंथरा से कैकेयी का सम्बन्ध इसी प्रकार का लक्षित कराया गया है। कैकेयी जब मंथरा पर बिगड़ती है और इस सम्बन्ध का अतिरेक करके उसे सचमुच नीची श्रेणी का मानकर उसके साथ वैसा ही शब्द-व्यवहार करने लगती है तो वह व्यथित होकर अपनी वास्तविक स्थिति के ज्ञान की स्वीकृति कैकेयी के सामने यों करती है—

कोउ नृप होउ हमहि का हानी। चेरि छाड़ि अब होब कि रानी॥

मंथरा यही कह रही है कि आज तक तो समानता का भाव बरता गया, पर अब उसकी समाप्ति हो गई। मैं दासी हूँ, आपकी बराबरी मुझे न मिल सकेगी। भरत भी राजा हो जाएँगे तो आपके आज के व्यवहार से निश्चय हो गया कि आपके यहाँ भी मुझे वह समानता का मान, जो आज तक प्राप्त था, न मिल सकेगा। अन्त में कैकेयी को अपनी भूल ज्ञात हुई कि रोष में मैंने इसके साथ इस आरोपित सम्बन्ध के निर्वाह का भी ध्यान त्याग दिया। यह कह देने में कोई आपत्ति नहीं कि रोमी 'स्लेवों' की भाँति भारतीय दास स्वामी के अस्थावर रिक्थ नहीं थे। संक्षेप में, उन्हें जड़ नहीं, चेतन प्राणी माना जाता था और उनके साथ अपने रक्त-माँस के लोगों की-सी आत्मीयता बरती जाती थी और तुलसीदास इसी आदर्श को मानने वाले थे।

दासों की तो कथा ही छोड़िए, पशु-पक्षियों के साथ भी इसी आत्मीयता का परिचय दिया जाता था और वे भी इसे समझते तथा ऐसा ही व्यवहार करते थे। हमारे कवि ने पूरी

मार्मिकता के साथ इसका उल्लेख किया है। पशुओं के मनोविज्ञान की चर्चा करके उसके निरीक्षण की प्रशंसा करने का यह स्थल नहीं। यहाँ तो केवल पारिवारिक सम्बन्ध का बर्ताव दिखाना-मात्र प्रयोजन है। शुक्र और सारिका के सम्बन्ध में तुलसीदास ने 'गीतावली' में इसकी चरम अभिव्यंजना की है। वे राम के वियोग से पीड़ित होकर कहते हैं—

हम पँख पाइ पींजरिन तरसत अधिक अभाग हमारो।

यहाँ यह कहना भी व्यर्थ है कि कवि ने बोलने वाले पक्षियों का ही संवाद रखकर शुद्ध प्रतीकात्मक अर्थात् कवि की ओर से आरोपित भाव होने से, इसको बचा लिया है। यह बतलाना भी अनावश्यक है कि पंख होते पिंजड़ों में पड़े रहने से उनकी जो मार्मिक वेदना प्रकट होती है उससे यह भी पता चलता है कि लोग वेदना से इतने व्यथित हैं कि उन्हें चारा-पानी देने के समय भी कोई उनके पिंजड़ों का द्वार नहीं खोलता कि उससे कह कर या घात पाकर ही उड़ जाएँ। दिखाना यही है कि गार्हस्थ्य-जीवन के जो सम्बन्ध अपनों के प्रति होते हैं वे ही दास-दासियों और लालित-पालित पशुओं तक के साथ जोड़े जाते हैं, उनका निर्वाह दोनों ओर से होता है।

शास्त्रसम्मत प्राचीन परम्परागत नियमों और विश्वासों का वर्णन

तुलसीदास ने हमारे लिए केवल आदर्श परिवार का स्वरूप ही नहीं खड़ा किया, चलित भारतीय पारिवारिक जीवन की कुछ उन लोकरूढ़ मूढ़-कल्पनाओं (पापुलर सुपर-स्टिशन्स) को भी ज्यों-का-त्यों बनाए रखा जो वैज्ञानिक दृष्टि से चाहे महत्त्वपूर्ण और मान्य सिद्ध न हों। जीवन के घटनाचक्र सभी तर्क प्रतिष्ठ नहीं होते, बहुत-सी ऐसी घटनाएँ होती हैं जो अ-तर्कप्रतिष्ठ अथवा तर्क-विरुद्ध भी होती हैं और विकसित मानव-जीवन में भी जाने-अनजाने चलती ही रहती हैं। मनुष्य का विकास जिन मूढ़ताओं और अन्ध-विश्वासों के बीच हुआ है वे संस्कार-रूप में उसमें वर्तमान रहते हैं। और तर्क से सिद्ध न होने पर भी अपने व्यक्तिगत जीवन में वह उनका व्यवहार कर जाता है। कभी-कभी उसके लौकिक जीवन से इसके कारण विरोध उत्पन्न होता है और उसे इन संस्कारों के लिए समाज में कभी-कभी लज्जित भी होना पड़ता है।

तुलसीदास ने ही ऐसे अतर्क-सिद्ध विश्वासों का संग्रह अपने काव्य में नहीं किया है, महर्षि वाल्मीकि ने भी अपनी रामायण में इनका ग्रहण किया है। अपशकुनादि के जो शास्त्र हैं वे तो हैं ही, संस्कृत की सारी काव्य-परम्परा इनका संग्रह करती आ रही है। शेक्सपीयर आदि विदेशी कवियों ने अपने नाटकों आदि में बराबर इनका ग्रहण किया है। बात यह है कि कवि का कार्य जीवन की अभिव्यक्ति है। जीवन जिस रूप में चलता रहता है कवि उसका ग्रहण करके उसमें परिष्कार करने का प्रयास करता है। इसलिए चलित जीवन की सुधारक की भाँति सर्वत्र आलोचना करते चलने से उसकी लक्ष्य-सिद्धि नहीं होती। इसी से भावसरणि के भीतर जितनी बातें और घटनाएँ खपती चलती हैं उन्हें वह खपाता चलता है। इन संस्कारों का संग्रह जीवन के भराव को दिखाने-भर के लिए होता है। काव्य के प्रयोजन की सिद्धि न तो इनकी तीव्र आलोचना करने से होती है और न इनका संग्रह करने से उसकी कोई हानि ही। जिन पात्रों या जिस जीवन का स्वरूप खड़ा किया जाता है उनमें या उसमें जो-जो

मान्यताएँ हैं उनका आकलन न करने से उसकी परिपूर्णता को क्षति पहुँचती है। इसी से इस प्रकार की अ-तर्कसिद्ध बातें भी काव्य में जीवन से सम्बद्ध होने के कारण आ जाती हैं। इस प्रकार यह सिद्ध होता है कि गोस्वामी जी ने शास्त्रसम्मत और काव्यपरम्परासम्मत होने के कारण ही इनका संग्रह किया है। इनमें उनकी कोई निष्ठा रही हो ऐसी बात नहीं। भगवद्भक्त के लिए ये अन्धविश्वास और ये मूढ़ कल्पनाएँ कोई महत्त्व नहीं रखतीं। एक भक्त ने ललकारकर कहा है—

सबै घरी सुभ घरी है सबै बार सुभ बार।
भरनी भद्रा ताहि दिन जब रूठै करतार॥

भक्त के लिए भगवत्-प्रेरणा, मनोल्लास ही सब-कुछ है, मुहूर्त्त-चिन्तन और शकुन-विचार कुछ नहीं। तुलसीदास ने स्पष्टतया इनका विरोध किया है—ठीक वैसा ही जैसा आधुनिक युग में आर्यसमाज ने किया है। वे 'दोहावली' में लिखते हैं—

कब कोढ़ी काया लही जग बहराइच जाइ।

प्रश्न हो सकता है कि तुलसीदास ने 'रामाज्ञा-प्रश्न' लिखकर शकुन-विचार पर आस्था क्यों दिखाई? इसका सीधा और स्पष्ट उत्तर यह है कि अपने लक्ष्य की सिद्धि के लिए, शकुन-विचारगत अपनी आस्था के कारण नहीं। जीवन में रामचरित के प्रवेश, उसके मनन-चिन्तन को वे कल्याणकारी मानते थे। अत: जनता जिस अच्छे-बुरे प्रकार से उसका ग्रहण करे, उन्हें ग्रहण कराना था। 'रामाज्ञा-प्रश्न' या 'रामशकुनावली' उन्होंने इसी से रखी कि अन्य शकुनों की आस्था त्यागकर जनता रामचरित से शकुन-विचार करे और साथ ही रामचरित के संसर्ग से अपने जीवन का परिष्कार करे। यही क्यों, उन्होंने 'रामललानहछू' में अपने मर्यादावाद को भी इसी लक्ष्य की सिद्धि के लिए थोड़े समय के लिए भुला दिया था—जान-बूझकर—यह वैसा ही है जैसे कोई वैद्य किसी अफीमची को ऐसी दवा दे जिसका अनुपान अफीम ही हो। रोगी का रोग दूर होना चाहिए। जनता में प्रचलित गीतों-गालियों के बदले रामचरित के गीत चलें, भले ही उनमें लोगों के मनमोद के लिए एकाध स्थल पर गाली भी रख दी जाए। 'रामललानहछू' के प्रदर्शित शैली के कारण लोग जो उसे तुलसीदास की रचना मानने में हिचकते हैं या यह कहते हैं कि यह उनके यौवनकाल की कृति है उन्हें इस दृष्टि से भी विचार करना चाहिए।

छोड़िए इन अन्धविश्वासों की चर्चा, यम-नियमों की ओर आइए। ये भी बहुत प्राचीन युग से प्रचलित हैं। यद्यपि जीवन में इनका ग्रहण और पालन पूर्णतया क्या, आंशिक रूपों में भी नहीं होता। प्राचीन युग में जीवन-संचालन के लिए कुछ विधान बनाए गए थे। ये साध्य के रूप में ही थे। इनकी परिपूर्ण साधना दुरूह थी, पर इन्हें लक्ष्य में रखकर शरीरयात्रा, मानसोल्लास में प्रवृत्त होने की विधि कर दी गई थी। आरम्भ में तो इनके पालन की ओर कठोर दृष्टि रहती थी, ज्यों-ज्यों जीवन की सुकुलता बढ़ती गई, इनके पालन और व्रत का बन्धन शिथिल होता गया। एक प्रकार से व्यवहार में ये साधु-सन्तों के जीवन अंग हो गए, वास्तविक और अधिकांश जीवन से इनका विच्छेद बढ़ गया। गोस्वामी जी ने इनका जो बार-बार उल्लेख किया है वह शास्त्र और काव्य की सम्मति के अतिरिक्त अपने साधु-सन्त जीवन की प्रेरणा के कारण भी। 'वैराग्य-संदीपनी' भी उन्होंने लिखी है और उसमें

उन्होंने इन सबका ही विशेष उल्लेख और आकलन किया है। ये यम-नियम योगशास्त्र के हैं, पर भारतीय जीवन में समन्वय-साधना इतने प्राचीन युग से और ऐसे ढंग से चली आ रही है कि वाङ्मय के जितने विभेद और रूप हैं, सबमें एक ही ध्वनि सुनाई पड़ती है—जो स्मृति कहती है, वही शरीरशास्त्र आयुर्वेद कहता है, वही ज्योतिष (फलित)-शास्त्र कहता है, वही साहित्य को कहना पड़ता है। 'मनुस्मृति' में लिखा है कि 'आर्द्र पदस्तु भुंजीयात् नार्दपादस्तु संविशेत्', पर जब तर्क-प्रतिष्ठ 'चरक-संहिता' में भी इसी का उल्लेख मिलता है तो विचार करना पड़ता है कि ऐसा क्यों हुआ। भले ही कोई परम्परा की बातों को विज्ञान से सिद्ध करने वाला यह कहे कि पैर में लगे कीटाणु (जर्म) मर जाते हैं, भोजन के समय इससे पैर धो लेना चाहिए और पैर धोकर सोने से पैर की उष्णता मस्तिष्क में पहुँचती है इसलिए पैर धोकर सोना विज्ञान-विहित नहीं है; पर इस विज्ञान-दृष्टि से कोई धार्मिक ऐसा नहीं करता। मनुष्य से उसकी भावुकता का लाभ उठाकर बहुत से काम कराए जाते हैं। प्राचीन युग में धर्म यही करता था। धर्म का बन्धन स्वीकार कर लेने से बहुत-सी अच्छी बातें भी मूढ़ता या भावुकतावश होती चलती थीं। जीवन जैसा है उसे वैसा ही मानकर कोई प्रयोग करना चाहिए। सारी जनता तर्क से विचार करके सब समय काम नहीं करती। सब समय बुद्धि विचारोन्मुख रहती भी नहीं, इसी से जीवन में कुछ बातें अभ्यास या संस्कार के रूप में समाजवेत्ता कर दिया करते हैं। जीवन की विशालता में, उसकी संकुलता में सबको इतना अवकाश नहीं रहता, सबमें इतनी क्षमता नहीं होती; और नियमों का विधान करना पड़ता है सबको लक्ष्य करके। इसी से जीवन के लिए कार्य का विधान आगमों में होता है। उनके साथ ही बहुत-से अकार्य भी लगे रहते हैं। इन आगमों ने इन अकार्यों को भी मान लिया है, उन्हें छेड़ा या उनका खंडन-मंडन नहीं किया। गृह्यसूत्रों में शास्त्रीय पक्ष देखकर लिखा है—'यथा मंगल वा' अर्थात् यदि किसी कुल में कोई मूढ़ता प्रचलित हो तो आत्मसन्तोष के लिए उसे भी किया जा सकता है।

मर्यादावाद

भारत में ही नहीं, जगत में 'समाज' का निर्माण मर्यादा-बन्धन के लिए किया गया है। समाज ने सबल और निर्बल, धनी और निर्धन, पंडित और मूर्ख सबको मूलतः अधिकार की दृष्टि से एक समान माना। फिर समाज या सबके कल्याण के विचार से किसी-किसी को विशेषाधिकार या छूट दी। इस प्रकार समाज का सामान्य-सा साधारण नियम यह हुआ कि लोग अपने लिए बँधी मर्यादा का पालन करें, कोई किसी दूसरे के अधिकार में दखल न दे। यदि समाज में ऐसा होने लगे तो समाज सचमुच ही आदर्श हो जाए। रामराज्य की स्थापना हो जाए। पर ऐसा होता नहीं। अतः समाज को दंड की भी व्यवस्था करनी पड़ती है। गोस्वामी जी समाज की मर्यादा अर्थात् कर्तव्य का अधिक ध्यान रखते हैं। वस्तुतः धर्म का ठीक अर्थ कर्तव्य ही है। उन्होंने इसी धर्म को लक्ष्य करके मर्यादावाद के लिए सतत प्रयत्न किया। इसी से उनके 'मानस' में सर्वतोभावेन मर्यादा का पालन दिखाई देता है। 'मानस' मजहब की दृष्टि से लिखा गया कोई साम्प्रदायिक ग्रन्थ नहीं है। वह 'धर्म' की भावभूमि पर निर्मित साहित्यिक, साथ ही भक्त का ग्रन्थ है। उसमें मर्यादा—'धर्म'—पालन की महत्ता के साथ तुलसीदास ने

'साधुत्व' को सामने न रखकर 'समाज' को ही सामने रखा है। इसी से उनके यहाँ 'दंड' भी मर्यादा का अंग है। सर्वत्र क्षमा का विधान नहीं है। जिनमें दुर्वृत्ति प्रकृतिस्थ है उनको दंड और जिनमें दुर्वृत्ति आरोपित है उन्हें क्षमा करना राम की मर्यादा है। आरोपित दुर्वृत्ति का उल्लेख बाबाजी ने रामभक्तों के प्रसंग में भी किया है और उनको क्षमा करने में राम का पक्षपात झलकता है। भक्तों के लिए यह विशेष आकर्षक है—

जेहिं अघ बधेउ ब्याध जिमि बाली। फिरि सुकंठ सोइ कीन्हि कुचाली॥
सोइ करतूति बिभीषन केरी। सपनेहुँ सो न राम हियँ हेरी॥

इसके साथ ही यह भी श्रुतिमार्ग है—

जौं नहिं दंड करौं खल तोरा। भ्रष्ट होइ श्रुतिमारग मोरा॥

तात्पर्य यह कि तुलसीदास का मर्यादावाद एकांगी नहीं है, साम्प्रदायिक नहीं है। सामाजिक है, लौकिक है। उसमें उचित की सब प्रकार से समाई है।

समाज में स्त्रियों का स्थान

अब गोस्वामी जी की नारीगत भावना की मीमांसा की जाए। भक्ति-सम्प्रदाय वस्तुतः प्रवृत्ति-मार्गी होते हुए भी निर्वृत्ति को लक्ष्य करके चलता है। इसी से भक्ति-सम्प्रदाय में जितने प्रकार की उपासनाएँ चलीं उनमें शान्त भाव सब में अनुस्यूत और प्राथमिक माना गया। भक्त समष्टि रूप से जगत को अपने उपास्य का स्वरूप मानता है, पर व्यक्तिगत साधना के पक्ष से जगत के कार्यों से विरक्त भी रहता है। लौकिक व्यवहार में भक्त व्यक्तिगत रूप से संलग्न नहीं होता। इस प्रकार स्पष्ट हुआ कि तुलसीदास की तीन दृष्टियाँ हैं। एक तो वे कवि-रूप में हमारे सामने आते हैं, दूसरे समाज-संस्कर्ता के रूप में और तीसरे साधक के रूप में। कवि के रूप में उन्होंने नारियों के विभिन्न स्वरूपों की कल्पना की और उनका अपने प्रबन्ध में यथास्थान चित्रण किया। नारी-जाति के चरित्रगत वैशिष्ट्य की दृष्टि से जो विभिन्न रूप दिखाई देते हैं यह कवि तुलसीदास की दृष्टि है। समाज-संस्कार की दृष्टि से उन्होंने नारी के सम्बन्ध में वह धारणा ग्रहण की जो परम्परा से चली आ रही थी—या यों कहिए कि उस समय जैसी धारणा थी उसे ही मान्य ठहराया। साधक की दृष्टि से उन्होंने नारी को बहुत ही गर्हित कहा। ऐसा अन्य साधकों ने भी किया है। कबीर आदि सन्तों ने नारी के सम्बन्ध में जैसी उक्तियाँ कही हैं उन्हें कोई भी सभ्यताभिमानी व्यक्ति सुनने तक को प्रस्तुत नहीं हो सकता। तुलसीदास मर्यादावादी थे और यह सोचते थे कि सम्प्रति समाज-संचालन में नारी के लिए पातिव्रत ही प्रमुख है, इसी पर उन्होंने अधिक जोर दिया है। बड़े दुःख की बात है कि इतने बड़े महात्मा ने नारी के लिए कहीं भी उस उक्ति का प्रयोग नहीं किया जो वेदव्यास ने बहुत पहले कही थी। इसे वे परम्परा के नाते ग्रहण कर सकते थे, पर उन्होंने 'नारी की पूजा' के बदले उसके अपावनत्व और जड़त्व आदि का ही उल्लेख अधिक किया है। इसका उनके जीवन से सम्बन्ध ही तो हो सकता है। कहते हैं कि उन्होंने वैराग्य के कारण अपनी पत्नी का त्याग कर दिया। पत्नी की ओर का आकर्षण भगवद्भक्ति से पराङ्मुख करने वाला होता है, अतः साधक तुलसीदास के समक्ष रह-रहकर नारी का पतनकारी रूप आता था। राम-परिवार की महिलाओं का उन्होंने जैसा चित्रण किया है वह नारीगत उनकी भावना का

परिहार नहीं है। भक्ति जिस नारी में हो और जो उपास्य के परिवार से सम्बद्ध हो और उनमें भी जो उपास्य के प्रति आनुकूल्य प्रदर्शित करने वाली हो उसे ही वे उत्कृष्ट कह सकते हैं। वे 'पुत्रवती जुबती जग सोई। रघुपति भगतु जासु सुतु होई॥' को ही ठीक समझते थे। यद्यपि कैकेयी ने राम के पुत्र भरत की चरम भक्ति राम में थी, पर व्यक्तिगत रूप से कैकेयी ने राम के प्रति जैसा व्यवहार किया उसकी दृष्टि से वे सुमित्रा को कैकेयी से उत्तर मानते हैं। कैकेयी को उन्होंने 'कुटिल रानी' तक कह दिया है। यद्यपि नारी के सम्बन्ध में तुलसीदास ने जितनी कटु उक्तियाँ कहीं हैं वे सब पूर्व की उक्तियों का अनुगमन करती हैं, उनका उल्थामात्र हैं, तथापि नारी के सम्बन्ध में उनकी अनुभूति और धारणा अच्छी नहीं थी इसमें कोई सन्देह नहीं। यद्यपि उनके हृदय में कभी-कभी नारियों की समाजगत पराधीनता के कारण कुछ करुणा की भावना जग जाती थी, तथापि यह भी क्षणस्थायी ही दिखाई देती है—

कत बिधि सृजी नारि जगमाहीं। पराधीन सपनेहु सुख नाहीं॥

यह कवि की वह वृत्ति है जो मनुष्य की मनुष्य के प्रति होती है, पर नारी के प्रति वह पुरुष अथवा महापुरुष सर्वत्र ऐसा ही कारुणिक नहीं है। फिर भी इतना अवश्य कह सकते हैं कि नारी के प्रमदा रूप के प्रति ही उनमें अधिकतर क्षोभ है। नारी के प्रति उनकी इस वृत्ति का कारण उनकी इस उक्ति से स्पष्ट हो जाता है—

नारि बिस्व माया प्रगट।

संसार में फँसाए रहने वाली नारी ही है। यदि कोई नारी से छूट जाए तो वह संसार के बन्धन से शीघ्र छूट सकता है जैसा पहले कहा जा चुका है, तुलसीदास मध्यमार्ग का अवलम्बन करने वाले हैं। इसी से उन्होंने नारी के रूप का वैसा बीभत्स उल्लेख या चित्रण नहीं किया जैसा कबीर आदि सन्तों में पाया जाता है। नारी की 'ताड़न का अधिकारी' और 'स्वतंत्रता से उसके बिगड़ने' की बात उन्होंने सामाजिक दृष्टि से कही है। महात्मा भीष्म ने भी, जिन्होंने नारी का ग्रहण अपने जीवन में नहीं किया, जिन्होंने नारी-त्याग किया, सामाजिक दृष्टि से ऐसी ही बात कही है। तुलसीदास के ऐसा करने में परम्परा और व्यक्तित्व ही कारण नहीं है, समय भी कारण है। नारी-जाति के प्रति जैसी धारणा भारतीयों की रही है वह अन्य देशों और जातियों में नहीं देखी जाती। भारतीयों ने शक्ति-उपासना में नारी-जाति का महत्त्व स्वीकार किया है। विदेशों में और विजातियों ने व्यवहार के क्षेत्र में नारी-जाति का वैसा सम्मान अतीत में कभी नहीं किया है। 'एवरी वुमन इज रेप ऐट हार्ट' भारत में मान्य नहीं रहा। यह दूसरी बात है कि नारी की कामातुरता का स्वीकार यहाँ भी किया गया हो और यदि इन दोनों की एकवाक्यता मानी भी जाए तो यह तो कहा ही जा सकता है कि भारत ने गौर-कृष्ण दोनों पक्षों को सामने रखा था और गौर-पक्ष पर ध्यान भी अधिक दिया है। तुलसीदास की नारी-कल्पना अनुसन्धान का स्वतंत्र विषय होने की क्षमता रखती है अतः उसके सम्बन्ध में अकांड प्रयत्न न करके निष्कर्ष-रूप में कहना इतना है कि गोस्वामी जी में नारी के प्रति जैसी धारणा मिलती है उसके हेतु का तो पता चल जाता है, पर उसका पूर्ण समर्थन भारतीय दृष्टि से भी सम्भाव्य नहीं है।

नारी भावना

उषा पांडेय

राम-कवियों में तुलसी की नारी-भावना विवाद एवं मतभेद का विषय रही है। कतिपय विद्वानों के अनुसार तुलसी ने नारी-जाति को आदर और श्रद्धा की पात्री माना है। उनके काव्य में सत्-चरित्रों का अंकन सुन्दर हुआ है। तुलसीदास ने नारी-निन्दा वहीं पर की है जहाँ पर नारी ने धर्म-विरोधी आचरण किया है अथवा उन्होंने नारी-विषयक नीति-वाक्य उद्धृत किए हैं।[1] आचार्य शुक्ल ने तुलसी के नारी-निन्दा के प्रसंगों को अर्थवाद के अन्तर्गत लाकर उनके ऊपर आरोपित नारी-निन्दा के दोष के परिहार करने का प्रयास किया है। शुक्लजी का मत है कि युग-व्यापक विराग और तप की भावना के कारण तुलसी ने नारी के उस रूप का विरोध किया है जो तप और निवृत्ति में बाधक है। माताप्रसाद गुप्त नारी-चित्रण में तुलसी की अनुदारता स्वीकार करते हुए उसके कारण से अनभिज्ञता प्रकट करते हैं।[2] मिश्रबन्धुओं ने तुलसीदास को नारी-निन्दक कहा है। उनके मतानुसार तुलसी ने कौशल्या आदि के चरित्रों को इसीलिए सुन्दर और पवित्र बताया कि वे राम से सम्बन्धित हैं। शेष नारियों को सहज, जड़, अपावन तथा स्वतंत्र होने के अयोग्य माना है : कुछ साहित्यकारों का यह अनुमान है कि गोस्वामी जी की नारी-निन्दा का कारण उनका नारी-सम्पर्क का अभाव है। ममतामयी जननी का मृदु वात्सल्य उनके लिए एक कल्पनामात्र थी। अपनी स्त्री द्वारा फटकार पाकर वे वैरागी हुए, अत: नारी के प्रति जो विराग-भावना उनके अन्तर में थी, समकालीन नारी की दयनीय दशा एवं साहित्य की परम्परा से प्रेरणा पाकर पनप उठी। इस कथन में अर्धसत्य तो है, इसको अस्वीकार नहीं किया जा सकता। यथार्थ-नारी की विषम अवस्था ने नारी के

---

1. ''तुलसीदास ने नारी-जाति के लिए बहुत आदर-भाव प्रकट किया है। पार्वती, अनुसूया, कौशल्या, सीता, ग्रामवधु आदि की चरित्ररेखा पवित्र और धर्मपूर्ण विचारों से निर्मित हुई है। कुछ आलोचकों का कथन है कि तुलसीदास ने नारी-जाति की निन्दा की और उन्हें ढोर-गँवार की कोटि में रखा। परन्तु यदि 'मानस' पर निष्पक्ष दृष्टि डाली जाए तो विदित होगा कि नारी के प्रति भर्त्सना के ऐसे प्रमाण उसी समय उपस्थित किए गए जबकि नारी ने धर्म-विरोधी आचरण किए।''

   रामकुमार वर्मा—हिन्दी साहित्य का आलोचनात्मक इतिहास, पृ. 494।

2. ''प्रत्येक युग के कलाकार नारी-चित्रण में प्राय: उदार पाए जाते हैं, किन्तु नारी-चित्रण में तुलसीदास बेहद अनुदार हैं। यद्यपि उनकी इस अनुदारता का कारण अब तक रहस्य के गर्भ में छिपा हुआ है, पर नारी-विषयक उनकी अनुदारता एक ऐसा तथ्य है जिसको अस्वीकृत नहीं किया जा सकता।''

   माताप्रसाद गुप्त—तुलसीदास, पृ. 307।

प्रति तुलसी के दृष्टिकोण में विमुखता तथा हीनता प्रस्तुत की होगी।

वास्तव में तुलसी की नारी-भावना के सम्यक् विश्लेषण के लिए उसका चार शीर्षकों में वर्गीकरण आवश्यक है। प्रथम नारी-रूप इष्ट से सम्बन्धित नारी का है। दूसरा नारी का आदर्श-रूप है, इसके अन्तर्गत कर्तव्यपरायण चरित्रों के सत्-रूप के विकास के अतिरिक्त नारी-आदर्श की व्याख्या भी है। तीसरा रूप समाज से उपलब्ध नारी-रूप का चित्रण है और चौथा सन्त-मत के अनुसार अथवा विराग-भावना से नारी-निन्दा का है।

इष्ट से सम्बन्धित नारी

परम-महिमा-सम्पन्न, समस्त विश्व को सुख एवं कल्याण प्रदान करने वाले राम की माता कौशल्या तुलसी के आदर एवं पूज्य भाव की पात्री है।[1] जगत-जननी करुणानिधान की अत्यन्त प्रेम-पात्री सीता की अनुकम्पा कवि की बुद्धि को अमलता प्रदान करती है।[2] सीता, कौशल्यादि का चरित्र-अंकन पवित्र एवं सुन्दर हुआ है; क्योंकि वे उनके आराध्य की प्रेयसी और माता हैं। वस्तुतः गोस्वामी जी की आदर्श एवं सत्-नारी की कसौटी राम का सम्बन्ध और भक्ति है। सीता, कौशल्यादि की चरित्र-रेखा आदर्शमयी है, पर ये सब इष्ट को प्रिय हैं तथा इष्ट से प्रेम और भक्ति करती हैं। ग्रन्थारम्भ में कवि कौशल्यादि सब नारियों को पुनीत तथा शुभ आचरण वाली बताता है [3], किन्तु राम-वन-गमन के उपरान्त कैकेयी को मन भरकर धिक्कारता रहता है। कैकेयी की वाणी कवि को कठोरता को भी लज्जित करने वाली प्रतीत होती है। उसके जीभ-रूपी धनुष से वाक्य-वाण छूटते प्रतीत होते हैं।[4] उसको रोष-तरंगिणी बताते हैं।[5] नगरवासियों द्वारा भी कैकेयी को कुबुद्धि, कुटिल, कठोर, अभागी एवं 'रघुबंश-बेनु-बन-आगी' कहलाते हैं [6], लक्ष्मण-जननी सुमित्रा के लक्ष्मण को विदा देते समय के कथन में तुलसीदास का भक्त-हृदय ही प्रकट होता है।[7]

---

1. बंदउँ कौसल्या दिसि प्राची। कीरति जासु सकल जग माची॥
   प्रगटेउ जहँ रघुपति ससि चारू। बिस्व सुखद खल कमल तुसारू॥
2. जनकसुता जग जननि जानकी। अतिसय प्रिय करुनानिधान की॥
   ताके जुग पद कमल मनावउँ। जासु कृपाँ निरमल मति पावउँ॥
3. कौसल्यादि नारि प्रिय सब आचरन पुनीत।
   पति अनुकूल प्रेम दृढ़ हरिपद कमल विनीत॥
4. निधरक बैठि कहइ कटु बानी। सुनत कठिनता अति अकुलानी॥
   जीभ कमान बचन सर नाना। मनहुँ महिप मृदु लच्छ समाना॥
5. अस कहि कुटिल भई उठि ठाढ़ी। मानहुँ रोष तरंगिनि बाढ़ी॥
   पाप पहार प्रगट भइ सोई। भरी क्रोध जल जाइ न जोई॥
6. निज कर नयन काढ़ि चह दीखा। डारि सुधा बिषु चाहत चीखा॥
   कुटिल कठोर कुबुद्धि अभागी। भइ रघुबंस बेनु बन आगी॥
7. पूजनीय प्रिय परम जहाँ तें। सब मानिअहिं राम के नातें॥
   अस जियँ जानि संग बन जाहू। लेहु तात जग जीवन लाहू॥
   ... ...
   पुत्रवती जुबती जग सोई। रघुपति भगतु जासु सुतु होई॥
   नतरु बाँझ भलि बादि बिआनी। राम बिमुख सुत तें हित जानी॥

वन के मध्य त्यागमयी पतिप्राणा पत्नी के रूप में सीता पति के साथ विपिन-वास में भी स्वर्गिक सुख का अनुभव करती है। प्रिय के साहचर्य, प्रियतम की स्नेहमयी स्निग्ध छाया में त्यागमयी पत्नी को कंटक भी सुमनवत् दृष्टिगत होते हैं। उनके गरिमामय नारीत्व के चरम विकास की महिमा तुलसीदास उन पर रामप्रिया और जगजननी की अलौकिकता का आरोप कर न्यून कर देते हैं।[1] नृपति दशरथ के मरणकाल में सुत-वियोग के महान दुःख से पीड़ित कौशल्या सहिष्णुता एवं धीरज की प्रतीक बनकर; स्थिर बुद्धि विवेक और सहनशीलता का परिचय देती है। इस धैर्य और स्थितप्रज्ञ की-सी मनोवृत्ति की गरिमा को ही तुलसीदास राम-महतारी की विशेषताओं के अन्तर्गत लाते हैं।[2] भरत राम-विरोधी माता के गर्भ से उत्पन्न होने के कारण अपने को महान पातकी बताते हैं। वे अपनी जननी की भर्त्सना करते हैं, उसे कुमति बताते हैं। यह भारतीय संस्कृति के आदर्शों की स्पष्ट अवहेलना है कि माता के लिए पुत्र दुर्वचनों का प्रयोग करे, किन्तु कैकेयी राम-विरोधिनी है।[3] दूसरे स्थल पर वात्सल्यमयी कौशल्या भरत को भी राम के ही समान स्नेह-पात्र मानती हैं। उनके स्नेहपूर्ण हृदय में सबके लिए सम-भाव है। परन्तु तुलसी उनके चरित्र की महत्ता का वर्णन न करके, उनके सत्कल्याण-विधायक रूप का कारण राम की माता होना ही मानते हैं।[4]

सामान्यतः मर्यादापालन एवं पातिव्रत को तुलसीदास सर्वाधिक महत्त्व देते हैं। मर्यादा का अतिक्रमण उन्हें क्षम्य नहीं है। परन्तु इष्ट की भक्ति करने वाली, धर्मोपासना के क्षेत्र में अग्रसर होने वाली नारी के प्रति त्याग को भी वे श्लाघ्य मानते हैं। कृष्ण-प्रेम में मतवाली गोपियों के परित्याग को कल्याण और सुख का आवाहक बतलाते हैं।[5] भगवद्भक्ति के कारण अपने परमपूज्य पति को कटुवचन कहने वाली नारी मन्दोदरी उनके दृष्टिकोण के अनुसार प्रशंसनीय है। मन्दोदरी का पति को निर्लज्ज, मृत्यु की ओर उन्मुख होने वाला बताना हरिभक्ति के कारण क्षम्य है।[6] हरिभक्तिमय नारी अथवा नर राम को अत्यन्त प्रिय है, अतः शबरी को भी

---

1. सुमिरत रामहिं तजहिं जन तृन सम बिषय बिलासु।
   रामप्रिया जग जननि सिय कछु न आचरजु तासु॥
2. उर धरि धीर राम महतारी। बोली बचन समय अनुसारी॥
   नाथ समुझि मन करिअ बिचारू। राम बियोग पयोधि अपारू॥
   करनधार तुम्ह अवध जहाजू। चढ़ेउ सकल प्रिय पथिक समाजू॥
   धीरजु धरिअ त पाइअ पारू। नाहिं त बूड़िहि सब परिवारू॥
3. कैकइ कत जनमी जग माझा। जौं जनमि त भइ काहे न बाँझा॥
   कुल कलंकु जेहिं जनमेउ मोही। अपजस भाजन प्रियजन द्रोही॥
4. सरल सुभाय मायँ हियँ लाए। अति हित मनहुँ राम फिरि आए॥
   भेंटेउ बहुरि लखन लघु भाई। सोकु सनेहु न हृदयँ समाई॥
   देखि सुभाउ कहत सबु कोई। राम मातु अस काहे न होई॥
5. बलि गुरु तज्यौ कंत ब्रज बनितनि भए मुदमंगलकारी।
6. अब पति मृषा गाल जनि मारहु। मोर कहा कछु हृदयँ बिचारहु॥
   पति रघुपतिहि नृपति जनि मानहु। अग जग नाथ अतुलबल जानहु॥
   ... ...
   सूपनखा कै गति तुम्ह देखी। तदपि हृदयँ नहिं लाज बिसेषी॥
   ... ...

→

योगिवृंददुर्लभ गति मिलती है। तुलसी रामभक्ति के सलंग्न नर अथवा नारी दोनों को ही परमगति के अधिकारी मानते हैं।[1]

नारी का सत् रूप एवं नारी-आदर्श

तुलसी को पारिवारिक जीवन में नारी के कल्याण-विधायक, ममतामय रूप का विकास करना अभीप्सित था। जीवन की विशृंखलाओं के मध्य उन्होंने ऐसी नारी का अंकन किया जो गृह-जीवन में त्याग, ममता और कर्तव्य का संबल लेकर अग्रसर होती है, अपने हृदय-रक्त से साधना और कर्तव्य का अभिषेक करती है। वेदना और पीड़ा, दुःख और विषाद, विलास और विराग के मध्य वह सम है। सहिष्णुता और धीरता का वह मूर्त रूप है। सीता, कौशल्या, पार्वती, सुमित्रा, अनुसूया तथा मन्दोदरी आदि के चरित्रों में यह आदर्श-रूप प्रतिफलित हुआ है। जैसा कि अभी कहा गया है कि इष्ट से भक्ति करने के कारण इन नारियों के चरित्र कवि की लेखनी से उज्ज्वल ही अंकित हुए हैं, परन्तु यदि तुलसी की भक्तिभावना का आरोप हटाकर देखें, तब भी यह चरित्र स्वतः पूर्ण आदर्श और पवित्र है। कौशल्या का हृदय मन्दाकिनी की वह शीतल धारा है जो पात्र-अपात्र, ऊँच-नीच का विचार किए बिना सबको समभाव से शीतला और स्निग्धता का पवित्र दान देती है। गम्भीर, गूढ़तम आघात सहकर भी अपनी विवेक-बुद्धि को अविकार रखने की क्षमता उनमें हैं।[2] उनके ममतापूर्ण स्नेह में सबके लिए समभाव से स्नेहधारा निःसृत होती रहती है। केवल पुत्र ही नहीं, प्रत्युत् हनुमान आदि भी उन्हें पुत्रतुल्य ही प्रिय प्रतीत होते हैं।[3] उनके स्नेहपूर्ण हृदय में पुत्रवधू के प्रति भी अपरिसीम ममता है, जिसे वे जीवनमूल के समान स्नेह-जल से पालती रहती है।[4] सीता आदर्श पत्नी हैं, और साथ ही मर्यादाशील कुलवधू भी हैं। हृदय पति के साथ विपिन जाने को उत्सुक है, पर पति यहीं अयोध्या में ही रुकने का उपदेश देते हैं। पतिव्रता का हृदय क्षोभ से व्याकुल हो उठता है, किन्तु पारिवारिक जीवन की सात्त्विक मर्यादा का उल्लंघन न कर, सास के चरण-स्पर्श कर, उनके समक्ष पति से भाषण करने की अविनय के लिए क्षमा-प्रार्थना कर लेती है।[5] यह आरोप कि

→ काल दंड गहि काहु न मारा। हरइ धर्म बल बुद्धि बिचारा॥
निकट काल जेहि आवत साईं। तेहि भ्रम होइ तुम्हारिहि नाईं॥

1. नव महुँ एकउ जिन्ह कें होई। नारि पुरुष सचराचर कोई॥
सोइ अतिसय प्रिय भामिनि मोरें। सकल प्रकार भगति दृढ़ तोरें॥
जोगि बृंद दुरलभ गति जोई। तो कहुँ आजु सुलभ भइ सोई॥

2. कहउँ जान बन तौ बड़ि हानी। संकट सोच बिबस भइ रानी॥
बहुरि समुझि तिय धरम सयानी। रामु भरतु दोउ सुत सम जानी॥

3. कौसल्या के चरनन्हि पुनि तिन्ह नायउ माथ।
आसिष दीन्हे हरषि तुम्ह प्रिय मम जिमि रघुनाथ॥

4. कलपबेलि जिमि बहुबिधि लाली। सींचि सनेह सलिल प्रतिपाली॥
... ...
जिअनमूरि जिमि जोगवत रहऊँ। दीप बाति नहिं टारन कहऊँ॥

5. बरबस रोकि बिलोचन बारी। धरि धीरजु उर अवनिकुमारी॥
लागि सासु पग कह कर जोरी। छमबि देबि बड़ि अबिनय मोरी॥

सीता का चित्रण मध्यकालीन गुड़िया-वधू के रूप में हुआ है, ठीक नहीं प्रतीत होता है। राम द्वारा अग्नि-परीक्षा आदि के अवसर पर साध्वी सीता प्रतिरोध नहीं करतीं, इसका कारण उनके भारतीय ललना के संस्कार हैं। उनको अपनी पवित्रता पर अखंड विश्वास है, साथ ही परमपूज्य पति के वचनों की अवहेलना करना उन्हें मान्य नहीं है।[1] सीता के रूप में नारी का शास्त्रीय आदर्श मूर्त हुआ है। सुविशाल साम्राज्य की सम्राज्ञी हो जाने पर भी वे निरभिमान कुलवधू हैं। गृह में अनेक परिचारिकाओं तथा सुविधा के साधन होने पर भी वे स्वयं गुरुजनों की सेवा एवं परिचर्या करती हैं।[2] विध्वंस एवं युद्ध-सम्बन्धी शक्ति-चमत्कार न होने पर भी उनमें पतिव्रता का तेज और गौरव है। रावण द्वारा वैभव और विलास के स्वर्णिम प्रलोभनों के समक्ष उनका एक ही उत्तर है कि या तो राम के भुजदंड मेरे कंठ को घेरेंगे अथवा तेरी तलवार।[3]

सुमित्रा आदर्श माता हैं, जिनके लिए कर्तव्य ही प्रधान है, माता की कोमलता और ममता नगण्य। बड़े भाई तथा प्रभु दोनों रूपों में आदरणीय राम की सेवा को ही वे श्रेयस्कर बताती हैं।[4] भगवती पार्वती अपने अचल पातिव्रत, दृढ़ अनुरक्ति से शिव को पति-रूप में प्राप्त करती हैं और पतिव्रताओं की शिरोमणि कही जाती हैं।[5] मन्दोदरी पतिव्रता होते हुए भी पति की दुर्नीति का विरोध करती हैं एवं सन्मार्ग दिखलाती है।[6] इन सब आदर्श रूपों में तुलसीदास ने अपनी आदर्श भावनाओं को ही आकार दिया है। यही आदर्श रूप उन्हें समाज एवं परिवार के कल्याण के लिए काम्य था। इसके अतिरिक्त कवि ने विविध स्त्री-पात्रों द्वारा ही नारी-आदर्श की व्याख्या कराई है। कवि के अनुसार सर्वश्रेष्ठ धर्म पातिव्रत ही है। पति-सेवा और गृह-जीवन के कर्तव्यों का सम्पादन ही नारी से अपेक्षित है। भगवती अनुसूया जो उपदेश देती है, वह पातिव्रत-धर्म पर प्रवचन ही है। वे माता-पिता, भ्राता आदि को परिमित सुख और आनन्द देने वाले बताकर पति को ही समस्त सुख की राशि एवं कल्याण का आवाहक

---

1. प्रभु के बचन सीस धरि सीता। बोली मन क्रम बचन पुनीता॥
   लछिमन होहु धरम के नेगी। पावक प्रगट करहु तुम्ह बेगी॥
2. जद्यपि गृहँ सेवक सेवकिनी। बिपुल सदा सेवा बिधि गुनी॥
   निज कर गृह परिचरजा करई। रामचंद्र आयसु अनुसरई॥
   जेहि बिधि कृपासिंधु सुख मानइ। सोइ कर श्री सेवा बिधि जानइ॥
   कौसल्यादि सासु गृह माहीं। सेवइ सबन्हि माद मद नाहीं॥
3. स्याम सरोज दाम सम सुंदर। प्रभु भुज करि कर सम दसकंधर॥
   सो भुज कंठ कि तव असि घोरा। सुनु सठ अस प्रवान पन मोरा॥
4. सिय रघुबीर की सेवा सुचि ह्वैहैं तो जानिहौं सही सुत मोरे।
   कीजहु इहै बिचारी निरंतर राम समीप सुकृत नहि थोरे॥
5. उर धरि उमा प्रानपति चरना। जाइ बिपिन लागीं तपु करना॥
   अति सुकुमार न तनु तप जोगू। पति पद सुमिरि तजेउ सबु भोगू॥
   पति देवता सुतीय महुँ मातु प्रथम तव रेख।
   महिमा अमित न सकहिं कहि सहस सारदा सेष॥
6. अस कहि नयन नीर भरि गहि पद कंपित गात।
   नाथ भजहु रघुनाथहि अचल होइ अहिवात॥

मानती है।[1] नारी के लिए एकमात्र नियम और धर्म मनसा, वाचा, कर्मणा पतिचरणानुराग ही है।[2] स्वभाव से ही अपवित्र नारी पतिसेवा द्वारा शुभगति पा सकती है।[3] वस्तुतः यह नारी-आदर्श की व्याख्या तत्कालीन समाज के अनाचार और उच्छृंखलता के युग की नारी के लिए ही गोस्वामी तुलसीदास ने की थी।[4] गोस्वामी तुलसीदास के सामाजिक आदर्श की चेतना पात्र द्वारा स्पष्ट व्यंजित होती है। जानकी कहती हैं कि संसार में जितने वात्सल्य, स्नेह, ममता और प्रीति के द्योतक सम्बन्ध हैं, वे सब एक पति के बिना दुःखदायी हैं।[5] पुरुष के बिना नारी का अस्तित्व प्राणचेतनाहीन के समान है।[6]

समकालीन नारी-स्थिति

तुलसी के युग में नारी अपनी विशिष्टता तथा मान से वंचित हो चुकी थी। उसका जीवन परतंत्रता का दुखद इतिहास था। विवशता और आत्म-दमन, बलिदान और दासता में ही उसका जीवन व्यतीत होता था। उसके जीवन और व्यवहार के लिए आचारशास्त्र नियत था। नारी चारों ओर से बन्दिनी थी। उसकी इसी दशा को देखकर 'परहित सरिस धर्म नहिं भाई' के सिद्धान्त को आदर्श मानकर चलने वाले गोस्वामी तुलसीदास का भाव-प्रवण हृदय संवेदना से दुखित हो उठा। उन्होंने उस विधाता को दोष दिया जिसने नारी के भाग्य में पराधीनता का अमिट लेख दिया है।[7] उस युग में भी योषिता समस्त धर्माधिकारों से वंचित थी। शास्त्रज्ञान अथवा धर्म एवं दर्शन के गूढ़ सिद्धान्तों के परिचय के लिए वह अयोग्य और अक्षम समझी जाती रही होगी, तभी राम-कथा सुनने, सगुण-निर्गुण के भेद को समझने के लिए उत्सुक पार्वती कहती हैं कि यद्यपि योषिता होने के कारण अध्यात्म और वेदान्त-विषयक मतवाद पर सम्भाषण करने का अधिकार मुझे उपलब्ध नहीं है, किन्तु मनसा, वाचा, कर्मणा आपके चरणों में रति होने के कारण मैं इसकी पात्र हो सकती हूँ।[8] शिक्षा, ज्ञान और सम्मान से वंचित नारी जड़ और मूर्ख समझी जाती थी; अनादर और उपेक्षा पाते-पाते स्वयं नारी ही हीनभावना से पीड़ित थी। वह अपने को स्वभावतः ही मूर्ख, सहज जड़, अज्ञ समझती थी।[9]

---

1. कह रिषिबधू सरस मृदु बानी। नारिधर्म कछु ब्याज बखानी॥
   मातु पिता भ्राता हितकारी। मितप्रद सब सुनु राजकुमारी॥
   अमित दानि भर्ता बयदेही। अधम सो नारि जो सेव न तेही॥
2. एकइ धर्म एक ब्रत नेमा। कायँ बचन मन पति पद प्रेमा॥
3. सहज अपावनि नारि पति सेवत सुभ गति लहइ।
4. सुनु सीता तव नाम सुमिरि नारि पतिब्रत करहिं।
   तोहि प्रानप्रिय राम कहिउँ कथा संसार हित॥
5. मातु पिता भगिनी प्रिय भाई। प्रिय परिवारु सुहृद समुदाई॥
   जहँ लगि नाथ नेह अरु नाते। पिय बिनु तियहि तरनिहु ते ताते॥
6. जिय बिनु देह नदी बिनु बारी। तैसिअ नाथ पुरुष बिनु नारी॥
7. कत बिधि सृजीं नारि जग माहीं। पराधीन सपनेहुँ सुखु नाहीं॥
8. जदपि जोषिता नहिं अधिकारी। दासी मन क्रम बचन तुम्हारी॥
9. अब मोहि आपनि किंकरि जानी। जदपि सहज जड़ नारि अयानी॥

जिस काल और जिन विशिष्ट परिस्थितियों के मध्य व्यक्ति जन्म लेता है, वह उसके उपचेतन पर अपना प्रभाव अवश्य छोड़ देती है। आलोच्ययुग के बहुत पहले से ही नारी सुकुमारता की प्रतिमूर्ति मानी जाती थी। सौकुमार्य एवं विलास आभिजात्य का लक्षण माना जाने लगा था। उच्च-वर्ग की नारी के लिए शारीरिक परिश्रम करना अपमान तथा अप्रतिष्ठा का सूचक था। तुलसी का युग वैभव और विलास के उत्कर्ष का युग था। विभिन्न विलास-सामग्रियों, आमोद के विविध उपकरणों के मध्य नारी के गुणों में कर्मण्यता नहीं, निष्क्रियता और सुकुमारता श्रेष्ठ समझी जाती थी। तुलसीदास अपने को तत्कालीन प्रवृत्ति से पृथक् न रख सके। उन्होंने सीता में इस सुकुमारता का आरोप किया।[1] नारी भी भोग की अन्य वस्तुओं में परिगणित की जाने लगी थी। तत्कालीन अतिशय विलास के युग में नारी पुरुष की सहचरी और सहधर्मिणी न थी, प्रत्युत जीवन में आनन्द एवं सौख्य का उद्रेक करने वाली विलास एवं भोग की वस्तुओं में एक थी। तभी तो वन में राम से मिलने जाते हुए भरत तथा अन्य नगरवासियों की सुविधा के लिए भरद्वाज मुनि ने माला, चन्दन एवं वनितादि भोग प्रस्तुत किए।[2] अपनी सुगमता एवं सुलभता के कारण नारी का विशेष मूल्य न था। पुरुष इच्छानुसार विवाह कर सकता था। उसके ऊपर कोई सामाजिक बन्धन न था। समाज की इस प्रवृत्ति की छाया लक्ष्मण-शक्ति के समय राम के कथन में मिलती है।[3]

समाज में नैतिकता के बन्धन उपेक्षणीय थे। गौरवमयी नारी अपनी गरिमा से च्युत होकर, वासना-प्रेरित प्रणय-भिक्षा माँगती फिरती थी। सूर्पणखा के रूप में कवि नारी के इसी अभिसारिका-रूप की ओर इंगित करता है।[4] वैदिक संस्कारों के पूर्णता के अभाव में नारी भी शूद्रों में ही सम्मिलित की जाती थी। वह भी शोषित वर्ग की थी। इसी प्रवृत्ति के स्पष्टीकरण में समुद्र ने उसकी ढोल, गँवार, शूद्र और पशुओं में गणना करके उसे ताड़ना का अधिकारी माना है।[5] उच्छृंखल पुरुष अपनी कामनापूर्ति के समक्ष नारीत्व की अवहेलना कर, सती पत्नी की उपेक्षा कर दासियों को रक्षित बना रहा था।[6] तुलसी का कलियुग-वर्णन उनके समकालीन समाज का चित्रण है, जिसमें नारी भी पतित होकर अपने गुणधाम पति का त्याग कर पर पुरुष की आराधना करती है।[7] नैतिक सम्बन्धों की विषमता तुलसी के काव्य में मुखर हो उठी है, परन्तु उस समय की सामान्य नारी के हृदय में पवित्र नदियों एवं देवी-देवताओं पर श्रद्धा, शकुन तथा स्वप्नों पर विश्वास था। उसके बौद्धिकता-शून्य हृदय में देवी-देवताओं की मंगल-कामनाओं में अखंड प्रतीति थी। जानकी गंगा से करबद्ध विनय करती हैं—"हे माता, मैं पति-देवर-सहित कुशलपूर्वक लौटकर आपकी पूजा करूँ, इस

---

1. पलँग पीठ तजि गोद हिंडोरा। सियँ न दीन्ह पगु अवनि कठोरा॥
2. स्रक चंदन बनितादिक भोगा। देखि हरष बिसमय बस लोगा॥
3. जैहउँ अवध कौन मुहु लाई। नारि हेतु प्रिय भाइ गँवाई॥
   बरु अपजस सहतेउँ जग माहीं। नारि हानि बिसेष छति नाहीं॥
4. रुचिर रूप धरि प्रभु पहिं जाई। बोली बचन बहुत मुसुकाई॥
   तुम्ह सम पुरुष न मो सम नारी। यह सँजोग बिधि रचा बिचारी॥
5. ढोल गवाँर सूद्र पसु नारी। सकल ताड़ना के अधिकारी॥
6. कुलवंत निकारहिं नारि सती। गृह आनहिं चेरि निबेर गती॥
7. गुन मंदिर सुंदर पति त्यागी। भजहिं नारि पर पुरुष अभागी।

मन:कामना को पूर्ण करो।'"[1] सामान्य नारी को काक तथा क्षेमकरी के बोलने में हितेच्छु प्रिय व्यक्तियों के आने का आभास मिलता था। 'गीतावली' में बैठी शशुन मनाती हुई कौशल्या 'काग' को उसकी बोली फलित हो जाने पर सोने से चोंच मढ़ाने तथा दूध-भात खिलाने का आश्वासन देती है।[2] क्षेमकरी की बोली सुनकर उसका व्याकुल प्रतीक्षा करता हुआ हृदय राम, लक्ष्मण और सीता के आने की तिथि पूछ बैठता है।[3]

भारतीय संस्कृति की यह सबसे बड़ी विशेषता है कि नारी के अधिकारों, उसकी सामाजिक स्थिति की अवहेलना करके भी, वह किसी भी परिस्थिति में नारी के वध की आज्ञा नहीं देती है। नारी सदा अवध्य एवं रक्षणीय है। तुलसीदास के समाज में भी नारी का वध राजा एवं बालक के वध के समान पातक माना जाता था।[4]

परम्परागत नारी-निन्दा

परम्परा और लोकरीति के अनुसार गोस्वामी तुलसीदास ने भी नारी को कामिनी-रूप में ही देखा है। तप एवं विराग को जीवन की चरम गति माननेवाले साधु के दृष्टिकोण के अनुसार नारी माया का ही अभिराम रूप है। समस्त विश्व ही नारी के नयन-बाणों के विष से अभिभूत हो जाता है, केवल राम या राम के समान जन ही इसके अपवाद हैं।[5] काम, क्रोध, मद, मोह, लोभादि से भी अधिक दुख तथा कष्टदायिनी माया-रूपी नारी है।[6] वह जप, नियम, संयम और तपस्या को नष्ट कर देती है।[7] मानव के मुक्ति-मार्ग में बाधक अवगुणों ममतादि को पोषण देती है।[8] मानव के सद्गुण, बुद्धि, बल, शील, सत्य सब दुर्बल विवश मछली हैं, बंसी-रूपी नारी में फँसकर सब नष्ट हो जाते हैं।[9] अत: समस्त दोषों और दुर्गुणों का

---

1. सियँ सुरसरिहिं कहेउ कर जोरी। मातु मनोरथ पुरउबि मोरी॥
   पति देवर सँग कुसल बहोरी। आइ करौं जेहिं पूजा तोरी॥
2. बैठी सगुन मनावति माता।
   कब ऐहैं मेरे बाल कुसल घर कहहु काग फुरि बाता॥
   दूध भात की दोनी दैहौं। सोने चोंच मढ़ैहौं॥
3. छेमकरी बलि बोलि सुबानी।
   कुसल छेम सिय राम लखन कब ऐहैं अंब अवध रजधानी।
   ससिमुखि कुंकुम बरनि सुलोचनि मोचनि सोचनि बेद बखानी॥
4. जे अघ तिय बालक बध कीन्हें। मीत महीपति माहुर दीन्हें॥
   ... ...
   ते पातक मोहि होहुँ बिधाता। जौं यहु होइ मोर मत माता॥
5. नारि नयन सर जाहि न लागा। घोर क्रोध तम निसि जो जागा॥
   लोभ पाँस जेहिं गर न बँधाया। सो नर तुम्ह समान रघुराया॥
6. काम क्रोध लोभादि मद प्रबल मोह कै धारि।
   तिन्ह महँ अति दारुन दुखद मायारूपी नारि॥
7. जप तप नेम जलाश्रय झारी। होइ ग्रीषम सोषइ सब नारी॥
8. पुनि ममता जवास बहुताई। पलुहइ नारि सिसिर रितु पाई॥
9. पाप उलूक निकर सुखकारी। नारि निबिड़ रजनी अँधियारी॥
   बुधि बल सील सत्य सब मीना। बनसी सम त्रिय कहहिं प्रबीना॥

स्त्रोत, समस्त दुःख और वेदनाओं के केन्द्र नारी से दूर रहने में ही कल्याण है।[1] यह सन्तों के विरक्त-प्रधान दृष्टिकोण से की गई व्याख्या है। इसके अतिरिक्त प्रायः प्रत्येक पात्र ने नारी-स्वभाव, नारी-चरित्र की निन्दा की है। गोस्वामी तुलसीदास निगमागम-सम्मत धर्म को मान्यता देते थे, अतः नारी के प्रति मध्ययुगीन शास्त्रकारों, स्मृतिकारों, साधकों एवं नीतिकारों की कटुता और वैराग्य की भावना, नारी के अगाध चरित्र की यह थाह लेने की असफलता उनके काव्य में स्पष्ट हो उठी। उनका यह मत पुराणों और शास्त्रों से प्राप्त तथा सन्तों द्वारा प्रतिपादित है।[2] अतः माया के इस बाह्य अभिराम स्वरूप—जिसमें कामिनी का रूप, उसकी मोहिनी शक्ति सबसे प्रधान है—से निष्कृति पाने का उपाय दनुज-दलन राम का यशगान है, जिससे बिना तप और योग के ही भगवत्-चरणों में दृढ़ अनुराग हो जाता है। अपने इस मन को नारी-सौन्दर्य पर बलिदान होने वाला शलभ बनने से बचाकर कामादि का परित्याग करके साधुजनों के सान्निध्य में हरि-भजन श्रेयस्कर है।[3] उस समय के समस्त धार्मिक अथवा साहित्यकार ग्रन्थ नारी के दुर्गुणों, उसके चरित्र और स्वभाव की निन्दा से पूर्ण थे। नारी-स्वभाव के विषय में संस्कृति के नीति-ग्रन्थ अनेक सामान्य कथन कर चुके थे। वे उसे सदा आठ अवगुणों से पूर्ण मानते थे। विद्वानों का कथन था कि राजा, युवती और शास्त्र निरन्तर सेवा, आराधना और प्रीतियुक्त हृदयासन देने पर भी वश में नहीं रहते, यह उनका स्वभाव है। तुलसीदास के खरे आदर्शवाद की कसौटी पर यदि कहीं नारी में लेशमात्र भी न्यूनता दृष्टिगत हुई तो वे तत्क्षण किसी पुरुष, नारी पात्र अथवा कवि-कथन के रूप में ही नारी विषयक नीतिवाक्य कह देते हैं। सीता-हरण पर व्यथित राम से कवि उपर्युक्त नीति वाक्य का कथन कराता है।[4] मन्दोदरी द्वारा रावण को बारम्बार राम को सीता लौटाकर हरिभजन करने की शिक्षा पर अमानव रावण समस्त नारी-जाति के स्वभाव पर साहस, झूठ, चंचलता, माया, भय, अविवेक आदि अष्ट-अवगुणों का आरोप कर देता है।[5] वस्तुतः यह संस्कृत के एक नीतिवाक्य का हिन्दी-रूपान्तर है। समुद्र का कथन 'ढोल गवाँर सूद्र पशु नारी' भी 'गर्ग-संहिता के एक श्लोक का हिन्दी-रूप है। तुलसीदास अपने युग की अनैतिकता, काम-वासना का निर्बाध विहार देखकर, अथवा अपने हृदय में शास्त्र-अध्ययन, परम्परा द्वारा पोषित, नारी-सम्बन्धी पूर्व निश्चित धारणा के कारण नारी में वासना की प्रमुखता मानकर उसमें संयम का घोर अभाव मानते हैं।[6] नारी मात्र के लिए किया गया

---

1. अवगुन मूल सूलप्रद प्रमदा सब दुख खानि।
   ताते कीन्ह निवारन मुनि मैं यह जियँ जानि॥
2. सुनु मुनि कह पुरान श्रुति संता। मोह बिपिन कहुँ नारि बसंता॥
3. दीप सिखा सम जुबति तन मन जनि होसि पतंग।
   भजहि राम तजि काम मद करहि सदा सतसंग॥
4. सास्त्र सुचिंतित पुनि पुनि देखिअ। भूप सुसेवित बस नहिं लेखिअ॥
   राखिअ नारि जदपि उर माहीं। जुबती सास्त्र नृपति बस नाहीं॥
5. नारि सुभाउ सत्य सब कहहीं। अवगुन आठ सदा उर रहहीं॥
   साहस अनृत चपलता माया। भय अबिबेक असौच अदाया॥
6. भ्राता पिता पुत्र उरगारी। पुरुष मनोहर निरखत नारी॥
   होइ बिकल सक मनहि न रोकी। जिमि रबिमनि द्रव रबिहि बिलोकी॥

यह कथन स्पष्ट कर देता है कि नारी उनके लिए अवगुणपूर्ण, काम-वासना की प्रतिमा है। नारी-निन्दा की इस प्रवृत्ति में वे सन्तों के ही समानधर्मा हैं। सन्तों के समान वे भी नारी को त्रिगुणों को नष्ट करने वाली, तप-संयम की विरोधी, साधना की शत्रु मानते हैं। उनके कथनानुसार यह सत्य ज्योतिष में भी फलित हुआ है, तभी कुंडली में नारी कठोर शत्रु मृत्यु के मध्य स्थापित है।[1] वास्तव में वे नारी को अनिश्चित मनोवृत्ति वाला, सहज, अपावन और मूढ़ समझते हैं। उसके छल-प्रवंचनामय हृदय के रहस्य को समझने में मानव का कोई प्रश्न ही नहीं, विधाता तक असमर्थ है।[2] नारी की स्वतंत्रता गोस्वामी तुलसीदास को अप्रिय रही, तभी वह स्वतंत्र नारी की तुलना जलवृष्टि से मर्यादाहीन बनी क्यारी से करते हैं।[3] व्यष्टि और समष्टि इस पर एकमत है कि नारी-स्वभाव अगम और अगाध है। अबला नारी को बलवती बनाने से वह अग्नि के समान भयंकर, समुद्र के समान प्रचंड और काल के समान दुर्निवार हो जाती है।[4] तुलसी की नारी-भावना की विशेषता यह है कि स्वयं नारी भी अपनी जाति को तुच्छ, हीन बनाती हुई कहती है कि काने, खारे, कूबरे वैसे ही कुटिल होते हैं, उनमें यदि स्त्री हुई तो कुबुद्धि का योग अधिक होता है।[5] मंथरा के कपटपूर्ण व्यवहार को वे नारी-चरित्र बतलाते हैं। नारी भाव-गोपन में इतनी निपुण होती है कि नीति-विशारद राजा भी उसके चरित्र को नहीं समझ पाते हैं।[6] नारी-विषयक यह कथन चाहे पुरुष-पात्र, स्त्री-पात्र अथवा स्वयं कवि करे, उनमें समान कठोरता है।

इस प्रकार विवेचन कर हम देखते हैं कि गोस्वामी तुलसीदास ने अधिकतर नारी की निन्दा विराग और तप की भावना द्वारा प्रेरित होकर की है, अथवा तब जब नारी ने कोई मर्यादा-विरोधी कार्य किया है। अपने समय और वातावरण के संस्कारों का प्रभाव उन पर पड़ना अनिवार्य था। उस युग में ही विरागप्रधान मनोवृत्ति श्रेयस्कर समझी जाती थी। विराग-पक्ष से मानव को च्युत करने वाले विषयोपभोग को तुलसीदास ने गर्हित बताया। विषयोपभोग की प्रधान पात्री नारी होने के कारण, स्वभावत: ही उन्होंने नारी-निन्दा की है।[7] आत्महित

---

1. जनमपत्रिका बरति कै देखहु मनहि बिचारि।
   दारुन बैरी मीचु के बीचु बिराजत नारि॥
2. बिधिहुँ न नारि हृदय गति जानी। सकल कपट अघ अवगुन खानी॥
3. महाबृष्टि चलि फूटि किआरीं। जिमि सुतंत्र भएँ बिगरहिं नारीं॥
4. सत्य कहहिं कबि नारि सुभाऊ। सब बिधि अगहु अगाध दुराऊ॥
   निज प्रतिबिंबु बरुकु गहि जाई। जानि न जाइ नारि गति भाई॥
   काह न पावकु जारि सक का न समुद्र समाइ।
   का न करै अबला प्रबल केहि जग कालु न खाइ॥
5. काने खोरे कूबरे कुटिल कुचाली जानि।
   तिय बिसेषि पुनि चेरि कहि भरतमातु मुसुकानि।
6. ऐसिउ पीर बिहसि तेहिं गोई। चोर नारि जिमि प्रगटि न रोई॥
   लखहिं न भूप कपट चतुराई। कोटि कुटिल मुनि गुरू पढ़ाई॥
   जद्यपि नीति निपुन नरनाहू। नारिचरित जलनिधि अवगाहू॥
7. ''विषयों में सबसे प्रबल है कामोपभोग और पुरुषों के लिए इसका प्रधान साधन है प्रमदा अथवा नारी। इसलिए विषयवासना की निन्दा को अपना प्रधान लक्ष्य बनाने वाले गोस्वामी जी ने नारी-निन्दा में कोई कसर नहीं रख छोड़ी है।'' —बलदेवप्रसाद मिश्र—तुलसी-दर्शन, पृ. 80, 1995

और कल्याण की साधना करने वाले व्यक्ति को काम-लोभादि से मुक्ति पाना अनिवार्य है। वे पूर्णतः समझते थे कि कामी के हृदय में नारी के प्रति कितनी दृढ़ अनुरक्ति होती है। अतः उसकी इस नारी-रूपी मोहपाश से निष्कृति उन्हें काम्य थी। समाज में नारी की उच्छृंखलता; आदर्शविहीनता देखकर मर्यादावादी पुरुष-कवि के हृदय में नारी के प्रति क्षोभ आ जाना स्वाभाविक ही है। युग एवं राष्ट्र की निर्माणकत्री में जिस उदात्त आदर्श की भावना उन्हें अभिलाषित थी, उसके अभाव में उनके शब्दों में नारी के प्रति कटुता और हीनता की भावना आ गई है। इससे यह अनुमान लगाना कि गोस्वामी तुलसीदास ने नारी का केवल कृष्ण-रूप ही देखा, उसके सत् रूप की ओर ध्यान न दिया, समुचित नहीं है। नारी के सती-रूप, पति-प्रेमरता पतिव्रता के पावन स्वरूप, उसके दृढ़ नियम के प्रति उनके मन में मोह रहा होगा, तभी वे शम्भु-धनुष की अटलता की तुलना सती के निर्विकार चित्त से करते हैं।[1] समय की अनिवार्य आवश्यकता तथा समाज के लिए कल्याणमय होने के कारण तुलसीदास ने पतिव्रत पर बहुत अधिक बल दिया है। पतिव्रता और भक्त दोनों प्रकार की नारियाँ तुलसी के लिए वंदनीय हैं।[2]

गुणशीला एवं कर्तव्यपरायण पुत्री भी पितृ-कुल एवं श्वसुर-कुल दोनों का उद्धार कर सकती है।[3] वास्तव में तुलसीदास को नारी अथवा पुरुष दोनों का ही आदर्श, स्वधर्म-निरतरूप ही प्रिय है। अतः कर्तव्यपरायण नारी की उन्होंने प्रशंसा की है। तुलसीदास में विरागी साधक, समाज-संस्कर्ता, नीतिकार और कवि इन चारों का योग है। उन्होंने नारी का वर्णन इसी मिश्रित दृष्टि-बिन्दु से किया है। निन्दित नारी से उनका तात्पर्य उस युग की विलास-रत, कर्तव्यहीन, कुमार्ग-गामिनी नारी से है। अतः नारी और प्रमदा को एक ही समझकर, लोक और समाज के बाधक उस रूप को उन्होंने गर्हित एवं त्याज्य बताई। पुरुष वर्ग के होने के कारण स्वजातिगत पक्षपात की किंचित छाया आ जाना अस्वाभाविक नहीं है, यद्यपि उन्होंने नारी को कुदृष्टि से देखने वाले के वध को भी पातक-हीन बताया है।[4] अतः तत्कालीन समाज की प्रवृत्ति के प्रभाव से उन्होंने नारी को विलास की सामग्री में गिना है, परन्तु अन्तर के किसी कोण में नारी-मर्यादा, उसकी पवित्रता के प्रति श्रद्धा एवं आदर का भाव सतत बना ही रहा।

तुलसी के काव्य से नारी की सामाजिक स्थिति और धार्मिक अधिकारों पर सम्यक् प्रकाश पड़ता है। सामान्यतः नारी-विरोधी तुलसीदास ने धर्म के क्षेत्र से बहिष्कृत नारी को भी भक्ति की अधिकारी माना है तथा भक्ति-साधना द्वारा उसके मोक्ष-साधन के अधिकार को मान्यता दी है—

राम भगति रत नर अरु नारी। सकल परम गति के अधिकारी॥

---

1. भूप सहस दस एकहि बारा। लगे उठावन टरइ न टारा॥
   डिगइ न संभु सरासनु कैसें। कामी बचन सती मनु जैसें॥
2. हियँ हरषे मुनि बचन सुनि देखि प्रीति बिस्वास।
   चले भवानिहि नाइ सिर गए हिमाचल पास॥
3. तापस बेष जनक सिय देखी। भयउ पेमु परितोषु बिसेषी॥
   पुत्रि पबित्र किए कुल दोऊ। सुजस धवल जगु कह सबु कोऊ॥
4. अनुज बधू भगिनी सुत नारी। सुनु सठ कन्या सम ए चारी॥
   इन्हहि कुदृष्टि बिलोकइ जोई। ताहि बधें कछु पाप न होई॥

लोकधर्म और मर्यादावाद

रामचन्द्र शुक्ल

कर्म, ज्ञान और उपासना—लोकधर्म के ये तीन अवयव जनसमाज की स्थिति के लिए बहुत प्राचीन काल से भारत में प्रतिष्ठित हैं। मानव-जीवन की पूर्णता इन तीनों के मेल के बिना नहीं हो सकती। पर देश-काल के अनुसार कभी किसी अवयव की प्रधानता रही, कभी किसी की। यह प्रधानता लोक में जब इतनी प्रबल हो जाती है कि दूसरे अवयवों की ओर लोक की प्रवृत्ति का अभाव-सा होने लगता है, तब साम्य स्थापित करने के लिए शेष अवयवों की ओर जनता को आकर्षित करने के लिए कोई-न-कोई महात्मा उठ खड़ा होता है। एक बार जब कर्मकांड की प्रबलता हुई तब याज्ञवल्क्य के द्वारा उपनिषदों के ज्ञानकांड की ओर लोग प्रवृत्त किए गए। कुछ दिनों में फिर कर्मकांड प्रबल पड़ा और यज्ञों में पशुओं का बलिदान धूमधाम से होने लगा। उस समय भगवान बुद्धदेव का अवतार हुआ जिन्होंने भारतीय जनता को कर्मकांड से बिलकुल हटाकर अपने ज्ञान-वैराग्यमिश्रित धर्म की ओर लगाया। पर उनके धर्म में 'उपासना' का भाव नहीं था, इससे साधारण जनता की तृप्ति उससे न हुई और उपासना-प्रधान धर्म की स्थापना फिर से हुई।

पर किसी एक अवयव की अत्यन्त वृद्धि से उत्पन्न विषमता को हटाने के लिए जो मत प्रवर्तित हुए, उनमें उनके स्थान पर दूसरे अवयव का हद से बढ़ना स्वाभाविक था। किसी बात की एक हद पर पहुँचकर जनता फिर पीछे पलटती है और क्रमशः बढ़ती हुई दूसरी हद पर जा पहुँचती है। धर्म और राजनीति दोनों में यह उलटफेर, चक्रगति के रूप में, होता चला आ रहा है। जब जनमानस नई उमंग से भरे हुए किसी शक्तिशाली व्यक्ति के हाथ में पड़कर किसी एक हद से दूसरी हद पर पहुँचा दिया जाता है, तब काल पाकर उसे फिर किसी दूसरे के सहारे किसी दूसरी हद तक जाना पड़ता है। जिन मत-प्रवर्तक महात्माओं को आजकल की बोली में हम 'सुधारक' कहते हैं वे भी मनुष्य थे। किसी वस्तु को अत्यधिक परिमाण में देख जो विरक्ति या द्वेष होता है वह उस परिमाण के ही प्रति नहीं रह जाता किन्तु उस वस्तु तक पहुँचता है। चिढ़ने वाला उस वस्तु की अत्यधिक मात्रा में चिढ़ने के स्थान पर उस वस्तु से ही चिढ़ने लगता है और उससे भिन्न वस्तु की ओर अग्रसर होने और अग्रसर करने में परिमिति या मर्यादा का ध्यान नहीं रखता। इससे नए-नए मत-प्रवर्तकों या 'सुधारकों' से लोक में शान्ति स्थापित होने के स्थान पर अब तक अशान्ति ही होती आई है। धर्म के सब पक्षों का ऐसा सामंजस्य जिससे समाज के भिन्न-भिन्न व्यक्ति अपनी प्रकृति और विद्या-

बुद्धि के अनुसार धर्म का स्वरूप ग्रहण कर सकें, यदि पूर्ण रूप से प्रतिष्ठित हो जाए तो धर्म का रास्ता अधिक चलता ही जाए।

उपर्युक्त सामंजस्य का भाव लेकर गोस्वामी तुलसीदास की आत्मा ने उस समय भारतीय जनमानस के बीच अपनी ज्योति जगाई जिस समय नए–नए सम्प्रदायों की खींचतान के कारण आर्यधर्म का व्यापक स्वरूप आँखों से ओझल हो रहा था, एकांगदर्शिता बढ़ रही थी। जो एक कोना देख पाता था, वह दूसरे कोने पर दृष्टि रखने वालों को बुरा–भला कहता था। शैवों, वैष्णवों, शाक्तों और कर्मठों की तू–तू–मैं–मैं तो थी ही, बीच में मुसलमानों से अविरोध प्रदर्शन करने के लिए भी अनपढ़ जनता को साथ लगाने वाले को कई नए–नए पंथ निकल चुके थे जिनमें एकेश्वरवाद का कट्टर स्वरूप उपासना का आशिकी रंग–ढंग, ज्ञान–विज्ञान की निन्दा, विद्वानों का उपहास, वेदान्त के चार प्रसिद्ध शब्दों का अनधिकार प्रयोग आदि सब–कुछ था; परलोक को व्यवस्थित करने वाली वह मर्यादा न थी जो भारतीय आर्यधर्म का प्रधान लक्षण है। जिस उपासना–प्रधान धर्म का जोर बुद्ध के पीछे बढ़ने लगा, वह उस मुसलमानी राजत्वकाल में आकर—जिसमें जनता की बुद्धि भी पुरुषार्थ के ह्रास के साथ–साथ शिथिल पड़ गई थी—कर्म और ज्ञान दोनों की उपेक्षा करने लगा था। ऐसे समय में इन नए पंथों का निकलना कुछ आश्चर्य की बात नहीं। उधर शास्त्रों का पठन–पाठन कम लोगों में रह गया, इधर ज्ञानी कहलाने की इच्छा रखने वाले मूर्ख बढ़ रहे थे जो किसी 'सतगुरु के प्रसाद' मात्र से ही अपने को सर्वज्ञ मानने के लिए तैयार बैठे थे। अत: 'सतगुरु' भी उन्हीं में निकल पड़ते थे जो धर्म का कोई एक अंग नोंचकर एक ओर भाग खड़े होते थे, और कुछ लोग झाँझ–खँजरी लेकर उनके पीछे हो लेते थे। दम्भ बढ़ रहा था। 'ब्रह्मज्ञान बिनु नारि नर कहहिं न दूसरि बात।' ऐसे लोगों ने भक्ति को बदनाम कर रखा था। 'भक्ति' के नाम पर ही वे वेदशास्त्रों की निन्दा करते थे, पंडितों को गलियाँ देते थे और आर्यधर्म के सामाजिक तत्त्व को न समझकर लोगों में वर्णाश्रम के प्रति अश्रद्धा उत्पन्न कर रहे थे। यह उपेक्षा लोक के लिए कल्याणकर नहीं। जिस समाज में बड़ों का आदर, विद्वानों का सम्मान, अत्याचार का दलन करने वाले शूरवीरों के प्रति श्रद्धा इत्यादि भाव उठ जाएँ, वह कदापि, फल–फूल नहीं सकता; उसमें अशान्ति सदा बनी रहेगी।

'भक्ति' का यह विकृत रूप जिस समय उत्तर भारत में अपना स्थान जमा रहा था, उसी समय भक्तवर गोस्वामी जी का अवतार हुआ जिन्होंने वर्ण–धर्म, आश्रमधर्म, कुलाचार, वेदविहित कर्म, शास्त्र–प्रतिपादित ज्ञान इत्यादि सबके साथ भक्ति का पुन: सामंजस्य स्थापित करके आर्य धर्म को छिन्न–भिन्न होने से बचाया। ऐसे सर्वांगदर्शी लोक–व्यवस्थापक महात्मा के लिए मर्यादा–पुरुषोत्तम भगवान रामचन्द्र के चरित्र से बढ़कर अवलम्ब और क्या मिल सकता था! उसी आदर्श चरित्र के भीतर अपनी अलौकिक प्रतिभा के बल से उन्होंने धर्म के सब रूपों को दिखाकर, भक्ति का प्रकृत आधार खड़ा किया। जनता ने लोक की रक्षा करने वाले प्राकृतिक धर्म का मनोहर रूप देखा। उसने धर्म को दया, दाक्षिण्य, नम्रता, सुशीलता, पितृभक्ति, सत्यव्रत, उदारता, प्रजापालन, क्षमा आदि में ही नहीं देखा बल्कि क्रोध, घृणा, शोक, विनाश और ध्वंस आदि में भी उसे देखा। अत्याचारियों पर जो क्रोध प्रकट किया जाता है, असाध्य दुर्जनों के प्रति जो घृणा प्रकट की जाती है, दीन–दुखियों को

सतानेवालों का जो संहार किया जाता है, कठिन कर्तव्यों के पालन में जो वीरता प्रकट की जाती है, उसमें भी धर्म अपना मनोहर रूप दिखाता है। जिस धर्म की रक्षा से लोक की रक्षा होती है—जिससे समाज चलता है—वह यही व्यापक धर्म है। सत् और असत्, भले और बुरे दोनों के मेल का नाम संसार है। पापी और पुण्यात्मा, परोपकारी और अत्याचारी, सज्जन और दुर्जन सदा से संसार में रहते आए हैं और सदा रहेंगे—

सगुनु खीरु अवगुन जलु ताता। मिलइ रचइ परपंचु बिधाता॥

संसार जैसा है, वैसा मानकर उसके बीच से एक-एक कोने को स्पर्श करता हुआ जो धर्म निकलेगा वही धर्म लोकधर्म होगा। जीवन के किसी एक अंग-मात्र को स्पर्श करने वाला धर्म लोकधर्म नहीं। जो धर्म उपदेश द्वारा न सुधरने वाले दुष्टों और अत्याचारियों को दुष्टता के लिए छोड़ दे, उनके लिए कोई व्यवस्था न करे, वह लोकधर्म नहीं, व्यक्तिगत साधना है। यह साधना मनुष्य की वृत्ति को ऊँचे-से-ऊँचे ले जा सकती है जहाँ वह लोकधर्म से परे हो जाती है। पर सारा समाज इसका अधिकारी नहीं। जनता की प्रवृत्तियों का औसत निकालने पर धर्म का जो मान निर्धारित होता है, वही लोकधर्म होता है।

लोक-मर्यादा का उल्लंघन, समाज की व्यवस्था का तिरस्कार, अनधिकार चर्चा, भक्ति और साधुता का मिथ्या दम्भ, मूर्खता छिपाने के लिए वेद-शास्त्र की निन्दा, ये सब बातें ऐसी थीं जिनसे गोस्वामी जी की अन्तरात्मा बहुत व्यथित हुई। इस दल का लोक-विरोधी स्वरूप उन्होंने खूब पहचाना।

अशिष्ट सम्प्रदायों का औद्धत्य गोस्वामी जी नहीं देख सकते थे। इसी औद्धत्य के कारण विद्वान और कर्मनिष्ठ भी भक्तों की उपेक्षा की दृष्टि से देखने लगे थे, जैसा कि गोस्वामी जी के इन वाक्यों से स्पष्ट होता है—

कर्मठ कठमलिया कहँ ज्ञानी ज्ञान बिहीन।

धर्म-व्यवस्था के बीच ऐसी विषमता उत्पन्न करने वाले नए-नए पंथों के प्रति इसी से उन्होंने अपनी चिढ़ कई जगह प्रकट की है; जैसे—

श्रुति संमत हरि भक्ति पथ संजुत बिरति बिबेक।
तेहिं न चलहिं नर मोह बस कल्पहिं पंथ अनेक॥

... ...

साखी सबदी दोहरा कहि किहनी उपखान।
भगत निरूपहिं भगति कलि निंदहिं बेद पुरान॥

उत्तरकांड में कलि के व्यवहारों का वर्णन करते हुए वे इस प्रसंग में कहते हैं—

बादहिं सूद्र द्विजन सन हम तुम्ह ते कछु घाटि।
जानइ ब्रह्म सो बिप्रवर आँखि देखावहिं डाटि॥

जो बातें ज्ञानियों के चिन्तन के लिए थीं, उन्हें अपरिपक्व रूप में अनधिकारियों के आगे रखने से लोकधर्म का तिरस्कार अनिवार्य था। 'शूद्र' शब्द से जाति की नीचता मात्र से अभिप्राय नहीं है; विद्या, बुद्धि, शील, शिष्टता, सभ्यता सबकी हीनता से है। समाज में मूर्खता का प्रचार, बल और पौरुष का ह्रास, अशिष्टता की वृद्धि, प्रतिष्ठित आदर्शों की उपेक्षा कोई विचारवान नहीं सहन कर सकता। गोस्वामी जी सच्चे भक्त थे। भक्तिमार्ग की

यह दुर्दशा वे कब देख सकते थे ? लोकविहित आदर्शों की प्रतिष्ठा फिर से करने के लिए, भक्ति के सच्चे सामाजिक आधार फिर से खड़ा करने के लिए, उन्होंने रामचरित का आश्रय लिया जिसके बल से लोगों ने फिर धर्म के जीवनव्यापी स्वरूप का साक्षात्कार किया और उस पर मुग्ध हुए। 'कलिकलुष-विभंजिनी' रामकथा घर-घर धूमधाम से फैली। हिन्दू-धर्म में नई भक्ति का संचार हुआ। 'स्तुति-सम्मत हरिभक्ति' की ओर जनता फिर से आकर्षित हुई। 'रामचरितमानस' के प्रसार से उत्तर भारत में साम्प्रदायिकता का वह उच्छृंखल रूप अधिक न ठहरने पाया जिसने गुजरात आदि में वर्ग के वर्ग को वैदिक संस्कारों से एकदम विमुख कर दिया था, दक्षिण में शैवों और वैष्णवों का घोर द्वन्द्व खड़ा किया था। यहाँ की किसी प्राचीनपुरी में शिवकांची और विष्णुकांची के समान दो अलग-अलग बस्तियाँ होने की नौबत नहीं आई। यहाँ शैवों और वैष्णवों में मारपीट कभी नहीं होती। यह सब किसके प्रसाद से ? भक्ति शिरोमणि गोस्वामी तुलसीदास के प्रसाद से। उनकी शान्तिप्रदायिनी मनोहर वाणी के प्रभाव से जो सामंजस्य-बुद्धि जनता में आई वह अब तक बनी है और जब तक 'रामचरितमानस' का पठन-पाठन रहेगा, तब तक बनी रहेगी।

शैवों और वैष्णवों के विरोध के परिहार का प्रयत्न 'रामचरितमानस' में स्थान-स्थान पर लक्षित होता है। ब्रह्मवैवर्तपुराण के गणेश खंड में शिव हरिमन्त्र के जापक कहे गए हैं। उनके अनुसार उन्होंने शिव को राम का सबसे अधिकारी भक्त बनाया, पर साथ ही राम को शिव का उपासक बनाकर गोस्वामी जी ने दोनों का महत्त्व प्रतिपादित किया। राम के मुखारविंद से उन्होंने स्पष्ट कहला दिया कि—

सिव द्रोही मम भगत कहावा। सो नर सपनेहुँ मोहि न भावा॥

वे कहते हैं कि 'शंकर-प्रिय मम द्रोही शिवद्रोही मम दास' मुझे पसन्द नहीं। इस प्रकार गोस्वामी जी ने उपासना या भक्ति का केवल कर्म और ज्ञान के साथ ही सामंजस्य स्थापित नहीं किया बल्कि भिन्न-भिन्न उपास्य देवों के कारण जो भेद दिखाई पड़ते थे, उनका भी एक में पर्यवसान किया। इसी एक बात से यह अनुमान हो सकता है कि उनका प्रभाव हिन्दू समाज की रक्षा के लिए—उसके स्वरूप को रखने के लिए—कितने महत्त्व का था!

तुलसीदास यद्यपि राम के अनन्य भक्त थे, पर लोकरीति के अनुसार अपने ग्रन्थों में गणेशवन्दना पहले करके तब वे आगे चले हैं। सूरदास ने 'हरि हरि हरि हरि सुमिरन करो' से ही ग्रन्थ का आरम्भ किया है। तुलसीदास की अनन्यता सूरदास से कम नहीं थी, पर लोक-मर्यादा की रक्षा का भाव लिये हुए थी। सूरदास की भक्ति में लोकसंग्रह का भाव न था। पर हमारे गोस्वामी जी का भाव अत्यन्त व्यापक था—वह मानव-जीवन के सब व्यापारों तक पहुँचने वाला था। राम की लीला के भीतर वे जगत के सारे व्यवहार और जगत के सारे व्यवहारों के भीतर राम की लीला देखते थे। पारमार्थिक दृष्टि से तो सारा जगत राममय है, पर व्यावहारिक दृष्टि से उसके राम और रावण दो पक्ष हैं। अपने स्वरूप के प्रकाश के लिए मानो राम ने रावण का असत् रूप खड़ा किया। 'मानस' के आरम्भ में सिद्धान्त-कथन के समय तो वे 'सीयराममय सब जग जानी' सबको 'सप्रेम प्रणाम' कहते हैं, पर आगे व्यवहार-क्षेत्र में चलकर वे रावण के प्रति 'शठ' आदि बुरे शब्दों का प्रयोग करते हैं।

तुलसीदास के समय में दो प्रकार के भक्त पाए जाते थे। एक तो प्राचीन परम्परा के

रामकृष्णोपासक जो वेदशास्त्र तत्त्वदर्शी आचार्यों द्वारा प्रवर्तित सम्प्रदायों के अनुयायी थे, जो अपने उपदेशों में दर्शन, इतिहास, पुराण आदि के प्रसंग लाते थे। दूसरे वे जो समाज-व्यवस्था की निन्दा, पूज्य तथा सम्मानित व्यक्तियों के उपहास द्वारा लोगों को आकर्षित करते थे। समाज की व्यवस्था में कुछ विकार आ जाने से ऐसे लोगों के लिए अच्छा मैदान हो जाता है। समाज के बीच शासकों, कुलीनों, श्रीमानों, विद्वानों, शूरवीरों, आचार्यों इत्यादि को अवश्य अधिकार और सम्मान कुछ अधिक प्राप्त रहता है; अत: ऐसे लोगों की भी कुछ संख्या सदा रहती है जो उन्हें अकारण ईर्ष्या और द्वेष की दृष्टि से देखते हैं और उन्हें नीचा दिखाकर अपने अहंकार को तुष्ट करने की तीव्र ताक में रहते हैं। अत: उक्त शिष्ट वर्गों में कोई दोष न रहने पर भी उनमें दोषाद्भावना करके कोई चलते पुरजे का आदमी ऐसे लोगों को संग में लाकर 'प्रवर्तक', 'अगुआ', 'महात्मा' आदि होने का डंका पीट सकता है। यदि दोष सचमुच हुआ तो फिर क्या कहना है। सुधार की सच्ची इच्छा रखने वाले दो-चार होंगे तो ऐसे लोग पच्चीस। समुदाय के मद, मत्सर, ईर्ष्या, द्वेष और अहंकार को काम में लाकर 'अगुआ' और 'प्रवर्तक' बनने का हौसला रखने वाले समाज के शत्रु हैं। यूरोप में जो सामाजिक अशान्ति चली आ रही है वह बहुत कुछ ऐसे ही लोगों के कारण। पूर्वी देशों की अपेक्षा संघनिर्माण में अधिक कुशल होने के कारण वे अपने व्यवसाय में बहुत जल्दी सफलता प्राप्त कर लेते हैं। यूरोप में जितने लोक-विप्लव हुए हैं, जितनी राजहत्या, पर हत्या हुई है, सबमें जनता के वास्तविक दु:ख और क्लेश का भाग यदि 1/3 था तो विशेष जन-समुदाय को नीच प्रवृत्तियों का भाग 2/3 है। 'क्रान्तिकारक', 'प्रवर्तक' आदि कहलाने का उन्माद यूरोप में बहुत अधिक है, इन्हीं उन्मादियों के हाथ में पड़कर वहाँ का समाज छिन्न-भिन्न हो रहा है। अभी थोड़े दिन हुए; एक मेम साहब पति-पत्नी के सम्बन्ध पर व्याख्यान देती फिरती थी कि कोई आवश्यकता नहीं कि स्त्री पति के घर में ही रहे।

भक्त कहलाने वाले एक विशेष समुदाय के भीतर जिस समय यह उन्माद कुछ बढ़ रहा था, उस समय भक्तिमार्ग के भीतर ही एक ऐसी सात्त्विक ज्योति का उदय हुआ जिसके प्रकाश में लोकधर्म के छिन्न-भिन्न होते हुए अंग भक्ति-सूत्र के द्वारा ही फिर से जुड़े। चैतन्य महाप्रभु के भाव के प्रवाह द्वारा बंगदेश, अष्टछाप के कवियों के संगीत-स्रोत के द्वारा उत्तर भारत में प्रेम की जो धारा बही, उसने पंथवालों की परुष वचनावली से सूखते हुए हृदयों को आर्द्र तो किया, पर वह आर्य शास्त्रानुमोदित लोकधर्म के माधुर्य की ओर आकर्षित न कर सकी। यह काम गोस्वामी तुलसीदास ने किया। हिन्दू समाज में फैलाया हुआ विषय उनके प्रभाव से चढ़ने न पाया। हिन्दू जनता अपने गौरवपूर्ण इतिहास को भुलाने, कई सहस्र वर्षों के संचित ज्ञान भंडार से वंचित रहने, अपने प्रात: स्मरणीय आदर्श पुरुषों के आलोक से दूर पड़ने से बच गई। उसमें यह संस्कार न जमने पाया कि श्रद्धा और भक्ति के पात्र केवल सांसारिक कर्तव्यों से विमुख, कर्ममार्ग से च्युत कोरे उपदेश देने वाले ही हैं। उसके सामने यह फिर से अच्छी तरह झलका दिया गया कि संसार में चलते व्यापारों में मग्न, अन्याय के दमन के अर्थ रणक्षेत्रों में अद्भुत पराक्रम दिखाने वाले, अत्याचार पर क्रोध से तिलमिलाने वाले, प्रभूत शक्ति-सम्पन्न होकर भी क्षमा करने वाले, अपने रूप, गुण और शील से लोक का अनुरंजन करने वाले, मैत्री का निर्वाह करने वाले, प्रजा का पुत्रवत् पालन करने वाले,

बड़ों की आज्ञा का आदर करने वाले, सम्पत्ति में नम्र रहने वाले, विपत्ति में धैर्य रखने वाले, प्रिय अच्छे ही लगते हैं, यह बात नहीं है। वे भक्ति और श्रद्धा के प्रकृत आलम्बन हैं, धर्म के दृढ़ प्रतीक हैं।

सूरदास आदि अष्टछाप के कवियों ने श्रीकृष्ण के शृंगारिक रूप के प्रत्यक्षीकरण द्वारा 'टेढ़ी सीधी निर्गुण बाणी' की खिन्नता और शुष्कता को हटाकर जीवन की प्रफुल्लता का आभास तो दिया, पर भगवान के लोकसंग्रहकारी रूप का प्रकाश करके धर्म के सौन्दर्य का साक्षात्कार नहीं कराया। कृष्णोपासक भक्तों के सामने राधाकृष्ण की प्रेमलीला ही रखी गई, भगवान की लोकधर्म–स्थापना का मनोहर चित्रण नहीं किया गया। अधर्म और अन्याय से संलग्न वैभव और समृद्धि का जो विच्छेद उन्होंने कौरवों के विनाश द्वारा कराया, लोकधर्म से च्युत होते हुए अर्जुन को जिस प्रकार उन्होंने सँभाला, शिशुपाल के प्रसंग में क्षमा और दंड की जो मर्यादा उन्होंने दिखाई, किसी प्रकार ध्वस्त न होने वाले प्रबल, अत्याचारी के निराकरण की जिस नीति के अवलम्बन की व्यवस्था उन्होंने जरासन्ध वध द्वारा की, उसका सौन्दर्य जनता के हृदय में अंकित नहीं किया गया। इससे असंस्कृत हृदयों में जाकर कृष्ण की शृंगारिक भावना ने विलासप्रियता का रूप धारण किया और समाज केवल नाच–कूदकर जी बहलाने के योग्य हुआ।

जहाँ लोकधर्म और व्यक्तिधर्म का विरोध हो वहाँ कर्ममार्गी गृहस्थों के लिए लोकधर्म का ही अवलम्बन श्रेष्ठ है। यदि किसी अत्याचारी का दमन सीधे न्यासंगत उपायों से नहीं हो सकता तो कुटिल नीति का अवलम्बन लोकधर्म की दृष्टि से उचित है। किसी अत्याचारी द्वारा समाज को जो हानि पहुँच रही है, उसके सामने वह हानि कुछ नहीं है जो किसी एक व्यक्ति के बुरे दृष्टान्त से होगी। लक्ष्य यदि व्यापक और श्रेष्ठ है तो साधन का अनिवार्य अनौचित्य उतना खल नहीं सकता। भारतीय जनसमाज में लोकधर्म का यह आदर्श यदि पूर्ण रूप से प्रतिष्ठित रहने पाता तो विदेशियों के आक्रमण को व्यर्थ करने में देश अधिक समर्थ होता।

रामचरित के सौन्दर्य द्वारा तुलसीदास ने जनता को लोकधर्म की ओर जो फिर से आकर्षित किया, वह निष्फल नहीं हुआ। वैरागियों का सुधार चाहे उससे उतना न हुआ हो, पर परोक्ष रूप में साधारण गृहस्थ–जनता की प्रवृत्ति का बहुत कुछ संस्कार हुआ। दक्षिण में रामदास स्वामी ने इसी लोकधर्माश्रित भक्ति का संचार करके महाराष्ट्र–शक्ति का अभ्युदय किया। पीछे से सिखों ने भी लोकधर्म का आश्रय लिया और सिख–शक्ति का प्रादुर्भाव हुआ। हिन्दू जनता शिवाजी और गुरु गोविन्दसिंह को राम–कृष्ण के रूप में और औरंगजेब को रावण और कंस के रूप में देखने लगी। जहाँ लोक ने किसी को रावण और कंस के रूप में देखा कि भगवान के अवतार की सम्भावना हुई।

गोस्वामी जी ने यद्यपि भक्ति के साहचर्य से ज्ञान, वैराग्य का भी निरूपण किया है और पूर्ण रूप से किया है, पर उनका सबसे अधिक उपकार गृहस्थों के ऊपर है जो अपनी प्रत्येक स्थिति में उन्हें पुकारकर कुछ कहते हुए पाते हैं और वह 'कुछ' भी लोक–व्यवहार के अन्तर्गत है, उसके बाहर नहीं। मान–अपमान से परे रहने वाले सन्तों के लिए तो वे 'खलके वचन सन्त सह जैसे' कहते हैं पर साधारण गृहस्थों के लिए सहिष्णुता की मर्यादा बाँधते

हुए कहते हैं कि 'कतहुं सुधाइहु तें बड़ दोषू'। साधक और संसारी दोनों के भागों की ओर वे संकेत करते हैं। व्यक्तिगत सफलता के लिए जिसे 'नीति' कहते हैं, सामाजिक आदर्श की सफलता का साधक होकर वह 'धर्म' हो जाता है।

सारांश यह कि गोस्वामी जी से पूर्व तीन प्रकार के साधु समाज के बीच रमते दिखाई देते थे। एक तो प्राचीन परम्परा के भक्त जो प्रेम में मग्न होकर संसार को भूल रहे थे, दूसरे वे जो अनधिकार ज्ञानगोष्ठी द्वारा समाज के प्रतिष्ठित आदर्शों के प्रति तिरस्कार-बुद्धि उत्पन्न कर रहे थे, और तीसरे वे जो हठयोग, रसायन आदि द्वारा अलौकिक सिद्धियों की व्यर्थ आशा का प्रचार कर रहे थे। इन तीनों वर्गों के द्वारा साधारण जनता के लोकधर्म पर आरूढ़ होने की सम्भावना कितनी दूर थी, यह कहने की आवश्यकता नहीं। आज जो हम फिर झोंपड़ों में बैठे किसानों को भरत के 'भायप भाव' पर, लक्ष्मण के त्याग पर, राम की पितृभक्ति पर पुलकित होते हुए पाते हैं, वह गोस्वामी जी के ही प्रसाद से। धन्य है गार्हस्थ्य-जीवन में धर्मालोकस्वरूप रामचरित और धन्य हैं उस आलोक को घर-घर पहुँचाने वाले तुलसीदास। व्यावहारिक जीवन धर्म की ज्योति से एक बार फिर जगमगा उठा—उसमें नई शक्ति का संचार हुआ। जो कुछ भी नहीं जानता, वह भी यह जानता है कि—

जे न मित्र दुख होहिं दुखारी। तिन्हहि बिलोकत पातक भारी॥

स्त्रियाँ और कोई धर्म जानें, या न जानें, पर वे वह धर्म जानती हैं जिससे संसार चलता है। उन्हें इस बात का विश्वास रहता है कि—

बृद्ध रोगबस जड़ धनहीना। अंध बधिर क्रोधी अति दीना॥
ऐसेहु पति कर किएँ अपमाना। नारि पाव जमपुर दुख नाना॥

जिसमें बाहुबल है उसे यह समझ भी पैदा हो गई कि दुष्ट और अत्याचारी 'पृथ्वी के भार' हैं; उस भार को उतारने वाले भगवान के सच्चे सेवक हैं। प्रत्येक देहाती लठैत 'बजरंगबली' की जय-जयकार मनाता है—कुम्भकर्ण की नहीं। गोस्वामी जी ने 'रामचरित-चिन्तामणि' को छोटे-बड़े सबके बीच में बाँट दिया जिसके प्रभाव से हिन्दू समाज यदि चाहे—सच्चे जी से चाहे तो—सब कुछ प्राप्त कर सकता है।

भक्ति और प्रेम के पुटपाक द्वारा धर्म को रागात्मिका वृत्ति के साथ सम्मिश्रित करके बाबाजी ने एक ऐसा रसायन तैयार किया जिसके सेवन से धर्म-मार्ग में कष्ट और श्रांति न जान पड़े, आनन्द और उत्साह के साथ लोग आप-से-आप उसकी ओर प्रवृत्त हों, धरपकड़ और जोर-जबरदस्ती से नहीं। जिस धर्ममार्ग में कोरे उपदेशों से कष्ट ही कष्ट दिखाई पड़ता है, वह चरित-सौन्दर्य के साक्षात्कार से आनन्दमय हो जाता है। मनुष्य की स्वाभाविक प्रवृत्ति और निवृत्ति की दिशा को लिए हुए धर्म की जो लीक निकलती है, लोगों के चलते-चलते चौड़ी होकर वह सीधा राजमार्ग हो सकती है; जिसके सम्बन्ध में गोस्वामी जी कहते हैं—

गुरु कह्यो रामभजन नीको मोहि लगत राजडगरो सो।

... ...

गोस्वामी जी का समाज का आदर्श वही है जिसका निरूपण वेद, पुराण, स्मृति आदि में है; अर्थात् वर्णाश्रम की पूर्ण प्रतिष्ठा। प्रोत्साहन और प्रतिबन्ध द्वारा मन, वचन और कर्म को व्यवस्थित रखने वाला तत्त्व धर्म है जो दो प्रकार का है—साधारण और विशेष। मनुष्य

मात्र का मनुष्य मात्र के प्रति जो सामान्य कर्तव्य होता है, उसके अतिरिक्त स्थिति या व्यवसाय-विशेष के अनुसार भी मनुष्य के कुछ कर्तव्य होते हैं। जैसे माता-पिता के प्रति पुत्र का, पुत्र के प्रति पिता का, राजा के प्रति प्रजा का, गुरु के प्रति शिष्य का, ग्राहक के प्रति दुकानदार का, छोटों के प्रति बड़ों का इत्यादि। ज्यों-ज्यों सभ्यता बढ़ी है, समाज में वर्ण विधान हुआ है त्यों-त्यों इन धर्मों का विस्तार होता गया है। पारिवारिक जीवन में से निकलकर समाज में जाकर उनकी अनेक रूपों में प्रतिष्ठा हुई है। संसार के और देशों में जो मत प्रवर्तित हुए, उनमें 'साधारण धर्म' का ही पूर्ण समावेश हो सका, विशेष धर्मों की बहुत कम व्यवस्था हुई। पर सरस्वती और दृशद्वती के तटों पर पल्लवित आर्य-सभ्यता के अन्तर्गत जिस धर्म का प्रकाश हुआ, विशेष धर्मों की विस्तृत व्यवस्था उसका लक्षण हुआ और वह वर्णाश्रम-धर्म कहलाया। उसमें लोकसंचालन के लिए ज्ञानबल, बाहुबल, धनबल और सेवाबल का सामंजस्य घटित हुआ जिसके अनुसार केवल कर्मों की ही नहीं, वाणी और भाव की भी व्यवस्था की गई। जिस प्रकार ब्राह्मण के धर्म पठन-पाठन, तत्त्वचिन्तन, यज्ञादि हुए उसी प्रकार शान्त और मृदु वचन तथा उपकार-बुद्धि, नम्रता, दया, क्षमा आदि भावों का अभ्यास भी। क्षत्रियों के लिए जिस प्रकार शस्त्रग्रहण धर्म हुआ, उसी प्रकार जनता की रक्षा, उसके दुःख से सहानुभूति आदि भी। और वर्णों के लिए जिस प्रकार अपने नियम व्यवसायों को सम्पादन कर्तव्य ठहराया गया, उसी प्रकार अपने से ऊँचे कर्तव्यवालों अर्थात् लोकरक्षा द्वारा भिन्न-भिन्न व्यवसायों का अवसर देने वालों के प्रति आदर-सम्मान का भाव भी। वचन-व्यवस्था और भाव-व्यवस्था के बिना कर्म-व्यवस्था निष्फल होती। हृदय का योग जब तक न होगा, तब तक न कर्म सच्चे होंगे, न अनुकूल वचन निकलेंगे। परिवार में जिस प्रकार ऊँची-नीची श्रेणियाँ होती हैं उसी प्रकार शील, विद्या, बुद्धि, शक्ति आदि की विचित्रता से समाज में भी ऊँची-नीची श्रेणियाँ रहेंगी। कोई आचार्य होगा, कोई शिष्य; कोई राजा होगा, कोई प्रजा; कोई अफसर होगा, कोई मातहत, कोई सिपाही होगा, कोई सेनापति। यदि बड़े छोटों के प्रति दुःशील होकर हर समय दुर्वचन कहने लगें, यदि छोटे बड़ों का आदर-सम्मान छोड़कर उन्हें आँख दिखाकर डाँटने लगें तो समाज चल ही नहीं सकता। इसी से शूद्रों का द्विजों को आँख दिखाकर डाँटना, मूर्खों का विद्वानों का उपहास करना गोस्वामी जी को समाज की धर्मशक्ति का ह्रास समझ पड़ा।

गोस्वामी जी कट्टर मर्यादावादी थे। मर्यादा का भंग वे लोक के लिए मंगलकारी नहीं समझते थे। मर्यादा का उल्लंघन देखकर ही बलरामजी वरासन पर बैठकर पुराण कहते हुए सूत पर हल लेकर दौड़े थे। शूद्रों के प्रति यदि धर्म और न्याय का पूर्ण पालन किया जाए, तो गोस्वामी जी उनके धर्म को ऐसा कष्टप्रद नहीं समझते थे कि उसे छोड़ना आवश्यक हो। वर्ण-विभाग केवल कर्म-विभाग नहीं है, भाव-विभाग भी है। श्रद्धा, भक्ति, दया, क्षमा आदि उदात्त वृत्तियों के नियमित अनुष्ठान और अभ्यास के लिए भी वे समाज में छोटी-बड़ी श्रेणियों का विधान आवश्यक समझते थे। इन भावों के लिए आलंबन ढूँढ़ना एकदम व्यक्ति के ऊपर ही नहीं छोड़ा गया था। इनके आलंबनों की प्रतिष्ठा समाज ने कर दी थी। समाज में बहुत से ऐसे अनुन्नत अन्तःकरण के प्राणी होते हैं, जो इन आलंबनों को नहीं चुन सकते। अतः उन्हें स्थूल रूप से यह बता दिया गया कि अमुक वर्ग यह कार्य करता

है, यह तुम्हारी दया का पात्र है; अमुक वर्ग इस कार्य के लिए नियत है, अतः यह तुम्हारी श्रद्धा का पात्र है। यदि उच्चवर्ग का कोई मनुष्य अपने धर्म से च्युत है, तो उसकी विगर्हणा, उसे शासन और उसके सुधार का भार राज्य के या उसके वर्ग के ऊपर है, निम्न वर्ग के लोगों पर नहीं। अतः लोक-मर्यादा की दृष्टि से निम्नवर्ग के लोगों का धर्म यही है कि उस पर श्रद्धा का भाव रखें, न रख सकें तो कम-से-कम प्रकट करते रहें। इसे गोस्वामी जी का 'सोशल डिसिप्लिन' समझिए। इसी भाव से उन्होंने प्रसिद्ध नीतिज्ञ और लोक-व्यवस्थापक चाणक्य का यह वचन—

पतितोऽपि द्विज श्रेष्ठो न च शूद्रो जितेन्द्रियः।

अनुवाद करके रख दिया—

पूजिअ बिप्र सील गुन हीना। सूद्र न गुन गन ग्यान प्रबीना॥

जिसे कुछ लोग उनका जातीय पक्षपात समझते हैं। जातीय पक्षपात से उस विरक्त महात्मा को क्या मतलब हो सकता है—

लोग कहें पोचु सो न सोचु न सँकोचु मेरे,
ब्याह न बरेखी जाति पाँति न चाहत हौं।

काकभुशुंडि की जन्मान्तरवाली कथा द्वारा गोस्वामी जी ने प्रकट कर दिया है कि लोक-मर्यादा और शिष्टता के उल्लंघन को वे कितना बुरा समझते थे। काकभुशुंडि अपने शूद्र-जन्म की बात कहते हैं—

एक बार हर मंदिर जपत रहेउँ सिव नाम।
गुरु आयउ अभिमान तें उठि नहिं कीन्ह प्रनाम॥
सो दयाल नहिं कहेउ कछु उर न रोष लवलेस।
अति अघ गुर अपमानता सहि नहिं सके महेस॥
मंदिर माझ भई नभबानी। रे हतभाग्य अग्य अभिमानी॥
जद्यपि तव गुर कें नहिं क्रोधा। अति कृपाल चित सम्यक बोधा॥
तदपि साप सठ दैहउँ तोही। नीति बिरोध सुहाइ न मोही॥
जौं नहिं दंड करौं खल तोरा। भ्रष्ट होइ श्रुतिमारग मोरा॥

श्रुतिप्रतिपादित लोकनीत और समाज के सुख का विधान करने वाली शिष्टता के ऐसे भारी समर्थक होकर वे अशिष्ट सम्प्रदायों की उच्छृंखलता, बड़ों के प्रति उनकी अवज्ञा चुपचाप कैसे देख सकते थे!

ब्राह्मण और शूद्र, छोटे और बड़े के बीच कैसा व्यवहार वे उचित समझते थे, यह चित्रकूट में वशिष्ठ और निषाद के मिलन में देखिए—

प्रेम पुलकि केवट कहि नामू। कीन्ह दूरि तें दंड प्रनामू॥
रामसखा रिषि बरबस भेंटा। जनु महि लुटत सनेह समेटा॥

केवट अपनी छोटाई के विचार से वशिष्ठ ऐसे ऋषीश्वर को दूर ही से प्रणाम करता है, पर ऋषि अपने हृदय की उच्चता का परिचय देकर उसे बार-बार गले लगाते हैं। वह हटता जाता है, वे बरबस भेंटते हैं। इस उच्चता से किस नीच को द्वेष हो सकता है? यह उच्चता किसे खलने वाली हो सकती है?

काकभुशुंडि वाले मामले में शिवजी ने शाप देकर लोकमत की रक्षा की और काकभुशुंडि के गुरु ने कुछ न कहकर साधुमत[1] का अनुसरण किया। साधुमत का अनुसरण व्यक्तिगत साधन है, लोकमत लोकशासन के लिए है। इन दोनों का सामंजस्य गोस्वामी जी की धर्मभावना के भीतर है। चित्रकूट में भरत की ओर से वशिष्ठजी जब सभा में प्रस्ताव करने उठते हैं, तब राम से कहते हैं—

भरत बिनय सादर सुनिअ करिअ बिचारु बहोरि।
करब साधुमत लोकमत नृपनय निगम निचोरि॥

गोस्वामी जी अपने राम या ईश्वर तक को लोकमत के वशीभूत कहते हैं—

लोक एक भाँति को त्रिलोकनाथ लोकबस
आपनो न सोच स्वामी सोच ही सुखात हौं।

जबकि दुनिया एक मुँह से तुलसी को बुरा कह रही है तब उन्हें अपनाने का विचार करके राम बड़े असमंजस में पड़ेंगे। तुलसी के राम स्वेच्छाचारी शासक नहीं; वे लोक के वशीभूत हैं, क्योंकि लोक भी वास्तव में उन्हीं का व्यक्त विस्तार है।

अब तक जो कुछ कहा गया, उससे गोस्वामी जी व्यक्तिवाद (इंडिविडुअलिज्म) के विरोधी और लोकवाद (सोशलिज्म) के समर्थक से लगते हैं। व्यक्तिवाद के विरुद्ध उनकी ध्वनि स्थान-स्थान पर सुनाई पड़ती है; जैसे—

(क) *मारग सोइ जा कहँ जो भावा।*

(ख) *स्वारथ सहित स्नेह सब रुचि अनुहरत अचार।*

पर उनके लोकवाद की भी मर्यादा है। उनका लोकवाद वह लोकवाद नहीं है, जिसका अकांड तांडव रूस में हो रहा है। वे व्यक्ति की स्वतंत्रता का हरण नहीं चाहते जिसमें व्यक्ति इच्छानुसार हाथ-पैर भी नहीं हिला सके; अपने श्रम, शक्ति और गुण का अपने लिए कोई फल ही न देख सके। वे व्यक्ति के आचरण का इतना ही प्रतिबन्ध चाहते हैं जितने से दूसरों के जीवनमार्ग में बाधा न पड़े और हृदय की उदात्त वृत्तियों के साथ लौकिक सम्बन्धों का सामंजस्य बना रहे। राजा-प्रजा, उच्च-नीच, धनी-दरिद्र, सबल-निर्बल, शास्य-शासक, मूर्ख-पंडित, पति-पत्नी, गुरु-शिष्य, पिता-पुत्र इत्यादि भेदों के कारण जो अनेक रूपात्मक सम्बन्ध प्रतिष्ठित हैं, उनके निर्वाह के अनुकूल मन (भाव), वचन और कर्म की व्यवस्था ही उनका लक्ष्य है क्योंकि इन सम्बन्धों के सम्यक् निर्वाह से ही वे सबका कल्याण मानते हैं। इन सम्बन्धों की अपेक्षा करनेवाले व्यक्तिप्राधान्यवाद के वे अवश्य विरोधी हैं।

समाज की इस आदर्श व्यवस्था के बीच स्त्रियों और शूद्रों का स्थान क्या है, आजकल के सुधारक इसका पता लगाना बहुत जरूरी समझेंगे। उन्हें यह जानना चाहिए कि तुलसीदास जी कट्टर मर्यादावादी थे, कार्य-क्षेत्रों के प्राचीन विभाग के पूरे समर्थक थे। पुरुषों की अधीनता में रहकर गृहस्थी का कार्य सँभालना ही वे स्त्रियों के लिए बहुत समझते थे। घर के बाहर निकलनेवाली स्वतंत्रता को वे बुरा समझते थे। पर यह भी समझ रखना चाहिए कि 'जिमि स्वतंत्र होई बिगरहिं नारी' कहते समय उनका ध्यान ऐसी ही स्त्रियों पर था जैसी कि साधारणतः पाई जाती हैं, गार्गी और मैत्रेयी की ओर नहीं। उन्हें गार्गी और मैत्रेयी बनाने

1. उमा संत कइ इहइ बड़ाई। मंद करत जो करइ भलाई॥

की चिन्ता उन्होंने कहीं प्रकट नहीं की है। हाँ, भक्ति का अधिकार जैसे सबको है, वैसे ही उनको भी। मीराबाई का लिखा हुआ जो पद (विनय का) कहा जाता है, उससे प्रकट होता है कि 'भक्ति-मार्ग' में सबको उत्साहित करने के लिए वे तैयार रहते थे। इसमें वे किसी बात की रिआयत नहीं रखते थे। रामभक्ति में यदि परिवार या समाज बाधक हो रहा है, तो उसे छोड़ने की राय वे बेधड़क देंगे—पर उन्हीं को जिन्हें भक्तिमार्ग में पक्का समझेंगे। सब स्त्रियाँ घरों से निकलकर वैरागियों की सेवा में लग जाएँ, यह अभिप्राय उनका कदापि नहीं। स्त्रियों के लिए साधारण उपदेश उनका वही समझना चाहिए जो 'ऋषिवधू' ने 'सरल मृदु बानी' से सीताजी को दिया था।

उन पर स्त्रियों की निन्दा का महापातक लगाया जाता है; पर यह अपराध उन्होंने अपनी विरति की पुष्टि के लिए किया है, उसे उनका वैरागीपन समझना चाहिए। सब रूपों में स्त्रियों की निन्दा उन्होंने नहीं की है। केवल प्रमदा या कामिनी के रूप में, दाम्पत्य-रति के आलंबन के रूप में, की है—माता, पुत्री, भगिनी आदि के रूप में नहीं। इससे सिद्ध है कि स्त्री-जाति के प्रति उन्हें कोई द्वेष नहीं था। अतः उक्त रूप में स्त्रियों की जो निन्दा उन्होंने की है, वह अधिकतर तो अपने ऐसे और विरक्तों के वैराग्य को दृढ़ करने के लिए, और कुछ लोक की अत्यन्त आसक्ति को कम करने के विचार से। उन्होंने प्रत्येक श्रेणी के मनुष्यों के लिए कुछ न कुछ कहा है। उनकी कुछ बातें तो विरक्त साधुओं के लिए हैं, कुछ साधारण गृहस्थी के लिए, कुछ विद्वानों और पंडितों के लिए। अतः स्त्रियों को जो स्थान-स्थान पर बुरा कहा है, उसका ठीक तात्पर्य यह नहीं कि वे सचमुच वैसी ही होती हैं; बल्कि यह मतलब है कि उनमें आसक्त होने से बचने के लिए उन्हें वैसा ही मान लेना चाहिए। किसी वस्तु से विरक्त करना जिसका उद्देश्य है, वह अपने उद्देश्य का साधन उसे बुरा कहकर ही कर सकता है। अतः स्त्रियों के सम्बन्ध में गोस्वामी जी ने जो कहा है, वह सिद्धान्त-वाक्य नहीं है, अर्थवाद मात्र है। पर उद्दिष्ट प्रभाव उत्पन्न करने के लिए इस युक्ति का अवलंबन गोस्वामी जी ऐसे उदार और सरल प्रकृति के महात्मा के लिए सर्वथा उचित था, यह नहीं कहा जा सकता; क्योंकि स्त्रियाँ भी मनुष्य हैं—निन्दा से उनका जी दुःख सकता है। स्त्रियों से काम उत्पन्न होता है, धन से लोभ उत्पन्न होता है, प्रभुता से मद उत्पन्न होता है, इसलिए काम, मद, लोभ आदि से बचने की उत्तेजना उत्पन्न करने के लिए वैराग्य का उपदेश देने वाले कंचन, कामिनी और प्रभुत्व की निन्दा कर दिया करते हैं। बस इसी रीति का पालन बाबाजी ने भी किया है। वे थे तो वैरागी ही। यदि कोई संन्यासिनी अपनी बहनों को काम, क्रोध आदि से बचने का उपदेश देने बैठे तो पुरुषों को इसी प्रकार 'अपावन' और सब 'अवगुणों' की खान कह सकती है! पुरुष-पतंगों के लिए गोस्वामी जी ने स्त्रियों को जिस प्रकार दीपशिखा कहा है, उसी प्रकार स्त्री पतंगियों के लिए पुरुषों को भाड़ कहेगी।

सिद्धान्त और अर्थवाद में भेद न समझने के कारण ही गोस्वामी जी की बहुत-सी उक्तियों को लेकर लोग परस्पर विरोध आदि दिखाया करते हैं। वे प्रसंग विशेष में कवि के भीतरी उद्देश्य की खोज न करके केवल शब्दार्थ ग्रहण करके तर्क-वितर्क करते हैं। जैसे एक स्थान पर वे कहते हैं—

सठ सुधरहिं सतसंगति पाई। पारस परस कुधात सुहाई॥

फिर दूसरे स्थान पर कहते हैं—

नीच निचाई नहिं तजै जो पावै सतसंग।

इनमें से प्रथम उक्ति सत्संग की महिमा हृदयंगम कराने के लिए की गई है और दूसरी उक्ति नीच या शठ की भीषणता दिखाने के लिए। एक का उद्देश्य है सत्संग की स्तुति और दूसरी का दुर्जन की निन्दा। अतः ये दोनों सिद्धान्त रूप में नहीं हैं, अर्थवाद के रूप में हैं। ये पूर्ण सत्य नहीं हैं, आंशिक सत्य हैं, जिनका उल्लेख कवि, उपदेशक आदि प्रभाव उत्पन्न करने के लिए करते हैं। काव्य का उद्देश्य शुद्ध विवेचन द्वारा सिद्धान्त-निरूपण नहीं होता, रसोत्पादन या भाव संचार होता है। बुद्धि की क्रिया की कविजन आंशिक सहायता ही लेते हैं।

अब रहे शूद्र। समाज चाहे किस ढंग का हो, उसमें छोटे काम करनेवाले तथा अपनी स्थिति के अनुसार अल्प विद्या, बुद्धि, शील और शक्ति रखनेवाले कुछ न कुछ रहेंगे ही। ऊँची स्थितिवालों के लिए जिस प्रकार इन छोटी स्थिति के लोगों की रक्षा और सहायता करने तथा उनके साथ कोमल व्यवहार करना आवश्यक है, उसी प्रकार इन छोटी स्थितिवालों के लिए बड़ी स्थितिवालों के प्रति आदर और सम्मान प्रदर्शित करना भी। नीची श्रेणी के लोग अहंकार से उन्मत्त होकर ऊँची श्रेणी के लोगों का अपमान करने पर उद्यत हों, तो व्यावहारिक दृष्टि से उच्चता किसी काम की न रह जाए। विद्या, बुद्धि, बल, पराक्रम, शील और वैभव यदि अकारण अपमान से कुछ अधिक रक्षा न कर सकें तो उनका सामाजिक मूल्य कुछ भी नहीं। ऊँची-नीची श्रेणियाँ समाज में बराबर थीं और बराबर रहेंगी। अतः शूद्र शब्द को नीची श्रेणी के मनुष्य का—कुल, शील, विद्या, बुद्धि, शक्ति आदि सबमें अत्यन्त न्यून का—बोधक मानना चाहिए। इतनी न्यूनताओं को अलग-अलग न लिखकर वर्ण विभाग के आधार पर उन सबके लिए एक शब्द का व्यवहार कर दिया गया है। इस बात को मनुष्य जातियों का अनुसन्धान करने वाले आधुनिक लेखकों ने भी स्वीकार किया है कि वन्य और असभ्य जातियाँ उन्हीं का आदर-सम्मान करती हैं जो उनमें भय उत्पन्न कर सकते हैं। यही दशा गँवारों की है। इस बात को गोस्वामी जी ने अपनी चौपाई में कहा है—

ढोल गवाँर सूद्र पसु नारी। सकल ताड़ना के अधिकारी॥

जिससे कुछ लोग इतना चिढ़ते हैं। चिढ़ने का कारण है 'ताड़न' शब्द जो ढोल शब्द के योग में आलंकारिक चमत्कार उत्पन्न करने के लिए लाया गया है। 'स्त्री' का समावेश भी सुरुचि-विरुद्ध लगता है, पर वैरागी समझकर उनकी बात का बुरा न मानना चाहिए।

तत्त्व-चिन्तन

रामदत्त भारद्वाज

गोस्वामी तुलसीदास किस दार्शनिक परिपाटी के अनुयायी थे, इस सम्बन्ध में बड़ा मतभेद है। ग्रियर्सन और कार्पेन्टर ऐसा समझते हैं कि तुलसीदास पर ईसा-धर्म का कुछ-न-कुछ प्रभाव अवश्य पड़ा था। ग्राउज़ ने इतना तो कहा कि ईसाइयों की आराधना और तुलसी की सगुण-पूजा में किंचित् समानता तो है, किन्तु उनके मत से तुलसीदास की भक्ति भारतीय ही है।

जे.एन. कार्पेन्टर का मत है कि तुलसीदास ने धर्म की ठेकेदारी का विरोध नहीं किया और न कोई सम्प्रदाय चलाया, किन्तु ब्राह्मणाधिकार को प्रस्तुत किया और रामानन्द की तूती बजाई। ग्राउज़ का कथन है कि तुलसीदास का सिद्धान्त मुख्यतः सदानन्द के 'वेदान्तसार' पर आधारित है और उनकी रामभक्ति 'भागवत' के अनुकरण पर। डॉ. विलियम चार्ल्स मैक्डूगल तुलसी-प्रदर्शित मार्ग से ऊबकर ईसामसीह का आश्रय चाहते हैं। राम का नाम राम से भी बड़ा है, तुलसी के इस कथन में मैक्डूगल के अनुसार न तो कोई आध्यात्मिकता है, न नैतिकता। परन्तु महात्मा मोहनदास कर्मचन्द गांधी ने तो राम-नाम को आधि-व्याधियों के लिए महौषधि समझा है।

रामदास गौड़ तुलसीदास को स्मार्त वैष्णव एवं अटल भक्त तो समझते हैं, पर उन्हें दार्शनिक नहीं मानते। यद्यपि लाला सीताराम ने लिखा है कि 'रामचरितमानस' में विविध वादों की चर्चा है, यथा भगवान शिव के द्वारा अद्वैतवाद की, लक्ष्मण के द्वारा विशिष्टाद्वैत की, और भरत के द्वारा रामानन्दी मत की; तथापि डॉ. बलदेव प्रसाद मिश्र ऐसे मत-मिश्रण में विश्वास नहीं करते। डॉ. श्यामसुन्दर दास तुलसी-दर्शन में अद्वैतवाद का दर्शन करते हैं। रामचन्द्र शुक्ल का मत है कि परमार्थ की दृष्टि से तुलसी की आस्था वेदान्त में थी, यद्यपि भक्ति के दृष्टिकोण से वे भेद मानते थे। शुक्लजी यह नहीं मानते कि राम का नाम राम से बढ़कर है।

महामहोपाध्याय गिरिधर शर्मा तुलसीदास को शांकर अद्वैत का अनुयायी समझते हैं। उनका यह मत तुलसी की अनेक उक्तियों का आधृत है, यथा—

करम कि होहिं स्वरूपहिं चीन्हें, सो तैं तोहि ताहि नहिं भेदा, गिरा ग्यान गोतीत, यन्मायावशव्रर्ति, अमृषैव, रज्जौ यथाहेर्भ्रमः, निर्विकल्प, नेति, नेति, जानत तुम्हहिं तुम्हहिं होइ जाई।

डॉ. बलदेवप्रसाद मिश्र पं. रामचन्द्र शुक्ल से इस बात में सहमत हैं कि पारमार्थिक सत्ता में तुलसी की आस्था थी और व्यावहारिक भक्ति में उनकी प्रवृत्ति थी। डॉ. श्रीकृष्णलाल का मत है कि तुलसीदास सन्त और महात्मा थे, दार्शनिक नहीं। डॉ. माताप्रसाद गुप्त के अनुसार तुलसीदास ने 'अध्यात्म-रामायण' के दर्शन को संशोधित रूप में उपस्थित किया है, यद्यपि वे मानते हैं कि 'रामचरितमानस' और 'विनयपत्रिका' के कुछ विचार 'अध्यात्म-रामायण' से मेल नहीं खाते। व्यौहार राजेन्द्रसिंह की मान्यता है कि तुलसी ने विरोधी विचारों का सामंजस्य उपस्थित किया है।

मैं समझता हूँ कि गोस्वामी तुलसीदास स्मार्त वैष्णव थे और किसी आचार्य विशेष के अनुगामी न थे। अतिभौतिक दृष्टिकोण से वे शंकराचार्य और वल्लभाचार्य के मध्यवर्ती हैं। अभी तक गोस्वामी जी के आचार तथा मनोविज्ञान से सम्बन्धित विचारों की चर्चा का विपुल प्रयत्न विद्वानों के द्वारा नहीं हुआ है। तुलसी के द्वारा मनोविश्लेषण का जो प्रतिपादन हुआ है वह महत्त्वपूर्ण है, और हिन्दी संसार को सर्वप्रथम देन है।

परात्पर ब्रह्म

तुलसीदास के अनुसार राम परात्पर ब्रह्म हैं, उनमें सगुण और निर्गुण दोनों का पर्यवसान है—

निर्गुण सगुण विषम सम रूपं। ज्ञान गिरा गोतीतमनूपं॥
अमलमखिलमनवद्यमपारं। नौमि राम भंजन महि भारं॥

राम की भृकुटि के विलास से सृष्टि और लय होते रहते हैं—

भृकुटि बिलास सृष्टि लय होई। सपनेहुँ संकट परहि कि सोई॥

ब्रह्म को इन्द्रियों की आवश्यकता नहीं, वह—

बिनु पद चलइ सुनइ बिनु काना। कर बिनु करम करइ बिधि नाना॥
आनन रहित सकल रस भोगी। बिनु बानी बकता बड़ जोगी॥
तन बिनु परस नयन बिनु देखा। ग्रहइ घ्रान बिनु बास असेषा॥

सगुण और निर्गुण में कोई वास्तविक भेद नहीं—

सगुनहि अगुनहि नहिं कछु भेदा। गावहिं मुनि पुरान बुध बेदा॥

माया

भेदकारिणी तो माया होती है, उसकी उपसत्ता मात्र है क्योंकि वह राम से स्वतंत्र नहीं, वह तो राम की रचना-शक्ति है—

(क) *मम माया संभव संसारा। जीव चराचर बिबिध प्रकारा॥*

... ...

(ख) *गगन समीर अनल जल धरनी। इन्ह कइ नाथ सहज जड़ करनी॥*
तव प्रेरित मायाँ उपजाए। सृष्टि हेतु सब ग्रंथनि गाए॥

तात्विक रूप से माया ईश-शक्ति है; पर मनोमाया का रूप है—मैं-तू, मुझे-तुझे, मेरा-तेरा—

मैं अरु मोर तोर तैं माया। जेहिं बस कीन्हे जीव निकाया॥

माया के दो रूप हैं। विद्या और अविद्या। अविद्या से मनुष्य प्रपंच में पड़ता है और विद्या से वह भव-बन्धन से मुक्त हो जाता है। भक्त को अविद्या नहीं व्यापती—

हरि सेवकहि न ब्याप अबिद्या। प्रभु प्रेरित ब्यापइ तेहि बिद्या॥

यदि ब्रह्म की सत्ता है तो माया की उपसत्ता है; माया है भी, नहीं भी। जगत मिथ्या होते हुए भी भासित होता है—

रजत सीप महुँ भास जिमि जथा भानु कर बारि।
जदपि मृषा तिहुँ काल सोइ भ्रम न सकइ कोउ टारि॥
एहि बिधि जग हरि आश्रित रहई। जदपि असत्य देत दुख अहई॥
जौं सपनें सिर काटै कोई। बिनु जागें न दूरि दुख होई॥

माया नाम-रूप मात्र है। नाम और रूप, इन दोनों में नाम अधिक महत्त्वपूर्ण है, यद्यपि दोनों ही ईश की उपाधियाँ हैं; 'नाम रूप दुइ ईस उपाधी।' नाम की महत्ता इस कारण है कि वह निर्गुण और सगुण दोनों के बीच साक्षी और दुभाषिए का कार्य करता है—

अगुन सगुन बिच नाम सुसाखी। उभय प्रबोधक चतुर दुभाषी॥

इस कारण राम नाम को निर्गुण-सगुण का नियामक समझना चाहिए। राम-नाम राम से भी बड़ा है—

उभय अगम जुग सुगम नाम तें। कहेउँ नामु बड़ ब्रह्म राम तें॥
निरगुन तैं एहि भाँति बड़ नाम प्रभाउ अपार॥
कहेउँ नामु बड़ रामतें निज विचार अनुसार॥
अगुन सगुन दुइ ब्रह्म सरूपा। ...मोरें मत बड़ नामु दुहू ते॥

राम ने कुछ प्राणियों का उद्धार किया, किन्तु राम-नाम ने तो असंख्य जीवों का उद्धार किया है। ब्रह्म की चर्चा अन्वय-व्यतिरेक दोनों विधियों से की गई है। व्यतिरेक से कह सकते हैं कि ब्रह्म है—

अगुन अखंड अनंत अनादी। जेहि चिंतहिं परमारथबादी॥
नेति नेति जेहि बेद निरूपा। निरानंद निरुपाधि अनूपा॥

वह अविगत, अलक्ष्य और विकार-रहित है। अन्वय से कहते हैं कि ब्रह्म सच्चिदानन्द है—

(क) *राम सच्चिदानन्द दिनेसा।*
(ख) *ब्यापक बिस्वरूप भगवाना। तेहिं धरि देह चरित कृत नाना॥*
(ग) *सुरनायक जनसुखदायक प्रनतपाल भगवंता।*
गोद्विज हितकारी जय असुरारी सिंधुसुता प्रिय कंता॥

तुलसीदास किसी-न-किसी प्रकार के अद्वैतवादी ही थे। द्वैत के प्रति उनकी भावना 'विनयपत्रिका; में इस प्रकार व्यक्त है—

(क) *द्वैत रूप तमरूप परौं नहि अस कछु जतन बिचारी॥*
(ख) *नौ कत द्वैत अनति संसृति दुख संसय सोक अपारा॥*

निर्गुण-सगुण

निर्गुण और सगुण के सम्बन्ध में तुलसीदास ने कहा है कि उनमें वस्तुतः कोई अन्तर नहीं; किन्तु जो निर्गुण है वह सगुण कैसे हो सकता है, इस विषय में उनका समाधान है कि जैसे जल से बर्फ बन जाता है वैसे निर्गुण ही सगुण बन जाता है—

जो गुन रहित सगुन सोइ कैसें। जलु हिम उपल बिलग नहिं जैसें॥

इससे पता चलता है कि गोस्वामी वल्लभ-सम्प्रदाय के अविकृत परिणामवाद को मानते थे। रामानुजाचार्य को (सविकृत) परिणामवाद मान्य था और शंकराचार्य को विवर्तवाद। यह उत्तर 'कैसे?' का है। निर्गुण-सगुण 'क्यों?' हो जाता है? इस प्रश्न का उत्तर है—

अगुन अरूप अलख अज जोई। भगत प्रेम बस सगुन सो होई॥

अर्थात् निर्गुण ब्रह्म भक्त-प्रेम के वश होकर सगुण हो जाता है। किन्तु गोस्वामी जी चेतावनी देते हैं कि निर्गुण रूप सगुण रूप की अपेक्षा सुलभ है—

निर्गुन रूप सुलभ अति सगुन जान नहिं कोइ।
सुगम अगम नाना चरित सुनि मुनि मन भ्रम होइ॥

ठीक भी है, भ्रम की सत्ता तो 'सगुण' रूप में ही होती है, 'निर्गुण' सर्वगुणातीत अवस्था है—

पुरइनि सघन ओट जल बेगि न पाइअ मर्म।
मायाछन्न न देखिऐ जैसें निर्गुन ब्रह्म॥
फूलें कमल सोह सर कैसें। निर्गुन ब्रह्म सगुन भए जैसें॥

सदसदनिर्वचनीयता की कल्पना 'विनयपत्रिका' के निम्नलिखित पद में कितनी उत्कृष्ट है!—

केसव कहि न जाइ का कहिए।
देखत तब रचना बिचित्र अति समुझि मनहिं मन रहिए॥
सून्य भित्ति पर चित्र रंग नहि तन बिनु लिखा चितेरे।
धोये मिटे न मरै भीति दुख पाइय यहि तनु हेरे॥
रविकर नीर बसै अति दारुन मकर रूप तेहि माहीं।
बदनहीन सो ग्रसै चराचर पान करन जे जाहीं॥
कोउ कह सत्य झूठ कह कोऊ जुगल प्रबल कोउ मानै।
तुलसिदास परिहरै तीनि भ्रम सो आप पहिचानै॥

त्रिदेव

भगवान राम ब्रह्मा, विष्णु और महेश को नचाने वाले हैं, क्योंकि उनके अंश मात्र से इन तीन मूर्तियों का आविर्भाव हुआ है। आदि-शक्ति के भ्रू-कटाक्ष से अगणित सरस्वतियाँ, लक्ष्मियाँ और उमाएँ उत्पन्न होती हैं; अतएव सीता-राम-विवाह के अवसर पर ये त्रिदेव अपनी देवियों के सहित उपस्थित थे। दशरथ-पुत्र राम भगवान विष्णु के अवतार और उनसे बड़े भी थे। यद्यपि तुलसीदास ने शिवजी के लिए अत्यन्त आदर और भक्ति का प्रदर्शन किया है, तथापि अधिकतर तो शिवजी ने ही राम की पदार्चना की है। तुलसी के लिए

रामचन्द्रजी भगवान विष्णु और शिव से बहुत ऊँचे हैं; क्योंकि वे दोनों ही अपनी-अपनी पत्नियों-सहित उपस्थित रहते हैं।

अवतार

राम ने अवतार लिया था। उनका शरीर 'इच्छा'-निर्मित था, और वह इच्छा भी उन्हीं की थी—

इच्छामय नरबेष सँवारें। होइहउँ प्रगट निकेत तुम्हारें॥

... ...

निज इच्छा निर्मित तनु माया गुन गो पार।

... ...

चिदानंदमय देह तुम्हारी। बिगत बिकार जान अधिकारी॥

अतएव स्पष्ट है वह शरीर निजेच्छा निर्मित, त्रिगुणातीत और चिदानन्दमय था। अवतार के समय राम घनश्याम वर्ण के, माला पहने हुए और शंख, चक्र, गदा तथा पद्म धारण किए हुए थे। जब राजा प्रजा को अत्यन्त पीड़ित करता है, तब गौ, ब्राह्मण, ऋषि, देव आदि की रक्षा करने, वर्ण-व्यवस्था को पुन: स्थापित करने तथा भक्त को प्रसन्न करने के लिए भगवान अवतार लेते हैं—

नर तन धरेहु सन्त सुर काजा।

... ...

धरहिं भगत हित मनुज सरीरा।

जब भगवान अवतार लेते हैं, तो अपने परिवार के सहित। लक्ष्मणजी के लिए स्पष्टत: अनन्त और अहीश आदि शब्दों का प्रयोग किया गया है। ऋक्ष और बानर भी, जो युद्धस्थल में लड़े थे, देवताओं के अंशावतार थे। 'विनयपत्रिका' में गोस्वामी जी ने विष्णुजी के दस मुख्य अवतारों को श्रद्धांजलियाँ दी हैं और बुद्धजी की बहुत प्रशंसा की है; परन्तु वेदनिन्दक होने के कारण बुद्धजी की निन्दा भी 'दोहावली' में मिलती है।

देवी-देवता

राम के कुलदेवता सूर्य थे। जब राम की माताओं ने यह सुना कि राम का राज्याभिषेक होगा, तो उन्होंने ग्रामदेवी की पूजा की थी। अयोध्यावासियों ने चित्रकूट पर पंचदेवों की उपासना की थी, ये पंचदेव हैं—गणेश, दुर्गा, शिव, सूर्य और विष्णु। इनके अतिरिक्त तुलसीदास ने स्वयं गणेश, हनुमान, देवी, श्रीरंग, नरनारायण, सीता, लक्ष्मण, भरत, शत्रुघ्न, बिन्दुमाधव और शिवजी की स्तुतियाँ की हैं।

इन्द्रादि देवता विमानों में बैठकर आकाश में अपनी पत्नियों के साथ विहार करते हैं। रामोत्सवों पर देव गाते-बजाते, ढोल पीटते तथा पुष्पवर्षा करते थे और देवियाँ नाचती और पुष्पवर्षा करती थीं। वे रावण के डर से रोते, चिल्लाते और भागते थे। उनमें राग और द्वेष भी था। उन्होंने मंथरा की मति भ्रष्ट करने के लिए सरस्वती का और नारद की मति भ्रष्ट करने के लिए कामदेव का उपयोग किया था। वे कभी-कभी मनुष्यों की परीक्षा भी लेते

थे। उन्होंने हनुमानजी की परीक्षा लेने के लिए सुरसा को भेजा था। गौतम-पत्नी अहल्या और जलन्धर-पत्नी वृन्दा के साथ कपट-व्यवहार देवताओं के लिए अशोभनीय प्रतीत होता है। इन्द्र की कुचाल पर तुलसी का रोष है—

कपट कुचालि सीवँ सुरराजू। पर अकाज प्रिय आपन काजू॥
काक समान पाकरिपु रीती। छली मलीन कतहुँ न प्रतीती॥

राम के मुख से भी कहलाया गया—

सरिस स्वान मघवान जुवानू।

जीव

जीव अभिमानी, जड़ और परिच्छिन्न अतएव ज्ञानी-अज्ञानी, सुखी-दुखी, मानी-अभिमानी समझा जाता है। वास्तव में वह अविनाशी, नित्य, चेतन, सुखराशी और अमल है, यद्यपि माया के प्रभाव से इस प्रकार कलुषित हो जाता है जैसे भूमि के कारण जल—

माया बस्य जीव अभिमानी। ईस बस्य माया गुन खानी॥
परबस जीव स्वबस भगवंता। जीव अनेक एक श्रीकंता॥
मायाबस परिछिन्न जड़ जीव कि ईस समान।
हरष बिषाद ग्यान अग्याना। जीव धर्म अहमिति अभिमाना॥
आकर चारि लच्छ चौरासी। जोनि भ्रमत यह जिय अबिनासी॥
भूमि परत भा ढाबर पानी। जनु जीवहि माया लपटानी॥

जीव ईश्वर का अंश है। गीता में लिखा है : मर्मवंशी जीवलोके।

तुलसीदास भी कहते हैं—

ईस्वर अंस जीव अबिनासी। चेतन अमल सहज सुख रासी॥

जीव की तीन अवस्थाएँ होती हैं—जाग्रत्, स्वप्न, सुषुप्ति। निद्रा में जीव शिव-तुल्य है, स्वप्न में वह सृष्टि करता है और जाग्रदवस्था में जड़, दुःखी और सांसारिक हो जाता है। गोस्वामी जी ने जीव के परम्परागत चार प्रकार माने हैं—उद्भिज, स्वेदज, अंडज और जरायुज—और चौरासी लाख योनियाँ भी मानी हैं जिनमें जीव भ्रमण करता हुआ मानव-शरीर को प्राप्त करता है। तुलसी ने नरतनु की महिमा गाई है। वे कहते हैं—

नर तन सम नहिं कवनिउ देही। जीव चराचर जाचत तेही॥
नरक स्वर्ग अपबर्ग निसेनी। ग्यान बिराग भगति सुभ देनी॥
सो तनु धरि हरि भजहिं न जे नर। होहिं बिषय रत मंद मंद तर॥
काँच किरिच बदलें ते लेहीं। कर ते डारि परस मनि देहीं॥

मुक्ति

त्रिताप-पीड़ित मनुष्य मुक्ति चाहता है। तुलसीदास ने दो प्रकार की मुक्ति का उल्लेख किया है अर्थात् विदेहमुक्ति का और जीवन्मुक्ति का। परम्परागत चार प्रकार की मुक्ति की चर्चा भी उपलब्ध है—सालोक्य, सामीप्य, सारूप्य और सायुज्य। 'निजधाम' 'ममधाम', 'निजपद' आदि शब्दों से सालोक्य अभीष्ट है। मारीच को 'निजपद', बाली और कुम्भकरण को

'निजधाम', जटायु को 'हरिधाम' अथवा 'ममधाम' मिला था। जटायु गृध्र-रूप को छोड़कर भगवद्-रूप को प्राप्त हुआ, और युद्धक्षेत्र में मरे राक्षस भी भगवद्-रूप को प्राप्त हुए थे। शबरी और रावण को सायुज्य की प्राप्ति हुई। मुक्ति के अर्थ में 'कैवल्य' शब्द का प्रयोग भी हुआ है : *अति दुर्लभ कैवल्य परम पद*। मुक्ति के पश्चात् प्रत्यावर्तन नहीं होता—

तजि जोग पावक देहि हरि पद लीन भइ जहँ नहिं फिरे।

मुक्ति के मार्ग

मुक्ति के तीन मार्ग हैं—कर्म, ज्ञान और भक्ति।

(क) संसार में कर्म प्रधान है, जो जैसा करता है वैसा भरता है—

करम प्रधान बिस्व करि राखा। जो जस करइ सो तस फलु चाखा॥

ज्ञान, वैराग्य, जप, तप, यज्ञ आदि अनेक और समर्थ साधन हैं; किन्तु तुलसीदास समझते हैं कि योग, व्रत, संयम, जप, पूजा आदि निरर्थक हैं—

करतहु सुकृत न पाप सिराहीं। रकतबीज जिमि बाढ़त जाहीं॥

धार्मिक कृत्यों की उपयोगिता इस बात में है कि वे जीव के मन में विषयों के प्रति वैराग्य उत्पन्न करते हैं--

धर्म तें बिरति जोग तें ग्याना। ग्यान मोच्छप्रद बेद बखाना॥

(ख) ज्ञान परमार्थ की पहचान कराता है और बताता है कि 'तू कौन है'। 'ज्ञान' और 'विज्ञान' को पर्याय मानते हुए भी उनमें भेद किया गया है। यदि ज्ञान सानुमान प्रत्यक्ष है, तो विज्ञान अनुमान-रहित प्रत्यक्ष है। ज्ञान में मान नहीं होता किन्तु उसके द्वारा ऐसी प्रतीति होती है कि यह सब कुछ ब्रह्म है—

ग्यान मान जहँ एकउ नाहीं। देख ब्रह्म समान सब माहीं॥

ज्ञान की अपेक्षा विज्ञान श्रेयस्कर है। ज्ञान का सम्बन्ध विराग और विज्ञान का समता से है। ज्ञानी की अपेक्षा विज्ञानी राम को अधिक प्रिय है—

ग्यान कि होइ बिराग बिनु।
बिनु बिग्यान कि समता आवइ।
ग्यानिहु ते अति प्रिय बिग्यानी।

ज्ञान और भक्ति में कोई अन्तर नहीं, क्योंकि दोनों ही के द्वारा सांसारिक खेद का नाश हो जाता है—

भगतिहि ग्यानहि नहिं कछु भेदा। उभय हरहिं भव संभव खेदा॥

यह बात अवश्य है कि ज्ञान-मार्ग कठिन है और भक्ति मार्ग अपेक्षाकृत सरल है। ज्ञान की तुलना दीपक से की गई है जो वायु से बुझ सकता है; और भक्ति की तुलना मणि से की गई है जिस पर वायु का प्रभाव नहीं पड़ता। ज्ञान के लिए भक्ति आवश्यक है, क्योंकि भक्तिहीन ब्रह्म भी राम को सब जीवों के समान प्रिय है किन्तु अत्यन्त नीच भक्त भी राम को प्राणों के समान प्रिय लगता है—

भगति हीन बिरंचि किन होई। सब जीवहु सम प्रिय मोहि सोई॥
भगतिवंत अति नीचउ प्रानी। मोहि प्रानप्रिय असि मम बानी॥

बिना ज्ञान के विश्वास दृढ़ नहीं होता, बिना विश्वास के प्रीति नहीं होती और बिना प्रीति के भक्ति नहीं होती—

जानें बिनु न होइ परतीती। बिनु परतीति होइ नहिं प्रीती॥
प्रीति बिना नहिं भगति दिढ़ाई। जिमि खगपति जल कै चिकनाई॥

ज्ञान पर माया का प्रभाव पड़ता है, अतएव सन्तजन भी मायापति ईश्वर की अर्चना करते हैं। ज्ञानी लोग राम के लिए वयस्क पुत्रों के समान होते हैं और भक्त शिशु के समान, अतएव ज्ञानी अपनी शक्ति से रक्षा पाते हैं और भक्त राम की शक्ति से। इसीलिए ज्ञानी पुरुष भक्ति को नहीं त्यागते—

यह बिचारि पंडित मोहि भजहीं। पाएहुँ ग्यान भगति नहिं तजहीं॥

भक्ति और मुक्ति

भक्ति और मुक्ति का परस्पर क्या सम्बन्ध है, इस विषय में तुलसीदास जी दो उत्तर देते हैं। एक तो यह कि सगुण का उपासक मुक्ति चाहता ही नहीं; और दूसरा वह कि भक्ति पर मुक्ति आश्रित है और वह भक्ति का परिणाम है—

सगुनोपासक मोच्छ न लेहीं। तिन्ह कहुँ राम भगति निज देहीं॥

ऊँचे से ऊँचा मोक्ष भगवद्भक्ति के द्वारा प्राप्त हो सकता है—

अति दुर्लभ कैवल्य परम पद। संत पुरान निगम आगम बद॥
राम भजत सोइ मुकुति गोसाईं। अनइच्छित आवइ बरिआईं॥

राम-भक्त की महिमा को प्रकट करते हुए तुलसी ने कहा है—

मोरें मन प्रभु अस बिस्वासा। राम ते अधिक राम कर दासा॥

भगवत्कृपा

भवसागर से पार होने के लिए भगवत्कृपा अत्यन्त आवश्यक है। वेद-पुराणों में बहुत से उपाय बताए गए हैं, पर जड़-चेतन की ग्रन्थि छूटती नहीं, और अधिक उलझती जाती है। जीव के हृदय के अज्ञान-रूपी अन्धकार के कारण वह गाँठ दीख नहीं पड़ती। जब कभी भगवान संयोग उपस्थित कर देते हैं तब कभी वह ग्रन्थि छूट पाती है—

अस संजोग ईस जब करई। तबहुँ कदाचित सो निरुअरई॥

भगवान की ही माया से जीव पहले बन्धन में आते हैं और फिर उन्हीं की कृपा से मुक्त हो जाते हैं। हनुमानजी ने भगवान राम से कहा है—

नाथ जीव तब माया मोहा। सो निस्तरइ तुम्हारेहि छोहा॥

भगवान एवं भगवद् भक्तों की कृपा के बिना विमल विवेक का उदय सम्भव नहीं है, और उस विवेक के बिना संसार-सागर को पार करना असम्भव है—

हरि गुरु कृपा सन्तसंगति बिनु बिमल बिबेक न होई।
बिनु बिबेक संसार घोरनिधि पार न पावैं कोई॥
... ...
द्विज देव गुरु हरिसन्त बिनु संसार पार न पाइए।

मनोविज्ञान

गोस्वामी जी की देन जहाँ भाषा, साहित्य तथा धर्म की दिशा में रही है, मनोविज्ञान की दिशा में भी उनकी देन है। तुलसी वह व्यक्ति है जिन्होंने हिन्दी में मनोवैज्ञानिक चर्चा सर्वप्रथम की है और वह भी ऐसी क्षमता में जो अद्यतन पाश्चात्य अनुसन्धानों से समर्थित है।

मन:स्थान : कदाचित् भागवतों अथवा पाँचरात्रों से प्रभावित होकर गोस्वामी जी मन्दोदरी के मुख से राम का वर्णन इस प्रकार से कराते हैं : राम भगवान हैं, उनका अहंकार शिव है, बुद्धि ब्रह्मा, मन चन्द्रमा और चित्त महत् है—

अहंकार सिव बुद्धि अज मन ससि चित्त महान।
मनुज बास सचराचर रूप राम भगवान॥

ऋक् और यजु के पुरुष-सूक्त में चन्द्रमा परमपुरुष के मन से उत्पन्न हुआ बताया गया है। मन, बुद्धि, चित्त और अहंकार वाला अन्त:करण वेदान्त की विचारधारा के अनुसार है।

मन और शरीर : शरीर पर मनोवेगों की अभिव्यक्ति होती है। कुछ उदाहरण ये हैं—जब रामचन्द्रजी अयोध्या से लौट आए, तो प्रेम के कारण भरतजी को रोमांच हो गया, नेत्र अश्रुओं से परिपूर्ण हो गए और शरीर काँपने लगा। उस समय राम और भरत का मिलन ऐसा प्रतीत होता है—

जनु प्रेम अरु सिंगार तनु धरि मिले बर सुषमा लही।

प्रेम के कारण भरतजी के मुख से शब्द नहीं निकलता था, वे गद्गद थे। इस अवसर पर राजमाताएँ सोने के थाल से नीराजन कर रही थीं किन्तु उनके चक्षु आनन्दाश्रु से युक्त थे। जनक-जैसे ब्रह्मज्ञानी भी सीता-विदा के समय प्रेमाश्रु न रोक सके थे। वास्तव में प्रीति और घृणा छिपाए नहीं छिपतीं।

पशु-पक्षी भी अपने संवेगों को प्रकट करते हैं। विवाह के अनन्तर जब सीताजी अयोध्या आने लगीं तो उनके पालतू तोता-मैना भी वियोगजन्य संवेग प्रकट करने लगे, क्योंकि पशु-पक्षी भी अपना हित और अहित समझते हैं। जब सुमंत रामचन्द्रजी को छोड़कर अयोध्या लौटने लगे तो उनके घोड़े करुणापूर्वक हिनहिनाने लगे। उनकी आँखों से आँसू बहते थे, वे न घास खाते और न पानी पीते, किन्तु वन्य हरिण की भाँति शोक से शिथिल होकर तड़फड़ाते, रथ को खींचना नहीं चाहते थे, और जब कोई व्यक्ति राम, सीता या लक्ष्मण का नाम लेता तो वे तुरन्त हिनहिनाकर उसकी ओर देखने लगते।

तुलसी को इस बात में विश्वास रहा होगा कि हम जो कार्य करते हैं उसका संस्कार मस्तिष्क पर पड़ता है। रावण ने शिवजी को प्रसन्न करने के लिए अपने हाथों सिर काट-काटकर अग्नि में होम कर दिए थे, और उन मस्तकों के जलते समय उसने अपने ललाट पर लिखे हुए विधाता के अक्षर देखे थे—

जरत बिलोकेउँ जबहिं कपाला। बिधि के लिखे अंक निज भाला॥

कैकेयी ने मंथरा के लिए कहा था कि काने, लँगड़े और कुबड़े लोग कुटिल और कुचाली होते हैं। ऐसी अंगहीनता जन्म से, दुर्घटना से या ग्रन्थियों से सम्भव है, जैसा कि आधुनिक

मनोविश्लेषक समझते हैं।

चार अवस्थाएँ : तुलसी ने जीव की परम्परागत चार अवस्थाओं का उल्लेख किया है। सोते समय जीव भगवान शिव के समान है, स्वप्न में सक्रिय है और जागरित अवस्था में सुख-दु:ख का अनुभव कर दीन-मलीन होता है। जागरित अवस्था को प्राप्त होते ही स्वप्न असत् प्रतीत होता है। स्वप्न में भिखारी राजा और रंक स्वर्गेश हो जाता है, किन्तु जागने पर न किसी को हानि होती है और न किसी को लाभ। इसी प्रकार परमार्थ की प्राप्ति पर, व्यवहार असत् प्रतीत होता है। तुलसीदास को स्वप्नों की भविष्य-बोधकता में विश्वास है। राम-वनवास से पूर्व कैकेयी को, मातुल-गृह में पिता की मृत्यु से पूर्व भरत को और चित्रकूट में भरत के आगमन से पूर्व सीताजी को दु:स्वप्न हुआ था। त्रिजटा राक्षसी ने रावण-मृत्यु-विषयक स्वप्न का उल्लेख कर जनकनन्दिनी को सान्त्वना प्रदान की थी। उसने स्वप्न में देखा कि किसी बन्दर ने लंका जला दी; राक्षसों की सारी सेना मार डाली गई; रावण नंगा, गधे पर सवार, दक्षिण दिशा को जा रहा था, उसके सिर मुँडे हुए थे और बीसों भुजाएँ कटी हुई थीं। उस राक्षसी ने यह भविष्यवाणी भी की थी कि यह स्वप्न चार दिन के पश्चात् सत्य होकर रहेगा—

यह सपना मैं कहउँ पुकारी। होइहि सत्य गएँ दिन चारी॥

वंशानुक्रम और परिस्थिति—तुलसीदास निश्चय ही वंशानुक्रम में विश्वास करते हैं। वे वर्णाश्रम-सिद्धान्त के समर्थक हैं। अतएव उनके अनुसार गुणशील-हीन किन्तु जन्मजात विप्र गुण-ज्ञान-प्रवीन शूद्र से अधिक श्रेष्ठ है—

पूजिअ बिप्र सील गुन हीना। सूद्र न गुन गन ग्यान प्रबीना।

तथापि वे यह मानते प्रतीत होते हैं कि कतिपय अर्जित गुणों का वंशानुक्रमण नहीं होता। अतएव यह आवश्यक नहीं कि भले का पुत्र भला ही हो, क्योंकि यह सम्भव है कि भले का पुत्र बुरा, दानी का कृपण और धर्मात्मा का पापी हो जिस प्रकार अग्नि का धूम—

होइ भले के अनभलो होइ दानि के सूम।
होइ कपूत सपूत के ज्यों पावक में धूम॥

गोस्वामी जी वातावरण की महिमा जानते हैं, जिसके कारण मनुष्य भला-बुरा अथवा छोटा-बड़ा बन जाता है—

मूल प्रवृत्तियाँ—तुलसीदास ने कुछ मूल प्रवृत्तियों का उल्लेख किया है जो सभी मनुष्यों में जन्मजात हैं। वे हैं—काम, निद्रा, भय, क्षुधा, पिपासा आदि।

भय निद्रा मैथुन अहार सबके समान जग जाए।

सामाजिक मूल प्रवृत्ति उन आकाश, स्थल और जल के प्राणियों में देखी जाती है जो भोजन करते, साथ जल पीते तथा साथ ही रहते हैं—

गो खग खे खग बारि खग तीनों माहिं बिसेक।
तुलसी पीवैं फिरि चले रहैं फिरैं संग एक॥

इन प्रवृत्तियों का घर मन है और इनके कारण ज्ञान-विज्ञान की गुंजाइश कम है। अनेक कामनाएँ और वासनाएँ भी हृदय-निकेतन में निवास करती हैं। इन प्रवृत्तियों एवं संवेगों से कोई व्यक्ति मुक्त नहीं। ये प्रवृत्तियाँ भोग से शान्त नहीं होतीं, प्रत्युत् इस प्रकार वृद्धिगत

होती हैं जिस प्रकार घृत से अग्नि।

एषणा-त्रय : तुलसीदास ने तीन एषणाओं (कामनाओं) का उल्लेख किया है जिनका उन्नयन भगवद् भक्ति में हो सकता है। चरक ने कहा है कि जिनमें बल, बुद्धि, प्रयत्न और क्रियाशीलता होती है और जो ऐहिक और पारलौकिक कल्याण चाहते हैं, उनमें तीन एषणाएँ पाई जाती हैं—प्राणैषणा, धनैषणा और परलोकैषणा।

तुलसीदास के अनुसार ये तीन एषणाएँ हैं : पुत्रैषणा, वित्तैषणा और लोकैषणा अर्थात् सन्तान, धन और यश की कामनाएँ—

सुत बित लोक ईषना तीनी। केहि कै मति इन्ह कृत न मलीनी॥

इन एषणाओं के वशीभूत मनुष्य मृगतृष्णा में पड़ा रहता है। इनका त्याग कर देने पर ही वह भक्ति और भव-बन्धन से मुक्ति पा सकता है।

संवेग : एषणा-त्रय के अनुरूप, संवेग-त्रय है। राम ने लक्ष्मण से कहा था कि काम, क्रोध और लोभ ये तीन शत्रु बुद्धिमानों के मान को क्षणमात्र में विचलित कर देते हैं। काम का शस्त्र नारी है, क्रोध का कटु-वाणी और लोभ का इच्छा एवं अहंकारिता—

तात तीनि अति प्रबल खल काम क्रोध अरु लोभ।
मुनि बिग्यान धाम मन करहिं निमिष महुँ छोभ॥
लोभ कें इच्छा दंभ बल काम कें केवल नारि।
क्रोध कें परुष बचन बल मुनिबर कहहिं बिचारि॥

ये तीन प्रधान संवेग अन्य कुत्सित संवेगों को जन्म देते हैं, जिनकी संख्या छः तक पहुँच जाती है। परम्परागत और आलंकारिक भाषा में इन्हें षड्-रिपु कहा गया है। ये हैं: काम, क्रोध, लोभ, मोह, मद और मात्सर्य।

माया का परिवार बड़ा है। उसमें संवेग और प्रवृत्तियों का निवास है। कौन-सा ऐसा सन्त है, जिसे मोह ने अन्धा न किया, जिसे काम ने नहीं नचाया, जिसे तृष्णा ने मतवाला नहीं बनाया और जिसका हृदय क्रोध ने नहीं जलाया—

मोह न अंध कीन्ह केहि केही। को जग काम नचाव न जेही।
तृष्नाँ केहि न कीन्ह बौराहा। केहि कर हृदय क्रोध नहिं दाहा॥

माया की सेना विशाल और विश्व-व्याप्त है। इसके सेनापति काम, क्रोध और लोभ हैं तथा दम्भ, कपट और पाखंड योद्धा हैं। तुलसीदास का अभिप्राय है कि माया महासेनापति है, जिसके नीचे काम, क्रोध, कपट, पाखंड नामक प्रमुख योद्धा हैं, प्रवृत्तियाँ और संवेग सिपाही हैं। मेरी कल्पना से एषणा-त्रय परामर्शदाता हैं।

यद्यपि माया समस्त संवेगों और प्रवृत्तियों का स्रोत है तथापि तुलसीदास उसका तादात्म्य मोह से कर देते हैं जो काम-लोभ के बन्धुत्व से माया के अधीन है। माया-रूपी मोह की एक प्रबल धारा है जो काम, क्रोध, लोभ और मद से संकुल है। मोह की उपमा विपिन से और नारी की ऋतुओं से दी गई है। मोह के कारण मनुष्य सन्मार्ग से विचलित होकर स्वार्थी बन जाता और अनेक पाप करके परलोक को नष्ट कर लेता है।

काम : तुलसीदास ने आधुनिक मनोविश्लेषण के जन्मदाता सिगमंड फ्रायड की अपेक्षा काम अर्थात् यौन-प्रवृत्ति पर कुछ कम ध्यान नहीं दिया। कामदेव के अधीन कौन नहीं ?—

कामदेव सब पर प्रभाव डालते हैं। उन्होंने पुष्पवाटिका में तथा सीता-हरण के पश्चात् राम को वशीभूत किया था। राम और सीता को, संयोग और वियोग में जो प्रेम की अनुभूति हुई थी, तुलसीदास ने उसकी पुष्टि की है। अपराधिनी कैकेयी के सम्मुख दशरथ अशक्त थे, क्योंकि कामदेव ने उन्हें जर्जर कर दिया था। नारदजी ने एक बार भगवान शंकर से यह आत्मश्लाघा की थी कि मैंने काम पर पूर्ण विजय प्राप्त कर ली है, किन्तु वे भी एक कन्या के फेर में पड़ ही गए।

कामदेव अन्धे हैं : प्रेमी अव्यक्त रूप से, किन्तु मूर्खतावश, अपने गुणों को तथा अपनी प्रेयसी के सौन्दर्य को औचित्य से अधिक मूल्यवान समझता है। वानरमुख नारदजी स्वयंवर में बैठे हुए अपने को सर्वातिसुन्दर समझ रहे थे। अतएव तुलसीदास की मान्यता है कि प्रेम और वैर दोनों अन्धे हैं—

तुलसी बैर सनेह दोउ रहित बिलोचनि चारि।

विवेक-हर काम : विषयजन्य सुख विवेक को हर लेते हैं। इस सम्बन्ध में सुग्रीव ने हनुमान से और लक्ष्मण से भी स्वीकार किया है कि विषय के समान कोई मद नहीं है, क्योंकि यह क्षणमात्र में मुनियों के मन में भी मोह उत्पन्न कर देता है। तदनन्तर वे राम से कहते हैं कि देवता, मनुष्य और मुनि सभी व्यक्ति विषयों के वश हैं; मैं तो पामर पशु और पशुओं में भी अति कामी बन्दर हूँ—

बिषय बस्य सुर नर मुनि स्वामी। मैं पावँर पसु कपि अति कामी॥

कामनाओं को राम के प्रति अभिमुख कर देना उनका उदात्तीकरण है। उन्नत प्रेम के रूप का दर्शन भगवान के सान्निध्य में होता है। ऐसा प्रेम उन्हें अत्यन्त प्रिय है—

रामहि केवल प्रेमु पिआरा। जानि लेउ जो जाननिहारा॥

ग्रन्थियाँ : इच्छाओं के दमन से मानसिक ग्रन्थियाँ बन जाया करती हैं। तुलसीदास के अनुसार, ग्रन्थियाँ जड़ और चेतन के संयोग से, अर्थात्, अज्ञान और मन के कारण पड़ जाती हैं। यद्यपि ग्रन्थि वास्तव में मिथ्या होती है तथापि उसका खोलना कठिन है और जब तक वह नहीं खुलती तब तक सुख नहीं मिलता। जब से जीव 'संसारी' होने लगता है तब से यह ग्रन्थि पड़ने लगती है। इसको सुलझाने के लिए जितना प्रयत्न किया जाता है उतनी ही यह सुलझती जाती है—

जड़ चेतनहि ग्रंथि परि गई। जदपि मृषा छूटत कठिनई॥
तब ते जीव भयउ संसारी। छूट न ग्रंथि न होइ सुखारी॥
श्रुति पुरान बहु कहेउ उपाई। छूट न अधिक अधिक अरुझाई॥

ग्रन्थि के कारण शारीरिक और मानसिक रोग उत्पन्न होते हैं। व्यक्तियों के समान आधियाँ भी कष्टप्रद होती हैं। इन्हें गोस्वामी जी ने मन-सम्भव दोष बताया है।

मानस-रोग : आधियों का मूल मोह अर्थात् अज्ञान है। आधियों से बहुत-से शूल उत्पन्न होते हैं। काम वात है, लोभ कफ है और क्रोध पित्त है। इन तीनों के मिल जाने से सन्निपात हो जाता है। वैषयिक मनोरथों से अनेक रोग उत्पन्न होते हैं। ममता दाद है, ईर्ष्या खुजली, हर्ष-विषाद गठिया, और पर-सुख-द्रोह क्षय है। कुटिलता कोढ़ है, अहंकार डमरू; तथा दम्भ, कपट, मद और मान नेहरुआ है। तृष्णा जलोदर, एषणाएँ तिजारी, मत्सर और अविवेक

ज्वर है, इनमें से एक ही रोग से मनुष्य मर जाते हैं। तुलसी के वचन हैं—

मोह सकल ब्याधिन्ह कर मूला। तिन्ह ते पुनि उपजहिं बहु सूला॥
काम बात कफ लोभ अपारा। क्रोध पित्त नित छाती जारा॥
प्रीति करहिं जौं तीनिउ भाई। उपजइ सन्यपात दुखदाई॥
बिषय मनोरथ दुर्गम नाना। ते सब सूल नाम को जाना॥
ममता दादु कंडु इरषाई। हरष बिषाद गरह बहुताई॥
पर सुख देखि जरनि सोइ छई। कुष्ट दुष्टता मन कुटिलई॥
अहंकार अति दुखद डमरुआ। दंभ कपट मद मान नेहरुआ॥
तृस्ना उदरबृद्धि अति भारी। त्रिबिधि ईषना तरुन तिजारी॥
जुग बिधि ज्वर मत्सर अबिबेका। कहँ लगि कहौं कुरोग अनेका॥
एक ब्याधि बस नर मरहिं ए असाधि बहु ब्याधि।
पीड़हि संतत जीव कहुँ सो किमि लहै समाधि॥

इस प्रकार जगत में समस्त जीव रोगी हैं, क्योंकि वे हर्ष-शोक, प्रीति-भय आदि से समन्वित हैं। रोग-निवारण के लिए अनेक उपाय हैं, यथा: नियम, धर्म, आचरण, तप, ज्ञान, यज्ञ, जप, दान और औषधियाँ भी, किन्तु अनेक उपचारों के रहते हुए भी व्याधि कम नहीं होती, क्योंकि केवल कतिपय लोग इन रोगों को जानते हैं। विषय-रूप कुपथ्य को पाकर मुनियों के हृदय में भी ये रोग अंकुरित हो उठते हैं।

रेचन : आधुनिक मनोविज्ञान का विश्वास है कि इच्छाओं और मूल प्रवृत्तियों का प्रकाशन, दमन अथवा रूपान्तरीकरण होता है। प्राचीन ऋषियों ने संवेगों के नियमित अभिव्यंजन का महत्त्व समझा, अतएव उन्होंने होली पर आचार-शिथिलता और गोवर्द्धन पर द्यूत-क्रीड़ा के लिए किंचित् स्वातंत्र्य दे दिया है। विवाहों के अवसर पर स्त्रियाँ शृंगारिक एवं अश्लील गीत गाती हैं। पार्वती-परमेश्वर एवं सीता-राम के विवाह के दोनों अवसरों पर तुलसीदास स्त्रियों से गालियाँ गवाना नहीं भूले। उन्होंने कहा है कि ब्रह्मा ने गाली को अमृत और विष के निचोड़ से रचा है, इसलिए गाली प्रेम और वैर दोनों की ही जननी है, इस रहस्य को बुद्धिमान समझते हैं, गँवार नहीं—

अमिअ गारि गारेउ गरल गारि कीन्ह करतार।
प्रेम बैर की जननि जुग जानहिं बुध न गँवार।

आधुनिक मनोविज्ञान के अनुसार भी अश्लील शब्द यदा-कदा रोचक अतएव हितकारी सिद्ध होता है।

यदि उचित उपाय का अवलम्बन किया जाए, तो मानसिक रोग अर्थात् व्याधि का उन्मूलन हो सकता है : नकारात्मक और भावात्मक। नवरस-विरति, विषय-कुपथ्य-त्याग और पर-द्रोह-त्याग नकारात्मक हैं, ये संयम हैं। इनके अतिरिक्त व्याधि-मुक्ति के निमित्त आवश्यकता है सद्गुरु-रूपी वैद्य के वचनों में विश्वास की, भक्ति-रूपी संजीवनी जड़ी की, और श्रद्धा-समन्वित बुद्धि-रूपी अनुपान की।

मनोविश्लेषक तुलसी : तुलसीदास रोग के निदान और उपचार का उल्लेख करते समय, आधुनिक मनोविश्लेषक से प्रतीत होते हैं। आधि-व्याधि की शान्ति तन्निदान-ज्ञान

से हो सकती है। गोस्वामी जी का वचन है—

जाने ते छीजहिं कछु पापी।

सांसारिक कष्ट और दम्भ के विनाश के लिए, वे समता का उपदेश देते हैं। समता परोपकार का अव्यक्त रूप है, और वह विनय, विराग तथा विवेक से पुष्ट होती है। धर्म-निरपेक्ष मनोविश्लेषक भी रोगी के मन को पढ़कर लगभग यही बात करता है। तन्निमित्त वह मोहिनी शक्ति के द्वारा रोगी को निद्रावस्था में ले आता है, उसके स्वप्नों का विवेचन करता है, अथवा उन्मुक्त-सम्बन्ध के उपाय का आलम्बन करता है। तुलसीदास ने विवेक की संस्तुति की है; जो निःस्वार्थ और नियमित जीवन से प्राप्य है। इन सबका परिणाम है परोपकार। आजकल के मनोवैज्ञानिकों का भी यही मत है कि स्वार्थ सब विपत्तियों का स्रोत है, उससे व्यथा और व्यथा से क्रोध उत्पन्न होता है। अतः स्वार्थ का उन्मूलन ही श्रेयस्कर है।

तुलसीदास के दो योग—मानस-रोगों के नाश के लिए गोस्वामी जी ने दो नुस्खे लिखे हैं जिनमें एक मनोविश्लेषणात्मक है, दूसरा अति मनोवैज्ञानिक। पहला तो कदाचित् विफल भी हो जाए, किन्तु दूसरा नितान्त अचूक है। मनोविश्लेषणात्मक योग समता का है, जिसमें तीन 'वि' तत्त्व हैं अर्थात् विनय, विवेक और विराग। इन तीनों में से पहला तो इन्द्रियों को नियमित, मन को संयमित तथा दूसरे के लिए मार्ग प्रस्तुत करता है; दूसरा ज्ञान द्वारा भले-बुरे की पहचान और संसार का वास्तविक स्वरूप उपस्थित कर तीसरे के मार्ग को प्रशस्त करता है; और तीसरा इच्छा तथा स्वार्थ का नाश करता है। तीनों का संयुक्त परिपाक ही समता है, जो परोपकार अथवा लोक-संग्रह के और अन्ततः सुख अथवा आनन्द के रूप में आविर्भाव होती है। दूसरा (अतिमनोवैज्ञानिक) नुस्खा रामभक्ति है। वह सभी रोगों की रामबाण-औषधि है—

राम कृपाँ नासहिं सब रोगा। जौं एहि भाँति बनै संजोगा॥
सदगुर बैद बचन बिस्वासा। संजम यह न बिषय कै आसा॥
रघुपति भगति सजीवन मूरी। अनूपान श्रद्धा मति पूरी॥
एहि बिधि भलेहिं सो रोग नसाहीं। नाहिं त जतन कोटि नहिं जाहीं॥

भक्ति निरूपण

विजयबहादुर अवस्थी

तुलसीदास का युग भक्ति-आन्दोलनों का युग था। उस युग में "हिन्दी कविता का प्रवाह राजकीय क्षेत्र से हटकर भक्तिपथ और प्रेमपथ की ओर चल पड़ा था। देश में मुस्लिम साम्राज्य के पूर्णतया प्रतिष्ठित हो जाने पर वीरोत्साह के सम्यक् संचार के लिए वह स्वतंत्र क्षेत्र न रह गया; देश का ध्यान अपने पुरुषार्थ और बल-पराक्रम की ओर से हटकर भगवान की शक्ति और दया-दाक्षिण्य की ओर गया। देश का वह नैराश्य-काल था जिसमें भगवान के सिवाय और कोई सहारा दिखाई नहीं देता था : रामानन्द और बल्लभाचार्य ने जिस भक्तिरस का प्रभूत संचय किया, कबीर और सूर आदि की वाग्धारा ने उसका संचार जनता के बीच किया। साथ ही कुतबन, जायसी आदि मुसलमान कवियों ने अपनी प्रबन्ध-रचना द्वारा प्रेम-पथ की मनोहरता दिखाकर लोगों को लुभाया। इस भक्ति और प्रेम के रंग में देश ने अपना दुःख भुलाया, उसका मन बहला।"[1]

भजनीय के स्वरूप, भक्ति के स्रोत, साधना आदि की दृष्टि से भक्तों के दो वर्ग थे। एक वर्ग भागवत-सम्प्रदाय और सनातन-धर्म का अनुयायी था। उसने भगवान के निरूपण पर बल दिया। उसकी दो शाखाएँ हुईं—कृष्ण-भक्ति शाखा और राम-भक्ति शाखा। दूसरा वर्ग ज्ञान-विज्ञान तथा समाज-व्यवस्था का विरोधी था। उसने ईश्वर के सगुण-रूप, उनकी अवतार-लीलाओं एवं पूजा-उपासना के निर्गुण-रूप और हठयोग की साधना पर बल दिया। इन सभी भक्तिमार्गों से परमेश्वर, उसके साथ भक्त के व्यक्तिगत सम्बन्ध, भक्ति की प्रेमस्वरूपता, भक्ति की श्रेष्ठता, भक्त के आत्म-निवेदन, चित्त-शुद्धि के लिए सदाचार की आवश्यकता आदि का प्रभावशाली वर्णन है।

तुलसीदास सगुणोपासक रामभक्त थे। उन्होंने युगधर्म को पहचाना और गुण की आवश्यकता के अनुसार रामभक्ति का आदर्श प्रस्तुत किया। वे व्यक्तिगत मोक्ष के साथ ही लोक-कल्याण के भी अभिलाषी थे। उन्होंने अनुभव किया कि लोकसंग्रह के लिए निर्विशेष-निर्गुण ब्रह्म निरर्थक थे। विश्व को ऐसे ईश्वर की आवश्यकता है जो दीन-दुखियों की पुकार सुन सके, तत्काल पहुँचकर उनकी रक्षा कर सके, अधर्म का नाश करके धर्म की प्रतिष्ठा कर सके। परिस्थिति का आग्रह था कि जनता को लोकरक्षक वर्णाश्रम-धर्मपालक-धनुर्धर राम की आवश्यकता है, रासलीला-विलासी-मुरलीधर कृष्ण की नहीं। अतएव उन्होंने मर्यादा पुरुषोत्तम राम की दास्यभक्ति का गौरवगान किया।

---

1. रामचन्द्र शुक्ल : गोस्वामी तुलसीदास, पृ. 1

भक्ति का स्वरूप

शांडिल्य, नारद आदि भक्ति-आचार्यों ने भगवान के प्रति परम प्रेम को भक्ति कहा है।[1] तुलसी के मतानुसार भी भक्ति प्रेम-स्वरूप है, राम के प्रति प्रीति ही भक्ति है—

प्रीति राम सों नीति पथ चलिय रागरिस जीति।
तुलसी सन्तन के मते इहै भगति की रीति॥

उन्होंने अन्यत्र भी कहा है—

बिनु छल बिस्वनाथ पद नेहू। राम भगत कर लच्छन एहू॥

भगवान के प्रति प्रेम की अतिशयता पर बल देने के लिए ही तुलसी ने उनसे प्रार्थना की है—

कामिहि नारि पिआरि जिमि लोभिहि प्रिय जिमि दाम।
तिमि रघुनाथ निरंतर प्रिय लागहु मोहि राम॥

चातक आदि उपमानों द्वारा भी उन्होंने भक्त की निष्कामता और अनन्य-शरणागति का निदर्शन किया है—

जन कहाइ नाम लेत हौं किए पन चातक ज्यों प्यास प्रेम पान की।

तुलसी के भक्ति-मार्ग की तीन महत्त्वपूर्ण विशेषताएँ हैं : (1) वह रामभक्ति का मार्ग है, (2) वह वेद-शास्त्र-सम्मत है, (3) वह ज्ञान-वैराग्य युक्त है—

श्रुति संमत हरि भक्ति पथ संजुत बिरति बिबेक।
तेहिं न चलहिं नर मोह बस कल्पहिं पंथ अनेक॥

उनके आराध्य राम हैं। भगवान के सभी अवतारों में उनके लोक-रक्षक रूप की सर्वाधिक अभिव्यक्ति राम में ही हुई है, उनमें ही भगवान की तीन महती विभूतियों—शील, शक्ति और सौन्दर्य—का पूर्ण रूप एकत्र देखने को मिलता है। अतएव वे राम भजन को राजमार्ग मानते हैं—

गुरु कह्यो राम भजन मोहि नीको लगत राजडगरो सो।

निर्गुणपंथी और प्रेममार्गी कलियुगी भक्त वेद-पुराण की निन्दा कर रहे थे। उनका भक्ति पंथ श्रुति-विरोधी था। यह बात तुलसी को असह्य प्रतीत हुई। उन्होंने स्पष्ट शब्दों में उनकी भर्त्सना की—

साखी सबदी दोहरा कहि किहनी उपखान।
भगति निरूपहिं भगत कलि निंदहिं वेद पुरान॥

इस प्रकार उन्होंने अज्ञान, वेद-विरोधी, शृंगार-भावना आदि का प्रत्याख्यान करके श्रुति-सम्मत और ज्ञान-वैराग्ययुक्त रामभक्ति पर बल दिया।

तुलसी का भक्ति-सिद्धान्त भी समन्वयवादी है। वे निर्गुण और सगुण दोनों ही भक्तियों को उचित मानते हुए सगुण-भक्ति की श्रेष्ठता प्रतिपादित करते हैं।[2] एक ओर

---

1. सा परनुरक्तिरीश्वरे—शांडिल्यभक्तिसूत्र।
   सा त्वस्मिन् परमप्रेमरूपा—नारदभक्तिसूत्र।
2. जदपि बिरज ब्यापक अबिनासी। सबके हृदय निरंतर बासी॥
   तदपि अनुज श्री सहित खरारी। बसतु मनसि मम काननचारी॥

लक्ष्मण के प्रति आचारनिष्ठ भागवतभक्ति का उपदेश कराया तो दूसरी ओर शबरी के प्रति अध्यात्मरामायण की सर्वोपयोगी भक्ति का। सख्य, वात्सल्य, शान्त और मधुर भक्तियों की उपादेयता स्वीकार करते हुए भी उन्होंने दास्य-भक्ति की अनिवार्यता पर बल दिया—

सेवक सेव्य भाव बिनु भव न तरिअ उरगारि।

भक्ति की श्रेष्ठता

सांसारिक जीव अनेक प्रकार के दुःखों से पीड़ित है। दुःख की निवृत्ति ही उसके सभी प्रयत्नों का प्रयोजन है। दुःख के दो ही कारण हैं—अज्ञान और अभक्ति। अतएव दुःख से मुक्ति पाने के दो ही मूल उपाय हैं—ज्ञान और भक्ति। इस दृष्टि से दोनों समान हैं—

भगतिहि ग्यानहि नहिं कछु भेदा। उभय हरहिं भवसंभव खेदा॥

तथापि ज्ञान की अपेक्षा भक्ति श्रेष्ठ है। अनेक कारण हैं। तुलसी के अनुसार अभक्ति ही विपत्तियों का प्रधान कारण है।[1] भक्ति भगवान को सदैव प्रिय है, इसलिए नर्तकी-रूपा माया उसके सामने शक्तिहीन है।[2] भक्ति का द्वार सभी के लिए खुला है।[3] वह स्वतंत्र और अन्य साधनों के लिए भी आवश्यक है।[4] वह सद्यःफलदायक, सुखद और सुलभ है।[5] उसमें असफलता का प्रश्न ही नहीं उठता, क्योंकि वह साधन भी है और सिद्धि भी—

साधन सिद्धि रामपद नेहू।

भक्ति के प्रकार

आराध्य या भजनीय के स्वरूप-भेद से भक्ति दो प्रकार की है—निर्गुण-भक्ति एवं सगुण-भक्ति। निर्गुण-भक्ति ज्ञानवादियों की निराकार ब्रह्म-विषयक भक्ति है और सगुण-भक्ति का सम्बन्ध साकार भगवान के रूप, गुण, लीला, धाम आदि से है। तुलसीदास इन दोनों प्रकार की भक्तियों को मान्यता देते हैं। उनके अनुसार—

सगुनहि अगुनहि नहिं कछु भेदा।

फिर भी उपासना की सुसाध्यता के कारण वे सगुण-भक्ति (भेदभक्ति) को श्रेष्ठ मानते हैं—

सगुन उपासक परहित निरत नीति दृढ़ नेम।
ते नर प्रान समान मम जिन्ह कें द्विज पद प्रेम॥

साध्य-साधन-भेद से भक्ति के दो प्रकार बतलाए गए हैं—साध्य भक्ति और साधन-भक्ति। वस्तुतः साध्य-भक्ति ही भक्ति है। उसके साधनों को गौरव देने के लिए ही उन्हें

1. कह हनुमंत बिपति प्रभु सोई। जब तक सुमिरन भजनु न होई॥
2. पुनि रघुबीरहि भगति पिआरी। माया खलु नर्तकी बिचारी॥
3. पुरुष नपुंसक नारि वा जीव चराचर कोइ।
   सर्ब भाव भज कपट तजि मोहि परम प्रिय सोइ॥
4. सो सुतंत्र अबलंब न आना। तेहि आधीन ग्यान बिग्याना॥
5. जातें बेगि द्रवउँ मैं भाई। सो मम भगति भगत सुखदाई॥
   सुलभ सुखद मारग यह भाई। भक्ति मोरि पुरान श्रुति गाई॥

भी भक्ति कहा जाता है। प्रेमरूपा-भक्ति सभी साधनों का साध्य है—

जहँ लगि साधन बेद बखानी। सब कर फल हरि भगति भवानी॥

उपाधि-भेद से भी भगवद्-भक्ति दो प्रकार की कही गई है—शुद्धा और मिश्रिता। भगवान की महिमा के श्रवणादि मात्र में निबद्ध अनुपाधि भक्ति शुद्धा है। इस प्रकार की भक्ति के उदाहरण सुतीक्ष्ण, अगस्त्य, वाल्मीकि, तुलसी आदि हैं। मिश्रिता भक्ति कामजा, सम्बन्धजा और भयजा के भेद से तीन प्रकार की मानी गई है। 'कृष्णगीतावली' में निरूपित शृंगार-मिश्रित भक्ति कामजा है। दशरथ की पाल्य-पालक भाव वाली वत्सलरति तथा भरत की सेव्य-सेवक भाव वाली प्रेयोरति सम्बन्धजा है। मारीच आदि की भक्ति भयजा कही जाएगी।

कामना-भेद से भक्ति तीन प्रकार की है—सकाम, कैवल्यकाम और भक्तिमात्र-काम। ऐश्वर्य-कामना से प्रेरित 'सकाम' कर्म संन्यासपूर्वक भगवत्प्रसाद के लिए की गई भक्ति 'कैवल्य काम' और संन्यासपूर्वक भक्तिमात्र के लिए की गई भक्ति 'भक्तिमात्र-काम कहलाती है। इनमें से अन्तिम भक्ति ही तुलसी का आदर्श है,[1] क्योंकि यही निष्काम है, शेष दो तो सकाम हैं।

नवधा भक्ति

भक्ति के जितने भी वर्गीकरण शास्त्रों में किए गए हैं उनमें भागवत की नवधा-भक्ति सबसे अधिक लोकप्रिय है। वह इस प्रकार निरूपित हुई है—

श्रवणं कीर्तनं विष्णो: स्मरणं पादसेवनम्।
अर्चनं वन्दनं दास्यं सख्यमात्मनिवेदनम्॥

तुलसी ने इस नवधा भक्ति के विविध अंगों की विभिन्न स्थलों पर प्रसंगानुसार चर्चा की है—

श्रवण : सगुण अथवा निर्गुण भगवान के प्रतिपादक शब्द का कान द्वारा ग्रहण और बोध 'श्रवण' कहलाता है। तुलसी का कथन है कि जो कान भगवान का गुणगान नहीं सुनते वे साँपों के बिल के समान हैं—

जिन्ह हरिकथा सुनी नहिं काना। श्रवन रंध्र अहिभवन समाना॥

कीर्तन : सगुण अथवा निर्गुण भगवान के बोधक शब्द का उच्चारण 'कीर्तन' है। सगुण-भक्त के लिए भगवान के नाम लीला, गुण, धाम आदि का उच्चारण 'कीर्तन' है। जो राम का गुनगान नहीं करता उसकी जिह्वा मेढक की जिह्वा के समान है—

जो नहिं करइ राम गुन गाना। जीह सो दादुर जीह समाना॥

स्मरण : भगवान के नाम, रूप, गुण आदि की स्मृति 'स्मरण' है। भवसागर पार करने के लिए राम का स्मरणमात्र पर्याप्त है—

सुमिरत श्री रघुबीर की बाहैं।
होत सुगम भव उदधि अगम अति कोउ लाँघत कोउ उतरत थाहैं॥

---

1. जाहि न चाहिअ कबहुँ कछु तुम्ह सन सहज सनेहु।
   बसहु निरन्तर तासु मन सो राउर निज गेहु॥

पादसेवन : भगवान और उनके भक्तों की सेवा, मन्दिर-गमन, तीर्थ-यात्रा आदि पादसेवन हैं। जैसे—

कर नित करहिं राम पद पूजा। राम भरोस हृदयँ नहिं दूजा॥
चरन राम तीरथ चलि जाहीं। राम बसहु तिन्ह के मन माहीं॥

अर्चन : भगवान की विधिवत् पूजा 'अर्चन' है। तुलसीदास की कृतियों में भगवान या उनकी मूर्ति की पूजा के अनेक स्थल हैं। स्वयं राम ने शिव का विधिवत् पूजन किया है—

पूजि पारथिव नायेउ माथा।

सीता ने भवानी की पूजा की है—

तुलसी भवानिहि पूजि पुनि पुनि मुदित मन मंदिर चली।

वन्दन : 'वन्दन' का अर्थ प्रणाम, नमस्कार या स्तुति है। 'रामचरितमानस', 'विनयपत्रिका' आदि में बहुसंख्यक वन्दनाओं एवं स्तुतियों की निबन्धना करके तुलसी ने भक्ति की इस विधा को गौरव दिया है।

दास्य : भगवान को स्वामी और स्वयं को दास समझना 'दास्य-भाव' है। तुलसी के आदर्श भक्त इसी मन:स्थिति की सदैव कामना करते हैं—

अस अभिमान जाइ जनि भोरें। मैं सेवक रघुपति पति मोरें॥

सख्य : इस भक्ति में आराध्य के प्रति बन्धु-भाव का प्राधान्य रहता है। यह भावना विश्वास की परिणति है। तुलसीदास 'दास्य-भाव' को सर्वश्रेष्ठ मानते हैं, अत: उनके साहित्य में 'संख्य-भाव' का निरूपण नगण्य-सा है। राम के सखाओं की भक्ति भी दास्य-विशिष्ट है। 'विनयपत्रिका' में जिन पदों में उन्होंने राम को खरी-खोटी सुनाई हैं वे 'विश्वास-संख्य' के उदाहरण माने जा सकते हैं। उनमें भक्त ने अपने भक्ति-भाव का सखा की भाँति अनौपचारिक ढंग से निवेदन किया है।

आत्म-निवेदन : भक्त के द्वारा भगवान के प्रति सर्वतोभावेन आत्मसमर्पण ही 'आत्मनिवेदन' है। भगवान की शरण में पहुँचकर भक्त चिन्तामुक्त हो जाता है। इस शरणागति की छ: विधाएँ बतलाई गई हैं—(1) भगवान के अनुकूल रहने का संकल्प[1], (2) उनकी प्रतिकूलता का त्याग[2], (3) रक्षक भगवान में विश्वास[3], (4) रक्षक भगवान का वरण[4], आत्मनिक्षेप या आत्म-समर्पण[5] और (6) कार्पण्य अर्थात् अत्यन्त दीनता।[6]

---

1. तुम्हहि नीक लागै रघुराई। सो मोहि देहु दास सुखदाई॥
2. जाके प्रिय न राम बैदेही।
   सो छाँड़िये कोटि बैरी सम जद्यपि परम सनेही॥
3. सुमिरत श्री रघुबीर की बाहैं।
   करि आई करि हैं करती हैं तुलसिदास दासनि पर छाहैं॥
4. ताहि तें आयो सरन सबेरें।
   तुलसिदास यह बिपत्ति बागुरौं तुम्हहिं सों बनै निबेरें॥
5. तुलसिदास निज भवनद्वार प्रभु दीजै रहन परयो॥
6. तुम सम दीनबन्धु न दीन कोउ मो सम सुनहु नृपति रघुराई।
   मो सम कुटिल मौलिमनि नहि जब तुम सम हरि न हरन कुटिलाई॥

दूसरे प्रकार की नवधा भक्ति 'अध्यात्मरामायण' में प्रतिपादित की गई है तदनुसार 'रामचरितमानस' के राम ने भी शबरी के प्रति नवधा-भक्ति का उपदेश किया है—

नवधा भगति कहउँ तोहि पाहीं। सावधान सुनु धरु मन माहीं॥
प्रथम भगति संतन्ह कर संगा। दूसरि रति मम कथा प्रसंगा॥
गुर पद पंकज सेवा तीसरि भगति अमान।
चौथि भगति मम गुन गन करइ कपट तजि गान॥
मंत्र जाप मम दृढ़ बिस्वासा। पंचम भजन सो बेद प्रकासा॥
छठ दम सील बिरति बहु करमा। निरत निरंतर सज्जन धरमा॥
सातवँ सम मोहि मय जग देखा। मोतें संत अधिक करि लेखा॥
आठवँ जथालाभ संतोषा। सपनेहुँ नहिं देखइ परदोषा॥
नवम सरल सब सन छलहीना। मम भरोस हियँ हरष न दीना॥
नव महुँ एकउ जिन्ह कें होई। नारि पुरुष सचराचर कोई॥
सोइ अतिसय प्रिय भामिनि मोरें। सकल प्रकार भगति दृढ़ तोरें॥

यह बात ध्यान देने योग्य है कि इस नवधा भक्ति में विधि-विधान की उपेक्षा की गई है और भक्ति-सम्बन्धी व्यापक मूलभूत सिद्धान्तों पर ध्यान दिया गया है। सभी लोग इस भक्ति के अधिकारी हैं।

भक्ति के साधन

नवधा भक्ति के श्रवण आदि एवं सत्संग आदि अंग भक्ति के साधन भी हैं और भक्ति-भाव की अभिव्यक्तियाँ भी। जब तक भक्ति का उदय नहीं होता तब तक वे साधन हैं। भक्ति का उदय हो जाने पर किया गया कथा-श्रवण आदि भक्ति की अभिव्यक्ति है। भक्ति के सभी साधनों को तीन वर्गों में रखा जा सकता है—कृपा-साधन, विहित साधन और अविहित साधन। तुलसी ने राम-भक्ति की प्राप्ति के लिए स्वयं राम, गुरु, सन्तों, देवों और द्विजों की कृपा की आवश्यकता पर बल दिया है—

सो रघुनाथ भगति श्रुति गाई। रामकृपा काहूँ एक पाई॥
... ...
द्विज देव गुरु हरि सन्त बिनु संसार पार न पाइये॥

पूर्वोक्त नवधा-भक्ति के अंग ही विहित साधन हैं। इस प्रसंग में यह भी स्मरणीय है कि वैराग्य, योग और ज्ञान भी इस वर्ग के अन्तर्गत हैं। विहित मार्ग का अनुसरण करते हुए धर्म से वैराग्य, वैराग्य से योग, योग से ज्ञान और ज्ञान से भक्ति की प्राप्ति होती है। तुलसी ने बतलाया है कि पुराण आदि में वर्णित राम-कथा के अनुशीलन से ज्ञानी और विरक्त जन राम-भक्ति प्राप्त करते हैं—

पावन पर्बत बेद पुराना। राम कथा रुचिराकर नाना।
मर्मी सज्जन सुमति कुदारी। ग्यान बिराग नयन उरगारी॥
भाव सहित खोजइ जो प्रानी। पाव भगति मनि सब सुख खानी॥

प्रेम किसी प्रकार के विधान को नहीं मानता। मानव-मन का यह स्वभाव है कि वह

अपने सम्बन्धियों में अधिक अनुरक्त रहता है। वे रागात्मक वृत्तियाँ भक्ति के मार्ग में बाधक हैं। इनका उदात्तीकरण अपेक्षित है। भगवान को सभी चित्त-वृत्तियों का आलम्बन बना देना श्रेयस्कर है। इस प्रकार भगवान के साथ रागात्मक सम्बन्धों की स्थापना अविहित साधन है। जो भगवान को ही अपना पिता, माता, बन्धु आदि समझने लगता है, वह उनका स्नेहपात्र हो जाता है। उन्होंने स्वयं कहा है—

जननी जनक बंधु सुत दारा। तनु धनु भवनु सुहृद परिवारा॥
सब कै ममता ताग बटोरी। मम पद मनहि बाँध बरि डोरी॥
समदरसी इच्छा कछु नाहीं। हरष सोक भय नहिं मन माहीं॥
अस सज्जन मम उर बस कैसें। लोभी हृदयँ बसइ धनु जैसें॥

तुलसी लोकदर्शी थे। उन्होंने व्यक्ति-कल्याण के साथ लोक-कल्याण करने वाले भक्ति-मार्ग का उपस्थापन किया। उन्होंने लोकधर्म-विरोधी भक्ति-पद्धतियों का खरेपन के साथ विरोध किया। 'रामचरितमानस' आदि ग्रन्थों के रूप में उन्होंने भक्ति-रस का वह साहित्य निर्मित किया जिसने देश-काल की सीमा को पार करके करोड़ों नर-नारियों की जीवनधारा को राममय बना दिया। आचार्य रामचन्द्र शुक्ल के शब्दों में—"उनकी वाणी के प्रभाव से आज भी हिन्दू भक्त अवसर के अनुसार सौन्दर्य पर मुग्ध होता है, सन्मार्ग पर पैर रखता है, विपत्ति में धैर्य धारण करता है, कठिन कर्म में उत्साहित होता है, दया से आर्द्र होता है, बुराई पर ग्लानि करता है, शिष्टता का अवलम्बन करता है और मानव-ज़ीवन के महत्त्व का अनुभव करता है।"

समन्वय-भावना

द्वारिकाप्रसाद सक्सेना

जिस युग में तुलसीदास का आविर्भाव हुआ, उस युग में धर्म, समाज, राजनीति आदि क्षेत्रों में सर्वत्र पारस्परिक वैषम्य एवं विभेद का बोलबाला था। धर्म के क्षेत्र में एक ओर हिन्दू-मुस्लिम भावनाओं के कारण वैमनस्य जड़ पकड़ रहा था, तो दूसरी ओर शैव, शक्ति एवं वैष्णव मत के अनुयायियों में भी पारस्परिक ईर्ष्या-द्वेष बढ़ता चला जा रहा था। दक्षिण भारत में तो यह विद्वेष एवं वैमनस्य इतना बढ़ा कि शिवकांची एवं विष्णुकांची तक का निर्माण हो गया। उत्तरी भारत में भी प्राय: धार्मिक संघर्ष चलते रहते थे और ये संघर्ष तत्कालीन धार्मिक शान्ति के सर्वथा प्रतिकूल थे। धार्मिक शान्ति के साथ-साथ सामाजिक शान्ति भी भंग हो रही थी। ब्राह्मण और शूद्र एवं ऊँच और नीच के भेद-भाव से हिन्दू-समाज विश्रृंखलित हो रहा था, उसमें पारस्परिक वैमनस्य के साथ-साथ वर्ग-भेद उत्पन्न होता जा रहा था और वर्ग-भेद की यह खाई इतनी गहरी होती जा रही थी कि जिसे देखकर यही ज्ञात होता था कि हिन्दू-समाज पतन के कगार पर पहुँच चुका है। यही दशा राजनीति एवं साहित्यिक क्षेत्रों में भी थी। आपस में ईर्ष्या-द्वेष, वैमनस्य एवं विद्वेष के कारण समूचे भारत में घोर अशान्ति एवं विषमता का वातावरण उत्पन्न हो गया था। उस समय अकबर-जैसे धार्मिक सहिष्णु शासक ने पारस्परिक ऐक्य एवं समता के लिए प्रयत्न अवश्य किए, परन्तु उन प्रयत्नों के पीछे उसकी स्वार्थमयी मनोवृत्ति एवं राज्य-लिप्सा के होने के कारण उसे भी अधिक सफलता न मिली। हाँ, तत्कालीन सन्त कवियों ने अवश्य सारे भारत में भावात्मक एकता स्थापित करने का सफल प्रयत्न किया। गोस्वामी तुलसीदास भी उन्हीं सन्त कवियों में से एक थे, जिन्होंने तत्कालीन परिस्थिति का गहराई के साथ अध्ययन एवं अनुशीलन करके समाज में व्याप्त विषमता को दूर करने के लिए समन्वय की प्रवृत्ति को प्रोत्साहन दिया और स्वयं धर्म, राजनीति, समाज, साहित्य आदि के क्षेत्रों में यथासम्भव समन्वय स्थापित करते हुए पारस्परिक विरोध एवं वैषम्य को दूर कर दिया। इस समन्वय के लिए तुलसी ने सामाजिक, पारिवारिक, आध्यात्मिक, आर्थिक, राजनीतिक, नैतिक आदि सभी क्षेत्रों को चुना और इन सभी क्षेत्रों में समन्वय स्थापित करते हुए तत्कालीन जन जीवन में व्याप्त घोर अशान्ति, पापाचार, अनाचार, अधार्मिकता, विषमता आदि को दूर करने की सफल चेष्टा की। अपने इसी समन्वयात्मक दृष्टिकोण के कारण तुलसी लोकनायक भी कहलाते हैं और गौतम बुद्ध के पश्चात् आपको ही लोकनायकत्व का महत्त्वपूर्ण स्थान

दिया जाता है। संक्षेप में तुलसी के समन्वयवादी विचार इस प्रकार हैं—

(1) शैव एवं वैष्णव मतों का समन्वय : भारतीय विचारधारा के अनुसार त्रिवेद की कल्पना बड़ी महत्त्वपूर्ण मानी गई है। इसके अनुसार ब्रह्मा, विष्णु और शिव—तीन प्रमुख देव माने जाते हैं, जिनमें ब्रह्मा सृष्टि के उत्पादक हैं, विष्णु सृष्टि के पालक हैं, और शिव संहारक हैं। इसी आधार पर विष्णु को अपना सर्वस्व माननेवाले भक्त 'वैष्णव' कहलाते हैं और शिव को अपना सर्वस्व मानने वाले 'शैव' कहलाते हैं। कालान्तर में वैष्णव एवं शैव मतों में विष्णु और शिव को ही सृष्टि का उत्पादक, पालक एवं संहारक कहकर सर्वशक्तिमान माना जाने लगा और फिर आपस में विद्वेष भी फैल गया, जिसके परिणामस्वरूप वैष्णव शैवों को तुच्छ एवं हेय दृष्टि से देखने लगे और शैव-भक्त वैष्णवों से घृणा करने लगे। तुलसी के समय में यह विद्वेष अपनी चरम सीमा पर पहुँचा हुआ था, अत: तुलसी ने दोनों मतों में समन्वय स्थापित करने के लिए एक ओर तो शिव के मुँह से 'सोइ मम इष्ट देव रघुबीरा। सेवत जाहि सदा मुनिधीरा' कहलवाकर शिव को राम का उपासक सिद्ध कर दिया और दूसरी ओर राम के मुख से 'संकर प्रिय मम द्रोही विद्रोही मम दास। ते नर करहिं कलप भरि घोर नरक महुँ बास' कहलवाकर राम को शिव का अनन्य प्रेमी सिद्ध कर दिया है। इतना ही नहीं, तुलसी ने सेतु का निर्माण होने पर राम के द्वारा शिव की प्रतिष्ठा एवं पूजा-अर्चना करा के राम को शिव का अनन्य भक्त भी सिद्ध कर दिया है। साथ ही, 'हरि हर पद रति मति न कुतरकी' आदि विरोध-परिहारिणी उक्तियों के द्वारा, 'विनयपत्रिका' में हरिशंकरी स्तुति की रचना करके, और 'रामचरितमानस' में ही राम-स्तोत्र के साथ-साथ शिव-स्तोत्र की रचना करके इस पार्थक्य एवं वैषम्य को दूर करते हुए शिव एवं विष्णु के अवतार राम में पूर्णतया समन्वय स्थापित कर दिया है।

(2) वैष्णव एवं शाक्त मतों का समन्वय : शिव और विष्णु के भक्तों में जिस तरह पारस्परिक वैमनस्य एवं विद्वेष फैला हुआ था, उसी तरह वैष्णवों एवं शाक्तों में भी उस समय घोर संघर्ष चलता रहता था। सम्भवत: इसी कारण कबीर ने भी 'वैष्णव' की छतरी भली, नहिं सकात कौ गाँव' कहकर शाक्तों की अपेक्षा वैष्णवों को श्रेष्ठता प्रदान की थी। परन्तु तुलसी ने शैव एवं वैष्णवों की भाँति शाक्तों एवं वैष्णवों के संघर्ष एवं वैमनस्य को दूर करते हुए 'शक्ति' की उपासना की और 'रामचरितमानस' में सीता को ब्रह्मा राम की शक्ति बताकर तथा 'उद्‌भवस्थितिसंहारकारिणी, क्लेशहारिणी, सर्वश्रेयस्करी' आदि कहकर उनकी वन्दना की। सीता के द्वारा शक्तिरूपा पार्वती की स्तुति कराई—

नहिं तव आदि मध्य अवसाना। अमित प्रभाउ बेदु नहिं जाना॥
भव भव बिभव पराभव कारिनि। बिस्व बिमोहनि स्वबस बिहारिनि॥

उक्त कथन द्वारा शाक्त-मत में वर्णित शक्ति को संसार की सृष्टि और पालन करने वाली बतलाकर तथा राम-कथा की प्रथम श्रोत्री के रूप में पार्वती का चित्रण करके उस शक्ति के प्रति पूज्य-भाव प्रकट करते हुए तुलसी ने शाक्तों एवं वैष्णवों में भी समन्वय स्थापित किया, जिससे शाक्त भी अपने को ही एक धर्म का अंग समझने लगे।

(3) रामावत सम्प्रदाय एवं पुष्टिमार्ग का समन्वय : कहा जाता है कि तुलसी रामानन्द के शिष्य-सम्प्रदाय में नरहर्यानन्द के शिष्य होने के कारण रामावत सम्प्रदाय में ही दीक्षित हुए थे।[1] रामावत सम्प्रदाय में राम को ही परब्रह्म माना गया है तथा ब्रह्म के पर, व्यूह, विभव, अन्तर्यामी और अर्चावतार नामक पाँच रूप माने गए हैं। इन्हीं रूपों में इनकी आराधना एवं अर्चना होती है। तुलसी ने उक्त रूपों के अनुकूल ही 'रामचरितमानस' में भगवान राम का चित्रण किया है, परन्तु साथ ही पुष्टिमार्ग के अनुसार ब्रह्म की कृपा अथवा अनुग्रह को ही सर्वोपरि बताया है और सिद्ध किया है कि कितनी ही पूजा, अर्चना एवं उपासना की जाए, किन्तु भगवान की कृपा बिना कभी कुछ नहीं होता। इसीलिए तुलसी ने 'तुम्हरिहि कृपा तुमहिं रघुनंदन। जानहिं भगत भगत उर चन्दन' कहकर स्पष्ट किया है कि भगवान की कृपा से ही भगवत्-साक्षात्कार होता है। साथ ही बिना भगवान की कृपा से राम-भक्ति भी प्राप्त नहीं होती। इसलिए तुलसी लिखते हैं—

राम भगति मनि उर बस जाकें। दुख लवलेस न सपनेहुँ ताकें॥
चतुर सिरोमनि तेइ जग माहीं। ज मनि लागि सुजतन कराहीं॥
सो मनि जदपि प्रगट जग अहई। राम कृपा बिनु नहिं कोउ लहई॥

इस प्रकार राम की भक्ति में भी राम की कृपा की महत्ता प्रदर्शित करते हुए और 'रामचरितमानस', 'गीतावली', 'कवितावली' आदि में बाल-रूप भगवान राम की भक्ति का निरूपण करके तुलसी ने रामावत-सम्प्रदाय एवं पुष्टिमार्गीय मत में भी सुन्दर समन्वय स्थापित किया है।

(4) अद्वैतवाद एवं विशिष्टाद्वैतवाद का समन्वय : तुलसी ने दार्शनिक विचारों में भी समन्वय स्थापित करने का सुन्दर प्रयास किया है। तुलसी से पूर्व सभी भक्त्याचार्यों ने शंकर के अद्वैतवाद का खंडन करके अपने-अपने मत की स्थापना की थी। इसीलिए रामानुजाचार्य ने शंकर के अद्वैतवाद का विरोध करके अपने विशिष्टाद्वैतवाद का प्रचार किया, मध्वाचार्य ने द्वैतवाद का प्रचार किया, विष्णुस्वामी ने सुद्धाद्वैत का प्रतिपादन किया और निम्बार्काचार्य ने द्वैताद्वैतवाद का प्रचार किया था। यद्यपि गोस्वामी जी रामनुजाचार्य के मतानुयायी होने के कारण विशिष्टाद्वैत मानते थे और इसी कारण आपने जीव को ईश्वर का अंश कहकर ईश्वर की ही भाँति चेतन, अमल, अविनाशी आदि कहा है;[2] ब्रह्मा को सगुण, निर्गुण, अवगुण, अरूप, अलख, अज आदि कहकर विशिष्टता प्रदान की है [3] तथा 'पल्लवत फूलत नवल नित संसार-विटप नमामहे' तथा 'जौ जग मृषा ताप-त्रय अनुभव होत कहहु केहि लेखें' आदि कहकर विशिष्टाद्वैतवादियों की भाँति संसार को नित्य, शाश्वत एवं अविनाशी घोषित किया है, परन्तु अन्य स्थलों पर तुलसी ने शंकर के अनुसार ही ब्रह्म को अज, स्वतंत्र, सर्वज्ञ, सत्य आदि कहा है; जीव को ब्रह्म स्वरूप और जगत को सोपाधिक

---

1. यह बात प्रमाण-पुष्ट नहीं है, किन्तु इसको सभी स्वीकार करते हैं कि वे रामानन्द की विचारधारा से बहुत प्रभावित थे।
2. ईस्वर अंस जीव अबिनासी। चेतन अमल सहज सुख रासी॥
   सो माया बस भयउ गोसाईं। बँध्यो कीर मरकट की नाईं॥
3. अगुन अरूप अलख अज जोई। भगत प्रेम बस सगुन सो होई॥

एवं मिथ्या बताया है[1] यथा अविद्या-माया का निरूपण भी शंकर की ही भाँति किया है—*समुझें मिथ्या सोपि*। इस तरह तुलसी के विचारों में अद्वैतवाद और विशिष्टाद्वैतवाद का भी समन्वय मिलता है और इसके द्वारा तुलसी ने दार्शनिक विद्वेष एवं वैमनस्य को दूर किया है।

(5) ज्ञान और भक्ति का समन्वय : तुलसी के समय में ज्ञानियों एवं भक्तों में बड़ा विवाद चलता था, जिसके फलस्वरूप ज्ञानीजन भक्तों को तुच्छ मानकर स्वयं को श्रेष्ठ समझते थे और भक्तजन ज्ञानियों को तुच्छ समझते हुए स्वयं को श्रेष्ठ मानते थे। ज्ञान की श्रेष्ठता की ओर 'कहहिं सन्त मुनि बेद पुराना, नहिं कछु दुर्लभ ग्यान समाना' कहकर तुलसी ने भी संकेत किया है। परन्तु तुलसी ने भक्ति के लिए ज्ञान की महत्ता घोषित की है। यद्यपि तुलसी ने 'ग्यान अगम प्रत्यूह अनेका' अथवा 'ग्यान कै पंथ कृपान कै धारा' आदि कहकर ज्ञान-मार्ग की कठिनाइयों की ओर संकेत किया है और 'भक्ति सुतंत्र सकल सुख खानी' कहकर भक्ति को ज्ञान की अपेक्षा कहीं श्रेष्ठ सिद्ध किया है, तथापि तुलसी ने 'भगतिहिं ग्यानहिं नहिं कछु भेदा। उभय हरहिं भव संभव खेदा' कहकर दोनों की समता सिद्ध की है। साथ ही 'जोग अगिनि करि प्रकट तब कर्म सुभासुभ लाइ। बुद्धि सिरावै ज्ञान घृत ममता मल जरि जाइ' कहकर उन्होंने ज्ञान को घृत बताया है, जिसके द्वारा चित-रूपी दीपक प्रज्वलित होता है और मोहमदादि शलभ सब नष्ट हो जाते हैं, इसके साथ ही 'कहहिं भगति भगवंत कै संजुत ग्यान विराग' कहकर भक्ति को ज्ञान एवं वैराग्य से युक्त बताया गया है तथा 'स्रुति सम्मत हरि-भगति पथ संजुत विरति विवेक' कहकर भी भक्ति और ज्ञान के समन्वय की ओर संकेत किया गया है।

(6) सगुण और निर्गुण का समन्वय : तुलसी के पूर्ववर्ती भक्तों में ही ब्रह्म के निर्गुण एवं सगुण स्वरूप पर पर्याप्त संघर्ष चला आ रहा था। इसी संघर्ष के परिणामस्वरूप महात्मा सूरदास ने अपने 'भ्रमरगीत' में ब्रह्म के निर्गुण-रूप का खंडन करके सगुण की महत्ता का प्रतिपादन किया था। परन्तु गोस्वामी तुलसीदास ने सगुण और निर्गुण के विद्वेष एवं वैमनस्य को मिटाते हुए दोनों में समन्वय स्थापित किया है और बताया है कि यद्यपि ब्रह्म निर्गुण, निराकार, अज, अनघ, अद्वैत, अव्यक्त, अविकार, अचल, अनिकेत, अविरल, अनामय, अनारम्भ एवं अमल है, तथापि वह दीनबन्धु, दयालु, शरणागतवत्सल, भक्तवत्सल है और 'गो-द्विज-सुर' आदि के कष्टों का निवारण करने के लिए सगुण रूप धारण करता है। इसी कारण तुलसी ने राम को निर्गुण और सगुण दोनों रूपों में देखा है और 'अमल अनवद्य अद्वैत निर्गुण सगुन ब्रह्म सुमिरामि नरभूप रूपं' कहकर उनकी स्तुति की है। इस तरह तुलसी ने निर्गुण एवं सगुण के विवाद को दूर करके दोनों में सुन्दर समन्वय स्थापित किया है।

(7) नर और नारायण का समन्वय : तुलसी से पूर्व राम का महत्त्व दशरथ के पुत्र के रूप में ही था। उन्हें कोई भी परात्पर ब्रह्म, अज एवं अविनाशी नहीं मानता था। इसीलिए कबीर ने 'दशरथसुत तिहुँ लोक बखाना, राम नाम का मरम है आना' कहकर राम के दशरथ-

1. (क) सोइ जानइ जेहि देहु जनाई। जानत तुम्हहि तुम्हइ होइ जाई॥
   (ख) जनमु मरनु जहँ लगि जगजालू। संपति बिपति करमु अरु कालू॥
   धरनि धामु धनु पुर परिवारू। सरगु नरकु जहँ लगि ब्यवहारू॥
   देखिअ सुनिअ गुनिअ मन माहीं। मोह मूल परमारथु नाहीं॥

पुत्र-रूप को ब्रह्म से पृथक् कहा था। परन्तु तुलसी ने 'भए प्रकट कृपाला दीनदयाला कौशल्या हितकारी' कहकर उन्हीं ब्रह्म को कौशल्या-पुत्र या दशरथ-सुत के रूप में अवतरित दिखाकर[1] अपने इष्टदेव को साधारण मानव या नर से ऊपर उठाते हुए नारायण के ब्रह्म-पद पर आसीन कर दिया है। इसी कारण तुलसी के राम अवतारी पुरुष होकर भी अज, अनवद्य, अरूप एवं अचल हैं, सगुण होकर भी निर्गुण एवं निर्विकार हैं, अनिकेत होकर भी अवधवासी हैं, शील एवं सौन्दर्ययुक्त होकर भी अखंड, अनन्त एवं व्यापक हैं। इस प्रकार तुलसी ने राम के रूप में नर और नारायण का अथवा मानव और ब्रह्म का सुन्दर समन्वय स्थापित किया है।

(8) द्विज और शूद्र का समन्वय : तुलसीदास के समय में जाति-पाँति एवं छुआछूत का भेद-भाव अत्यधिक बढ़ा-चढ़ा था। उच्च वर्ण के व्यक्ति नीच वर्ण के शूद्रादि से घृणा करते थे और उनसे अपना व्यवहार रखना भी बुरा मानते थे। तुलसी ने इस सामाजिक विषमता को दूर करने के लिए अपने 'रामचरितमानस' में ब्राह्मणकुलावतंस गुरु वशिष्ठ को शूद्र कुल में उत्पन्न निषादराज से भेंट करते हुए दिखाकर ब्राह्मणों एवं शूद्रों में भी समन्वय स्थापित किया है तथा उच्च क्षत्रिय कुलोद्भव राम का तुच्छ वानर, भालू, रीछ, विभीषण राक्षस तक का प्रेमालिंगन करते हुए दिखाकर उच्च वर्ग एवं निम्न वर्ग में सुन्दर समन्वय स्थापित किया है।

(9) राजा और प्रजा का समन्वय : तुलसी के काल में राजा और प्रजा के बीच गहरी खाई बनती जा रही थी। राजा प्रजा से कहीं अधिक श्रेष्ठ, उन्नत एवं महान समझा जाता था और ईश्वर का रूप माना जाता था। इस भावना का परिणाम यह हुआ कि 'दिल्लीश्वरो वा जगदीश्वरो वा' कहकर दिल्लीश्वर की प्रशंसा की गई। तुलसी ने 'रामचरितमानस' में राजा और प्रजा के कर्तव्यों का निर्धारण करते हुए दोनों के सम्यक् रूप की व्यवस्था की और बताया कि 'सेवक कर पद नयन से मुख सो साहिबु होइ' अर्थात् राजा को मुख के समान और प्रजा को कर, पद एवं नेत्रों के समान राजा का हितैषी होना चाहिए। इतना ही नहीं, 'मुखिया मुख सों चाहिए खान-पान कहुँ एक। पालइ पोषइ सकल अंग तुलसी सहित विवेक' कहकर तुलसी ने राजा को मुख के तुल्य बताते हुए अपनी प्रजा के पालन-पोषण के लिए ही वस्तुओं का संग्रह करने वाला कहा है। इस प्रकार शरीर में जिस तरह मुख तथा अन्य अंगों का समन्वय रहता है; उसी तरह तुलसी ने राजा और प्रजा के समन्वय पर जोर दिया है।

(10) पारिवारिक क्षेत्र में समन्वय : तुलसी ने धर्म एवं समाज के क्षेत्र में ही समन्वय स्थापित नहीं किया, अपितु पारिवारिक क्षेत्र के अन्तर्गत पिता और पुत्र में, पति-पत्नी में, सास और पुत्रवधू में, भाई-भाई, स्वामी और अनुचर में तथा पत्नी-सपत्नी में भी समन्वय स्थापित किया है। इसी कारण तुलसी के राम पिता के जितने भक्त हैं, उतने ही वे माताओं के भी भक्त हैं और माता-पिता भी राम के उतने ही भक्त हैं। ऐसे ही जितना आदर वधुएँ अपनी सासों का करती हैं, उतना ही सस्नेह सासों से भी प्राप्त होता है। साथ ही जितना स्नेह

---

1. बिनु पद चलइ सुनइ बिनु काना। कर बिनु करम करइ बिधि नाना॥
जेहि इमि गावहिं बेद बुध जाहि धरहिं मुनि ध्यान।
सोइ दसरथ सुत भगत हित कोसलपति भगवान॥

एवं प्रेम राम अपने भाइयों से करते हैं, उतना ही स्नेह एवं प्रेम उन्हें अपने भ्राताओं से भी प्राप्त होता है और जितना प्रेम राजा दशरथ या राजा राम अपने सेवकों से करते हैं उतना ही प्रेम उन्हें सेवकों से भी प्राप्त होता है। इस प्रकार तुलसी ने पारिवारिक जीवन में समन्वय स्थापित करते हुए एक आदर्श परिवार की प्रतिष्ठा की है।

(11) साहित्यिक क्षेत्र में समन्वय : तुलसी ने धर्म, राजनीति, परिवार एवं समाज के अतिरिक्त सहित्य के क्षेत्र में भी सुन्दर समन्वय की स्थापना की है। यही कारण है कि तुलसी ने अवधी और ब्रज दोनों भाषाओं का समन्वय करके 'रामचरितमानस' की रचना की है, इसलिए हिन्दी के साथ-साथ संस्कृत भाषा के श्लोकों की रचना करके तथा 'मानस' और 'विनयपत्रिका' के स्तोत्रों में संस्कृत-गर्भित हिन्दी का प्रयोग करके संस्कृत और हिन्दी का सुन्दर समन्वय किया है, इसी कारण अपनी रचनाओं में वर्णित और मात्रिक छन्दों का प्रयोग करके छन्द-सम्बन्धी समन्वय को भी स्थान दिया है, इसीलिए लम्बी-लम्बी समासांत पदावली-युक्त क्लिष्ट रचना-शैली तथा सरल एवं सुबोध शैली को अपनाते हुए 'विनयपत्रिका' में शैलीगत समन्वय को भी अपनाया है, और 'मानस' में विवरणात्मक कथा-रूप के साथ-साथ राम एवं शिव-सम्बन्धी स्तोत्रों की रचना करके कथा-शैली एवं स्तोत्र-शैली का भी समन्वय किया है, जिसमें पौराणिक एवं ऐतिहासिक शैली का भी समन्वय दृष्टिगोचर होता है। इसी तरह तुलसी ने विभिन्न ग्रन्थों से राम-कथा को लेकर ऐसे सुन्दर कथा-सम्बन्धी समन्वय की स्थापना की है, जिससे 'निगमागम सम्मत' होकर भी 'रामचरितमानस' सर्वथा अद्‌भुत, अलौकिक एवं मौलिक दिखाई देता है। इतना ही नहीं, तुलसी ने दोहा-चौपाई-पद्धति पर 'मानस' लिखकर; पद-पद्धति पर 'विनयपत्रिका', 'गीतावली' और 'कृष्णगीतावली' लिखकर; दोहा-पद्धति पर 'दोहावली' लिखकर; कबित्त-सवैया-छप्पय-पद्धति पर 'कवितावली' लिखकर; बरवै पद्धति पर 'बरवै-रामायण लिखकर तथा लोकगीत-पद्धति पर सोहर छन्द में 'रामललानहछू' लिखकर तत्कालीन साहित्य में प्रचलित सभी रचना-पद्धतियों में भी सुन्दर समन्वय स्थापित किया है।

सारांश यह है कि तुलसी एक उच्चकोटि के समन्वयवादी कवि थे। उन्होंने जीवन और जगत के सभी क्षेत्रों में समन्वय स्थापित करने का स्तुत्य प्रयत्न किया और अपने समन्वयवादी विचारों द्वारा तत्कालीन समाज में व्याप्त विषमता, विद्वेष, वैमनस्य, कटुता आदि को दूर करके पारस्परिक स्नेह, सौहार्द्र, समता, सहानुभूति आदि का प्रचार किया। इसीलिए तुलसी एक उच्चकोटि के कवि, महान लोकनायक, सफल समाज-सुधारक भारतीय संस्कृति के श्रेष्ठ प्रचारक एवं समाज में उन्नत आदर्श के संस्थापक कहलाते हैं।

तुलसीमत की विशेषता

बलदेवप्रसाद मिश्र

गोस्वामी जी ने अपने नाम से कोई सम्प्रदाय नहीं चलाया। यह उनकी सज्जनता थी, क्योंकि साम्प्रदायिकता में आखिर संकीर्णता आ ही जाती है। कबीर, नानक आदि सन्तों ने हिन्दू, मुसलमान आदि अनेक धर्मवालों को एक करने की चेष्टा की और परिणाम यह हुआ कि वे धर्म तो बने ही रहे, साथ ही कबीरपंथ, नानकपंथ आदि नए पंथ (सम्प्रदाय) और बढ़ गए। सबको समेटकर चलने की उत्कृष्ट इच्छा रखते हुए भी गोस्वामी जी ने कदाचित् इसीलिए न तो साम्प्रदायिक आचार्यत्व का प्रदर्शन करके अपनी कोई गद्दी ही चलाई और न खंडन-मंडन की शैली अपनाकर वे इधर-उधर दिग्विजय ही करते फिरे। उन्होंने कोई नई बात कहने का दावा भी नहीं किया और जो कुछ कहा वह श्रुतिसम्मत ही कहा। उनकी नवीनता यदि कुछ थी तो वह केवल उपयुक्त विषय के संग्रह और अनुपयुक्त विषय के त्याग में थी। परन्तु इतना होते हुए उन्होंने जो सिद्धान्त 'रामचरितमानस' द्वारा सर्वसाधारण के सामने रख दिए हैं उन पर उन्हीं की अमिट छाप पड़ी है। इसलिए यदि हम उन सिद्धान्तों के समूहों को 'तुलसीमत' कह दें तो किसी प्रकार का अनौचित्य न होगा।

तुलसीमत एकदम श्रुतिमत है। इसलिए यह उन कल्पित मतों की श्रेणी में नहीं गिना जा सकता, जिन्हें गोस्वामी जी ने अपने कलिधर्मवर्णन में खूब फटकारा है।[1] इस मत को ग्रहण करने के लिए न तो किसी प्रकार के साम्प्रदायिक विधि-विधान की आवश्यकता है और न अपने परम्परागत धर्म अथवा सम्प्रदाय को ही त्यागने की जरूरत है। इसीलिए तुलसीमत एक सुश्रृंखलित मत होकर भी अपनी स्वतंत्र सत्ता को अखिल भारतीय संस्कृति की नस-नस में प्रविष्ट कराके सार्वभौम भाव से इस प्रकार विराज रहा है कि सर्वसाधारण को गुमान तक नहीं होता कि तुलसीमत नाम का भी कोई सम्प्रदाय हो सकता है।

तुलसीमत जिस उद्देश्य को सामने रखकर प्रचारित हुआ है उसी उद्देश्य को लेकर

---

1. दंभिन्ह निज मति कल्पि करि प्रगट किए बहु पंथ॥

 ... ...

 मारग सोइ जा कहुँ जोइ भावा। पंडित सोइ जो गाल बजावा॥

 ... ...

 श्रुति संमत हरि भक्ति पथ संजुत बिरति बिबेक।
 तेहिं न चलहिं नर मोह बस कल्पहिं पंथ अनेक॥

रामकृष्ण मिशन के सज्जन, थियासॉफी के प्रेमीगण, आर्यसमाज के कार्यकर्ता महोदय आदि अपनी-अपनी ओर से प्रयत्न कर रहे हैं। परन्तु उनके सिद्धान्तों को वह लोकप्रियता नहीं मिल पाई है जो तुलसीमत को मिली है। इसका प्रधान कारण यह है कि तुलसीमत न केवल स्वतः बहुत उत्तम तत्त्व है वरन् वह बहुत उत्तम ढंग से कहा भी गया है।

तुलसीमत की महत्ता के तीन प्रधान कारण हैं। वे इस प्रकार हैं—

1. उसमें बुद्धिवाद और हृदयवाद का सुन्दर सामंजस्य है

पंडितम्मन्य जीव अपना तर्क भिड़ाए बिना किसी बात को स्वीकार कर लेना नहीं चाहते। जब यह प्रवृत्ति आवश्यकता से अधिक बढ़ जाती है तब तत्सिद्धान्तों का भी खंडन करके अपनी ही बात पर अड़े रहना उन्हें आह्लादकार जान पड़ता है। ऐसे तर्क का नाम है दुष्ट तर्क अथवा कुतर्क। यह तर्क व्यक्ति और समाज दोनों ही दृष्टियों से हेय है। सत् तर्क सदैव प्रशंसनीय है क्योंकि तत्त्वज्ञान इसी तर्क के द्वारा होता है। यदि भक्ति और भगवान के मामलों में तर्क का कोई स्थान ही न हो तो अपनी-अपनी समझ के अनुसार मतमतान्तर स्थापित करने वालों में लट्ठबाजी होते रहना अनिवार्य हो जाएगा। यही नहीं, पंडे, पुजारी, पुरोहित, पीर, पादरी आदि का बाहरी बाना धारण करने वाले ढोंगी व्यक्तियों को अपने दम्भाचार के प्रचार का पूरा अवसर भी मिलता रहेगा। स्नान, पूजा-पाठ आदि के बाह्य आचारों में सर्वसाधारण का मन खींचने की अच्छी शक्ति रहती है, परन्तु मठ, मूर्ति, मन्दिर, महन्त, देश, वेश आदि की ऐसी बाहरी बातों ही को सब-कुछ मान बैठना और इनके चक्कर में पड़कर 'मैं ब्राह्मण हूँ, तू शूद्र है; तू अशुद्ध है; मैं चक्रान्कित दीक्षित हूँ, तू निगुरा है' इत्यादि कथन ही को परम धर्म समझ बैठना नितान्त विवेकहीनता है। तुलसीमत में ऐसी विवेकहीनता को कहीं स्थान नहीं है। गोस्वामी जी तो मुक्ति अथवा भक्ति के लिए बाह्य साधनों की अनिवार्यता स्वीकार ही नहीं करते। नाम-जप के अतिरिक्त और किसी बाह्य साधन को उन्होंने विशेष महत्त्व दिया ही नहीं।

तुलसीमत के बुद्धिवाद की विशेषता यह है कि उसने अद्वैतमत को भली-भाँति अपना लिया। विचारों की संकीर्णताएँ यदि किसी दार्शनिक सिद्धान्त द्वारा भली-भाँति दूर की जा सकती हैं तो वह अद्वैत सिद्धान्त ही है। बुद्धि को पूर्ण सन्तोष यदि मिल सकता है तो अद्वैत-सिद्धान्त से ही। नास्तिकों को यदि कोई मुँहतोड़ उत्तर देकर भगवान की सत्ता का निश्चय करा सकता है तो वह अद्वैत-सिद्धान्त वाला ही है। अद्वैत-सिद्धान्त के द्वारा ही हम राम, रहीम और गॉड की एकता स्थापित कर सकते हैं। सायुज्य मुक्ति इसी सिद्धान्त की खास चीज है। इस मलायतन संसार की अपूर्णताओं पर यदि हम पूर्ण विजय प्राप्त कर सकते हैं तो इसी सिद्धान्त के सहारे। यदि हम अद्वैत को विशिष्ट ही समझते रहें या द्वैत बनाए रहें तो संसृतिचक्र से हटना किस प्रकार सम्भव होगा ? जहाँ संस्सृतिचक्र है वहाँ पाप-ताप कभी-न-कभी अपना प्रभाव दिखा ही देंगे। इसलिए अद्वैत-मत ही से चित्त का पूर्ण समाधान होता है। शंकराचार्य की भाँति गोस्वामी जी भी भक्ति को मुक्ति की स्थिरता का प्रधाम साधन मानते हैं। यदि अन्तर है तो केवल इतना ही कि शंकराचार्य विशेषतः मुक्ति के लिए ही भक्ति की व्यवस्था देते हैं और गोस्वामी जी भक्ति माधुर्य के लिए ही भक्ति करना अच्छा बतलाते

हैं। जो लोग भगवत्-प्रेम के आनन्द ही में मस्त रहकर अपने व्यक्तित्व का—अपने अहंकार का—एकदम विगलन नहीं कराना चाहते वे भी धन्य ही हैं, क्योंकि वे आखिर माया के दुखमय अविद्यारूप से मुक्त हो ही चुकते हैं। उनका अस्तित्व यदि स्वत: उनके कल्याण के लिए नहीं तो जगत कल्याण के लिए अवश्य आवश्यक है। यह ठीक है कि भक्ति माया का एक अंग है[1] और परमात्मा का सगुण व्यक्तित्व—उनका अवतार—'अनध्यस्त विवर्त है'[2], इसलिए जीव का अन्तिम आदर्श निर्गुण ब्रह्म ही है और अन्तिम ध्येय मुक्ति ही है; परन्तु यह भी तो ठीक है कि अनध्यस्त विवर्त के सहारे हमको तत्त्वबोध हो ही जाता है और भक्ति के सहारे हमें मुक्ति 'अनइच्छित' 'बरिआई' मिल ही जाती है। इसलिए गोस्वामी जी ने यदि भक्ति को बहुत अधिक महत्त्व दे दिया है तो यह नहीं कहा जा सकता कि वे अद्वैत-सिद्धान्त से हट गए हैं।

कार्पेन्टर महोदय का आक्षेप है कि भारतीय दार्शनिकों की भाँति गोस्वामी जी ने भी पाप के प्रश्न पर विचार ही नहीं किया। तुलसीमत का बुद्धिवाद ही कैसा यदि यह प्रश्न अछूता छूटा रहता। गोस्वामी जी ने स्पष्ट ही लिखा है—

करहिं मोह बस नर अघ नाना। स्वारथ रत परलोक नसाना॥
कालरूप तिन्ह कहँ मैं भ्राता। सुभ अरु असुभ कर्म फल दाता॥

गोस्वामी जी ने पाप को रोग कहा है और मोह को उन सब रोगों का मूल बताया है।[3] इसलिए परम सद्वैद्य की भाँति वे विशिष्ट रोगों को नहीं वरन् सभी रोगों के मूलकारण को ही भली-भाँति स्पष्ट कर रहे हैं और उसको नष्ट करने का उपाय बता रहे हैं। रक्त-विकार वाले मनुष्य के शरीर में उत्पन्न होते रहने वाले व्रणों की अलग-अलग चिन्ता करने के बदले यही सदैव अच्छा है कि उसके रक्त-विकार को ही दूर करा देने की चिन्ता की जाए। रक्त-विकार दूर करने की चेष्टा करते ही वे फोड़े आप-ही-आप अच्छे होने लगेंगे। इस मलायतन नश्वर संसार में महामोह का विध्वंस करके पराशान्ति (पापतापहीनता) किस प्रकार प्राप्त कर ली जाए, इसी प्रश्न के ऊहापोह में तो तुलसीमत का समूचा बुद्धिवाद लगा हुआ है।

हृदयवाद की पहली विशेषता है अभिलषित विषय की ओर लगन। उसकी दूसरी विशेषता है इस लगन की बाधक परिस्थितियों में भी अविचलता। उसकी तीसरी विशेषता है प्रतिकूल विषयों के परित्याग के लिए पर्याप्त मनोबल। गोस्वामी जी के हृदयवाद की पहली दो विशेषताएँ अनुराग के विवेचन में और तीसरी विशेषता वैराग्य के विवेचन में स्पष्ट ही परिलक्षित हो रही है।

गोस्वामी जी कहते हैं कि अपने भगवान की ओर लगन ऐसी पक्की हो जैसी कामी,

---

1. हरि सेवकहि न ब्याप अबिद्या। प्रभु प्रेरित ब्यापइ तेहि बिद्या॥
   ताते नास न होइ दास कर। भेद भगति बाढ़इ बिहंगबर॥
2. रज्जु में सर्प का अध्यास, सीप में रजत का अध्यास, सूर्य-किरणों में मृग-जल का अध्यास आदि विवर्तवाद के दृष्टान्त हैं। इनमें अधिष्ठान के ज्ञान का लोप हो जाता है। परन्तु सोने में गहने का अध्यास होने से रज्जु-सर्प की भाँति अधिष्ठान-ज्ञान का लोप नहीं होता। स्वर्णत्व के ज्ञान के साथ ही अलंकार का भास होता है। इसलिए इसका नाम 'अनध्यस्त विवर्त' है।
3. मोह सकल ब्याधिन्ह कर मूला। तिन्ह ते पुनि उपजहिं बहु सूला॥
   जाने ते छीजहिं कछु पापी। नास न पावहिं जन परितापी॥

लोभी और अविवेकी की कामिनी, कांचन और अपने शरीर की ओर रहती है।[1] वे विघ्नों से ठीक उसी प्रकार अविचलित रहने की बात कहते हैं जिस प्रकार चातक अपने ही प्रेमपात्र की ''जफाकारियों—वज्र और ओले की मारों—से अविचलित रहा है। वे कहते हैं कि तपने से जिस प्रकार सोने की दमक दूनी हो जाती है, उसी प्रकार प्रतिकूल परिस्थितियों का सन्ताप पाकर प्रेम के रंग में भी दूनी चमक आनी चाहिए।''[2] रामभक्ति के बाधक जितने पदार्थ हैं उन सबसे मुँह मोड़ लेने में उन्हें जरा भी हिचक नहीं।[3] अर्थ, धर्म और काम की बात ही क्या है वे तो निर्वाण तक को ठुकरा देने की क्षमता रखते हैं।[4] जिस विषय को ग्रहण किया उसे अनुकूल-प्रतिकूल सभी परिस्थितियों में अभिन्न बनाए रखना और उनके प्रतिकूल विषयों को दूर रखने के लिए सदैव तत्पर रहना गोस्वामी जी के हृदयवाद में ओत-प्रोत है।

हृदयवाद की सर्वश्रेष्ठ विशेषता है जीव के 'सहज स्नेह' की चरितार्थता। जीव पूर्णत्व की ओर आकृष्ट होकर या तो संग्रह का मार्ग अपनाता है या त्याग का। वह या तो वयष्टि अथवा स्वार्थ के मार्ग से परमार्थ प्राप्त करना चाहता है या समष्टि अथवा परार्थ के मार्ग से। कुछ जीव ऐसे भी हैं जो संग्रह और त्याग अथवा स्वार्थ और परार्थ का सामंजस्य भी कर लेते हैं और इस प्रकार सर्वतोमुख भाव से 'सहज-स्नेह' को चरितार्थ करते हैं। 'स्व' की ओर तो हर कोई आसानी से झुक जाता है, इसलिए केवल आत्म-कल्याण की चिन्ता करनेवालों में वह खूबी नहीं जो आत्म-कल्याण को लोक-कल्याण का एक अंग मानकर अखिल लोक के कल्याण की चिन्ता करने वालों में है। ऐसे लोगों का सहज स्नेह विशेष प्रशंसनीय माना जाता है। हमारे हृदय में लोक-कल्याण का आदिम भाव 'समवेदना' के रूप में प्रकट होता है। वह समवेदना अथवा सहानुभूति हृदयवाद की परम सुग्राह्य विभूति है और जिस महापुरुष में इसकी जितनी अधिक मात्रा होगी वह अवतार कोटि के उतने ही समीप समझा जाएगा। गोस्वामी जी के हृदयवाद में समवेदन का यह दिव्य-भाव परम उज्ज्वल मणि की भाँति देदीप्यमान है। उनका 'स्वांत:सुख' उसमें है जिसके 'कहत सुनत बस कर हित होई।' वे 'पर उपकार वचन मन काया' को 'सन्त सहज सुभाव' समझते हैं। लोक-कल्याण की भावना ही तो 'रामचरितमानस' में आदि से अन्त तक जगमगा रही है। गोस्वामी जी के हृदय की महत्ता व्यक्त करने के लिए इतना लिखना ही पर्याप्त है।

महात्मा तुलसीदास जी बुद्धिवाद और हृदयवाद के विशुद्धतम रूप को ही प्रकट करके नहीं रह गए हैं, वरन् उन्होंने उन दोनों का सुन्दर सामंजस्य भी किया है। तर्क और श्रद्धा का तथा विरक्ति और आसक्ति का सुन्दर समन्वय उन्होंने किया है। यह उन्हीं की खूबी

---

1. कामिहि नारि पिआरि जिमि लोभिहि प्रिय जिमि दाम।
तिमि रघुनाथ निरंतर प्रिय लागहु मोहि राम॥
2. कनकहि बान चढ़इ जिमि दाहें। तिमि प्रियतम पद नेम निबाहें॥
3. जाके प्रिय न राम बैदेही।
तजिये ताहि कोटि बैरी सम जद्यपि परम सनेही॥
4. अरथ न धरम न काम रुचि गति न चहउँ निरबान।
जनम जनम रति राम पद यह बरदानु न आन॥

है कि उन्होंने जहाँ एक ओर सर्वोत्कृष्ट हृदयवाद को विवेक से सुदृढ़ आसन पर संस्थापित कर रखा है, वहाँ दूसरी ओर चरम सीमा तक पहुँचे हुए बुद्धिवाद को वे वैराग्य की अचल, अटल नींव से हिलने नहीं देते।

लोकधर्म में जो आवश्यकता विवेक की है वही वैराग्य की भी है। वही धर्म विश्वधर्म कहा जा सकता है जो वैराग्य पर स्थित हो। वैराग्य के बिना विश्व में पक्की शान्ति स्थापित ही नहीं हो सकती। यदि हरेक मनुष्य ईश्वर की सहायता से, अथवा योगमार्ग इत्यादि के द्वारा अपनी ही बढ़ी हुई शक्ति की सहायता से, सुख-सम्पत्ति, ऐश्वर्य-विभूति समेटना प्रारम्भ कर दे तो फिर बाकी लोगों का क्या हाल हो? कोई तो ऐश्वर्यशाली स्वामी हो जाए और कोई साधनहीन सेवक बनने के लिए बाध्य किया जाए। विज्ञान की वर्तमान वृद्धि यही दशा तो दिखला रही है। जापान यदि अपनी ओर सब-कुछ समेट लेना चाहता था तो इटली अथवा जर्मनी अपनी ओर। इसका परिणाम हुआ संहार और विनाश। रावण के समान तपस्वी तथा याज्ञिक और कौन होगा, परन्तु उसका तप और उसके यज्ञ-याग उसकी ऐश्वर्य-वृद्धि और अजेयता के लिए थे, इसलिए उसके द्वारा जगत में संकट ही उपस्थित हुआ और अन्त में भगवान को उसके यज्ञ का विध्वंस कराना पड़ा। जो व्यक्ति अनासक्ति योग द्वारा धर्माचरण करता है—विषयों में वैराग्यशाली रहकर कर्तव्य-कर्म करता है—वही सच्चा धार्मिक है। यह वैराग्य हृदयवाद की विशिष्ट वस्तु है। परन्तु ऐसा वैराग्य भी यदि विवेक की आँच में तपाया जाकर खरा न कर लिया जाए तो वह हमारे लिए भ्रामक सिद्ध हो सकता है। वैराग्य का यह अर्थ नहीं है कि अपने कल्याणमय और अभावहीन जीवन से ही विरक्ति कर ली जाए। दुःखों और संकटों का आह्वान करना वैराग्य नहीं और न उनसे त्रस्त होकर भाग निकलना ही वैराग्य है। अपने जीवन को सुदृढ़ बनाना और अपनी परिस्थिति को अपने वास्तविक उत्कर्ष के अनुकूल बनाना तो प्रत्येक व्यक्ति का धर्म होना चाहिए। निष्क्रियता और वैराग्य में बड़ा ही अन्तर है। मुर्दे की शान्ति और जीवन-मुक्त की शान्ति में आकाश-पाताल का-सा भेद है। हमारे लिए वही वैराग्य उपयुक्त है जो हमें जीवन-मुक्त की-सी शान्ति दे न कि मुर्दे की-सी। हमें तो वह वैराग्य चाहिए जो लोकसेवा का साधन बनकर रहे। जगत राममय है इसलिए लोकसेवा ही सच्ची रामसेवा है। परन्तु यह भली-भाँति तभी सम्भव है जब मनुष्य विषय-सुखों की आशाएँ छोड़ दे। ऐसे धर्मशील व्यक्ति के पास विषय-सुख और सम्पत्तियाँ ठीक उसी प्रकार आप ही दौड़ी चली आएँगी जिस प्रकार समुद्र के पास बिना बुलाए नदियाँ दौड़ी चली आती हैं।

बुद्धिबल कितना भी प्रबल हो, फिर भी वह हृदयबल की अपेक्षा न्यून ही कहा जाएगा। महात्मा गाँधी ने ठीक ही कहा है कि 'बुद्धिबल से हृदयबल सहस्रशः अधिक है।' मनुष्य अपने बुद्धिबल के सहारे भले ही अद्वैत-सिद्धान्त स्थित कर ले, युगधर्म सरीखी अनमोल बातें ढूँढ़ निकाले, लोकसेवा के समान परम धर्म निश्चित कर ले, परन्तु यदि उसके पास हृदयबल नहीं है तो वह निकम्मा ही बना रहेगा। शैतान भी वेदतत्त्व पर लम्बी स्पीच झाड़ सकता है। दुर्योधन ने इसीलिए तो स्पष्ट कहा है कि 'जानामि धर्मं न च मे प्रवृत्तिर्जानाम्यधर्मं न च मे निवृत्तिः।' जिसके पास हृदयबल है गौतम बुद्ध की तरह उसे रोग, वृद्धत्व और मृत्यु का केवल एक ही उदाहरण पर्याप्त है। स्वल्प उत्तेजना से ही वह अद्वितीय कर्मयोगी और

लोकोपकारी बन सकता है। परन्तु सद्विवेकहीन हृदयवाद भी खतरे से खाली नहीं है। लोकसेवा ही की बात देखिए—यदि वह कोरे हृदयवाद की प्रेरणा का परिणाम होगी तो लोकसेवक के हृदय में जनता की उपेक्षा को सहन कर सकने की शक्ति कदापि न प्रदान कर सकेगी। हम जिस जनता की सेवा करना चाहते हैं, वही कई अवसरों पर हमारे विरुद्ध हो जाती है। हमें कई अवसरों पर शान्ति की रक्षा करते-करते शान्ति का ही संहार करने को बाध्य होना पड़ता है। ऐसे अवसर पर हमारा विवेक ही हमारे काम आता है जो बताता है कि लोकसेवा का मूल केवल साम्यवाद-सरीखे सिद्धान्तों में नहीं है वरन् वह प्रभुप्रेम सरीखे अटल सिद्धान्त में है। गोस्वामी जी ने अपने मत में हृदयवाद और बुद्धिवाद का जैसा सुन्दर सम्मिश्रण किया है वह देखने, परखने और अनुभव करने की वस्तु है।

2. वह सनातन हिन्दू धर्म का विशुद्ध रूप है

समुद्र की विशालता से प्रभावित होकर भर्तृहरिजी ने कहा है—

इतः स्वपिति केशवः कुलमितस्तदीपद्विषा-
मितश्च शरणार्थिनः शिखरिपत्रिणः शेरते।
इतोऽपि बडवानलः सह समस्तसंवर्तकै-
रहो विततमूर्जितं भरसहं च सिंधोर्वपुः॥

ठीक यही हाल हिन्दू धर्म का है। न जाने कितने मतमतान्तर इस 'वितत, ऊर्जित और भरसह' धर्म के अन्दर समाए हुए हैं। जबकि महाभारत के समय भी—

श्रुतिर्विभिन्ना स्मृतयो विभिन्नाः नैको मुनिर्यस्य वचः प्रमाणं।
धर्मस्य तत्वं निहितं गुहायां महाजनो येन गतः स पंथाः॥

की घोषणा करनी पड़ी थी तब आज दिन, जबकि नए-नए पंथों की संख्या सीमा को भी पार-सी कर गई है, संक्षेप में इस विशाल हिन्दू धर्म के किसी सुश्रृंखलित रूप की चर्चा कर देना प्रायः असम्भव ही है। आस्तिक, नास्तिक, निराकारवादी, साकारवादी, साधुमतवाले, लोकमतवाले, वाममार्गी, दक्षिणमार्गी, लोकपंथी, वेदपंथी आदि-आदि न जाने कितने विभिन्न सम्प्रदायों से ओत-प्रोत होकर यह धर्म अनिर्वचनीय-सा बन गया है।

महर्षि वेदव्यास ने भी इसकी विभिन्नताएँ देखकर सभी सम्प्रदायों के अन्तिम ध्येय की ओर लक्ष्य रखते हुए कहा है—

यं पृथग्धर्मचरणाः पृथग्धर्मफलैषिणः।
पृथग्धमेंः समर्चन्ति तस्मै धर्मात्मने नमः॥

भारतीय आचार्यों ने धर्म का व्यापक अर्थ लिखा है। अपने-अपने धर्म के बिना वस्तु का वस्तुत्व ही स्थिर नहीं रह सकता। अग्नि का धर्म है दाहिकाशक्ति और मनुष्य का धर्म है मनुष्यता। यदि दाहिकाशक्ति हट जाए तो अग्नि का अग्नित्व ही न रहे। यदि मनुष्यता चली जाए तो वह मनुष्य एक द्विपद पशु मात्र रह जाए। यह मानव-धर्म ही भारतीय भावों के द्वारा व्यक्त होकर सनातन धर्म के नाम से अभिहित हुआ है। इस धर्म का कोई एक आचार्य नहीं। यह तो मानव-समाज की आदिम अवस्था से लेकर अब तक विकसित होता और विभिन्न धर्म प्रवर्तकों के तत्त्वों को आत्मसात् करता चला आ रहा है। इसीलिए वह सनातन धर्म कहलाता है। प्रगतिशील

संसार की नूतन परिस्थिति में जब कभी इसका कोई पुरातन सिद्धान्त प्रारम्भ हो जाता है और जिन लोगों ने ऐसे सिद्धान्तों के कारण ही सनातन धर्म को हेय मानकर इसके विरोध में अपना नूतन पंथ चलाने की चेष्टा की थी, उन्हीं के चलाए हुए धर्म (सम्प्रदाय) को अपना ही एक अंग बनाकर वह फिर भी पूर्व की भाँति जीता-जागता रहता है। सनातन हिन्दू धर्म की ऐसी विशालता का यही प्रधान कारण है।

सनातन हिन्दू धर्म में भारतीय संस्कृति और मानव-धर्म दोनों का मेल है। भारतीय संस्कृति के कारण तो यह हिन्दू राष्ट्रीयता स्थापित किए हुए है और मानव-धर्म के सिद्धान्तों के कारण यह इतने-इतने आघात सहकर भी अमर बना हुआ है। संसार के आगे इसकी वास्तविक महत्ता भारतीय संस्कृति के कारण नहीं बल्कि मानव-धर्म के कारण है। यह मानव-धर्म जिस खूबी और गहराई के साथ सनातन हिन्दू-धर्म में व्यक्त हुआ है वह देखने और समझने की वस्तु है। गोस्वामी तुलसीदासजी कहते हैं—

सो अनन्य जाके असि मति न टरइ हनुमंत।
मैं सेवकु सचराचर रूप स्वामि भगवंत॥

इतना ही नहीं, वे इस निश्चय के अनुसार अखिल संसार के जड़-चेतन सभी पदार्थों को सम्मान देते हुए कहते हैं—

जड़ चेतन जग जीव जत सकल राममय जानि।
बंदउँ सब के पद कमल सदा जोरि जुग पानि॥

इन विचारों वाला व्यक्ति निश्चय ही 'सचराचररूप' 'भगवन्त' की सेवा में प्रवृत्त होकर यदि एक ओर 'सरल सुभाव न मन कुटिलाई। जथा लाभसन्तोष सदाई॥' धारण करेगा तो दूसरी ओर 'उमा जे रामचरन रत विगत काम मद क्रोध। निज प्रभु मय देखहिं जगत केहि सन करहिं विरोध॥' के तत्त्व को समझता हुआ मानवेतर जीवों को भी अपने स्वार्थ के लिए उत्पीड़ित न करना चाहेगा और सादगी वाले जीवन के साथ त्यागपूर्ण मार्ग में अभिरुचि रखेगा। यही हिन्दू धर्म का परम महत्त्वपूर्ण सिद्धान्त है।

वास्तविक मानव-धर्म के साथ ही साथ भारतीय वातावरण के अनुसार जो बहुत-सा व्यावहारिक धर्म इस सनातन हिन्दू धर्म में समाविष्ट हो गया है, उसमें परिस्थिति के अनुसार परिवर्तन आवश्यक रहा करता है। तुलसीमत की खूबी यह है कि उसमें व्यावहारिक धर्मों के ऐसे परिवर्तनों की ओर पर्याप्त प्रेरणा रहते हुए भी खंडन-मंडन का बवंडर नहीं उठाया गया है। व्यावहारिक धर्म में प्रधान समझे जाने वाले 'रोटी और बेटी' (भोज और विवाह और आहार और विहार) में प्रश्नों का मूल है जाति-भेद की प्रथा। गोस्वामी जी को अभीष्ट था किसी भी जीव 'राममय' समझे जाकर समाज-पुरुष के आवश्यक और उपयोगी अंग माने जाएँ। उसमें जातिगत वैषम्य अमिट न माना जाए। इस बात के लिए उन्होंने जहाँ एक ओर ब्राह्मणों की महिमा बताते हुए 'अब जनि करेहि बिप्र अपमाना। जानेहु सन्त अनंत समाना', कहा है, वहाँ दूसरी ओर शूद्रों को—

स्वपच सबर खस जमन जड़ पाँवर कोल किरात।
रामु कहत पावन परम होत भुवन बिख्यात॥

... ...

कोटि बिप्र बध लागहिं जाहू। आएँ सरन तजउँ नहिं ताहू॥

... ...

कह रघुपति सुनु भामिनि बाता। मानउँ एक भगति कर नाता॥

आदि बातें कहकर यह बता दिया कि वे हरिजन यदि आस्तिक हैं तो ब्राह्मण के अपमान की कौन कहे, ब्राह्मण के वध के पाप से मुक्त हो सकते हैं और ब्राह्मणों के बराबर ही सम्मान्य माने जा सकते हैं। इस कथन में प्रत्यक्षत: जातिभेद की वर्तमान प्रथा के विरुद्ध कोई तीखी उक्ति नहीं है, तथापि यदि विचार किया जाए तो यह स्पष्ट हो जाता है कि गोस्वामी जी के मतानुसार जन्मना चाहे वर्ण-वैषम्य, कुल वैषम्य, जाति-वैषम्य आदि-आदि भी हो जाए, परन्तु कर्मणा हर कोई व्यक्ति उच्चातिउच्च वर्ण, कुल अथवा जाति वाले व्यक्तियों की बराबरी पा सकता है। व्यावहारिक धर्म की दूसरी प्रधान देन है सनातन हिन्दू धर्म का बाह्याचार। प्रत्येक महान धर्म में तत्त्वज्ञान, आस्तिकता और बाह्याचार के स्पष्ट दर्शन हो सकते हैं। तत्त्वज्ञान तो सभी धर्मों में प्राय: एक-सा है। आस्तिकता भी प्राय: एक-सी ही है। यदि अन्तर है तो केवल नाम-रूप आदि की कल्पनाओं में। बाह्याचार अवश्य अपने-अपने देश की परिस्थिति के अनुसार अलग-अलग हैं। किसी को मन्दिर पसन्द है, किसी को मस्जिद और किसी को गिरजा। कोई अजान देना पसन्द करता है, कोई शंख बजाना और कोई घंटे की गूँज उत्पन्न करना। गोस्वामी तुलसीदासजी के समय सनातन हिन्दू धर्म के बाह्यचारों पर चारों ओर से विषम आघात हो रहे थे। ऐसी परिस्थिति में उन्होंने युग-धर्म की चर्चा करके बाह्याचारों को जिस खूबी से अन्य युगों के धर्म बताकर इस युग के लिए सदाचारमूलक नामस्मरण की प्रधानता रख दी है वह देखने और अनुभव करने की वस्तु है। उनके इस कथन में न तो खंडन-मंडन और विरोध के झंझट ही उठने पाए और न धर्मान्धता का ही अथवा गतानुगतिकता का ही कोई सवाल रह गया।

वेदानुकूल शब्दों और भावों के द्वारा ही मानव-धर्म की चर्चा करके तथा रामावतार पर पूर्ण निष्ठा प्रकट करते हुए गोस्वामी जी ने सनातन हिन्दू धर्म के भारतीय संस्कृति वाले अंश की भी पर्याप्त रक्षा की है।

तुलसीमत न केवल मानव-धर्म और भारतीय संस्कृति की श्रेष्ठ बातों को ही समेटे हुए हैं, वरन् वह गीता से लेकर गाँधीवाद तक समग्र धर्म-प्रवर्तकों के सत्सिद्धान्तों को भी अपनी गोद में खिला रहा है। गीता का अनासक्तियोग, बौद्धों और जैनों का अहिंसावाद, वैष्णवों और शैवों का अनुराग-वैराग्य, शाक्तों का जप, शंकराचार्य का अद्वैतवाद, रामानुज की भक्ति-भावना, निम्बार्क का द्वैताद्वैतभाव, मध्व की रामोपासना, वल्लभ का बालरूप आराधन, चैतन्य का प्रेम, गोरख आदि योगियों का संयम, कबीर आदि सन्तों का नाममाहात्म्य, रामकृष्ण परमहंस का समन्वयवाद, बह्म-समाज की ब्रह्म-कृपा, आर्यसमाज का आर्य-संगठन और गाँधीवाद की सत्य-अहिंसामूलक आस्तिकतापूर्ण लोकसेवा आदि-आदि सभी कुछ तो उसमें हैं ही, साथ ही मुसलमानों का मानव-बन्धुत्व, ईसाइयों का श्रद्धा तथा कारुण्य से पूर्ण सदाचार भी उसमें क्रीड़ा कर रहे हैं।

इन्हीं सब कारणों से तुलसीमत सनातन हिन्दू धर्म का विशुद्ध रूप बनकर सभी सम्प्रदाय वालों के लिए सम्मान्य हो रहा है।

3. वह नकद धर्म है

स्वामी रामतीर्थ ने अपने एक व्याख्यान में नकद धर्म और उधार धर्म की सुन्दर विवेचना की है। जिस धर्म का प्रत्यक्ष फल हमें इसी जन्म में मिले वह उधार धर्म है। अज्ञात स्वर्ग के सुखों की आशा में इस लोक के कर्तव्यों को भुला बैठना बुद्धिमानी नहीं। वह उधार धर्म की बात है। गोस्वामी जी ने इसलिए स्वर्ग के लालच को कभी प्राधान्य नहीं दिया। उनका धर्म एकदम नकद धर्म है, क्योंकि वह न केवल सदाचारमूलक है वरन् उसमें साधुमत और लोकमत का सुन्दर सम्मेलन भी है। उसका प्रचार ही लोकहित की दृष्टि से किया गया है। आचार्य रामचन्द्र शुक्ल ने ठीक ही कहा है कि "गोस्वामी जी की श्रुतिसम्मत हरिभक्ति वही है जिसका लक्षण शील है।" और "शील हृदय की वह स्थायी स्थिति है जो सदाचार की प्रेरणा आप-से-आप करती है।"

लोकहित के लिए गोस्वामी जी का तरीका भी साम्यवादियों अथवा क्रान्तिकारियों का-सा नहीं है। यद्यपि वे नास्तिक को भी अपने मत में पर्याप्त आश्रय दे देते हैं, तथापि उनकी लोक-सेवा नास्तिकता से भिन्न नहीं। वे केवल हृदय की प्रेरणा से ही लोकसेवा की ओर नहीं झुक रहे हैं, वरन् उसमें बुद्धि की प्रेरणा का भी पर्याप्त योग दे रहे हैं। वे लोकसेवा को विभुसेवा का सर्वप्रधान अंग बताते हुए भी उस विभु के नाते अपने विरोधी व्यक्तियों अथवा सिद्धान्तों का भी उसी सौभाग्य से स्वागत करने को तैयार हैं।

अपने आचार में परिस्थितियों के अनुकूल किस प्रकार परिवर्तन कर लेना चाहिए, इधर-उधर के लोगों की बातें छोड़कर अपने ही पास 'सचराचर' रूप से किस प्रकार भगवान को देख लेना चाहिए, भक्ति के आनन्द के लिए ही किस प्रकार 'सब तज हरिभज' वाला सिद्धान्त ग्रहण करना चाहिए, लोकमत की चरितार्थता और पारस्परिक संगठन के लिए किस प्रकार सत्संग सरीखे सुन्दर उपायों का अवलम्ब होना चाहिए, तथा संसार-सेवा को ही विभुसेवा का प्रधान रूप मानकर किस प्रकार व्यवहार और परमार्थ को एक कर लेना चाहिए आदि-आदि बातों की चर्चा करके गोस्वामी जी ने अपने मत को स्पष्ट ही नकद धर्म बना दिया है।

‘मानस’ का अयोध्याकांड

रामेश्वरदयालु अग्रवाल

संस्कृत में एक श्लोक है—

काव्येषु नाटकं रम्यं तत्र रम्या शकुन्तला।
तत्रापि चतुर्थोऽक: तत्र श्लोकचतुष्टयम्॥

अर्थात् काव्यों में नाटक रम्य है, नाटकों में शकुन्तला, उसमें भी चौथा अंक और चौथे अंक में भी चार श्लोक। इसी न्याय से यदि यह कहा जाए कि काव्यों में रामायण श्रेष्ठ है, रामायणों में ‘रामचरितमानस’, उसमें भी अयोध्याकांड और अयोध्याकांड में भी उत्तरार्ध तो कदाचित् अनुचित न होगा। संसार के विभिन्न देशों में जो महाकाव्य मिलते हैं, उनमें से किसी में जीवन का इतना वैविध्यपूर्ण चित्रण, उदात्त चरित्र-कल्पना एवं लोकसंग्रह की महत्ती भावना युगपत् उपलब्ध नहीं होती जितनी रामायण में। वस्तुत: रामकथा जीवन की सम्पूर्णता की जैसी विराट अभिव्यक्ति है वैसी दूसरी कथा मिलना कठिन है।

भारत में रामचरित का गायन करने वाले काव्य को ही आदि-काव्य का गौरव प्राप्त हुआ। तब से लेकर आज तक न केवल भारत में अपितु एशिया के विभिन्न देशों में रामकथा ने न जाने कितने कवियों का मन मोह लिया और वह अनेक साहित्यिक कृतियों की सृष्टि की प्रेरणा बनी। दक्षिण-पूर्वी एशिया के देशों में उसके व्यापक प्रभाव को आज भी अनुभव किया जा सकता है। भारत में अनेकानेक संस्कृत महाकाव्य, खंडकाव्य, चम्पू एवं गद्य-ग्रन्थों के रूप में बहकर आता रामचरितरूपी महानद प्राकृत एवं अपभ्रंश की स्रोतस्विनियों के माध्यम से आधुनिक भारतीय भाषाओं की अगणित जल-प्रणालियों में फैलकर आज भी समग्र देश को सिंचित कर रहा है। भारतवर्ष एक भाषा से दूसरी भाषा में शब्द-प्रतिशब्द अनुवाद की परम्परा कभी नहीं रही। वर्तमान काल में दीख पड़नेवाली यह प्रवृत्ति यूरोप की देन है। अत: भारत की विभिन्न प्रादेशिक भाषाओं में संस्कृत के वाल्मीकीय ‘रामायण’ या ‘अध्यात्मरामायण’ आदि ग्रन्थों के आधार पर जो रामकाव्य रचे गए उनमें रचयिताओं ने मूल ग्रन्थों से कथा का ढाँचा मात्र लेकर अपनी मौलिक प्रतिभा का भरपूर उपयोग किया जिससे उन्हें अपनी काव्य-शक्ति, भाषा की क्षमता एवं प्रादेशिक संस्कृति के वैशिष्ट्य को उभारने का समुचित संयोग प्राप्त हुआ और उनकी रचनाएँ एक नूतन सृष्टि का विरुद धारण कर सकीं। वाल्मीकि-रामायण से लेकर आज तक रचित समस्त रामकाव्यों की यदि तुलसीकृत ‘रामचरितमानस’ से तुलना की जाए तो यह स्पष्टत: दीख पड़ेगा कि आदिकाव्य

से उद्भूत रामकाव्य-परम्परा 'मानस' में आकर पूर्ण परिणति को प्राप्त हुई है। चाहे वस्तु संघटन कौशल की दृष्टि से देखें, चाहे पात्रों के चरित्र-चित्रण के चरमोत्कर्ष की दृष्टि से, और चाहे महाकाव्यत्व एवं नाटकीयता के अद्भुत सामंजस्य द्वारा प्रतीत शैली की विगुग्धकारिणी प्रौढ़ता की दृष्टि से—यह निष्कर्ष तर्कसंगत और साधार प्रतीत होगा, न कि मात्र भावुकताप्रेरित है। फलतः क्या आश्चर्य यदि 'मानस' संसार के कला पारखियों का हृदयहार रहा है, जिसका ज्वलन्त प्रमाण यह है कि रामचरितविषयक काव्य के विश्व की विभिन्न भाषाओं में इतने अनुवाद उपलब्ध नहीं होते जितने 'रामचरितमानस' के। एक ओर यदि अमरीकी पादरी ऐटकिन्स ने अपनी आयु के श्रेष्ठ आठ वर्ष लगातार 'मानस' का अंग्रेजी में पद्यानुवाद किया (जबकि इससे पूर्व उस भाषा में इसके कई अनुवाद विद्यमान थे) तो दूसरी ओर अनीश्वरवादी रूस के मूर्धन्य विद्वान् प्रोफेसर वरान्नीकोव ने अपने अमूल्य जीवन का एक बड़ा भाग लगाकर तथा विश्वयुद्ध की भीषण परिस्थिति में कजाकिस्तान में शरणार्थी के रूप में रहकर भी रूसी भाषा में इसका पद्यानुवाद प्रस्तुत किया। 'मानस' के प्रति इन पंडितों की निष्ठा का इससे बढ़कर और क्या प्रमाण चाहिए ? उपर्युक्त मनीषियों के अतिरिक्त गार्सा द तासी (फ्रेंच), ग्राउज, ग्रियर्सन, ग्रीब्ज, केई, कार्पेन्टर हिल (सब अंग्रेज) आदि न जाने कितने काव्यमर्मज्ञ तुलसी की प्रतिभा पर मुग्ध हैं। अर्नेस्ट वुड नामक एक विद्वान् अपनी पुस्तक 'इंगलिश-मैन डिफेन्ड्स मदर इंडिया' में लिखते हैं कि "तुलना करने पर यह पुस्तक (अर्थात् 'मानस') लैटिन और यूनानी भाषा के सर्वमान्य ग्रन्थों से बढ़कर ठहरती है।" फलतः मानस का संस्कृत, बंगला, असमिया, मराठी, गुजराती, नेपाली, उर्दू, तमिल, तेलुगु, कन्नड़, मलयालम जैसी भारतीय भाषाओं में अनुवाद होने के अतिरिक्त फारसी, फ्रेंच, जर्मन, अंग्रेजी, रूसी जैसी प्रमुख विदेशी भाषाओं में भी रूपान्तर हो चुका है।

मानस का सुन्दरतम 'सोपान' अयोध्याकांड है। आदर्श और यथार्थ, सिद्धान्त और व्यवहार, ज्ञान और भक्ति, वैराग्य और अनुरक्ति, कर्तव्य और प्रेम, नैतिकता और भावुकता, विनम्रता और दृढ़ता, कोमलता और कठोरता, भोग और त्याग, भाग्य और पुरुषार्थ, लोक और परलोक, वस्तु और रस, शिव और सुन्दर, सत्य और कल्पना, घटनात्मकता और वर्णनात्मकता, भाव और भाषा, छन्द और लय, काव्यत्व और नाटकीयता—सारांश यह कि अनुभूति और अभिव्यक्ति के जितने भी पक्ष सम्भव हैं उन सबका जैसा हृदयहारी समन्वय यहाँ परिलक्षित होता है वैसा अन्यत्र दुर्लभ है। पंडितों का मत है कि लगभग दो सौ ग्रन्थों से ऊपर का निचोड़ तो केवल इसी एक कांड में उपलब्ध है। श्री एफ.ई. केई अयोध्याकांड के सम्बन्ध में लिखते हैं, "रामकथा सात कांडों में विभक्त है। इनमें से द्वितीय कांड सर्वोत्कृष्ट माना जाता है। पात्रों का चित्रण पूर्वापर अनुरूपता के साथ हुआ है और बहुत-से दृश्य गम्भीर भावुकता से पूर्ण हैं। तुलसी की प्रतिभा ने दशरथ-शोक, राम की पितृभक्ति, विनम्रता तथा उदारता, सीता की पतिभक्ति, लक्ष्मण का साहस तथा उत्साह और भरत की निःस्वार्थता का जैसा वर्णन किया है वह अनिवार्य रूप से पाठक के हृदय में संवेदना जाग्रत् करता है।"

अयोध्याकांड में भी उसका उत्तरार्ध, जिसमें भरत-चरित का गायन किया गया है, रस का अपार सागर ही है। इस भाग में भक्तिरस का अतीव हृदयावर्जक परिपाक हुआ है। लगता है मानो एक उच्चतम कोटि के साधक भी साधना की चरम परिणति अपनी सहज नीरवता

का त्याग कर रसिकों के भाग्य से सहसा मुखर हो उठी हो। स्वयं गोस्वामी जी का मत है कि भरतचरित अवर्णनीय है—

भरत रहनि समुझनि करतूती। भगति बिरति गुन बिमल बिभूती॥
बरनत सकल सुकबि सकुचाहीं। सेस गनेस गिरा गमु नाहीं॥

ऐसे अनिर्वचनीय विषय को अपनी सर्वातिशायनी प्रतिभा के बल पर वाणी का विषय बनाकर सचमुच गोस्वामी जी ने सहृदयों को अपना चिर-ऋणी बना लिया है—

वस्तु-संघटन

इस कांड की कथावस्तु आरम्भ से अन्त तक बहुत सुघटित एवं क्षिप्र गतिवाली है जिससे उसमें विशेष रोचकता उत्पन्न हो गई है। तुलसी की यह पद्धति रही है कि वे कलात्मक संयम से काम लेते हुए अवान्तर कथाओं को या तो छोड़ देते हैं या उनका अनावश्यक विस्तार न कर उल्लेख मात्र कर देते हैं। जिससे उनकी कथावस्तु में शिथिलता कहीं नहीं आने पाती। उनका यह गुण इस कांड में विशेष रूप से स्फुटित हुआ है, उदाहरणार्थ 'वाल्मीकि-रामायण' में कैकेयी माता की कथा, राजकुमार असमंज का उल्लेख एवं त्रिजट ब्राह्मण का प्रसंग है। मानसकार ने इनको मूलकथा के विकास में सहायक न समझकर छोड़ दिया है। वाल्मीकि-रामायण में मरणोन्मुख दशरथ ने श्रवणकुमार का प्रसंग बहुत विस्तार से सुनाया है जो उस अवस्था में कुछ अस्वाभाविक लगता है। तुलसी ने केवल एक अर्धाली में उसका उल्लेख करना पर्याप्त समझा—

तापस अंध साप सुधि आई। कौसल्यहि सब कथा सुनाई॥

इसी प्रकार 'वाल्मीकि-रामायण' में महर्षि जाबालि राम को अयोध्या लौटाने के लिए एक लम्बा नास्तिकतापूर्ण भाषण देते हैं जिसे मानस में कोई स्थान प्राप्त न हुआ। दूसरी ओर चरित्र-विकास एवं भावोत्कर्ष की दृष्टि से तुलसी ने कई संक्षिप्त परमार्मिक प्रसंगों की नूतन योजना की है; जैसे, शृंगवेरपुर के नर-नारियों के भावोद्‌गार, केवट-प्रसंग, तापस भेंट, ग्रामवधू-प्रसंग आदि। केवट-प्रसंग 'अध्यात्मरामायण' में मिलता है पर उस समय जबकि राम सीता-स्वयंवर में सम्मिलित होने जनकपुर जाते हैं। वहाँ इस प्रसंग की कोई भावात्मक उपयोगिता नहीं, इसलिए इसे वहाँ से उठाकर रामवनगमन के प्रसंग में रख देने से कवि की भक्तिरस के परिपाक के साथ-साथ रामनिर्वासन की अतीव करुण परिस्थिति के मध्य एक विनोदात्मक विश्रामस्थल की सृष्टि का सुयोग उपलब्ध हुआ, जिससे उसकी सूक्ष्म कलात्मक दृष्टि का परिचय मिलता है। तापस-भेंट कवि की सर्वथा-मौलिक उद्‌भावना है जिसका भक्तित्त्व की दृष्टि से विशेष महत्त्व है। इष्टदेव को अपने निवास-स्थान के पास से जाते दुख भावुक भक्त (तुलसी) प्रच्छन्न रूप से उनके सम्मुख उपस्थित हो उनकी चरणवन्दना करने का लोभ संवरण न कर सका। भक्तों में अपने को गुप्त या प्रकट रूप से अपने आराध्य के सम्मुख पहुँचाने की परिपाटी रही है। जिसका अवलम्बन सूर ने भी किया है। ग्रामवधू-प्रसंग का बीज कवि को यद्यपि 'हनुमन्नाटक' से मिला है किन्तु उसे जिस कौशल से उसने विकसित किया है वह देखते ही बनता है। काव्यरसिकों के लिए यह प्रसंग विशेष मनोहारी है। चित्रकूट में जनकागमन का प्रसंग 'श्रवण-रामायण' में है, किन्तु वाल्मीकि आदि ने

इसका कोई उल्लेख नहीं किया। तुलसी ने इसकी योजना मानवीय दृष्टिकोण से की है। जामाता घोर विपत्ति में पड़ा हो और श्वशुर तटस्थ भाव से दूर बैठा रहे, यह तुलसी को सर्वथा अमानवीय लगा। फलतः जनक और सुनयना दोनों चित्रकूट पहुँचकर सास-ससुर के योग्य कर्तव्य का पालन करते हैं जिससे उनके प्रति हमारी श्रद्धा बहुत बढ़ जाती है। तुलसी ने इस प्रसंग द्वारा न केवल अपने आराध्ययुगल के जननी-जनक के प्रति अपनी भावभीनी श्रंद्धाजलि अर्पित की है अपितु एक उच्च लोकादर्श भी उपस्थित किया है। चित्रकूट प्रसंग 'मानस' के सर्वाधिक मार्मिक स्थलों में से एक है। उसमें भक्त की भावुकता और कवि की कुशलता ने चरमोत्कर्ष पर पहुँचकर एक ऐसी दिव्य प्रभा छिटकाई है जिससे सहृदयों के मन का कोना-कोना आलोकित हो उठा है। इस सम्बन्ध में आचार्य शुक्ल लिखते हैं, "चित्रकूट में राम और भरत का जो मिलन हुआ है वह शील और शील का, स्नेह और स्नेह का, नीति और नीति का मिलन है। इस मिलन से संघटित उत्कर्ष की दिव्य प्रभा देखने योग्य है। यह झाँकी अपूर्व है—चित्रकूट की इस सभा की कार्रवाई क्या थी, धर्म के एक-एक अंग की पूर्ण और मनोहर अभिव्यक्ति थी। 'रामचरितमानस' में यह सभा एक आध्यात्मिक घटना है। धर्म के इतने स्वरूपों की एक साथ योजना, हृदय की इतनी उदात्त वृत्तियों की एक साथ उद्‌भावना तुलसी के ही विशाल 'मानस' में सम्भव थी।"[1]

चित्रकूट प्रसंग में एक खटकनेवाली बात है कुचाली देवताओं का सभा की कार्रवाई में बार-बार विघ्न डालना, जिससे कथा-प्रवाह में व्याघात उपस्थित होता है। तुलसी ने इसकी योजना कदाचित् राम के अवतारत्व की दृष्टि से की है, किन्तु फिर भी इससे रस में विरसता अवश्य उत्पन्न हो जाती है।

कांड की समाप्ति भी बहुत उपयुक्त स्थल पर की गई है। एक ओर बड़ा भाई वन में तप करता दीख पड़ता है तो दूसरी ओर छोटा भाई नगर में कांड का आरम्भ यदि अग्रज के वन को घर बनाने से होता है तो उसका समापन अनुज द्वारा घर को ही वन बना दिए जाने से। स्वभावतः ही समग्र कांड की कथावस्तु में एक अतीव रमणीय कलात्मक अन्विति उत्पन्न हो गई है जिसका 'वाल्मीकि-रामायण' में अभाव है, क्योंकि उसमें इसी कांड के अन्तर्गत राम के चित्रकूट-त्याग, अत्रि-मिलन और दंडकारण्य-प्रवेश की कथा भी समाविष्ट कर ली गई है जो कि वस्तुतः अरण्यकांड में ही अधिक फबती है।

चरित्र-चित्रण

गोस्वामी जी अपने पात्रों के चरित्रांकन में अत्यधिक कुशल हैं। वे अत्यन्त विदग्धता से कुछ ही शब्दों में अपने पात्र के चरित्र की रूपरेखा उभार देते हैं; उदाहरणार्थ—

दशरथ : *रघुकुल रीति सदा चलि आई। प्रान जाहुँ बरु बचनु न जाई॥*

(सत्य-प्रतिज्ञा)

कौशल्या : *जौं केवल पितु आयसु ताता। तौ जनि जाहु जानि बड़ि माता॥*
जौं पितु मातु कहेउ बन जाना। तौ काननु सत अवध समाना॥

(प्रेम और धर्म)

1. गोस्वामी तुलसीदास, पृ. 71-73

सुमित्रा : *जौं पै सीय रामु नन जाहीं। अवध तुम्हार काजु कछु नाहीं॥*

(धर्म प्रेम)

सीता : *जहँ लगि नाथ नेह अरु नाते। पिय बिनु तियहि तरनिहु ते ताते॥*

(पातिव्रत्य)

राम : *सेवक सदन स्वामि आगमनू। मंगल मूल अमंगल दमनू॥*

(गुरुभक्ति)

सुनु जननी सोइ सुतु बड़भागी। जो पितु मातु बचन अनुरागी॥

(मातृ-पितृ भक्ति)

भरतु प्रानप्रिय पावहिं राजू। बिधि सब बिधि मोहि सनमुख आजू॥

(भ्रातृ-स्नेह)

जासु राज प्रिय प्रजा दुखारी। सो नृपु अवसि नरक अधिकारी॥

(प्रजावत्सलता)

भरत : *भरतहि होइ न राजमदु बिधि हरि हर पद पाइ।*
कबहुँ कि काँजी सीकरनि छीरसिंधु बिनसाइ॥

(मर्यादा-भाव)

इस कांड में गोस्वामी जी ने अपने पात्रों के चरित्र का विशेष रूप से उदात्तीकरण किया है। अन्य रामायणों से तुलना करने पर यह बात और स्पष्ट हो जाती है। तुलसी ने 'मानस' में राम की शक्ति, शील और सौन्दर्य का चरमोत्कर्ष दिखाया है। अयोध्याकांड में उनका शील सर्वाधिक स्फुटित हुआ है यद्यपि मार्गवर्णन एवं चित्रकूट-प्रसंग में उनके सौन्दर्य के व्यापक प्रभाव की भी चर्चा की गई है।

वाल्मीकि के राम वनवास की आज्ञा सुनकर पिता के सम्मुख तो धैर्य धारण किए रहते हैं पर माता कौशल्या के सामने पहुँचने पर विचलित होकर कहते हैं कि "हे माता! तेरे लिए, वैदेही के लिए और लक्ष्मण के लिए दुःखदायक समय आ पहुँचा है।" कौशल्या जब उनके साथ वन जाने का हठ पकड़ती है तब वे उन्हें पातिव्रत्य का उपदेश देते हैं। सीता के पास पहुँचकर तो वे और अधिक सन्तप्त दीख पड़ते हैं और सीता से कहते हैं कि "भरत के सामने तुम मेरी प्रशंसा न करना क्योंकि समृद्धिवान पुरुषों को दूसरों की प्रशंसा सह्य नहीं होती। यदि तू भरत के सामने मेरी बड़ाई करेगी तो वे तेरा भरण-पोषण न करेंगे।" इससे भरत के प्रति राम की शंका स्पष्टतया ध्वनित होती है। आगे चलकर वे पिता दशरथ की स्त्रैणता पर आक्षेप करते हुए लक्ष्मण से कहते हैं कि "हे लक्ष्मण! कोई मूर्ख भी ऐसा न करेगा कि स्त्री के कहने से मुझ-जैसे अपने आज्ञाकारी पुत्र को त्याग दें।"[1] वे कैकेयी के सम्बन्ध में भी भाँति-भाँति की शंकाएँ करते हैं कि वह कौशल्या और सुमित्रा को सताती होगी। भरत के सौभाग्य से ईर्ष्या करते हुए वे कहते हैं कि "एकमात्र कैकेयी के पुत्र भरत अपनी पत्नी के सहित सुखी होंगे, क्योंकि वे अति प्रमुदित हो अयोध्या के राज्य का महाराजाओं की भाँति अकेले उपभोग करेंगे।" तुलसी के राम इन समस्त मानवोचित दुर्बलताओं से परे हैं। मानसकार ने यद्यपि उनमें मानवता और भगवत्ता के समन्वयस्थापन

1. वा.रा. 2।53।10

का प्रयास किया है, किन्तु वस्तुतः उनमें भगवत्ता ही प्रधान है, मनुष्योचित दौर्बल्य यदि कहीं दीख पड़ता है तो वह लीलामात्र है। अतः तुलसी के राम पिता के प्रति अविचलित निष्ठा का परिचय देते हुए प्रत्येक से उनकी सार-सँभाल का अनुरोध करते हैं। माता कौशल्या को उपदेश देने की बात वे सोच तक नहीं सकते। उनके चित्त की स्थिरता एवं मुख की सहज प्रफुल्लता किसी भी परिस्थिति में विचलित नहीं होती और भरत की साधुता एवं शुचिता में उनके सहज विश्वास[1] की तुलना तो केवल राम की सुशीलता एवं भक्तवत्सलता में भरत की अडिग आस्था से ही हो सकती है।

वाल्मीकि के लक्ष्मण पिता दशरथ की अनुचित आज्ञा से क्षुब्ध होकर राम को उस आदेश की अवहेलना कर अयोध्या का राज्य आयत्त करने की सलाह देते हैं। इस कार्य में बाधक पिता, गुरु या भरत के हितैषी आदि किसी को भी दंडित करने या मार डालने के लिए वे सन्नद्ध हैं। कम्बन् के लक्ष्मण तो शस्त्रास्त्रों से सुसज्जित हो क्रोधावेश में अयोध्या की वीथियों पर घूमते हुए गर्जना करते दीख पड़ते हैं। किन्तु तुलसी के लक्ष्मण में बड़े भाई की भक्ति का भाव अन्य सभी भावों से इतना बलवत्तर है कि रामवनगमन का समाचार पाते ही उनको केवल एक ही चिन्ता सताती है कि कहीं राम उन्हें वन में साथ चलने से मना न कर दें। यद्यपि उनका क्रोधी स्वभाव चित्रकूट में भरतागमन के समय प्रकट होता है किन्तु वे अग्रज के इतने वशवर्ती हैं कि उनके इंगित-मात्र पर शान्त हो जाते हैं, वाल्मीकि या कम्बन् के लक्ष्मण की भाँति वाद-विवाद नहीं करते।

कौशल्या के चरित्र-चित्रण में कवि की दक्षता का और भी विशेष परिचय मिलता है। मानस की कौशल्या रामजननी के योग्य जिस गरिमा से मंडित है उसका वाल्मीकि में अभाव है। वहाँ तो वे रामनिर्वासन का समाचार सुनते ही अतीत में कैकेयी के हाथों सहे अपमान और भविष्य के अनिश्चय से विह्वल हो करुण क्रन्दन कर उठती हैं। कैकेयी के प्रति दशरथ के पक्षपातपूर्ण व्यवहार की आलोचना करती हुई वे राम को पिता की अन्यायपूर्ण आज्ञा न मानने का आदेश देती हैं। यही नहीं अपितु वे लक्ष्मण की इस मन्त्रणा का भी अनुमोदन-सा करती प्रतीत होती हैं कि यदि अयोध्या का राज्य आयत्त करने में पिता बाधक बनें तो उन्हें भी ठिकाने लगाने में हिचका न जाए। जब राम इनमें से कोई बात नहीं मानते तो वे वन में साथ चलने का दुराग्रह करती हुई आत्म-हत्या तक की धमकी देती हैं। इसके विपरीत मानस की कौशल्या की धीरता, गम्भीरता एवं शालीनता देखते ही बनती है। वे कैकेयी तक को उसके मातृस्थान से वंचित न करती हुई कहती हैं—

जौं केवल पितु आयसु ताता। तौ जनि जाहु जानि बड़ि माता॥
जौं पितु मातु कहेउ बन जाना। तौ काननु सत अवध समाना॥

पुत्र के साथ वन में चलने की इच्छा रहते हुए भी उसकी सम्भावना का निराकरण वे स्वयं ही किस शालीनता से कर देती हैं :

जौं सुत कहौं संग मोहि लेहू। तुम्हरे हृदयँ होइ संदेहू॥

प्राणप्रिय सुत के मर्मवेधी वियोग की असीम व्यथा को हृदय में सँजोए उनकी जिस महिमामयी मूर्ति का दर्शन कवि ने कराया है वह चिरकाल तक सहृदयों को प्रेम और कर्तव्य

1. लखन तुम्हार सपथ पितु आना। सुचि सुबंधु नहिं भरत समाना॥

के द्वन्द्व में कर्तव्य का अवलम्बन करने और घोर विपत्ति के क्षणों में भी धैर्यच्युत न होने की प्रेरणा देती रहेगी।

गोस्वामी जी के भक्तहृदय और कवि कर्म की पराकाष्ठा यदि देखनी हो तो भरत के चरित्र-चित्रण से बढ़कर उपयुक्त स्थल मिलना कठिन है। वस्तुतः इस कांड के उत्तरार्ध के नायक भरत ही हैं, राम नहीं—

लखन राम सिय कानन बसहीं। भरतु भवन बसि तप तनु कसहीं॥
दोउ दिसि समुझि कहत सबु लोगू। सब बिधि भरत सराहन जोगू॥

दुर्लभ सीता-राम-प्रेम-पीयूष को सर्वजनसुलभ बनने की क्षमता यदि किसी में थी तो भरत में, इसलिए भक्त कवि कांड की फलश्रुति के रूप में घोषणा करते हैं कि भरत-चरित का नियमित श्रवण करने वाले को भवरसविरति और अविच्छिन्न रामचरणरति अवश्य उपलब्ध होगी।

भरतचरित वस्तुतः है क्या ? वह है भक्ति चन्द्र की सोलहों कलाओं का दिव्य विकास, इष्टदेव के प्रति सर्वतोभावेन आत्म-समर्पण की सम्पूर्ण विवृति। भरत के मन में प्राणाधार राम के अगाध प्रेम का सागर हिलोरें ले रहा था, उसमें अन्य किसी प्रकार की लौकिक या पारलौकिक कामना के लिए रंचमात्र भी स्थान न था। भरतचरित का सार जनकजी ने कैसी विदग्धता से दो अर्धालियों में समेट लिया है—

परमारथ स्वारथ सुख सारे। भरत न सपनेहुँ मनहुँ निहारे॥
साधन सिद्धि राम पग नेहू। मोहि लखि परत भरत मत एहू॥

वाल्मीकि रामायण के भरद्वाज भरत के सम्बन्ध में ऐसी शंका कर सकते हैं कि कहीं वे बड़े भाई को वन में मारकर अकंटक राज्य करने की इच्छा से तो सदलबल नहीं आए, किन्तु मानस के भरत के बारे में ऐसी बात कल्पना से भी परे है। मानस के भरद्वाज की निम्नांकित वाणी से बढ़कर भरत के शील की स्वीकृति और प्रशस्ति अन्य क्या हो सकती है—

सुनहु भरत हम झूठ न कहहीं। उदासीन तापस बन रहहीं।
सब साधन कर सुफल सुहावा। लखन राम सिय दरसनु पावा॥
तेहि फल कर फलु दरस तुम्हारा। सहित पयाग सुभाग हमारा॥

राम के प्रति अनन्य निष्ठा ने भरत में वह विश्वव्यापी प्रभाव उत्पन्न कर दिया था कि जिससे—

किएँ जाहिं छाया जलद सुखद बहइ बर बात॥
तस मगु भयउ न राम कहँ जस भा भरतहि जात॥

वाल्मीकि और कम्बन् के भरत राम को अयोध्या लौटाने के लिए प्रायोपवेशन की धमकी दे सकते हैं पर 'मानस' के भरत के मन में ऐसी क्षुद्र बातों के लिए अवकाश कहाँ! वे तो स्वामी की अनुकूलता देखने मात्र से ही हर्ष-विभोर हो उठते हैं—

गुर प्रसन्न साहिब अनुकूला। मिटी मलिन मन कलपित सूला॥

उनकी वाणी की गहनता का पार कुलगुरु वसिष्ठ और जीवनमुक्त जनक तक न पा सके, फिर और किसी की बात ही क्या ? उस जैसी वाणी की उपलब्धि सदा ही विश्व के

मनीषियों का चरम लक्ष्य रही है और रहेगी—

सुगम अगम मृदु मंजु कठोरे। अरथु अमित अति आखर थोरे॥
ज्यों मुखु मुकुर मुकुरु निज पानी। गहि न जाइ अस अदभुत बानी॥

अस्तु, चराचर को अतल भक्तिरसामृत सिन्धु में डुबोकर चर को अचर और अचर को सचर बनाने वाले भरत के चरित्रांकन में महाकवि तुलसी ने काव्य की जिन ऊँचाइयों तक उड़ानें भरी हैं वे दिव्य पंखों के बिना कदापि सम्भव न थी। इस प्रकार इस कांड में तुलसी का चरित्र-चित्रण-कौशलपूर्ण उत्कर्ष को पहुँचा दीख पड़ता है। मन्थरा-जैसे ठेठ धरती के पात्र से लेकर भरत-सरीखे अलौकिक पात्र के चरित्रालेखन तक के बीच के समस्त पड़ावों को उन्होंने जिस वैदिग्ध्य एवं आत्मविश्वास से पार किया है वह अप्रतिम है।

राम का जननायकत्व

इस कांड की एक प्रमुख विशेषता है जनतान्त्रिक भावनाओं का अधिकाधिक समावेश। कवि ने राम को जनसामान्य के सम्पर्क से दूर राजोचित गरिमा से घिरे रहकर एकान्त जीवन बिताने वाले शासक के रूप में चित्रित न करके एक सच्चे जन-नेता के रूप में उपस्थित किया है जिनके पास क्षुद्र-से-क्षुद्र व्यक्ति भी निस्संकोच पहुँचकर परम आश्वस्त होकर लौटता है। फलतः उनका सुख-दुःख यदि समग्र जनमानस को आन्दोलित कर दे तो आश्चर्य ही क्या! कवि यदि राम के वनवास के अवसर पर केवल अयोध्यावासी नर-नारियों की प्रतिक्रिया का वर्णन करके ही रुक जाता तो कदाचित् कोई विशेष बात न होती, क्योंकि प्रजावत्सल राजा के प्रति उसकी प्रजा की सहानुभूति स्वाभाविक ही है। साथ ही उस दशा में यह भी कहा जा सकता था कि राजतंत्र में राजपरिवर्तन के कारण होने वाली उथल-पुथल के भावी दुष्परिणामों से आशंकित प्रजाजनों ने राम-वनवास को अपने लिए अनिष्टकर समझकर स्वार्थ-दृष्टि से उनके प्रति सहानुभूति प्रकट की। किन्तु राम का सच्चा जननायकत्व तो तब प्रकट होता है जब अयोध्या के अधिकार-क्षेत्र से बाहर श्रृंगवेरपुर से चित्रकूट तक निवास करने वाली भोली-भाली ग्रामीण जनता उनके वनवास पर अपना सहज विक्षोभ प्रकट करती हुई उनके साथ पूर्ण सहानुभूति दिखाती है और राम उनकी अकृत्रिम भावना का हार्दिक सम्मान करते हुए उनके मनों में अपने शील की गहरी छाप छोड़ जाते हैं। श्रृंगवेरपुर के नर-नारीजन रामवनवास पर चकित होते हुए कहते हैं—

ते पितु मातु कहहु सखि कैसे। जिन्ह पठए बन बालक ऐसे॥

एक ओर निषादराज गुह राम की पूर्ववर्तिनी सम्पन्नावस्था से तत्कालीन विपन्नावस्था की तुलना करता हुआ विषादमग्न होता है तो दूसरी ओर एक साधारण केवट भी उनके प्रति कितनी निकटता का अनुभव करता है, यह केवट-प्रसंग से स्पष्ट है। फलतः राम का कष्ट विश्वजनीन समवेदना का रूप धारण कर लेता है जिसे कवि ने भरद्वाज आश्रम से लेकर चित्रकूट तक के मार्गवर्णन के व्याज से विशेष मनोयोगपूर्वक चित्रित किया है। कुछ लोग यदि राजा-रानी के अबुद्धिमत्तापूर्ण कृत्य पर सविषाद पछताते हैं, तो कुछ अन्य जन राजलक्षणों से युक्त पथिकों को पैदल चलते देखकर ज्योतिष की प्रामाणिकता में सन्देह करने लगते हैं, और कुछ व्यक्ति सुकुमारी नारी को साथ देख राम को गन्तव्य स्थल तक

सकुशल पहुँचा आने का प्रस्ताव रखते हैं। राम उनके भोले-भाले प्रेम का तिरस्कार नहीं करते अपितु 'विनीति मृदु बैन' द्वारा उनका परितोष कर उन्हें लौटा देते हैं, कोई पथिक यदि अनुरागवश राम के साथ-साथ चलता चला जाता है, तो कोई दूसरा वटवृक्ष की शीतल छाया में घास-पात बिछाकर उनसे बैठने का आग्रह करता है और कोई तीसरा कलश में जल लाकर आचमन करने का अनुरोध करता है। राम सभी का मन रखते हैं। इसी समय ग्राम-वधुएँ सीताजी से राम लक्ष्मण का परिचय पूछती हैं और विदेहराजतनया सीता उनकी भावना की उपेक्षा न कर जिस नारी-सुलभ शील-संकोच एवं कौशल से उनका समाधान करती है वह दृश्य काव्यरसिकों के मन-प्राण को सदा आह्लादित करता रहेगा। जब राम चित्रकूट पहुँचते हैं तो वहाँ के जंगली कोल-किरात निस्संकोच उनके पास पहुँचकर उन्हें अहेर खिलाने का निमन्त्रण देते हैं। राम उन्हें गँवार समझ उनकी अवमानना नहीं करते अपितु अपने सौजन्य से उन्हें इतना प्रभावित करते हैं कि वे बिना मोल उनके हाथ बिक जाते हैं और उनका गुणगान करते घर लौटते हैं। यह देखकर सचमुच बड़ा आश्चर्य होता है कि किस प्रकार साधारण-से-साधारण नर-नारी भी अयोध्या के युवराज और युवराज्ञी से रंचमात्र भी आतंकित हुए बिना कितनी शीघ्र उनके साथ सहज अभिव्यक्ति के सूत्र में बँध जाते हैं। जनसामान्य की भावनाओं का इस रूप में समावेश कर कवि ने जहाँ एक ओर राम की सच्ची जनतान्त्रिकता का दर्शन कराया है वहाँ दूसरी ओर मानव और मानव के बीच के सहज सम्बन्धों की विवृति द्वारा पाठक के मन को मानवीय भावनाओं के गहरे रस में डुबोकर उसे स्वार्थजन्य संकुचित वृत्तियों की परिधि से ऊपर उठने की प्रेरणा दी है। सच्चे कवि इसी प्रकार जनमानस का परिष्कार करते हैं।

लोकतत्त्व

इस कांड में कवि ने लोकविश्वासों एवं वन्य जातियों की संस्कृति की भी सुन्दर झाँकी प्रस्तुत की है। अंगों के फड़कने से शुभाशुभ संकेत मिलने के विश्वास का उल्लेख कई स्थलों पर हुआ है--

(अ) *राम सीय तन सगुन जनाए। फरकहिं मंगल अंग सुहाए॥*

(आ) *सुनु मंथरा बात फुरि तोरी। दहिनि आँखि नित फरकइ मोरी॥*

लोक में बुरे स्वप्नों का दीखना भी अशुभ माना जाता है—

बिन प्रति देखउँ राति कुसपने।

विकृतांग लोगों के सम्बन्ध में लोक में यह धारणा बद्धमूल है कि वे कुटिल होते हैं—

काने खोरे कूबरे कुटिल कुचाली जानि।

इसी प्रकार छींक के विषय में भी अनेक विश्वास विद्यमान हैं। छींक के कारण ही निषादराज गुह ने भरत से युद्ध करने का विचार स्थगित कर पहले उनसे मिलकर हृद्गत भाव की टोह लगाना उचित समझा। लोगों में शकुन विचरवाने का भी रिवाज है। गुह ने एक बूढ़े से शकुन विचरवाया। किसी चिन्ताजनक विषय पर ज्योतिषियों से गणना कराने की प्रथा भी सर्वमान्य है। मंथरा कहती है कि उसने गुणीजनों से गणना कराकर जान लिया है कि भरत राजा होंगे।

किसी शुभ कार्य से पहले ग्रामदेवताओं की पूजा लोकसंस्कृति का महत्त्वपूर्ण अंग है—

पूजीं ग्रामदेबि सुर नागा। कहेउ बहोरि देन बलिभागा॥

शुभ अवसरों पर चौक पूरने का उल्लेख भी कवि ने किया है—

चौकें चारु सुमित्राँ पूरी।

राम के चित्रकूट-प्रयाण के मार्ग में कवि ने ग्रामवासियों के स्वभाव का सुन्दर चित्रण किया है। ग्रामीण जनता नगरवासियों की अपेक्षा अधिक भावप्रवण, परदुःख-कातर एवं सेवापरायण होती है।

वन्य-जातियों के अन्तर्गत इस कांड में निषाद और कोल-किरातों का उल्लेख मिलता है। निषादों की संस्कृति का वर्णन अपेक्षाकृत विस्तृत है। ये लोग मुख्यतः मछली पकड़ने का धंधा करते थे, पर साथ ही मृगया द्वारा भी आजीविका चलाते थे। निषादराज गुह भरत के सामने भेंटस्वरूप कन्द, मूल तथा फल के अतिरिक्त पक्षी, हरिण और मछली लेकर उपस्थित होता है। ये लोग कुशल नाविक होते थे और नगर से बाहर नदी-तट पर एवं उसके पार्श्ववर्ती जंगल में रहते थे। समाज इन्हें अस्पृश्य समझकर बड़ी हेय दृष्टि से देखता था—

(अ) *कपटी कायर कुमति कुजाती। लोक बेद बाहेर सब भाँती॥*

(आ) *लोक बेद सब भाँतिहि नीचा। जासु छाँह छुइ लेइअ सींचा॥*

राम के चित्रकूट पहुँचने पर भी लोक-किरातों का उल्लेख मिलता है। ये लोग प्रधानतः शिकारी थे तथा वन-पर्वतों में निरन्तर घूमते रहने से उसके चप्पे-चप्पे से परिचित थे। वन-सम्पदा पर ये अपना नैसर्गिक अधिकार समझते थे, और मधुसंचय[1] एवं फल-मूलसंग्रह के अतिरिक्त ईंधन[2] आदि बेचकर जीविकोपार्जन करते थे, फिर भी पूरा न पड़ने से अत्यधिक दरिद्रावस्था में जीवन बिताते थे। पेटभर अन्न और तन ढँकने को वस्त्र इन्हें नहीं जुटता था।[3] फलतः ये चोरी-डकैती आदि में प्रवृत्त हों तो आश्चर्य ही क्या?[4]

इन वन्यजातियों का जीवन प्रकृति के साथ घोर संघर्ष करके बीतता था, इसलिए ये स्वभावतः ही कठोर एवं निर्दय होते थे, किन्तु गोस्वामी जी ने इनके काठिन्य के ऊपरी तल के नीचे छिपी कोमलता एवं भावप्रवणता के उद्‌घाटन द्वारा यह सिद्ध किया है कि क्रूर-से-क्रूर दीख पड़ने वाले व्यक्ति के चित्त में भी करुणा की एक अन्तस्सलिला प्रवाहित रहती है। आवश्यकता केवल उस तक पहुँचने की है। राम के शील-सौन्दर्य के प्रभाव से इनका उन्नयन दिखाकर तुलसी ने मानव-जीवन के इसी चिरन्तन सत्य का उद्‌घोष किया है।

तुलसीदास ने समाज द्वारा अत्यन्त तिरस्कृत इन जातियों की समस्त हेयता का राम-प्रेम के माध्यम से तिरोभाव दिखाकर इनके उद्धार का पथ प्रशस्त किया है।

---

1. देखि लागि मधु कुटिल किराती। जिमि गवँ तकइ लेउँ केहि भाँती॥
2. ईंधनु पात किरात मिताई।
3. नहिं पट कटि नहिं पेट अघाहीं।
4. यह हमारि अति बड़ि सेवकाई। लेहिं न बासन बसन चोराई॥

राजनीतिक विचार

तुलसी ने इस कांड में अपने महत्त्वपूर्ण राजनीतिक विचारों का भी प्रकाशन किया है। उन्होंने जनतांत्रिक राजा को ही आदर्श राजा माना है और श्रीराम को इसी रूप में चित्रित किया है। उनके अनुसार राजा को नीतिज्ञ और प्रजावत्सल होना चाहिए—

सोचिअ नृपति जो नीति न जाना। जेहि न प्रजा प्रिय प्रान समाना॥

जिस राजा के राज्य में प्रजा कष्ट पाती है वह अवश्य नरकगामी होता है—

जासु राज प्रिय प्रजा दुखारी। सो नृपु अवसि नरक अधिकारी॥

तुलसी निरंकुश राजसत्ता के कट्टर विरोधी थे इसीलिए उन्होंने स्पष्ट कहा है कि राजा को नृपनय (राजनीति) के साथ लोकमत (प्रजा का मत) और साधुमत (सदाचारी विद्वानों का मत) का समन्वय करके तदनुकूल आचरण करना चाहिए। तुलसी यहीं तक नहीं रुकते अपितु नृपनय, लोकमत और साधुमत का भी वेद (निगम) पर आधारित होना आवश्यक मानते हैं। उनके मतानुसार जब तक कोई बात वेदानुकूल (या धर्मानुकूल) न हो, ग्राह्य नहीं मानी जा सकती और इसीलिए वे राजा के लिए धर्मशीलता का गुण सर्वाधिक महत्त्वपूर्ण ठहराते हैं—

कहउँ साँचु सब सुनि पतिआहू। चाहिअ धरमसील नरनाहू॥

प्रजा का पोषण राजा किस प्रकार करे इसके सम्बन्ध में वे कहते हैं—

मुखिआ मुखु सो चाहिऐ खान पान कहुँ एक।
पालइ पोषइ सकल अँग तुलसी सहित बिबेक॥

जिस प्रकार मुख शरीर के विभिन्न अंगों की आवश्यकताओं के अनुरूप उचित परिमाण के पोषक पदार्थों के ग्रहण द्वारा विवेक एवं निष्पक्षता से समस्त शरीर का पोषण करता है, उसी प्रकार राजा को भी न्याय एवं विवेक से समग्र प्रजा के विभिन्न वर्गों का संवर्द्धन करना चाहिए। इसमें सम्पत्ति के एकाधिकार के स्थान पर समाज में उसके समुचित वितरण की ओर स्पष्ट संकेत कर कवि ने अपनी जनतान्त्रिकता का सच्चा परिचय दिया है। राजतंत्र के उस युग में ऐसी प्रगतिशील विचारधारा का प्रकाशन बड़े साहस एवं प्रतिभा का काम था।

काव्य-सुषमा

वैसे तो समस्त 'रामचरितमानस' ही गोस्वामी जी की अद्भुत काव्य प्रतिभा का श्रेष्ठ निदर्शक है, पर अयोध्याकांड में इन रससिद्ध एवं वाक्‌सिद्ध कवीश्वर की क्षमता विशेष रूप से प्रस्फुटित हुई है। इस कांड में प्रधानता यद्यपि करुणा एवं भक्ति रसों की है किन्तु प्रसंगत: शृंगार, वात्सल्य, वीर, रौद्र, भयानक और शान्त का भी चित्रण हुआ है। कांड का आरम्भ करुण रस से और अवसान भक्तिरस में होता है।

करुण रस राम-वनवास और दशरथ-मरण के वर्णनों में मूर्तिमान् हो उठा है। उसके व्यापक प्रभाव से न केवल मानव अपितु समग्र जड़-चेतन जगत तक अभिभूत हुए बिना नहीं रहता। दशरथ का क्रन्दन पत्थर को भी पिघलानेवाला है—

सो तनु राखि करब मैं काहा। जेहिं न प्रेम पनु मोर निबाहा॥
हा रघुनंदन प्रान पिरीते। तुम्ह बिनु जिअत बहुत दिन बीते॥

हा जानकी लखन हा रघुबर। हा पितु हित चित चातक जलधर॥
राम राम कहि राम कहि राम राम कहि राम।
तनु परिहरि रघुबर बिरहँ राउ गयउ सुरधाम॥

यहाँ राम आलम्बन और दशरथ आश्रय हैं। वनवास की परिस्थिति एवं राम के गुणों का स्मरण उद्दीपन है। निर्वेद, ग्लानि, विषाद, दैन्य आदि संचारी हैं, दशरथ का क्रन्दन अनुभाव है। इस प्रकार यह सब अंगों से पुष्ट करुण रस का मार्मिक चित्र है।

भक्तिरस 'मानस' का अंगी रस है, पर इस कांड के उत्तरार्ध में भरतचरित के वर्णन में उसका विशेष परिपाक हुआ है। यहाँ यह बात द्रष्टव्य है कि संस्कृत-साहित्य-शास्त्रकारों ने देवताविषयक रति को भाव के अन्तर्गत रखा है, रसों में उसकी गणना नहीं की, किन्तु समर्थ कवियों की लेखनी रूढ़ियों से बँधकर नहीं चलती अपितु स्रष्टा के दिव्योन्माद के क्षणों में अपने स्वतंत्र पथ का निर्माण करती है। जिस प्रकार महाकवि सूर ने अपनी प्रतिभा के बल पर अपत्यविषयक रति को वात्सल्य रस की कोटि तक पहुँचा दिया, उसी प्रकार महाकवि तुलसीदास ने देवताविषयक रीति को भक्तिरस की कोटि में प्रतिष्ठित करके अपनी नवनवोन्मेषशालिनी कारयित्री प्रतिभा एवं भक्त-हृदय का सुन्दर परिचय दिया है। शृंगार के समान भक्तिरस के भी संयोग और वियोग दोनों पक्ष सम्भव हैं और 'मानस' में दोनों का रमणीय चित्रण मिलता है। यदि कोई शंका करे कि शृंगार और भक्ति का विभेदक लक्षण क्या है तो उसका समाधान यह है कि भक्ति का आलम्बन अलौकिक होता है, शृंगार का लौकिक। भक्ति में आश्रय को आलम्बन के माहात्म्य ज्ञान का विस्मरण कदापि नहीं होता—

तत्रापि न माहात्म्यज्ञानविस्मृत्यपवादः। तद्विहीनं जाराणामिव॥

—नारद

अर्थात्, भक्त भगवान के गुण प्रभाव और ऐश्वर्य को कभी नहीं भूलता। यदि भूल जाए तो उसका प्रेम जारों जैसा लौकिक ही कहा जाएगा। इसके अतिरिक्त भक्ति का आश्रय किसी भी आयु या लिंग का व्यक्ति हो सकता है, शृंगार में ऐसा नहीं। अयोध्याकांड में संयोग भक्ति के उदाहरणस्वरूप निम्नांकित वर्णन द्रष्टव्य हैं—

भरत दीख प्रभु आश्रमु पावन। सकल सुमंगल सदनु सुहावन॥
करत प्रबेस मिटे दुख दावा। जनु जोगीं परमारथु पावा॥
देखे भरत लखन प्रभु आगे। पूँछे बचन कहत अनुरागे॥
सीस जटा कटि मुनि पट बाँधें। तून कसें कर सरु धनु काँधें॥
कर कमलनि धनु सायकु फेरत। जिय की जरनि हरत हँसि हेरत॥
सानुज सखा समेत मगन मन। बिसरे हरष सोक सुख दुख गन॥
पाहि नाथ कह पाहि गोसाईं। भूतल परे लकुट की नाईं॥

यहाँ राम आलम्बन और भरत आश्रय हैं। आश्रम का वातारण, राम का वेश एवं उनका हँसकर हेरना उद्दीपन है। भरत के मन का हर्ष और आवेग संचारी है। 'पाहि नाथ' में दैन्य संचारी भी मिला हुआ है। साष्टांग नमन करना अनुभाव है।

किन्तु भक्ति में संयोग की अपेक्षा वियोग का महत्त्व भी अधिक है, क्योंकि उसी में इस रस का पूर्ण परिपाक सम्भव है—

युगायितं निमेषेण चक्षुषा प्राबृषायितम्।
शून्यायितं जगत्सर्व गोविन्दविरहेण मे।

वस्तुत: विरहरूपी मन्दराचल को मथानी बनाए बिना भक्त-मानस-रूपी क्षीरसागर से प्रेमामृत का प्राकट्य सम्भव नहीं—

पेम अमिअ मंदरु बिरहु भरतु पयोधि गँभीर।
मथि प्रगटेउ सुर साधु हित कृपासिंधु रघुबीर॥

विरही भरत की दशा के चित्रण में गोस्वामी ने इसकी एक नयनाभिराम झाँकी प्रस्तुत की है—

नित पूजत प्रभु पाँवरी प्रीति न हृदयँ समाति।
मागि मागि आयसु करत राज काज चहुँ भाँति॥
पुलक गात हियँ सिय रघुबीरू। जीहँ नाम जपु लोचन नीरू॥

राम आलम्बन और भरत आश्रय हैं। पाँवरी और नामजप उद्दीपन, स्मृति संचारी, पुलक एवं अश्रु अनुभाव हैं, जो रति स्थायी को पुष्ट करते हैं।

श्रृंगार रस का चित्रण ग्रामवधू-प्रसंग में हुआ है, जो संक्षिप्त होते हुए भी रस-सम्बन्धी समग्र सामग्री से सम्पन्न है—

कोटि मनोज लजावनिहारे। सुमुखि कहहु को आहिं तुम्हारे॥
सुनि सनेहमय मंजुल बानी। सकुची सिय मन महुँ मुसुकानी॥
तिन्हहि बिलोकि बिलोकति धरनी। दुहुँ सकोच सकुचति बरबरनी॥
बहुरि बदनु बिधु अंचल ढाँकी। पिय तन चितइ भौंह करि बाँकी॥
खंजन मंजु तिरीछे नयननि। निज पति कहेउ तिन्हहि सियँ सयननि॥

यहाँ राम आलम्बन और सीता आश्रय हैं। ग्रामवधुओं द्वारा राम के रूप का वर्णन उद्दीपन है। सीता में राम के साथ अपने सम्बन्ध की भावना से उत्पन्न हर्ष और व्रीड़ा संचारी हैं। मुख को आँचल से ढकना, भ्रूभंगपूर्वक राम की ओर देखना आदि सीता की चेष्टाएँ अनुभाव हैं। इस प्रकार कतिपय पंक्तियों में ही संयोग श्रृंगार का सम्पूर्ण स्वरूप खड़ा कर दिया गया है।

इस कांड में वात्सल्य के वियोग पक्ष की ही अभिव्यक्ति सम्भव थी, किन्तु कवि ने उसका यहाँ अधिक विस्तार न करके उसकी सम्यक् अभिव्यंजना 'गीतावली' में माता कौशल्या के माध्यम से कराई है।[1] यहाँ राम के आसन्न वियोग की आशंका से विह्वल दशरथ एवं कौशल्या के वर्णनों में उसकी झलक भर मिलती है—

1. रामहि चितइ रहेउ नरनाहू। चला बिलोचन बारि प्रवाहू॥
   बिधिहि मनाव राउ मन माहीं। जेहिं रघुनाथ न कानन जाहीं॥
   अजसु होउ जग सुजसु नसाऊ। नरक परौं बरु सुरपुरु जाऊ॥
   सब दुख दुसह सहावहु मोही। लोचन ओट रामु जनि होंही॥
   अस मन गुनइ राउ नहिं बोला। पीपर पात सरिस मनु डोला॥

1. गीतावली, 2।51-55; 85-89

2. पूत परम प्रिय तुम्ह सबही के। प्रान प्रान के जीवन जी के॥
ते तुम्ह कहहु मातु बन जाऊँ। मैं सुनि बचन बैठि पछिताऊँ॥
सब कर आजु सुकृत फल बीता। भयउ कराल काल बिपरीता॥
बहुबिधि बिलपि चरन लपटानी। परम अभागिनि आपुहि जानी॥

वीर-रस का उल्लेख भरत के चित्रकूट जाते समय निषादराज के वचन में मिलता है। निम्नलिखित पंक्तियों में 'उत्साह' नामक स्थायी भाव की कैसी सशक्त व्यंजना हुई है—

होहु सँजोइल रोकहु घाटा। ठाटहु सकल मरै के ठाटा॥
सनमुख लोह भरत सन लेऊँ। जिअत न सुरसरि उतरन देऊँ॥
समर मरनु पुनि सुरसरि तीरा। राम काजु छनभंगु सरीरा॥
भरत भाइ नृपु मैं जन नीचू। बड़े भाग असि पाइअ मीचू॥
स्वामि काज करिहउँ रन रारी। जस धवलिहउँ भुवन दस चारी॥
तजउँ प्रान रघुनाथ निहोरे। दुहूँ हाथ मुद मोदक मोरे॥

रौद्र-रस का वर्णन कैकेयी-दशरथ-प्रसंग में एवं भरत के चित्रकूट पहुँचने का समाचार पा लक्ष्मण के कोप के रूप में मिलता है। कैकेयी का निम्नांकित चित्र द्रष्टव्य है :

अस कहि कुटिल भई उठि ठाढ़ी। मानहु रोष तरंगिनि बाढ़ी॥
पाप पहार प्रगट भइ सोई। भरी क्रोध जल जाइ न जोई॥
दोउ बर कूल कठिन हठ धारा। भवँर कूबरी बचन प्रचारा॥
ढाहत भूपरूप तरु मूला। चली बिपति बारिधि अनुकूला॥

भयानक-रस का वर्णन दशरथ-मरण के प्रसंग में हुआ है। अयोध्या लौटते समय भरत जिस अकल्पित दृश्य को देखते हैं वह भय का संचार करने वाला है—

असगुन होहिं नगर पैठारा। रटहिं कुभाँति कुखेत करारा॥
खर सिआर बोलहिं प्रतिकूला। सुनि सुनि होइ भरत मन सूला॥
श्रीहत सर सरिता बन बागा। नगरु बिसेषि भयावनु लागा॥

भरत को रामवनगमन का कुछ भी पता न था, इसलिए इस वर्णन को भयानक-रस के अन्तर्गत ही मानना समीचीन होगा, करुण-रस का अंगभूत नहीं। अन्यत्र करुण-रस के सहायक रूप में भी भयानक का वर्णन मिलता है—

लागति अवध भयावनि भारी। मानहुँ कालराति अँधियारी॥
घोर जंतु सम पुर नर नारी। डरपहिं एकहि एक निहारी॥
घर मसान परिजन जनु भूता। सुत हित मीत मनहुँ जमदूता॥

शान्त-रस मानस में प्रायः सर्वत्र व्याप्त है। इस कांड की दृष्टि से शृंगवेरपुर में, लक्ष्मण-निषादराज संवाद में, लक्ष्मण के ज्ञान-वैराग्ययुक्त वचनों में उसका विशेष उत्कर्ष दीख पड़ता है।

गोस्वामी जी विभिन्न भावों और मनःस्थितियों के चित्रण में बड़े कुशल हैं। ऐसा करते समय वे मानसिक और शारीरिक—दोनों पक्षों का ध्यान रखते हैं। उदाहरणार्थ, अप्रत्याशित रूप से किसी अतीव अप्रिय संवाद को सुनने से उत्पन्न व्याकुलता का एक

चित्र देखिए—

सुनि मृदु बचन भूप हियँ सोकू। ससि कर छुअत बिकल जिमि कोकू॥
गयउ सहमि नहिं कछु कहि आवा। जनु सचान बन झपटेउ लावा॥
बिबरन भयउ निपट नरपालू। दामिनि हनेउ मनहुँ तरु तालू॥
माथे हाथ मूदि दोउ लोचन। तनु धरि सोचु लाग जनु सोचन॥

यहाँ कैकेयी द्वारा अप्रत्याशित वरयाचना से उत्पन्न दशरथ की दशा का वर्णन है। पहली दो अर्धालियों में राजा की मानसिक दशा का और तदन्तर शारीरिक दशा का चित्रण किया गया है। कैकेयी के सर्वथा अकल्पित वाक् प्रहार से एक ओर दशरथ विह्वल और किंकर्तव्यविमूढ़ हो उठते हैं तो दूसरी ओर उनका शरीर विवर्ण होकर निश्चल हो जाता है।

कहीं-कहीं कवि केवल शारीरिक दशा के वर्णन द्वारा ही भाव को इतना मूर्तिमान् कर देता है कि आश्चर्य होता है। उदाहरणार्थ, राम को श्रृंगवेरपुर पहुँचाकर खाली रथ लेकर लौटते सुमन्त की असीम शोकाकुलता का चित्र द्रष्टव्य है—

लोचन सजल डीठि भइ थोरी। सुनइ न श्रवन बिकल मति भोरी॥
सूखहिं अधर लागि मुँह लाटी। जिउ न जाइ उर अवधि कपाटी॥
बिबरन भयउ न जाइ निहारी। मारेसि मनहुँ पिता महतारी॥

इस वर्णन की तुलना 'अभिज्ञानशाकुन्लतम्' के 'यास्यत्यद्य शकुन्तलेति हृदयं संस्पृष्टमुत्कंठया' वाले श्लोक से करना रोचक सिद्ध होगा। दोनों प्रसंग वियोगवात्सल्य के हैं जिनमें करुणा का पुट मिला है, किन्तु जबकि पतिगृह को जाती शकुन्तला के भविष्य के अनिश्चय के कारण 'शाकुन्तलम्' के प्रसंग में करुणा का पुट हल्का है, तब राम के वनवास जन्यकष्टों के निश्चय एवं राजा (दशरथ) की सम्भावित मृत्यु की आशंका से 'मानस' वाले प्रसंग में करुणा का रंग बहुत गहरा है। तदनुकूल ही दोनों महाकवियों ने अपने-अपने चित्रों को हल्के अथवा गहरे रंगों से रँगा है। जबकि कालिदास कण्व के चित्त के वैक्लव्य, संकोचजन्य वाष्पावरोध के कारण कंठ के रुँधने तथा चिन्तावश दृष्टि के धुँधला जाने का उल्लेख करके रुक जाते हैं तब तुलसी इससे और आगे बढ़कर सुमंत की श्रवण-शक्ति के कुंठित होने, अधर और तालु के सूखने, शरीर के विवर्ण होने एवं बुद्धि के अव्यवस्थित हो जाने का भी उल्लेख करते हैं। वस्तुत: यह वर्णन मरणासन्न व्यक्ति का है, किन्तु सुमंत राम-दर्शन की आशा से जीवित बच जाते हैं। इन दोनों चित्रों की तुलना से दोनों महाकवियों के तूलिका प्रयोग का कौशल देखकर चकित रह जाना पड़ता है।

मानस के उपर्युक्त दोनों स्थलों पर अप्रिय संवाद का पुरुषों पर पड़ने वाला प्रभाव वर्णित है। अब स्त्रियों पर उसकी क्या प्रतिक्रिया होती है यह भी द्रष्टव्य है—

1. *कैकयसुता सुनत कटु बानी। कहि न सकइ कछु सहमि सुखानी॥*
   तन पसेउ कदली जिमि काँपी। कुबरीं दसन जीभ तब चाँपी॥
2. *बचन बिनीत मधुर रघुबर के। सर सम लगे मातु उर करके॥*
   सहमि सूखि सुनि सीतलि बानी। जिमि जवास परें पावस पानी॥
   कहि न जाइ कछु हृदय विषादू। मनहुँ मृगी सुनि केहरि नादू॥
   नयन सजल तन थर थर काँपी। माजहि खाइ मीन जनु मापी॥

पहले प्रसंग में मन्थरा द्वारा लाए अशुभ संवाद से कैकेयी की दशा का और दूसरे में राम के मुख से निर्वासन की बात जान कौशल्या की दशा का चित्रण है। पुरुषोंवाले वर्णन से इस वर्णन में एक स्पष्ट अन्तर यह है कि कवि की प्रतिक्रियास्वरूप स्त्रियों को पसीने-पसीने होते तथा थर-थर काँपते दिखाया है[1], पुरुषों को नहीं। स्त्रियाँ पुरुषों की तुलना में स्वभावत: कोमल और भीरु होती हैं, इसलिए उनके सम्बन्ध में ऐसा उल्लेख सर्वथा स्वाभाविक है। अब कैकेयी और कौशल्या की दशाओं के चित्रण में जो सूक्ष्म अन्तर विद्यमान है उस पर दृष्टिपात करना उचित होगा। कैकेयी की अपेक्षा कौशल्या की परिस्थिति अधिक कष्टकर एवं भयावह थी क्योंकि कैकेयी को राम के राजा हो जाने से अपने और अपने पुत्र के अहित की अस्पष्ट आशंका मात्र थी, उन पर किसी प्रकार का प्राणभय उपस्थित न था, किन्तु कौशल्या को अपने प्राणाधिक प्रिय पुत्र के असीम कष्टों के निश्चय के साथ प्रियजनों के प्राणभय की भी आशंका थी। फलत: कवि ने कैकेयी की दशा के अंकन में भयवश वाणी की जड़ता, शरीर की विवर्णता, पसीना छूटने और थर-थर काँपने का उल्लेख किया है, केहरिनाद सुननेवाली मृगी के सदृश धैर्यच्युत एवं किंकर्तव्यविमूढ़ होने तथा अश्रुपात करने का भी उल्लेख है। जिन ब्यौरों में कैकेयी और कौशल्या के वर्णन समान हैं। उनमें भी सटीक उपमा-उल्लेख द्वारा कौशल्या की दशा को अधिक गहरे रंगों से रँगा गया है; अर्थात् शीतल जलवर्षा से पूर्णत: सूख जानेवाले जवास के साम्य से शरीर के सूखने का और माँजा (पहली वर्षा का फेन) खाई हुई मछली का असह्य विह्वलता के सादृश्य से शरीर की व्याकुलता का चित्र और उभारा गया है। इस प्रकार कवि ने विभिन्न व्यक्तियों एवं परिस्थितियों के सन्दर्भ में एक ही भाव के जो अनेक चित्र खींचे हैं उनके सूक्ष्म अन्तर को देख कवि की पर्यवेक्षण-शक्ति एवं मानव-मनोविज्ञान की गहरी अभिज्ञता की सराहना करनी पड़ती है।

चित्रकूट को जाते हुए भरत के मानसिक अन्तर्द्वन्द्व का एक चित्र देखिए—

अस मन गुनत चले मग जाता। सकुच सनेह सिथिल सब गाता॥
फेरति मनहुँ मातु कृत खोरी। चलत भगति बल धीरज धोरी॥
जब समुझत रघुनाथ सुभाऊ। तब पथ परत उताइल पाऊ॥
भरत दसा तेहि अवसर कैसी। जल प्रबाहँ जल अलि गति जैसी॥

यहाँ संकोच और प्रेम का अन्तर्द्वन्द्व है। माता के कुकृत्य का स्मरण कर भरत राम के सामने जाते सकुचाते हैं, किन्तु राम के प्रेम के कारण उनकी ओर खिंचे चले जाते हैं। इस प्रकार उनकी दशा उस जलभ्रमर के सदृश है जो तीव्र प्रवाह के सम्मुख कभी तो आगे बढ़ जाता है और कभी पीछे सरक जाता है। समीचीन उपमा-प्रयोग द्वारा कवि ने अन्तर्द्वन्द्व की मन:स्थिति की कैसी सटीक व्यंजना की है। एक ही पंक्ति में प्रेमजन्य अधीरता का पूरा चित्र अंकित कर दिया गया है—

उठे रामु सुनि पेम अधीरा। कहुँ पट कहुँ निषंग धनु तीरा॥

गोस्वामी जी ने साहित्यशास्त्रोक्त समस्त संचारियों का चित्रण तो विदग्धतापूर्ण किया ही है, साथ ही ऐसे ही कई संचारियों का उल्लेख उनके काव्य में मिलता है जिनका काव्यशास्त्र

---

1. यद्यपि कौशल्या के विषय में स्वेद-स्राव का स्पष्ट उल्लेख नहीं है, पर थर-थर काँपने से वह ध्वनित अवश्य है।

में अभी नामकरण तक नहीं हुआ; उदाहरणार्थ, मंथरा-प्रसंग में कृत्रिम उदासीनता का यह चित्र देखिए—

हमहुँ कहबि अब ठकुरसोहाती। नाहिं त मौन रहब दिनु राती॥
कोउ नृप होउ हमहि का हानी। चेरि छाड़ि अब होब कि रानी॥

गोस्वामी जी विभिन्न भावव्यंजक मुद्राओं एवं भंगिमाओं के अंकन में भी बड़े कुशल है; उदाहरणार्थ—

(क) कपट में प्रवीण स्त्री की कृत्रिम सहानुभूतिव्यंजक मुखमुद्रा—

कुबरी दसन जीभ तब चाँपी।

(ख) कपट चतुराई की मुद्रा—

ऐसिउ पीर बिहसि तेहिं गोई। चोर नारि जिमि प्रगटि न रोई॥

(ग) कपटस्नेह की मुद्रा—

बोली बिहसि नयन मुहु मोरी।

छलनामयी रमणी की मोह भाव-भंगिमा का कैसा सजीव चित्रण है—

(घ) *मानवती स्त्री की मुद्रा—*

... ... परसत पानि पतिहि नेवारई।
मानहुँ सरोष भुअंग भामिनि विषम भाँति निहारई॥

(ङ) किसी अत्यधिक अनुचित बात को सुनकर सात्विक, धर्मभीरु व्यक्ति की तीव्र मानसिक प्रतिक्रिया की सूचक मुद्रा—

कान मूदि कर रद गहि जीहा। एक कहहिं यह बात अलीहा॥

(च) किसी क्रोधाविष्ट व्यक्ति को उपदेश देने पर उसकी प्रतिक्रियासूचक मुद्रा—

उतरु न देइ दुसह रिस रूखी। मृगिन्ह चितव जनु बाघिनि भूखी॥

इस प्रकार तुलसी ने अनेकानेक मुद्राओं के शब्दचित्र अपनी कवितारूपी अँगूठी में नग की तरह जड़कर रखे हैं।

अलंकारों का प्रयोग वस्तुतः रूप, गुण, क्रिया का प्रभाव तीव्र करने के लिए होना चाहिए, न कि मात्र चमत्कार-प्रदर्शन के लिए। इस दृष्टि से गोस्वामी जी का अलंकार-विधान बड़ा ही स्वाभाविक एवं हृदयग्राही है। उन्होंने शब्दालंकारों की अपेक्षा अर्थालंकारों को अधिक महत्त्व दिया है और उनमें भी प्रायः समतामूलक अलंकारों को। शब्दालंकारों में अनुप्रास का प्रयोग सर्वत्र दीख पड़ता है, यद्यपि प्रयासपूर्वक ऐसा कहीं नहीं किया गया। अर्थालंकारों में उपमा, उत्प्रेक्षा एवं रूपक उनके सर्वाधिक प्रिय अलंकार है। रूपकों में उन्हें सांगरूपक अधिक प्रिय है, जिसका प्रयोग वे बड़े अधिकारपूर्वक करते हैं।

किसी कवि के काव्य-कौशल एवं कल्पना-वैभव की सच्ची कसौटी उसका उपमा-प्रयोग है। रूप, गुण और प्रभाव के साम्य पर आधारित नए-से-नए उपमानों को सामने लाकर प्रस्तुत वस्तु या व्यापार के प्रभाव को तीव्रतर कर सकने में ही किसी कवि की शक्ति की सार्थकता है। ऐसा उपमा-विधान लोक के व्यापक एवं सूक्ष्म निरीक्षण के बिना सम्भव नहीं। गोस्वामी जी अपने उपमानों का चुनाव अधिकतर हमारे प्रतिदिन के जीवन के परिवेश से ही करते हैं, किन्तु उन्हें रखते इस ढंग से हैं कि जिससे उनके अभीष्ट भाव की बड़ी सशक्त

अभिव्यंजना हो जाती है। उनकी कतिपय उपमाएँ द्रष्टव्य हैं—

(क) *झलका झलकत पायन्ह कैसें। पंकज कोस ओस कन जैसें॥*

यहाँ भरत के कोमल चरणों की कमलकोश से, फफोलों की ओसकण से तुलना करके कवि ने मृदु भरतजी द्वारा कठोर व्रताचरण के प्रभाव की कैसी मार्मिक अनुभूति कराई है—

(ख) *देखि लागि मधु कुटिल किराती। जिमि गवँ तकइ लेउँ केहि भाँती॥*

(ग) *लखइ न रानि निकट दुखु कैसें। चरइ हरित तिन बलिपसु जैसें॥*

(घ) *अस मन गुनइ राउ नहि बोला। पीपर पात सरिस मनु डोला॥*

(ङ) *रामहि बंधु सोच दिन राती। अंडन्हि कमठ हृदउ जेहि भाँती॥*

जिस प्रकार कछुआ रहता तो जल में है, किन्तु ध्यान उसे सदा किनारे पर रखे अपने अंडों का ही बना रहता है, उसी प्रकार राम को भी दूर ननिहाल में स्थित भरत की ही चिन्ता प्रतिक्षण बनी रहती है। इस उपमा द्वारा भरत के प्रति राम के गम्भीर वात्सल्य-भाव की कैसी प्रभावशाली व्यंजना हुई है!

अब कतिपय उत्प्रेक्षाएँ भी देख लें—

(क) *नगर ब्यापि गई बात सुतीछी। छुअत चढ़ी जनु सब तन बीछी॥*

इसमें कवि ने रामनिर्वासन के दुःसंवाद के फैलने की तीव्र गति तथा श्रोताओं पर पड़नेवाला उसका कुप्रभाव—दोनों बातों की एक साथ व्यंजना की है—

(ख) *दलकि उठेउ सुनि हृदउ कठोरू। जनु छुइ गयउ पाक बरतोरू॥*

दशरथ के मुँह से राम के यौवराज्याभिषेक की बात सुनकर कैकेयी को कैसी असह्य टीस हुई इसकी व्यंजना करना कवि का उद्देश्य है। पके बालतोड़ के छू जाने का दृश्य सामने रखकर कवि ने कैकेयी के तड़प उठने की सफल व्यंजना की है। शब्दों का चुनाव भी बहुत समीचीन है, क्योंकि 'दलकि उठेउ' की ध्वनिमात्र से आदमी के तड़प उठने का दृश्य प्रत्यक्ष हो जाता है—

(ग) *सादर पुनि पुनि पूँछति ओही। सबरी गान मृगी जनु मोही॥*

(घ) *सुनत बात मृदु अंत कठोरी। देति मनहुँ मधु माहुर घोरी॥*

(ङ) *साँझ समय सानंद नृपु गयउ कैकई गेहँ।*
गवनु निठुरता निकट किय जनु धरि देह सनेहँ॥

तुलसी ने यद्यपि निरंग और परम्परित रूपकों का भी विधान किया है, पर उनका मन सांगरूपकों में अधिक रमा है। इसकी योजना में वे ऐसे कुशल हैं कि लम्बे-से-लम्बे सांगरूपकों का निर्वाह भी वे बड़ी चुस्ती से करते हैं, उनमें कहीं शिथिलता या अव्यवस्था नहीं आने देते। रौद्र रस के उदाहरण के रूप में क्रोधाविष्टा कैकेयी से सम्बद्ध एक सांगरूपक पीछे दिया जा चुका है।

संवाद-कौशल

तुलसी के 'मानस' में महाकाव्य और नाटक की कलाओं का अद्भुत सम्मिश्रण दीख पड़ता है। स्थान-स्थान पर संवादों की योजना द्वारा वे अपनी कथा में बड़ी नाटकीयता उत्पन्न कर देते हैं। मानव अपने जीवन में संवादों द्वारा ही अपना काम चलाता है, इसलिए संवाद योजना

कथा को जीवन के समीप ले आती है। तुलसी के संवाद बड़े स्वाभाविक, सजीव एवं रोचक हैं। उनमें पात्रानुकूल और भावानुकूल भाषा का पूरा ध्यान रखा गया है। अयोध्याकांड संवादों की दृष्टि से विशेष समृद्ध है, जिसमें कैकेयी-मंथरा संवाद, कैकेयी-दशरथ संवाद, राम-सीता संवाद, केवट-राम संवाद, चित्रकूट के मार्ग में ग्रामवधूटियों का संवाद और चित्रकूट का सभा-संवाद उल्लेख्य हैं। इन सभी संवादों में विभिन्न परिस्थितियों में पड़े भिन्न-भिन्न पात्रों के मनोविकारों के सूक्ष्म उतार-चढ़ाव का बड़ी विदग्धता से चित्रण किया गया है। कैकेयी-मंथरा संवाद तो अपनी मनोवैज्ञानिकता के लिए विशेष विख्यात है। तुलसी न केवल एक वर्ग और दूसरे वर्ग के पात्रों के मध्य के अन्तर को प्रकट करते हैं, अपितु एक ही वर्ग के पात्रों के मध्य स्थित सूक्ष्म अन्तर को भी प्रकाशित करना नहीं भूलते, उदाहरणार्थ, यदि केवल स्त्री-वर्ग को ही लें तो उसमें अपनी मत्सरता और कुटिलता से हलचल मचानेवाली मंथरा जैसी नीच दासियों, सरल हृदया और कर्तव्यपरायण कौशल्या जैसी राजमाताओं, आत्मोत्सर्ग-तत्परा सुमित्रा जैसी क्षत्राणियों, नारी-सुलभ कौतूहल से भरपूर ग्रामवधुओं जैसी सहृदया, सरला बालाओं आदि सभी की विशेषताएँ उनके संवादों द्वारा प्रत्यक्ष होती चलती हैं। इसी प्रकार पुरुषवर्ग के अन्तर्गत भी विभिन्न पात्रों के चरित्रगत वैशिष्ट्य स्पष्टतः उभरते चले आते हैं।

पात्र एवं भाव के अनुरूप ही तुलसी की भाषा का स्तर एवं स्वरूप भी बदलता चलता है जिससे उनके संवादों में जान पड़ जाती है। पहले पात्रानुकूल भाषा-प्रयोग पर विचार करें। संस्कृत नाटकों में पुरुषों से संस्कृत और स्त्रियों से प्राकृत का व्यवहार कराया जाता था। इसका कारण यह है कि पुरुषों की भाषा स्त्रियों की भाषा की अपेक्षा अधिक प्रांजल होती है। अशिक्षित पुरुषों एवं स्त्रियों की भाषा बोलचाल की जनभाषा के समीप होती है और उनमें मुहावरों तथा कहावतों का प्रचुर प्रयोग रहता है। स्त्रियों की बोली में व्यंग्य एवं वक्रता की मात्रा भी अधिक रहती है। इन दृष्टियों से तुलसी के संवादों की भाषा की परीक्षा करना रोचक सिद्ध होगा—

मंथरा को आँसू टपकते देख कैकेयी की विनोदात्मक प्रवृत्ति उभरती है और वह कहती है—

हँसि कह रानि गालु बड़ तोरें। दीन्ह लखन सिख अस मन मोरें॥

मंथरा के मन की मलीनता जान असन्तुष्ट हुई रानी उसके लिए 'घरफोरी', 'जीभ कढ़ाबौं तोरी', 'कुचाली', 'कुटिल' आदि अपशब्दों और धमकियों का व्यवहार करती है जो समृद्ध और गर्वीली स्त्रियों की प्रवृत्ति के सर्वथा अनुकूल है। वैसे भी अपशब्दों का प्रयोग स्त्रियों के लिए साधारण-सी बात है। कैकेयी की भाषा में 'जनम भरना' (नैहर जनमु भरब बरु जाई), 'चखपूतरि करता' (जौं विधि पुरब मनोरथ काली। करौं तोहि चखपूतरि आली), 'ठठाकर हँसना, गाल फुलाना' (हँसब ठठाइ फुलाउब गालू) आदि मुहावरों का प्रयोग दीख पड़ता है। मंथरा की बोली और भी ठेठ तथा मुहावरों और लोकोक्तियों से भरपूर है; उदाहरणार्थ, वह 'गाल करना' (गालु करब केहि कर बलु पाई), 'आस पूजना' (एकहि बार आस सब पूजी), 'ठकुरसोहाती कहना' (हमहुँ कहब अब ठकुरसोहाती), 'अलभल ताकना' (जेहिं राउर अति अनभल ताका), 'दूध की मक्खी होना' (भामिनि भइहु दूध कइ

माखी) जैसे मुहावरों तथा 'बवा सो लुनिअ लहिअ जो दीन्हा' जैसी लोकोक्तियों का धड़ल्ले से प्रयोग करती है।

केवट की भाषा निम्नवर्गीय पुरुषों की भाषा का अच्छा उदाहरण है। 'काठ', 'मुनिघरिनी', 'कबारू' जैसे संज्ञा शब्द तथा 'बाट परै', जैसे क्रिया पद उसकी ठेठ भाषा का ठाट प्रस्तुत करते हैं। कवि ने 'अँगरी' (=कवच), 'कूँड़ि' (लोहे का शिरस्त्राण) 'बाँस' (=भाला), 'सेल' (=बरछा), 'खांडा' (खड्ग, तलवार) आदि शब्दों के प्रयोग द्वारा निषादों की भाषा का रूप और भी स्पष्ट किया है।

उच्चवर्गीय पुरुषों की भाषा के भी दो रूप मिलते हैं। (1) स्त्रियों से अथवा जन-साधारण से बात करते समय उनकी बोली में ठेठ भाषा का पुट अधिक रहता है, किन्तु (2) अपने स्तर के समाज से व्यवहार करते समय उनकी भाषा अधिक परिष्कृत एवं संस्कृत-निष्ठ होती है। नीचे दोनों प्रकार की भाषाओं के उदाहरण द्रष्टव्य हैं—

(1) (अ) *जानेउँ मरमु राउ हँसि कहई। तुम्हहि कोहाब परम प्रिय अहई॥*
थाती राखि न मागिहु काऊ। बिसरि गयेउ मोहि भोर सुभाऊ॥

(दशरथ कैकेयी से)

(आ) *कृपासिंधु बोले मुसुकाई। सोइ करु जेहिं तव नाव न जाई॥*
बेगि आनु जलु पाय पखारू। होत बिलंबु उतारहि पारू॥

(राम केवट से)

(2) (अ) *संभावित कहुँ अपजस लाहू। मरन कोटि सम दारुन दाहू॥*

(राम सुमन्त से)

(आ) *अजिन बसन फल असन महि सयन डासि कुस पात।*
बसि तरुतर नित सहत हिम आतप बरषा बात॥

(भरत मुनिमंडली से)

इस प्रकार पात्रानुकूल भाषा-प्रयोग में गोस्वामी जी की दक्षता स्वतः सिद्ध है। अब उनके भावानुकूल भाषा-प्रयोग के सम्बन्ध में कुछ विचार करना उचित होगा।

मंथरा के बहकावे में आकर कैकेयी समझती है कि उसकी सरलता का अनुचित लाभ उठाकर दशरथ ने उसे धोखा दिया है और कौशल्या के साथ मिलकर उसे तथा उसके पुत्र को हानि पहुँचाने का षड्यन्त्र रचा। स्वभावतः ही इससे उसे दशरथ पर बड़ा क्रोध आता है और वह छलपूर्वक उनसे अपने दोनों इच्छित वर माँग लेती है। इस पर जब दशरथ बहुत व्याकुलता प्रकट करते हैं तब उसका मन राजा के प्रति और कठोर हो जाता है। ऐसी मनःस्थिति में वह दशरथ के लिए जिस वाणी का प्रयोग करती है उसे कवि ने 'तड़पानेवाली' कहा है। (अति कटु वचन कहति कैकेई। मानहु लोन जरे पर देई)। आगे जब राजा कौशल्या को निर्दोष बताते हुए अपने निर्णय को निष्पक्ष और न्यायोचित सिद्ध करने की चेष्टा करते हैं तब वह राजा को पाखंडी समझकर और अधिक भड़क उठती है। इस अवस्था की उसकी वाणी को कवि ने 'जलानेवाली' कहा है (मनहुँ अनल आहुति घृत परई) तत्पश्चात् जब दशरथ राम के प्रति पक्षपात और भरत के प्रति उपेक्षा भाव समझकर उसका रोष चरम सीमा पर पहुँच जाता है। ऐसी मनोदशा में कही गई उसकी वाणी को कवि ने 'मारनेवाली' कहा

है (पुनि कह कटु कठोर कैकेई। मनहुँ धाय महु माहुरु देई)। नीचे तीनों प्रकार की वाणियों का तारतम्य द्रष्टव्य है—

1. तड़पाने वाली वाणी—

भरतु कि राउर पूत न होंही। आनेहु मोल बेसाहि कि मोही॥
जो सुनि सरु अस लाग तुम्हारे। काहे न बोलहु बचनु सँभारे॥
सत्य सराहि कहेहु बरु देना। जानेहु लेइहि मागि चबेना॥

2. जलानेवाली वाणी—

कहइ करहु किन कोटि उपाया। इहाँ न लागिहि राउरि माया॥
देहु कि लेहु अजसु करि नाहीं। मोहि न बहुत प्रपंच सोहाहीं॥
राम साधु तुम साधु सयाने। राममातु भलि सब पहिचाने॥
जस कौसिलाँ मोर भल ताका। तस फलु उन्हहि देउँ करि साका॥

3. मारनेवाली वाणी—

जौं अंतहुँ अस करतबु रहेऊ। मागु मागु तुम्ह केहिं बल कहेऊ॥
दुइ कि होइ एक समय भुआला। हँसब ठठाइ फुलाउब गाला॥
दानि कहाउब अरु कृपनाई। होइ कि खेम कुसल रौताई॥
छाड़हु बचनु कि धीरजु धरहू। जनि अबला जिमि करुना करहू॥
तनु तिय तनय धामु धनु धरनी। सत्यसंध कहुँ तृन सम बरनी॥

उपर्युक्त उद्धरणों में कटार की धार जैसी व्यंग्य की तीक्ष्णता एवं प्रहार की प्रचंडता उत्तरोत्तर बढ़ती हुई दीख पड़ती है। एक ही भाव के अन्तर्गत इस प्रकार का तारतम्य दिखा पाना कवि की असामान्य क्षमता का ज्वलन्त प्रमाण है।

शब्दों की ध्वनिमात्र के बल पर कठोर-से-कठोर एवं मृदुल-से-मृदुल भावों एवं दृश्यों का प्रत्यक्षीकरण कराने में तुलसी अनुपम हैं। दो-एक उदाहरण पर्याप्त होंगे—

कुस कंटक काँकरीं कुराईं। कटुक कठोर कुबस्तु दुराईं॥
महि मंजुल मृदु मारग कीन्हे। बहत समीर त्रिबिध सुख लीन्हे॥

इसमें प्रथम पंक्ति के कंटक, काकरीं, कटुक, कठोर, कुराई कुवस्तु जैसे शब्दों के उच्चारणों में जो झटके-से लगते हैं वे मानो पृथ्वी पर पड़े हुए काँटों, कंकड़ों आदि के दृश्य को प्रत्यक्ष कर देते हैं, और दूसरी पंक्ति का सहज ध्वनिप्रवाह मानो उन्हें बुहारकर पृथ्वी को परिष्कृत करता प्रतीत होता है।

दूसरी ओर निम्नांकित प्रकार की पंक्तियाँ अपनी वर्णमैत्री और पदलालित्य के बल पर करुण कोमलता के भाव को मूर्तिमान कर देती हैं—

मानस सलिल सुधाँ प्रतिपाली। जिअइ कि लवन पयोधि मराली॥
नव रसाल बन बिहरनसीला। सोह कि कोकिल बिपिन करीला॥

माधुर्य और प्रसाद गुणों का कैसा हृदयावर्जक सम्मिश्रण है! एक विद्वान के अनुसार, जैसे अंगूर के छिलके के भीतर से उसका रस झलक मारता है वैसे ही काव्य के शब्दों के भीतर से उनका अर्थ झलकना चाहिए। इसी को प्रसाद गुण कहते हैं जो तुलसीदास के काव्य का प्राण है। अयोध्याकांड में प्रसाद और माधुर्य गुणों का ही प्राधान्य है, ओज के

लिए अधिक अवकाश नहीं।

विविध भाषाओं और बोलियों पर तुलसी के असामान्य अधिकार की प्रशंसा सभी विद्वानों ने मुक्त कंठ से की है। उन्होंने न केवल संस्कृत, प्राकृत, अपभ्रंश जैसी प्राचीन एवं मध्यकालीन भारतीय आर्य भाषाओं अपितु विदेशी भाषाओं (अरबी, फारसी), प्रान्तीय भाषाओं (गुजराती, मराठी, बंगला) तथा बोलियों (ब्रज, बुंदेली, भोजपुरी, खड़ी बोली, बघैली, छत्तीसगढ़ी, राजस्थानी) के शब्दों का अपनी भाषा में साधिकार प्रयोग किया है। उनके द्वारा गृहीत शब्द उनकी भाषा में ऐसे घुल-मिल गए हैं कि अलग नहीं मालूम पड़ते। इतनी भाषाओं एवं बोलियों पर ऐसा व्यापक एवं गहरा अधिकार रखने वाला कवि हिन्दी में दूसरा नहीं।

शब्द-शक्तियों का उन्हें सूक्ष्म ज्ञान था। अयोध्याकांड में उन्होंने लक्षणा और विशेषत: व्यंजना का बड़ा प्रभावशाली प्रयोग किया है। अपने समय में प्रचलित समस्त काव्य-शैलियों में रचना करके उन्होंने छन्दोविधान में अपनी असामान्य दक्षता को प्रत्यक्ष सिद्ध कर दिया है। प्रस्तुत कांड में उन्होंने दोहा, चौपाई, सोरठा और हरीगीतिका छन्दों का प्रयोग किया है।

रवीन्द्रनाथ ने एक स्थान पर लिखा है कि "अन्तर की वस्तु को बाहर का, भाव की वस्तु को भाषा का, अपनी वस्तु को विश्व-मानव का एवं क्षणकालिक वस्तु को चिरकाल का बनाने में ही साहित्य की सार्थकता है।" गोस्वामी जी ने भाव और भाषा के, अनुभूति और अभिव्यक्ति के जितने विविध पक्षों का उद्‌घाटन किया है वह विस्मयकर है। हरिऔधजी की निम्नांकित पंक्ति उनके विषय में अक्षरश: सत्य है—

कविता करके तुलसी न लसे कविता लसी पा तुलसी की कला॥

सफलता का रहस्य

हजारीप्रसाद द्विवेदी

डॉ. ग्रियर्सन ने कहा है कि बुद्धदेव के बाद भारत में सबसे बड़े लोकनायक तुलसीदास थे। ये असाधारण प्रतिभा लेकर उत्पन्न हुए थे। जिस युग में इनका जन्म हुआ था उस युग के समाज के सामने कोई ऊँचा आदर्श नहीं था। समाज के उच्च स्तर के लोग विलासिता के पंक में उसी प्रकार मग्न थे जिस प्रकार कुछ वर्ष पूर्व सूरदास ने देखा था। निचले स्तर के पुरुष और स्त्री दरिद्र, अशिक्षित और रोगग्रस्त थे। वैरागी हो जाना मामूली बात थी। जिसके घर की सम्पत्ति नष्ट हो गई या स्त्री मर गई, संसार में कोई आकर्षण नहीं रहा, वही चट संन्यासी हो गया। सारा देश नाना प्रकार के साधुओं से भर गया था। 'अलख' की आवाज गर्म थी, हालाँकि ये 'अलख को लखने वाले' भी कुछ नहीं लख पाते थे। नीच समझी जाने वाली जातियों में कई पहुँचे हुए महात्मा हो गए थे, उनमें आत्मविश्वास का संचार हो गया था, पर, जैसा कि साधारणतः हुआ करता है, शिक्षा और संस्कृति के अभाव में यही आत्मविश्वास दुर्वह गर्व का रूप धारण कर गया था। आध्यात्मिक साधना से दूर पड़े हुए ये गर्वमूढ़ पंडितों और ब्राह्मणों की बराबरी का दावा कर रहे थे। परम्परा से सुविधा-भोग करने वाली जातियाँ इससे चिढ़ा करती थीं। समाज में धन की मर्यादा बढ़ रही थी। दरिद्रता हीनता का लक्षण समझी जाती थी। पंडितों और ज्ञानियों का समाज के साथ कोई भी सम्पर्क नहीं था। सारा देश विशृंखल, विच्छिन्न, आदर्शहीन और बिना लक्ष्य का हो रहा था। एक ऐसे आदमी की आवश्यकता थी जो इन परस्पर विच्छिन्न और दूर विभ्रष्ट टुकड़ों में योग स्थापित करे। तुलसीदास का आविर्भाव ऐसे समय में ही हुआ।

सफलता के कारण

तुलसीदास को जो अभूतपूर्व सफलता मिली उसका कारण यह था कि वे समन्वय की विशाल बुद्धि लेकर उत्पन्न हुए थे। भारतवर्ष का लोकनायक वही हो सकता है, जो समन्वय करने का अपार धैर्य लेकर आया हो। भारतीय समाज में नाना भाँति की परस्पर-विरोधिनी संस्कृतियाँ, साधनाएँ, जातियाँ, आचार-विचार और पद्धतियाँ प्रचलित हैं। तुलसीदास स्वयं नाना प्रकार के सामाजिक स्तरों में रह चुके थे। ब्राह्मण-वंश में उनका जन्म हुआ था, दरिद्र होने के कारण उन्हें दर-दर भटकना पड़ा था। गृहस्थ जीवन की सबसे निकृष्ट आसक्तियों के वे शिकार हो चुके थे। अशिक्षित और संस्कृति विहीन जनता में रहने का उन्हें अवसर मिल

चुका था, और काशी के दिग्गज विद्वानों और तपोधन संन्यासियों के संसर्ग में उन्हें खूब आना पड़ चुका था। उन्होंने नाना पुराणों और निगमागम का अध्ययन किया था, और साथ ही लोकप्रिय साहित्य और साधना-मार्ग की नाड़ी पहचानने का उन्हें अवसर मिला था। उस युग में प्रचलित सब प्रकार की काव्य-पद्धतियों को उन्होंने अपनी शक्तिशाली भाषा की सवारी पर चढ़ाया था। उनकी काव्य-पद्धति का अध्ययन करने से उनकी अद्भुत समन्वयात्मिका बुद्धि का परिचय मिलता है। शिक्षित जनता में जितने प्रकार की काव्य-पद्धतियों का प्रचलन था, उन सबको उन्होंने सफलतापूर्वक अपनाया था। चन्द के छप्पय, कुंडलियाँ; कबीर के दोहे और विनय के पद; सूरदास और विद्यापति की लीला-गान विषयक भाव प्रधान गीति-पद्धति; जायसी, ईश्वरदास आदि की दोहा-चौपाइयों की शैली; गंग आदि भाट-कवियों की सवैया-कवित्त की पद्धति; रहीम के बरवै; सबको उन्होंने अपनी अद्भुत ग्राहिका शक्ति के द्वारा आत्मसात् कर लिया। उन दिनों पूर्व-भारत में अनेक प्रकार के मंगल-काव्य प्रचलित थे। बँगला में ये मंगल-काव्य मिलते हैं, पर हिन्दी में सिर्फ कबीरदास के नाम पर चलने वाले और बाद के बने हुए आदि-मंगल, अनादि-मंगल, अगाध-मंगल आदि रचनाएँ मिलती हैं; जो सिर्फ इस बात के सबूत के रूप में बची रह गई हैं कि किसी समय मंगल-काव्यों की बड़ी भारी परम्परा मध्यदेश में भी व्याप्त थी। मंगल-काव्य, विवाह-काव्य और सृष्टि-प्रक्रिया व्यापक ग्रन्थ है। नन्ददास का एक रुक्मिणी-मंगल मिलता है, और चन्दबरदाई के रासो में संयोगिता को पत्नीधर्म की शिक्षा देने के लिए विनय-मंगल नाम का एक अध्याय है, जो स्पष्ट रूप से स्वतंत्र ग्रन्थ है। तुलसीदास ने इस शैली को भी अपनाया। उन्होंने 'पार्वतीमंगल' और 'जानकीमंगल' नाम के दो काव्य लिखे थे। इसी प्रकार उन दिनों साधारण जनता में प्रचलित सोहर, नहछू गीत, चांचर बेली, बसन्त आदि रागों में भी उन्होंने रामकाव्य लिखे। इस प्रकार साधारण जनता में प्रचलित गीति-पद्धति से लेकर शिक्षित जनता में प्रचलित काव्य-रूपों को उन्होंने अपनाया है।

समन्वय बुद्धि

तुलसीदास के काव्य की सफलता का एक और रहस्य उनकी अपूर्व समन्वय-शक्ति में हैं। उन्हें लोक और शास्त्र दोनों का बहुत व्यापक ज्ञान प्राप्त था। उनके काव्य-ग्रन्थों में जहाँ लोक-विधियों के सूक्ष्म अध्ययन का प्रमाण मिलता है, वहीं शास्त्र के गम्भीर अध्ययन का भी परिचय मिलता है। लोक और शास्त्र के इस व्यापक ज्ञान ने उन्हें अपूर्व सफलता दी। उसमें केवल लोक और शास्त्र का ही समन्वय नहीं है, वैराग्य और गार्हस्थ्य का, भक्ति और ज्ञान का, भाषा और संस्कृति का, निर्गुण और सगुण का, पुराण और काव्य का, भावावेग और अनासक्त चिन्तन का, ब्राह्मण और चांडाल का, पंडित और अपंडित का समन्वय, 'रामचरितमानस' के आदि से अन्त दो छोरों पर जाने वाली पर-कोटियों का मिलाने का प्रयत्न है। इस महान समन्वय का आधार उन्होंने रामचरित को चुना है। इससे अच्छा चुनाव हो भी नहीं सकता था। रामनाम उन दिनों बड़े जोरों पर था। निर्गुण-भाव से भजन करने वाले भक्तों में भी यही नाम प्रिय था, और लोक में भी इस शब्द की महिमा प्रचलित हो चुकी थी। अगुण और सगुण के समन्वय के लिए इससे बढ़कर दूसरा साधन हो नहीं सकता था। तुलसीदास

ने ब्रह्म-राम से भी नाम को बड़ा कहकर सहज ही निर्गुण और सगुण मार्ग के भीतर की सारी खाई पाट दी है। तत्त्व-ज्ञान कुछ भी हो, नाम निस्सन्देह मनुष्य को भव-सागर पार कर देता है। उन दिनों और भी दो प्रकार के हरिभक्त-पथ प्रचलित थे—एक सूरदास का मधुर और सख्य भाव से भजन का मार्ग था, दूसरा कबीर आदि का निर्गुण मार्ग। तुलसीदास दोनों में से किसी को अस्वीकार नहीं कर सकते थे। परन्तु फिर भी उन्होंने दास्य-भाव की भक्ति को, जो सामाजिक मर्यादा की दृष्टि से सबसे उत्तम विनीत मनोभाव उत्पन्न कर देती है, श्रेष्ठ बताया है। प्रसंग आते ही वे राम के सगुण रूप पर जोर देते हैं। कथा के प्रवाह में उत्तम कोटि के भक्त बराबर भगवान से ही वर माँग लेते हैं कि भगवान का सगुण रूप ही उनके मन में बसे। यह भाव रामायण के समस्त उदात्त भावों को पोषण देता है। राम की नर-लीला में निश्चय ही बहुत सुन्दर मनोवैज्ञानिक और शील-संचारी तत्त्वों का परिपाक हुआ है, परन्तु वह समस्त नर-लीला पाठक को क्षणिक सन्तोष ही देती है, उसका वास्तविक मनोविराम भगवान की इसी अनिर्वचनीय शोभा में होता है। उनके चरित्रों का सहज विकास केवल काव्य के मनोरंजक गुण के रूप में नहीं आता, बल्कि निखिलानन्द भगवान की केवल भक्तों पर अनुग्रह करने की इच्छा से किए हुए लीला-विस्तार के रूप में गौण होकर ही आता है। मुख्य वस्तु है भगवान के परम प्रेममय, परम अनुग्रहपरक और परम शान्तिदायक रूप का विकास। तुलसीदास के काव्य का यह बड़ा भारी आकर्षण है। कथा का घुमाव सब जगह काव्य की अँगुली के इशारे पर नहीं चलता, वह उन मार्कों से अग्रसर होता है, जिधर से भक्ति-रस की प्राप्ति हो सकती है। इसीलिए 'रामचरितमानस' केवल विशुद्ध काव्य-दृष्टि से लिखा हुआ कथा-ग्रन्थ नहीं है। उसमें भक्ति-रस की प्रधानता है। समन्वय के प्रयत्न में समझौते की जरूरत होती है। तुलसीदास को ऐसा करने को बाध्य होना पड़ा है। परन्तु जिस असामान्य दक्षता के साथ तुलसीदास ने इस बात को सँभाला है वह अद्भुत है। 'रामचरितमानस' कथा-काव्य की दृष्टि से अनुपमेय होने पर भी उसके प्रवाह में बाधा पड़ी है। अगर वह विशुद्ध कविता की दृष्टि से लिखा गया होता, तो कुछ और ही हुआ होता। इसमें यहाँ दार्शनिक मत की विवेचना है, तो वहाँ भक्ति-तत्त्व की व्याख्या। फिर भी अपनी असामान्य दक्षता के कारण तुलसीदास ने इस काव्यगत अन्तराल को यथासम्भव कम किया है। अपने प्रयत्न में वे इतने सफल हुए हैं कि भक्ति-विह्वल समालोचकों को इसमें कोई दोष ही नहीं दिखाई देता। कथा का झुकाव इतनी बारीकी से पहचाना गया है कि यह बात प्रायः ही पाठक भूल जाता है कि 'रामचरितमानस' का लक्ष्य केवल कथा ही नहीं, और कुछ भी है। शुष्क तत्त्व ज्ञान तुलसीदास को बहुत प्रिय नहीं रहा। जब कभी वे उसकी चर्चा करते हैं तो कवि की भाषा में। उपमाओं और रूपकों के प्रयोग से उनका वक्तव्य साफ हो जाता है। और कविता करने के लिए जब तुलसीदास कवि की भाषा का प्रयोग करते हैं तो वे अद्वितीय नजर आते हैं।

चरित्र-चित्रण

चरित्र-चित्रण में तुलसीदास की तुलना संसार के गिने-चुने कवियों के साथ ही की जा सकती है। उनके सभी पात्र उसी प्रकार हाड़-मांस के जीव हैं, जिस प्रकार काव्य का पाठक, परन्तु फिर भी उसमें अलौकिकता है। सबसे अद्भुत बात यह है कि इन चरित्रों की अलौकिकता

समझ में आनेवाली चीज है। जीवन्त पात्र सिर्फ श्वास-प्रश्वास ही नहीं लेते, सिर्फ हमारी भाँति नाना प्रकार की संवेदनाओं को ही नहीं अनुभव करते, बल्कि वे आगे बढ़ते हैं, पीछे हटते हैं। अपनी उदात्त वाणी और स्फूर्तिप्रद क्रियाओं से हमारे अन्दर ऊपर उठने का उत्साह भरते हैं, हमे साथ ले लेते हैं, हम उनका संग पा जाने पर उल्लसित होते हैं, उमँगते हैं, और सन्मार्ग पर चलने में जो विघ्न-बाधाएँ आती हैं, उन्हें जीतने का प्रयास करते हैं। तुलसीदास के जीवन्त पात्र इसी श्रेणी के हैं। बहुतेरे सगुण मार्गी भक्तों द्वारा निबद्ध चरित्रों में श्वास-प्रश्वास की क्रिया तो है, संवेदना की तरंगें भी हैं, परन्तु आगे बढ़ने और बढ़ाने की गति नहीं है। उनकी अलौकिकता पाठक के चित्त में केवल आश्चर्यजन्य श्रद्धा और औत्सुक्यजन्य निष्ठा जाग्रत् करके समाप्त हो जाती है। पाठक सोचता है कि ये लोग समर्थ हैं, और हम नगण्य जीव हैं। परन्तु तुलसीदास के पात्र ऐसे नहीं हैं। उनकी अलौकिकता हमारी नगण्यता को नहीं बल्कि हमारी ग्राहिका शक्ति को उत्तेजित करती है। हम उसी मार्ग पर चलने को आतुर हो जाते हैं। भरत, लक्ष्मण, हुनमान, अंगद, सीता, कौशल्या जैसे पात्र हमें प्रेरणा देते हैं। मानव-जीवन के किसी-न-किसी अंग पर वे प्रकाश डालते हैं, या फिर उनसे किसी-न-किसी सामाजिक असंगति की तीव्र आलोचना व्यक्त होती है, या फिर वे मनुष्य और मनुष्य के बीच सद्‌भावना और परदुःख-कातरता की सद्‌वृत्तियों को जगाते हैं। अन्य सगुणमार्गी भक्त लीला के लिए लीला-गान करते थे। तुलसीदास ने कहीं ऐसा नहीं किया। वे आदर्शवादी ही नहीं, आदर्श-स्रष्टा थे, और अपने काव्य से भावी समाज की नींव डाल रहे थे। वे उस देश में पैदा हुए थे, जहाँ कल्पना की जा सकती है कि राम के पैदा होने के हजारों वर्ष पहले रामायण लिखी गई थी, अर्थात् जहाँ कवि भविष्य का द्रष्टा और स्रष्टा समझा जाता है। तुलसीदास ऐसे ही भविष्य-द्रष्टा थे। आज साढ़े तीन सौ वर्ष बाद इस विषय में कोई सन्देह नहीं रह गया कि उन्होंने सचमुच ही भावी समाज की सृष्टि की थी। आज का उत्तर भारत तुलसीदास के आदर्शों पर गठित हुआ है। वही उसके मेरुदंड हैं।

भाषा पर प्रभुत्व

भाषा की दृष्टि से भी तुलसीदास की तुलना हिन्दी के किसी अन्य कवि से नहीं की जा सकती। जैसा कि शुरू में ही बताया गया है, उनकी भाषा में भी एक प्रकार के समन्वय की चेष्टा है। वह जितनी ही लौकिक है उतनी ही शास्त्रीय। उसमें संस्कृत का मिश्रण बड़ी चतुरता से किया जा सकता है। उसमें एक ऐसा लचीलापन है जो कम कवियों की भाषा में मिलता है। जहाँ जैसा अवसर आया है, वहाँ वह वैसी हो जाती है। जायसी आदि सफल लौकिक भाषा के लेखक-कवियों की भाषा से मिलान करने पर यह गुण प्रकट होता है। जायसी की भाषा में एक ही प्रकार का सहज सरल भाव है, चाहे वह राजा के मुँह से निकली हो, या रानी के मुँह से। किन्तु तुलसीदास की भाषा विषयानुकूल तथा वक्ता और बौद्धा के अनुसार हो जाती है। परिचारिका की भाषा और रानी की भाषा में अन्तर है। निषाद की भाषा जितनी ही सरल और अकृत्रिम है, वशिष्ठ की भाषा उतनी ही वैदग्ध्यमंडित और परिष्कृत। तुलसीदास के पहले किसी हिन्दी-कवि ने इतनी मार्जित भाषा का प्रयोग नहीं किया था। काव्योपयोगी भाषा लिखने में तो वे कमाल करते हैं। उनकी 'विनयपत्रिका' में भाषा का जैसा जोरदार प्रवाह

है, वैसा अन्यत्र दुर्लभ है। जहाँ भाषा साधारण और लौकिक होती है, वहाँ तुलसीदास की उक्तियाँ तीर की तरह चुभ जाती हैं और जहाँ शास्त्रीय और गम्भीर होती हैं वहाँ पाठक का मन चील की तरह मँडराकर प्रतिपादित सिद्धान्त को ग्रहण कर लेता है।

सारग्राहिणी दृष्टि

उस युग के किसी भी अन्य कवि को तुलसीदास के समान सूक्ष्मदर्शिनी और सारग्रहिणी दृष्टि नहीं मिली थी। मानव-प्रकृति का उन्हें बड़ा ही अद्‌भुत और सूक्ष्म ज्ञान था। बाह्य प्रकृति का उन्होंने अपने काव्यों में बहुत कम ध्यान दिया है। इसमें तो सन्देह नहीं कि जहाँ कहीं उन्होंने इसे छुआ है वहाँ पर्याप्त सफल हुए हैं। पर असल में वे इससे उदासीन ही बने रहे। जो भावुक सहृदय पद-पद पर फूल-पत्तियों को देखकर मुग्ध हो जाता है, झरने और पहाड़ों का वर्णन देखने को व्याकुल रहता है, नदी-नालों को देखकर तन-मन बिसार देता है, वह उनके काव्य का लक्षीभूत श्रोता नहीं है। वे गलदश्रु भावुकता को पसन्द नहीं करते थे। बाह्य प्रकृति को उन्होंने मानव-चित्त को उदात्त भावना से भावित करने वाली शक्ति नहीं माना। वे भगवान की नर-लीला में ही इस महागुण का अस्तित्व स्वीकार करते हैं। यह नर-लीला ही मनुष्य को मनुष्यत्व के चरम लक्ष्य की ओर ले जा सकती है। बाह्य प्रकृति भी किसी परात्पर शक्ति का भृकुटि-विलास ही है, परन्तु फिर भी तुलसीदास नर-लीला के प्रेमी हैं। उनकी भावुकता भगवान के मनमोहन और करुणायतन रूप में ही प्रकट होती है। कभी-कभी प्रकृति का वर्णन उन्होंने एक रस्म या प्रथा-पालन के रूप में किया है। ऐसे स्थलों पर उनका मन जैसे रमता ही नहीं। यह एक विचित्र बात है कि उनके काव्यों में उपमानों के प्रयोग में काव्यगत रूढ़ियों का बुरी तरह दुरुपयोग हुआ है। कंज-लोचन, कंज मुख, कंज पद, कंजदुति आदि में कंज केवल परम्परा-प्राप्त उपमान है, एक ही साथ सब अंगों के लिए जब इसका प्रयोग किया जाता है, तो पाठक के चित्त में न तो वह अनुभूति उत्पन्न हो पाती है, जो इस उपमान का अभिप्रेत है और न वह आसानी से सामान्य धर्मों को हृदयंगम कर सकता है। तुलसीदास जैसे कल्प-कवि के लिए, जो आवश्यकता पड़ने पर नए-नए उपमानों को अनायास गढ़ सकता था, यह कुछ विचित्र-सी बात है। पर इसका भी समाधान शायद उनकी समन्वयात्मिकता वृत्ति से हो जाता है। तुलसीदास जैसे मर्यादासेवी कवि द्वारा वीरता के प्रसंग में शत्रु-नारियों के गर्भस्राव का बार-बार उल्लेख खटक जाता है। इसी तरह कई काव्य-रूढ़ियों का उन्होंने इस तरह व्यवहार किया है, जैसे उस विषय में कुछ सोचा ही न हो। यह बात और भी विशेष रूप से इसलिए खटकती है कि अनुचित, अशोभन और अर्थहीन रूढ़ियों का उन्होंने सदा तिरस्कार किया है, भले ही उनका समर्थन वाल्मीकि से ही क्यों न हुआ हो।

तुलसीदास के काव्यों में उनका निरीह भक्त रूप बहुत स्पष्ट हुआ है, पर वे समाज-सुधारक, लोकनायक, कवि, पंडित और भविष्य-स्रष्टा भी थे। यह निर्णय करना कठिन है कि इनमें से उनका कौन-सा रूप अधिक आकर्षक और प्रभावशाली था। इन सब गुणों ने तुलसीदास में एक अपूर्व समता ला दी थी। इसी सन्तुलित प्रतिभा ने उत्तर-भारत को वह महान साहित्य दिया जो दुनिया के इतिहास में अपना प्रतिद्वन्द्वी नहीं जानता।

●●●